普通逻辑学

(第四版)

杨树森　编著

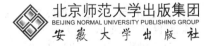

图书在版编目(CIP)数据

普通逻辑学/杨树森编著. —4版. —合肥:安徽大学出版社,2012.8(2024.8重印)

高等学校"十二五"规划教材

ISBN 978-7-5664-0552-4

Ⅰ.①普… Ⅱ.①杨… Ⅲ.①形式逻辑－高等学校－教材 Ⅳ.①B812

中国版本图书馆 CIP 数据核字(2012)第 184382 号

普通逻辑学(第四版)   杨树森 编著

出版发行:	北京师范大学出版集团
	安 徽 大 学 出 版 社
	(安徽省合肥市肥西路3号 邮编230039)
	www.bnupg.com
	www.ahupress.com.cn
印　刷:	安徽利民印务有限公司
经　销:	全国新华书店
开　本:	850 mm×1168 mm　1/32
印　张:	14
字　数:	360 千字
版　次:	2012 年 8 月第 4 版
印　次:	2024 年 8 月第 10 次印刷
定　价:	24.00 元

ISBN 978-7-5664-0552-4

责任编辑:姜　萍　王　晶　　　装帧设计:孟献辉
责任印制:陈　如

版权所有　侵权必究

反盗版、侵权举报电话:0551-65106311
外埠邮购电话:0551-65107716
本书如有印装质量问题,请与印制管理部联系调换。
印制管理部电话:0551-65106311

序

逻辑学是一门古老的科学,它对于规范思维具有重大的作用。逻辑基本知识和逻辑思维能力是每个人必备的重要素质,也是培养创造性思维才能的前提条件。在我国,无论是中等教育还是高等教育,对逻辑学的教学都还没有引起足够的重视,这对当前所提倡的素质教育,培养学生的创造能力来说,是一个重大的缺陷。

创新是一个民族的灵魂,是一个国家兴旺发达的不竭动力。创新的前提是思想理论创新,而逻辑则是创新思维的基础。爱因斯坦曾经明确指出:"西方科学的发展是以两个伟大成就为基础的,那就是:希腊哲学家发明了形式逻辑体系(在欧几里得几何中),以及(在文艺复兴时期)发现通过系统的实验可能找出因果关系。"①这两大成就中,前者指的就是亚里士多德创立的演绎逻辑(欧

---

① 《爱因斯坦文集》第1卷,574页,北京:商务印书馆,1986。

几里得几何是它应用的经典范例），而后者则是培根提出的归纳逻辑的核心内容。逻辑是科学发展的前提和基础，一切科学的思维必然是合乎逻辑的思维，可以肯定地说，没有逻辑思维，就不可能有创新思维。所以，加强逻辑知识的教学和逻辑技能的训练，不仅对于提高大学生的综合素质，而且对于提高全民族的科学文化素质，都是不可或缺的。

杨树森教授的《普通逻辑学》在指导思想和具体内容上，都有所创新。这本教材的第一个特点是内容的科学性，它集中了作者多年对逻辑学教学内容和教学体系的思考，吸收了学术界许多新的研究成果，特别是数理逻辑和现代归纳逻辑中与普通思维密切相关的内容，弥补了传统逻辑的不足，使整个知识体系更趋完整、严密、科学，经得住实践检验和理论推敲，并能解决普通思维和日常语言表达中绝大多数逻辑问题。第二个特点是在强调逻辑学的基础工具性的同时，突出了逻辑学的人文性，不仅在"绪论"中对逻辑学的人文性质进行了充分论证，对逻辑观念的内涵作了具体阐述，而且将培养学生应用逻辑追求真理、捍卫真理的精神和依靠逻辑揭露谎言、驳斥诡辩的勇气，贯穿全书始终。第三个特点是用自然语言阐述现代逻辑成果，没有大量使用文科学生和一般读者感到陌生的专门符号，既保持了传统逻辑贴近普通思维和自然语言的优点，又使一些现代逻辑的成果真正"融入"到普通逻辑教学体系中。我认为这个尝试是成功的，为促进我国逻辑教学和逻辑教材的改革，提供了有益的借鉴。第四个特点是语言通俗易懂，析理深入浅出，用例的选择和习题的设计紧密结合普通思维和现实生活，使读者感觉到逻辑与日常学习、工作、生活密切相关。现在有的逻辑教材虽然内容不错，但是语言艰深，学生学起来很困难，又感觉离生活很远，久而久之便失去了学习逻辑的兴趣和热情。记得语言学大师王力先生说过："教科书不同于写给同行看的学术论文，它是写给青年学生看的，文字要写得很浅，很多基本知识都要讲清楚。"这本教材能把普通逻辑原理用通俗易懂的语言阐述清楚，说明作者不仅深知教材编写的要义，而且舍得在锤炼语言上投入巨大精力。

改革开放以来，逻辑学在我国曾有过繁荣。20世纪80年代，是逻辑学繁荣时期，后来又慢慢冷却下去了。这或许是波浪式前进规律的具体表现吧。现在又是一个很好的时机，随着全面素质教育的推进，逻辑学除了仍被一些高校中文、法律、政教、新闻、教育、管理、秘书等非哲学专业列为必修的专业基础课程外，还被越来越多的高校列为文、理、工、法、商、医、艺、体等各专业学生的素质教育基础课程（通识课）。学科的普及为逻辑学的发展提供了一个极好的契机，逻辑研究和逻辑教学工作者应该明察这种形势，抓住这一大好时机，团结一致，共同推动逻辑教学和逻辑研究的新发展。我相信，《普通逻辑学》的出版对推动高校的逻辑教学，一定会起到积极的作用。

孙显元
2001年8月于中国科技大学

目　　次

序 ……………………………………………… 孙显元	
第一章　绪　论………………………………………	1
第一节　逻辑和逻辑学 ………………………………	1
一、"逻辑"一词的由来和含义 ……………………	1
二、逻辑学是一门历史悠久的科学 ………………	1
三、逻辑学、形式逻辑、普通逻辑 …………………	3
第二节　普通逻辑的研究对象 ………………………	4
一、思维形式的结构 ………………………………	4
二、正确思维的规律 ………………………………	9
三、常用的思维方法 ………………………………	10
第三节　普通逻辑的性质 ……………………………	11
一、普通逻辑的工具性 ……………………………	11
二、普通逻辑的人文性 ……………………………	11
三、普通逻辑基本内容的全人类性 ………………	12
四、普通逻辑研究对象的客观性 …………………	12
第四节　学习普通逻辑的意义和方法 ………………	13
一、学习普通逻辑的意义 …………………………	13
二、学习普通逻辑的方法 …………………………	17
复习思考题 ……………………………………………	19
练　习　题 ……………………………………………	20

第二章 概 念 …………………………………………… 24

第一节 概念的概述 ………………………………… 24
一、概念的本质 ……………………………………… 24
二、概念、语词和词项 ……………………………… 26
三、概念的逻辑特征——内涵和外延 ……………… 28
四、概念要明确 ……………………………………… 31

第二节 概念的种类 ………………………………… 32
一、单独概念和普遍概念 …………………………… 32
二、集合概念和非集合概念 ………………………… 33
三、正概念和负概念 ………………………………… 36

第三节 概念间的关系 ……………………………… 37
一、全同关系 ………………………………………… 38
二、真包含于关系 …………………………………… 38
三、真包含关系 ……………………………………… 39
四、交叉关系 ………………………………………… 40
五、全异关系 ………………………………………… 41

第四节 概念的限制和概括 ………………………… 43
一、属种概念内涵与外延间的反变关系 …………… 43
二、概念的限制 ……………………………………… 43
三、概念的概括 ……………………………………… 44

第五节 定 义 ……………………………………… 45
一、什么是定义 ……………………………………… 45
二、定义的一般方法 ………………………………… 46
三、定义的规则 ……………………………………… 48
四、两种特殊概念的定义 …………………………… 51
五、语词定义 ………………………………………… 53

第六节 划 分 ……………………………………… 54
一、什么是划分 ……………………………………… 54

二、划分的方法……………………………………………… 55
　三、划分的规则……………………………………………… 56
　四、穷举和列举……………………………………………… 58
复习思考题……………………………………………………… 59
练　习　题……………………………………………………… 60

第三章　简单判断及其演绎推理……………………………… 68
第一节　判断的概述…………………………………………… 68
　一、什么是判断……………………………………………… 68
　二、判断、语句和命题……………………………………… 68
　三、判断的逻辑特征………………………………………… 71
　四、判断间的真假关系……………………………………… 73
　五、判断的种类……………………………………………… 74
第二节　推理和演绎推理概述………………………………… 76
　一、什么是推理……………………………………………… 76
　二、推理的语言表达………………………………………… 77
　三、推理的种类……………………………………………… 77
　四、演绎推理的性质及其形式的有效性问题……………… 79
　五、演绎推理的公理（演绎公理）………………………… 82
第三节　性质判断及其直接推理……………………………… 83
　一、性质判断及其结构……………………………………… 83
　二、性质判断的种类………………………………………… 85
　三、主、谓项相同的性质判断间的对当关系及对当关系推理… 87
　四、性质判断主、谓项的周延性问题……………………… 91
　五、性质判断的变形推理…………………………………… 92
　六、关于区别判断…………………………………………… 96
第四节　三段论………………………………………………… 97
　一、什么是三段论…………………………………………… 97
　二、三段论的规则…………………………………………… 99

三、三段论的格 …………………………………… 104
　　四、三段论的式 …………………………………… 109
　　五、三段论在语言表达中的省略式 ……………… 111
　第五节　关系判断及其推理 ………………………… 114
　　一、什么是关系判断 ……………………………… 114
　　二、关系的逻辑性质和相关的推理 ……………… 116
　　三、混合关系推理 ………………………………… 120
　复习思考题 …………………………………………… 121
　练　习　题 …………………………………………… 122

第四章　模态判断及其演绎推理 …………………… 132
　第一节　模态判断和模态推理概述 ………………… 132
　　一、模态逻辑的概念 ……………………………… 132
　　二、模态的种类 …………………………………… 133
　第二节　标准模态判断及其推理 …………………… 135
　　一、标准模态判断的概念及其种类 ……………… 135
　　二、模态判断的对当关系及对当关系推理 ……… 136
　　三、模态判断与非模态判断间的真假关系及相关推理 … 138
　　四、模态三段论 …………………………………… 139
　第三节　规范判断及其推理 ………………………… 141
　　一、规范判断的概念及其种类 …………………… 141
　　二、规范判断的对当关系及对当关系推理 ……… 143
　　三、规范三段论 …………………………………… 145
　复习思考题 …………………………………………… 147
　练　习　题 …………………………………………… 148

第五章　复合判断及其演绎推理 …………………… 151
　第一节　复合判断及其演绎推理概述 ……………… 151
　　一、什么是复合判断 ……………………………… 151
　　二、复合判断的一般结构 ………………………… 151

三、复合判断的基本类型 …………………………………… 152
　　四、复合判断的推理及其种类 ……………………………… 152
　第二节　联言判断及联言推理 ………………………………… 153
　　一、联言判断及其结构 ……………………………………… 153
　　二、联言判断的语言表达 …………………………………… 153
　　三、联言判断的逻辑性质 …………………………………… 154
　　四、联言推理 ………………………………………………… 155
　第三节　选言判断及选言推理 ………………………………… 156
　　一、选言判断及其一般结构 ………………………………… 156
　　二、相容的选言判断及其推理 ……………………………… 157
　　三、不相容的选言判断及其推理 …………………………… 159
　　四、关于选言判断和选言推理的几个问题 ………………… 162
　第四节　假言判断及假言推理 ………………………………… 166
　　一、假言判断及其一般结构 ………………………………… 166
　　二、充分条件假言判断及其推理 …………………………… 168
　　三、必要条件假言判断及其推理 …………………………… 172
　　四、充分必要条件假言判断及其推理 ……………………… 176
　　五、关于假言判断和假言推理的几个问题 ………………… 178
　第五节　负判断及其推理 ……………………………………… 182
　　一、什么是负判断 …………………………………………… 182
　　二、性质判断、关系判断的负判断及其等值推理………… 182
　　三、模态判断、规范判断的负判断及其等值推理………… 184
　　四、复合判断的负判断及相关推理 ………………………… 184
　第六节　假言选言推理（二难推理）…………………………… 188
　　一、什么是假言选言推理 …………………………………… 188
　　二、二难推理的主要形式 …………………………………… 189
　　三、运用二难推理常见错误及其破斥方法 ………………… 191
　　四、假言选言推理的其他形式 ……………………………… 193

第七节 复合判断的其他推理 …………………………… 194
　一、假言联言推理 ………………………………………… 194
　二、假言判断的等值转换推理（假言易位推理）………… 195
　三、假言连锁推理 ………………………………………… 195
　四、反三段论 ……………………………………………… 196
　五、条件分析推理 ………………………………………… 197
　六、归谬式推理 …………………………………………… 197
第八节 真值表的应用 …………………………………… 198
　一、真值表的一般知识 …………………………………… 198
　二、用真值表判定复合判断形式的真值 ………………… 199
　三、用真值表判定判断或判断形式之间的真假关系 …… 201
　四、用真值表判定复合判断演绎推理的形式是否有效 … 202
附　录　带量词的复合判断及其推理 …………………… 204
　一、带量词的联言判断及其推理 ………………………… 205
　二、带量词的选言判断及其推理 ………………………… 206
　三、带量词的假言判断及其推理 ………………………… 208
复习思考题 ………………………………………………… 212
练　习　题 ………………………………………………… 214

第六章　非演绎推理 …………………………………… 226
第一节 非演绎推理概述 ………………………………… 226
　一、什么是非演绎推理 …………………………………… 226
　二、非演绎推理的种类 …………………………………… 226
　三、非演绎推理与演绎推理的联系和区别 ……………… 227
　四、获取经验材料的途径 ………………………………… 229
　五、整理经验材料的方法 ………………………………… 230
第二节 归纳推理 ………………………………………… 232
　一、归纳推理的概念和种类 ……………………………… 232
　二、完全归纳推理 ………………………………………… 233

三、简单枚举归纳推理 ………………………………… 235
　　四、典型归纳推理 ……………………………………… 239
　　五、统计归纳推理 ……………………………………… 241
第三节　类比推理 …………………………………………… 243
　　一、什么是类比推理 …………………………………… 243
　　二、类比推理结论的或然性 …………………………… 244
　　三、如何提高类比推理结论的可靠性程度 …………… 245
　　四、类比推理的作用 …………………………………… 246
第四节　溯因推理 …………………………………………… 248
　　一、什么是溯因推理 …………………………………… 248
　　二、溯因推理的类型 …………………………………… 250
　　三、溯因推理的作用 …………………………………… 252
第五节　探求因果联系的逻辑方法 ………………………… 253
　　一、求同法 ……………………………………………… 254
　　二、求异法 ……………………………………………… 255
　　三、求同求异并用法 …………………………………… 256
　　四、共变法 ……………………………………………… 257
　　五、剩余法 ……………………………………………… 258
　复习思考题 ………………………………………………… 259
　练　习　题 ………………………………………………… 260

第七章　普通逻辑的基本规律 ……………………………… 268
第一节　普通逻辑基本规律概述 …………………………… 268
　　一、普通逻辑基本规律的普遍适用性 ………………… 268
　　二、普通逻辑基本规律的客观基础 …………………… 269
　　三、普通逻辑基本规律的作用 ………………………… 270
第二节　同一律 ……………………………………………… 270
　　一、同一律的基本内容 ………………………………… 270
　　二、同一律的逻辑要求和违反它的逻辑错误 ………… 272

三、同一律的作用 …………………………………… 276
　第三节　矛盾律 ………………………………………… 277
　　一、矛盾律的基本内容 ……………………………… 277
　　二、矛盾律的逻辑要求和违反它的逻辑错误 ……… 278
　　三、矛盾律的作用 …………………………………… 280
　　四、关于悖论 ………………………………………… 282
　第四节　排中律 ………………………………………… 283
　　一、排中律的基本内容 ……………………………… 283
　　二、排中律的逻辑要求和违反它的逻辑错误 ……… 284
　　三、排中律的作用 …………………………………… 285
　　四、矛盾律与排中律的区别 ………………………… 286
　复习思考题 ……………………………………………… 287
　练　习　题 ……………………………………………… 288

第八章　科学假说和工作假设 …………………………… 295
　第一节　假说的概述 …………………………………… 295
　　一、什么是假说 ……………………………………… 295
　　二、假说的一般特征 ………………………………… 296
　　三、科学假说的作用 ………………………………… 296
　第二节　假说的提出 …………………………………… 297
　　一、提出假说的心理机制和逻辑机制 ……………… 297
　　二、提出假说应注意的问题 ………………………… 298
　第三节　假说的验证 …………………………………… 299
　　一、假说的推演 ……………………………………… 299
　　二、假说的证实和证伪 ……………………………… 300
　　三、假说的修正和发展 ……………………………… 302
　第四节　工作假设 ……………………………………… 303
　　一、什么是工作假设 ………………………………… 303
　　二、工作假设的提出和验证 ………………………… 304

复习思考题……………………………………………… 305
　练　习　题……………………………………………… 305
第九章　论　证……………………………………………… 310
　第一节　论证的概述…………………………………… 310
　　一、论证的定义及构成 ……………………………… 310
　　二、论证的种类 ……………………………………… 312
　　三、论证和推理的关系 ……………………………… 315
　　四、逻辑论证和实践检验的关系 …………………… 316
　第二节　常用的论证方法……………………………… 317
　　一、直接演绎法（引证法）…………………………… 317
　　二、反证法 …………………………………………… 318
　　三、归谬法 …………………………………………… 319
　　四、选言证法 ………………………………………… 322
　　五、分解法 …………………………………………… 323
　　六、例证法 …………………………………………… 325
　　七、类比法 …………………………………………… 327
　　八、喻证法 …………………………………………… 327
　第三节　论证的基本原则和论证的规则……………… 329
　　一、论证的基本原则——充足理由原则 …………… 329
　　二、关于论题的规则 ………………………………… 330
　　三、关于论据的规则 ………………………………… 331
　　四、关于论证方式的规则 …………………………… 333
　第四节　反　驳………………………………………… 335
　　一、什么是反驳 ……………………………………… 335
　　二、反驳论题和论据的方法 ………………………… 336
　　三、反驳论证方式的方法 …………………………… 337
　第五节　揭露和驳斥诡辩……………………………… 339
　　一、什么是诡辩 ……………………………………… 339

二、常见诡辩术举隅 ………………………… 341
　　三、对诡辩的揭露和驳斥 ……………………… 347
　附　录　本书涉及的逻辑谬误 ………………… 349
　复习思考题 ……………………………………… 350
　练　习　题 ……………………………………… 350
各章练习题参考答案 ……………………………… 357
附录1　逻辑专业研究生入学专业课试题(2套) … 387
附录2　2010年中央、国家机关公务员录用考试"行政职业
　　　　能力测验"判断推理题 ……………………… 395
附录3　2010年全国MBA(工商管理硕士)研究生入学考试
　　　　逻辑推理题 …………………………………… 410
主要参考书目 ……………………………………… 422
初版后记 …………………………………………… 423
修订第三版后记 …………………………………… 426
第四版说明 ………………………………………… 430

关于本教材的使用说明

　　本书是高等学校非哲学专业通用的教材。考虑到不同学校、不同专业的逻辑学课程教学课时数不同，对课堂教学内容的取舍提出以下建议：

　　70课时以上的，可讲授一至九章全部内容。

　　50课时左右的，下列章节可不在课堂讲授（或仅在课堂上作提要式介绍）：第四章，第五章第八节，第九章第五节。这些内容可以要求学生自学。

　　少于40课时的，课堂讲授的内容还可以减少以下章节：第三章第五节，第五章第五、六、七节，第八章。这些内容也应建议学生自学。

第一章 绪 论

第一节 逻辑和逻辑学

一、"逻辑"一词的由来和含义

"逻辑"是现代汉语中一个常用词,20世纪初由大学问家严复从英语"logic"翻译而来,是一个典型的音译外来词,其语源出自希腊文"λογos"(逻各斯),有话语、思想、思维、理性、规律、原则、本质等多种意义。

在现代汉语中,"逻辑"也是一个多义词,其主要义项有:

①事物本身发展的规律。例如,"市场经济的必然逻辑"、"情节安排不能背离生活的逻辑"。

②思维的规律。例如,"我们说话、写文章,都要合乎逻辑"、"鲁迅的杂文逻辑性很强"。

③理论、道理、根据、思路。例如,"从逻辑上看是合理的,但实践中不一定可行"、"这篇文章文笔平实,逻辑清晰"。

④某种特殊的观点,常含有贬义。例如,"'谎言重复一千遍就会变成真理',这是希特勒的宣传部长戈培尔的逻辑"。

⑤一门科学的名称,即"逻辑学"的简称。例如,"文字工作者必须有较好的逻辑修养"、"逻辑和修辞使人善辩"(培根)。

二、逻辑学是一门历史悠久的科学

逻辑学已有两千多年的发展史。公元前5世纪到公元前4世纪,逻辑学几乎同时在中国、印度、希腊三大文明古国产生。

中国古代逻辑称为"名辩"之学。战国时期,由墨子(约前468～前376)开创、后期墨家完成的墨辩逻辑是中国逻辑史上第一个较为完整的逻辑思想体系,这一思想体系在墨子后学编著的《墨经》中得到比较系统的阐述。此外,战国时期的荀况、公孙龙、韩非子等人的著述中也有十分丰富的逻辑思想。

印度古代逻辑叫"因明","因"是指推理论证的根据,"明"即学说,"因明"就是关于推理论证的学说。因明的产生与佛教的传播有关。因明后来在印度本土失传,但一些主要的因明著作作为佛经的一部分传入中国。现代世界上保存因明遗产和研究因明学说的主要基地就在中国。

逻辑学的主要诞生地是古代的希腊。现在人们公认的"逻辑之父"是古希腊的著名学者亚里士多德(前384～前322年)。亚里士多德继承了前代学者的成果,创立了严密而系统的三段论理论,奠定了演绎逻辑的基础。亚里士多德的主要逻辑学著作被他的弟子汇集成一本书,取名《工具论》,他的主要哲学著作《形而上学》中也有许多逻辑学的内容。在这两本重要著作中,亚里士多德系统地阐述了概念、判断、推理(主要是三段论)、论证和逻辑规律的理论和思想。亚里士多德后的古希腊斯多葛学派和中世纪的一些逻辑学家,主要研究了复合判断以及相关的推理形式,充实了演绎逻辑的内容。

文艺复兴以后,随着近代自然科学的发展,原有的演绎逻辑越来越不能满足人们科学探索和研究的需要。17世纪初,英国哲学家弗兰西斯·培根(1561～1626)通过其主要著作《新工具》提出了科学归纳方法,奠定了近代归纳逻辑的基础。培根的归纳逻辑后来由英国哲学家穆勒(1806～1873)在其所著的《逻辑体系:归纳和演绎》(旧译《穆勒名学》)中加以系统的阐述和发展。

1662年,法国出版了由亚诺德和尼柯尔合著的《逻辑学或思维术》(逻辑史上称"波尔·罗雅尔逻辑"),它将演绎、归纳和逻辑方法融为一体。这本逻辑教科书发行量很大,对逻辑学的普及有重大贡献,它的出版标志着传统逻辑的基本定型。

17世纪末,德国哲学家莱布尼茨(1646～1716)提出了用数学方法处理逻辑问题的光辉设想,为现代形式逻辑——数理逻辑的诞生开辟了道路。经过布尔、弗雷格、罗素、怀海德等学者的努力,到20世纪初,数理逻辑成为一门新兴科学,30年代数理逻辑完全成熟,40年代后得到迅速发展,并被广泛应用于现代科学技术各个领域,有力地推动了电子计算机和人工智能技术的产生和发展。

19世纪初,德国哲学家黑格尔(1770～1831)用巨大的精力研究了人类辩证思维的形式和规律,提出了第一个辩证逻辑体系。黑格尔的辩证逻辑体系包含许多合理的、深刻的思想内核。自那以后,许多哲学家为建立科学的马克思主义辩证逻辑理论体系作了艰苦的探索。但到目前为止,关于辩证逻辑的理论框架和一些基本原理并未形成基本一致的意见,建立科学的辩证逻辑体系这一巨大的理论工程尚待哲学家们的继续努力。

三、逻辑学、形式逻辑、普通逻辑

作为一门科学的名称,逻辑学有广义和狭义两种理解。

广义的逻辑学是一个很大的科学门类,泛指研究思维形式、思维方法、思维规律的科学。在联合国教科文组织的学科分类目录中,逻辑学是与数学、物理学等并列的七大基础学科之一。在我国,它是"形式逻辑和辩证逻辑的总称"(《辞海》1999年版)。

狭义的逻辑学仅指形式逻辑。形式逻辑又可以分为传统的形式逻辑和现代形式逻辑。

传统的形式逻辑简称传统逻辑,它主要用自然语言来研究日常思维的形式、规律、方法,以及思想的语言表达等方面的问题。现代形式逻辑是传统的形式逻辑的延伸和发展,它借助于特制符号和数学方法来研究思维的形式问题。现代形式逻辑在研究方法的精确性、研究对象的广泛性等方面都比传统逻辑先进,它能弥补传统逻辑的一些不足。但是,由于符号语言和自然语言存在着很大差别,在处理日常思维的逻辑问题时,它不如传统逻辑来得直观和简便，加上认读、理解和掌握现代逻辑符号演算体系对于非逻辑、非数学专业学生来说存在一定难度，所以现代形式逻辑并不能完全取代传统的形式逻辑，就像高等数学不能取代初等数学一样。

我国高等院校的逻辑课程的名称，在20世纪50~60年代叫逻辑学或形式逻辑，其内容就是传统逻辑。新时期以后，高等院校恢复了逻辑课程，为适应现代社会发展和科学研究的需要，广大逻辑工作者在逻辑教材的改革方面进行了许多探索，其中已经被大多数人接受的一点是，必须将现代形式逻辑的一些与普通思维密切相关而传统逻辑没有涉及的内容（如关系逻辑）和方法（如真值表的方法），吸收到逻辑教学体系中，以充实逻辑课程的内容。现在我国大多数高校非哲学专业开设的逻辑课程所教授的内容，就是一个以传统逻辑为基本框架，同时吸收了现代逻辑中与普通思维密切相关的一部分内容的知识体系。为了将这种知识体系既区别于传统逻辑，又区别于现代逻辑，人们将它称作"普通逻辑"。

在逻辑科学的庞大体系中，普通逻辑是最基本的部分。因此，作为一门课程，普通逻辑又被称作"逻辑学基础"。

第二节　普通逻辑的研究对象

普通逻辑的研究对象包括：思维形式的结构、正确思维的规律、常用的思维方法。

一、思维形式的结构

1. 什么是思维

思维是人脑的一种特殊功能，是人们在社会实践基础上认识世界的过程，即哲学上所说的理性认识。广义的思维包括形象思维和抽象思维两种类型。形象思维借助具体形象，通过想象和联想来认识、反映客观世界，而抽象思维则借助抽象概念，通过判断和推理来认识、反映客观世界。狭义的思维专指抽象思维。抽象思维是逻辑学研究的对象,因此人们一般称为"逻辑思维"。本书后面所用到的"思维"一词,指的都是抽象思维。

思维有三个重要特征:概括性、间接性、与语言密不可分。

思维的概括性,指的是思维能够撇开事物表面的、个别的、非本质的具体属性,而概括地反映一类事物内在的、共同的、本质的一般属性。例如,"树"就是从各种各样的树概括出来的一个抽象的概念,它撇开了大树和小树、阔叶树和针叶树、乔木和灌木、落叶树和常绿树等具体的差别,而是概括地反映了一切树的共同属性:具有木质的实心茎干的多年生植物。

思维的间接性,指的是思维能够通过推理,认识那些不能通过感官直接感知的事物属性,从而揭示出事物的本质和内部联系。复杂的例子如,人们可以通过推理认识那些即使用天文望远镜或高倍显微镜也无法直接观察到的遥远的宇宙天体或微观世界中基本粒子的性质;简单的例子如,尽管人们在阳光下看不见火光,但是通过观察"对面山坡上有浓烟",就可以推断出"对面山坡上有火情"。

思维和语言密不可分,指思维是借助语言来反映客观世界的。首先,思维过程本身是离不开语言的,大量的研究成果表明,如果离开了语言,就不可能有真正意义上的抽象思维。其次,思维的过程和思维的成果(即思想),必须借助语言来表达,独立于语言的纯粹的"赤裸裸的思想"是不存在的。因此,人们必须通过语言材料,才能研究思维。语言又有自然语言和人工语言之分,自然语言就是人们日常交际用的口语或书面语,人工语言是某些学科中人们创造出来的符号系统。普通逻辑主要是通过自然语言来研究思维的,同时也适当运用了一些人工语言的符号,用以表达用自然语言难以描述清楚的内容。

2.什么是思维形式

和世界上一切事物一样,思维也是内容和形式的统一体。思维内容就是思维所反映的具体对象,包括各种各样的事物本身、各种各样的事物情况、事物情况与事物情况之间各种外部的和内部的联系,等等。对复杂程度不同的思维对象,人脑要用不同的方式去反映它们。思维形式就是人脑对复杂程度不同的对象的不同反映方式。具体来说,对一类一类(或一个一个)事物本身,人们是运用概念来反映的;对一事物是否具有某属性以及一事物与他事物是否具有某种关系,人们是运用判断来反映的;而人们要从若干已知的事物情况来认识那些未知的事物情况,则必须通过推理。概念、判断和推理,就是三种基本的思维形式。一切思维过程、思维方法,无论它多么复杂,都是概念、判断、推理这三种思维形式的具体运用。

概念、判断、推理这三种基本的思维形式,在有的逻辑读本中被称作"思维形态"。

3. 什么是思维形式的结构

概念、判断、推理这三种基本的思维形式,不是彼此孤立的,而是互相联系的。具体来说,概念是最简单的一种思维形式,是组成判断和推理的基本要素;判断中的简单判断总是由若干概念构成,复合判断则由简单判断构成;而任何推理总是由若干判断构成。

所谓思维形式的结构,就是思维形式内部各个部分之间的联系方式。具体地说,简单判断内部概念与概念之间的联系方式,就是简单判断的结构;复合判断内部判断和判断之间的联系方式,就是复合判断的结构;推理内部判断与判断之间(前提与结论之间)的联系方式,就是推理的结构。思维形式的内部结构是逻辑学研究的主要对象,因此,人们将之称为"思维的逻辑形式"。

请看下面三个判断的例子:

【例 1-2-1】所有恒星都是自身发光的天体。

【例 1-2-2】所有商品都是有价值的。

【例 1-2-3】所有鸟都是卵生动物。

这是三个判断,内容不同,分别涉及天文学、经济学和生物学等不同学科,但具有完全相同的逻辑形式:都是由"所有……是……"将两个不同概念联结起来构成的。我们用 S 和 P 分别代表每个具体判断中前后两个不同概念,就可以用下面的公式来表示它们(以及形式相同的其他无数判断)的共同的逻辑形式:

所有 S 都是 P

再看下面三个推理的例子:

【例 1-2-4】如果上游下了大暴雨,那么下游将会有洪水;
上游下了大暴雨;
所以,下游将会有洪水。

【例 1-2-5】如果 x 能被 9 整除,那么 x 就能被 3 整除;
已知 x 能被 9 整除;
所以,x 能被 3 整除。

【例 1-2-6】如果甲的行为触犯刑律,那么他将受到法律制裁;
甲的行为已经触犯了刑律;
所以,甲将要受到法律制裁。

很明显,这是三个内容各不相同的推理,分别涉及自然、数学和法制等方面的知识,但它们也具有完全相同的逻辑形式:一个已知前提是由"如果……那么……"联结两个简单判断构成的复合判断,另一个已知前提肯定了"如果"后面的那个判断,得出的结论则是"那么"后面的那个简单判断。我们分别用 p 和 q 代表每个推理中两个不同的简单判断,就可以用下面的公式来表示它们(以及形式相同的其他无数推理)的逻辑形式:

如果 p,那么 q

<u>p</u>

所以,q

以上例子说明,内容不同的思维,可能具有完全相同的逻辑形式。因此,虽然思维的逻辑形式是由思维的内容决定的,但思维的逻辑形式又有相对的独立性。思维的具体内容是无比丰富的,但思维的逻辑形式的种类则是有限的。这些种类有限的思维的逻辑形式,正是普通逻辑研究的主要对象。

4. 逻辑形式的常项和变项

以上我们用两个公式分别表示了一组判断和一组推理的逻辑形式。实际上,任何具体判断或具体推理,都有一定的逻辑形式。例如,"有的金属不是固体"这个简单判断的逻辑形式是"有 S 不是 P";"只有保护好环境,才能实现经济的可持续发展"这个复合判断的逻辑形式是"只有 p,才 q";"凡是真心为人民服务的领导都是相信群众的,所以,凡是不相信群众的都不是真心为人民服务的领导"这个推理的逻辑形式是"所有 S 是 P,所以,所有非 P 都不是 S",等等。

任何逻辑形式都由常项和变项两部分组成。判断或推理形式中用来表示各部分(即变项)之间联系方式的语词或符号,其意义始终保持不变,因此叫做逻辑常项。例如上述例子中的"所有"、"是"、"有的"、"不是"、"如果……那么……"、"只有……才……",等等。判断或推理形式中可用不同的具体概念或具体判断来替换的部分,如上述公式中的 S、P、p、q 等,其具体内容是可变的,因此叫做变项。逻辑形式中的变项有两种,概念变项代表不同的具体概念,公式中通常用 S、P、M 等大写字母表示;判断变项代表不同的具体判断,公式中通常用 p、q、r 等小写字母表示。

思维的逻辑形式的区别主要是由常项的不同决定的。这是因为常项就是用来表示判断或推理内部各部分(即变项)之间联系方式的,而这种联系方式也就是思维形式的结构(即逻辑形式)。

请看下面的例子:

【例 1-2-7】甲班所有同学都是汉族人。

【例 1-2-8】甲班所有同学不是汉族人。

【例 1-2-9】甲班有的同学是汉族人。

【例1-2-10】甲班有的同学不是汉族人。

这四个判断具有相同的变项和不同的常项,我们用S代表"甲班同学",用P代表"汉族人",它们各自的逻辑形式可写为:

所有S是P

所有S不是P

有S是P

有S不是P

显然,这是四个不同的逻辑形式。而前面所举的例1-2-1～例1-2-3和例1-2-4～例1-2-6两组例子,每组例子变项是各不相同的,但都具有相同的常项,因此它们的逻辑形式是相同的。可见变项相同常项不同的思维具有不同的逻辑形式,而变项不同常项相同的思维具有相同的逻辑形式。

思维的逻辑形式是普通逻辑的主要研究对象,而逻辑形式又是由逻辑常项决定的,因此,只有准确地理解各种逻辑常项的确切含义,才能正确掌握由常项决定的各种逻辑形式的逻辑性质,并进而正确理解有关推理的逻辑原理。这是我们在学习普通逻辑时必须十分明确的一个问题。

二、正确思维的规律

要正确地进行思维,除了要熟悉并正确运用各种思维形式外,还必须合乎思维的规律。正确思维的规律就是人们在思维过程中运用概念、判断、推理等思维形式时必须遵守的准则。思维规律一般称为逻辑规律,可分为具体的逻辑规律和逻辑基本规律两类。

具体的逻辑规律即只适用于某一种或某一些具体思维形式的规律,例如具有属种关系的概念内涵与外延间的反变关系(详见第二章第四节),变项相同的性质判断之间的对当关系等(详见第三章第三节),这些具体规律将分别在有关章节中加以阐述。

逻辑基本规律是在抽象思维领域普遍起作用的规律,包括同一律、矛盾律、排中律。这几条规律是人们从大量的正确思维以及与错误思维的对比研究中总结出来的,是客观规律在思维中的反映。早在两千多年前,亚里士多德就明确地阐述了矛盾律和排中律,并提出了同一律的思想。我国的墨家学派和韩非子也用独特的方式(如《墨经》中所说的"或谓之牛,或谓之非牛,是不具当"和《韩非子》中那个人人皆知的"自相矛盾"的故事等)提出了矛盾律思想。经过两千多年的检验,这三条规律已经被公认为逻辑思维的基本规律。本书将在介绍概念、判断、推理等基本思维形式后,设专章阐述三大规律的有关知识。

三、常用的思维方法

思维方法指运用概念、判断、推理等思维形式和逻辑规律认识事物、思考问题的方法,又叫逻辑方法。它是一个外延非常宽泛的概念。普通逻辑不可能研究所有的思维方法,例如辩证思维的方法等。除了演绎、归纳等推理形式本身(它们本来就是重要的思维方法)外,普通逻辑只研究与概念、判断、推理等基本思维形式的应用直接相关的一些常用的思维方法。本书中所要介绍的逻辑方法主要有:明确概念的逻辑方法如定义、划分、限制、概括等;整理经验材料的逻辑方法如比较、归类、分析、综合等;探求现象间因果联系的五种具体方法;常用的论证方法如反证法、归谬法等;普通逻辑用公式将这些普通思维及其表达中常用思维方法的运用程序表述得非常清楚,使它们具有可操作性,掌握起来比较容易。

在分别对普通逻辑三大研究对象作了具体介绍的基础上,我们可以给普通逻辑下一个定义:

普通逻辑是研究思维形式的结构、正确思维的规律和常用思维方法的科学。

第三节 普通逻辑的性质

一、普通逻辑的工具性

逻辑学从它产生的那天起,就作为一门工具性的科学得到广泛的应用。逻辑学的创始人亚里士多德把他创立的演绎逻辑看做"论辩的工具",他的主要逻辑学著作被其弟子汇编成书时命名为《工具论》;逻辑史上另一个里程碑式的人物弗兰西斯·培根说他创立的归纳逻辑是"发现和发明的工具",因而将自己的主要逻辑著作命名为《新工具》。

普通逻辑的工具性是由它所研究的对象决定的。普通逻辑研究的各种思维形式和思维方法,是科学思维和日常思维都要运用的,而正确思维的规律则是科学思维和日常思维都要遵守的。任何科学思维和日常思维,都要应用逻辑,在这一点上,普通逻辑与语文、数学等基本工具性学科具有完全相同的性质。在美国,所有专业的研究生入学考试都必考的公共科目是英语、数学和逻辑。

二、普通逻辑的人文性

人文科学就是以人类精神世界及其物化的精神文化产品为研究对象的知识体系,主要包括传统的文、史、哲以及由它们衍生出来的逻辑学、伦理学、美学、宗教学、文化学、文艺学等。研究和学习人文科学的目的是提升人们自身的品质修养,培养人们求真、求善、求美的精神,以达到社会关系的内在和谐,并进而提高社会的整体文明程度。如果说伦理学教会人们如何区分善恶并鼓励人们求善,美学教会人们如何区分美丑并鼓励人们求美,那么逻辑学主要就是教会人们如何识别真假并鼓励人们求真。在逻辑学的知识体系中,始终贯穿着真假之辨,贯穿着求真的科学理念。逻辑学在培养人们独立思考的习惯、追求真理的精神、揭露谬误的勇气(这些是完美人格不可缺少的要素)等方面的作用,是任何其他学科不能替代的。

三、普通逻辑基本内容的全人类性

普通逻辑基本内容的全人类性有两方面含义：首先，作为工具性学科，它的研究对象思维形式、思维方法、思维规律等，可以为社会各阶级、各阶层、各行业所利用，因此，这门科学没有阶级性，也没有行业性，这是普通逻辑与许多人文社会科学的一个重要差别。其次，普通逻辑所研究的思维形式、思维方法和思维规律，对全世界不同国家、不同区域、不同民族的人，都同样适用。尽管各国、各区域、各民族居民的思维习惯存在着一定的差别，但他们所运用的思维形式、思维方法，以及必须遵守的逻辑规律，并没有明显的民族差别，这是逻辑学与语言学一个重要的不同点。

四、普通逻辑研究对象的客观性

普通逻辑研究的对象是思维的逻辑形式、逻辑方法和逻辑规律，它们不是少数逻辑学家在书斋中臆造出来的"纯主观"的东西，而是客观事物的一些普遍联系和规律的反映，是人们通过对大量正确思维和错误思维的具体材料的分析研究，总结、抽象出来的。例如，凡是具有"这个 S 是 P 又不是 P"形式的判断，都是错误的，这不仅是因为它们违反逻辑，而且首先是因为它们不符合事实。人们通过无数次实践检验，证明了具有此形式的判断都不可能符合事实，然后才有逻辑的矛盾律。

唯心主义者否定逻辑形式、逻辑规律、逻辑方法的客观基础。客观唯心主义者认为它们是人脑先天固有的，与客观世界和人们的实践活动无关；主观唯心主义者认为它们和下棋、打牌的规则一样，是少数人约定的。这些观点无法解释全世界不同国家、不同地区、不同民族的人的正确思维何以会运用相同的逻辑形式和逻辑方法，并遵循共同的逻辑规律。

第四节　学习普通逻辑的意义和方法

一、学习普通逻辑的意义

1. 掌握逻辑工具，提高综合能力

逻辑学是一门工具学科，学习普通逻辑可以掌握逻辑工具为工作和学习服务。

第一，学习普通逻辑有助于提高逻辑思维的能力。

人的智力包括观察力、记忆力、想象力、注意力、思维力五个基本要素，其中思维力是智力的核心。逻辑思维能力不是先天具有的，而是通过后天的学习和训练得到的。没有系统地学过逻辑学的人之所以也能进行正常的逻辑思维，是因为从幼年开始所接受的各种教育（尤其是语文和数学这两门主课）中，包含有大量的思维训练的内容。但是，没有逻辑理论指导的思维只是自发的思维，而不是自觉的思维，它在思维的正确性和敏捷性方面都受到一定的限制。

逻辑思维过程包括形成概念的过程，运用概念构成判断的过程，运用各种推理形式从已知判断推出新判断的过程，综合运用各种推理形式和逻辑规律提出和验证假说、进行逻辑论证的过程，等等。通过普通逻辑的学习，掌握了概念、判断、推理、假说、论证以及逻辑规律的基本知识，就可以运用它们指导自己的思维，正确运用各种思维形式和思维方法，自觉遵守逻辑规律，从而极大地提高思维的敏捷性，同时避免不必要的逻辑错误。掌握普通逻辑知识可以使自发思维上升为自觉思维，在正确性和敏捷性两方面改善思维品质，从根本上提高逻辑思维的能力。

思维能力是智力的核心，是人的综合能力的基础。思维能力提高了，分析问题、解决问题的能力（包括学习其他学科知识的能力）也就相应地得到提高。现在教育界和全社会都在讨论如何培养青少年创新能力的问题,创新能力的培养涉及学校教育和社会环境等各个方面,但创新能力的关键还是创新思维,学习一些基本的逻辑知识,对提高人们的创新能力有不可低估的作用。

第二,学习普通逻辑有助于提高正确表达思想的能力。

正确思维要应用逻辑,正确表达思想也要应用逻辑。人们常常遇到这样的情况:你经过思考已经搞清楚某一问题,但要将自己的理解或思维过程整理出来,却又感到非常困难。这主要是因为你还缺少必要的逻辑知识,不了解自己的思维过程运用了什么推理形式。人们常说某人文章或演说"思路清晰"或"思路混乱","逻辑性强"或"缺乏逻辑性",就说明表达思想也有一个是否合乎逻辑的问题。

逻辑性是衡量议论性、说明性文章或演讲水平的一个重要标准,是文章或演讲具有说服力的必要条件。著名语言学家王力先生跟他的研究生谈如何写论文的时候说道:"撰写论文,第一点,也是最重要的一点,就是要运用逻辑思维。如果没有科学头脑,就写不出科学论文,所谓科学头脑,也就是逻辑的头脑……第二点,写起论文来,要层次分明……这一点跟逻辑很有关系。"[①]概念要明确,判断要恰当,推理要有逻辑性,论证要有说服力,这是对议论性、说明性文章或演讲的基本要求,而要达到这些要求,不掌握基本的逻辑知识是不行的。

第三,学习普通逻辑有助于提高识别错误、揭露诡辩的能力。

错误的、虚假的言论,不仅经不住实践的检验,而且在逻辑上也往往站不住脚。如果掌握了一定的逻辑知识,就能从逻辑分析入手,发现一些错误。科学史上,伽利略在比萨斜塔上做那个著名的自由落体实验之前,就从逻辑上发现了亚里士多德关于"物体下落的速度与重量成正比"这一论断的错误。"如果物体下落的速度

---

① 王力等:《怎样写论文》,5～8页,沈阳:辽宁教育出版社,2006。

与重量成正比,那么将大球和小球捆在一起让它下落,其速度就会比大球下落的速度快(因为两球的重量大于大球的重量);如果物体下落的速度与重量成正比,那么将大球和小球捆在一起让它下落,其速度就会比大球下落的速度慢(因为速度慢的小球会影响大球下落的速度);既比大球速度快,又比大球速度慢,这是不可能的;所以,物体下落速度与重量成正比这一'定律'是错误的"。伽利略的这个推论运用的就是普通逻辑关于假言推理和矛盾律的有关知识。

逻辑还是揭露诡辩的有力武器。诡辩就是故意用违反逻辑的方法为谬误辩护,因此,掌握了逻辑知识可以帮助我们从逻辑上揭露诡辩。例如,

有一篇文章以"一支探险队在征服梅里雪山过程中遭遇一场雪崩,结果探险队员全体遇难"的事实来证明山神的存在和"梅里雪山是神山不能践踏"。这种以偶然事故证明神灵存在就是一种以偏概全的诡辩术,有一点逻辑修养的人很容易识破其荒谬性:根据逻辑学原理,仅靠个别的事例无法证明严肃的观点。探险本来就是存在巨大风险的运动,发生一次事故怎么能证明那山是"神山"?登山没有死人的事多着呢,珠峰在藏民的心目中就是一座神山,一批批的登山人员登上珠峰,但绝大多数登山者并没有遇难。如果一批登山人员遇难就能证明山有灵魂,那么更多的登山者没有遇难不是更能说明大山是没有灵魂吗?

在一些反科学的邪教组织的歪理邪说中也包含有大量的违反逻辑的内容,掌握逻辑知识可以帮助我们揭露它们的欺骗性。

2. 树立逻辑观念,培养科学精神

普通逻辑又是一门人文性学科,在掌握逻辑工具、进行逻辑思维训练的过程中,人们的逻辑观念也能逐步增强。由于任何科学思维都要应用逻辑,因此,逻辑观念乃是科学精神的重要因素之一。

所谓逻辑观念,是指自觉应用逻辑工具探索真理、维护真理、传播真理的观念。逻辑观念包括以下几方面内容:

第一,独立思考、敢于怀疑的观念。科学要求人们独立思考,而迷信则希望人们盲从。这是因为科学是不怕怀疑、不怕批评的,而迷信则经不住人们的怀疑和推敲。科学总是在对旧观念的大胆怀疑、不断否定过程中发展的。如果伽利略不对亚里士多德的"自由落体定律"大胆怀疑,就不会有比萨斜塔上的实验,人们对自由落体运动的认识就会停留在错误水平上;如果邓小平同志不对"社会主义经济必须是计划经济"这一在当时是"绝对权威"的观点大胆怀疑,也就没有社会主义市场经济理论的出现。"文化大革命"十年动乱中,一些人在盲从中自觉或不自觉地按照某些错误理论干了许多今天看来不可思议的事;今天,某些反科学的歪理邪说之所以能迷惑许多人,跟这些人缺少逻辑训练,没有树立独立思考、敢于怀疑的观念是分不开的。逻辑学要求任何主张必须提供充足理由,应用这个原理,我们对任何理论和观点,不管它是某某大师提出的,还是某某权威人士提出的,都应该问一下:这种观点有充足理由吗?能经得住实践检验吗?

第二,勇于探索、大胆创新的观念。科学要发展,社会要前进,人们对自然和社会的认识永远不会停止在一个水平上。自然界和人类社会永远存在有待探索的领域,而要认识它们的规律以便适应它、利用它,就要勇于探索,大胆创新。创新不仅仅是能力问题,也是一个观念问题,而创新能力和创新观念的核心乃是创新思维;创新思维要运用各种逻辑推理,运用假说、论证等思维过程和思维方法。在学习普通逻辑的过程中,人们可以逐步形成创新思维的习惯。

第三,思维和语言表达要有严密性的观念。思维过程和表达思想的语言要有严密性,这是逻辑学的基本要求。思维及其语言表达的严密性主要体现在思想的同一性、不矛盾性、明确性以及推理过程要合乎逻辑规则和要求等方面。然而,在今天的传媒和其他出版物上,甚至于某些法律、法规、政策规定中,缺乏逻辑严密性的现象并不罕见。例如,一家大报在评述报刊编辑队伍状况时写道:"报刊编辑力量的现状……主要问题之一,是真正合格的编辑数量少且素质差。""真正合格"的编辑怎么会"素质差"?典型的自相矛盾。类似的逻辑错误常常出现于各种场合,显然与有关人员逻辑观念淡薄有关。通过系统的逻辑知识的学习,就能培养起思维及其语言表达要有严密性的逻辑观念。

第四,提出任何主张都要有论证性的观念。人们在社会生活中要对一些社会现象发表自己的看法。在民主和法制比较健全的社会条件下,人们将有越来越多的机会参与社会生活。如果一个思想是作为正式主张提出来的,是希望他人接受的,那就必须有充足的理由,这就是思想的论证性。为什么思想要有论证性?什么样的思想才算具备论证性?为什么仅仅列举实例不能使普遍性判断得到证明?怎样才能使思想具有论证性?这些问题都只有通过逻辑知识的系统学习才能解决。

二、学习普通逻辑的方法

有的人虽然知道学习逻辑很有意义,但在接触逻辑之前往往有一种误解:逻辑枯燥难学。这是学好逻辑的一个心理障碍。事实上,大凡学过逻辑的人都体会到,逻辑一点也不枯燥。普通逻辑研究的对象虽然是抽象的形式结构和规律,但它们都是日常思维中无时无刻不在运用的东西,是日常语言材料中到处可以碰到的东西,普通逻辑与日常生活、学习、工作息息相关,因此它不仅是有用的,也是生动有趣的。至于逻辑难学,这要看怎样理解,因为逻辑学本身有不同的分支和层次,就像数学一样,高等数学中的许多内容对于中学生或文科大学生来说也许是很难的,但算术、代数、平面几何就并不多难。普通逻辑在逻辑科学中的地位就相当于数学中的初等代数和平面几何,是基础的逻辑,对于一个已经具备中学知识基础的人来说,学好普通逻辑并没有多大的困难。

当然,要学好任何一门学科,都必须花一定的工夫。普通逻辑与其他学科(尤其是文科的其他课程)有一些明显差别,学习普通逻辑要注意以下几个问题:

1. 要充分重视公式的作用,学会从形式上分析问题

普通逻辑中有许多诸如"所有 S 是 P"、"p 或者 q"之类的公式,有的公式中还包含一些专门的符号,如 ∧、∨、→等等,这是逻辑学的一个重要特点。有的人在学习普通逻辑时,一见到这些公式就感到厌烦,希望避开这些公式来学习逻辑,这种想法是幼稚的。因为普通逻辑的主要研究对象是思维的逻辑形式,而逻辑形式必须借助公式才能准确表达,取消这些公式,就等于取消了逻辑本身。因此,学习普通逻辑不仅不能回避公式,而且要把掌握这些公式作为学习重点,要学会从具体思维中抽象出它的逻辑形式,并对它们作形式分析。例如,有这样一道逻辑试题:

"所有的犯罪行为都是违法行为,所以,所有的违法行为都是犯罪行为。"这个推理是否正确?为什么?

一些学生这样回答:"不正确,因为违法行为中只有那些社会危害性很大并且触犯了刑法应受刑罚处罚的,才构成犯罪。"这样回答当然不符合要求,因为这不是考核法律常识,而是考核逻辑知识。这道试题实际上是问所列推理的形式是否正确。即前一判断能否合乎逻辑地推出后一判断,而不是问后一判断本身是否符合法理。如果我们熟练地掌握有关的逻辑公式,就可很快抽象出原推理的逻辑形式"所有 S 是 P,所以,所有 P 是 S",然后再分析这个推理形式是否正确。这样回答问题才符合答题的要求。

2. 要在理解基本原理上下工夫,不能满足于死记硬背

普通逻辑当然也有一些基本知识需要牢牢记住,但相对于其他学科来说,需要强记的东西相对要少些。有的人学习普通逻辑,满足于死记硬背书本上的定义、规则、公式等,实际上没有真正理

解，更谈不上运用，结果并没有学好逻辑。有的人把逻辑教材背得滚瓜烂熟，结果成绩还是不理想，因为逻辑试题大多是应用性的，从记忆库中不能直接调出答案。这也说明了单靠死记硬背是学不好逻辑的。

学习逻辑重在理解，对一些基本概念的定义、主要推理的规则等要多问几个为什么，不仅要"知其然"，而且要"知其所以然"，把握这些逻辑原理的实质。除此之外，还要着重搞清楚各部分内容之间的内在联系，例如，一种判断的结构形式决定了它的逻辑性质，这种逻辑性质决定了以它为前提的推理的规则，推理的规则决定了它有哪些有效式以及运用这种推理常犯的逻辑错误有哪些，等等。如果把握了这些内容之间的内在联系，就可以收到事半功倍的效果，这是用机械记忆的方法无法得到的。

3. 要认真完成一定数量的练习，注意理论联系实际

普通逻辑是一门工具性学科，要想将所学的逻辑知识转化成应用逻辑的能力，就必须注意理论联系实际。

普通逻辑教材中一般都附有一定数量的练习题，这些练习题是为了帮助读者理解和应用有关逻辑知识而设计的，完成这些练习是学习普通逻辑的必要环节。练习题的内容一般都涉及具体思维的实际，完成它们是理论联系实际的最低要求。除此之外，读者还应经常运用学过的逻辑知识指导自己的思维活动和语言表达（包括平时说话、写作、论辩、演讲等），分析每天看到或听到的各种语言材料的逻辑结构、思维方法、逻辑错误等，从而学会灵活运用逻辑知识，真正提高自己的思维能力和表达水平。

复习思考题

1. "逻辑"一词有哪几种含义？
2. 普通逻辑的研究对象有哪些？

3.什么是思维形式？什么是思维形式的结构(思维的逻辑形式)？什么是逻辑形式的常项和变项？思维的逻辑形式的区别主要是由常项还是由变项决定的？

4.什么是正确思维的规律？什么是思维的方法？

5.普通逻辑有哪些重要性质？

6.掌握逻辑工具可以提高何种能力？

7.什么是逻辑观念？逻辑观念包括哪些内容？

8.学习普通逻辑要注意哪些问题？

练 习 题

一、下列语句中"逻辑"一词的意义是什么？

1.逻辑修养是人的综合素质中非常重要的一个方面。

2."四人帮"的垮台证明：历史的逻辑是无情的。

3.凡是不符合逻辑的观点是不可能符合实际的。

4."窃书不为贼"，这是孔乙己的逻辑。

5."逆境有利人才成长"的观点，不但经不住实践的检验，而且经不住逻辑的推敲。

6.背景分析是史学上对一个人物的言行进行剖析的基本方法，它与丝毫不讲任何逻辑的"出身论"是截然不同的。

二、找出逻辑形式相同的判断，并用公式表示它们共同的逻辑形式(用 S、P 表示概念，用 p、q 表示简单判断)。

1.凡是哺乳动物都是用肺呼吸的。

2.只有深入群众，才能了解群众的疾苦。

3.如果深入群众，就能了解群众的疾苦。

4.所有公民的合法权利都是受法律保护的。

5.只有完成一定数量的练习，才能学好逻辑。

三、找出逻辑形式相同的推理,并用公式表示它们共同的逻辑形式(用 S、P、M 表示概念,用 p、q 表示简单判断)。

1. 凡存在海洋生物化石的地方在地质史上都曾经是大海,喜玛拉雅山地区有大量水生物化石;所以,喜玛拉雅山地区在地质史上曾经是大海。

2. 有些参加今年普通高考的人是中年人;所以,有些中年人参加了今年普通高考。

3. 凡是害怕批评的都不是真理,有些理论害怕批评;所以,有些理论不是真理。

4. 他只有认识错误,才能改正错误;他没有认识错误;所以,他不能改正错误。

5. 犯了错误又不能正视自己的错误的人是很危险的,你犯了错误又不能正视自己的错误;因此,你是很危险的。

6. 只有天下雨,他才会不来,今天没下雨;所以,他不会不来。

四、请指出下列逻辑形式中的逻辑常项和变项。

1. 所有 S 不是 P

2. 有 S 是 P

3. p 并且 q

4. 如果 p,那么 q

5. 只有 p,才 q

五、运用本章所学的逻辑知识,解答下列问题。

1. 仔细比较下面三段话,体会其中包含什么共同的东西。

(1)(古代无神论者曾向鼓吹"上帝是无所不能的"僧侣提出一个问题:请问上帝能不能创造一块他自己举不起来的石头? 面对这个问题,被问者立刻处于两难境地。因为)如果上帝能够创造这块石头,那么他有一块石头举不起来;如果上帝不能够创造这块石头,那么他有一种石头造不出来;上帝或者能创造这块石头,或者不能;所以,或者上帝有一块石头举不起来,或者上帝有一种石头造不出来。(在这两种情况下,上帝都不是无所不能的。)

(2)(据电视报道,工商和环保执法人员联合去查处一家卖"天鹅肉"的餐馆。老板开始说他的天鹅肉"货真价实",后又改口说是"野鸭子肉"。执法人员对他说:)如果你卖的天鹅肉是真的,那么你违犯了珍稀动物保护法;如果你卖的天鹅肉是假的,那么你违犯了消费者权益保护法;你卖的天鹅肉或是真的或是假的;所以你或者违犯了珍稀动物保护法,或者违犯了消费者权益保护法。

(3)(在电影《建国大业》中,蒋介石在1949年春天非常痛苦地对那位要求通过反腐败挽救败局的儿子蒋经国说:)如果真的要反腐败,那就会亡党;如果不反腐败,那就会亡国。(原文:"反腐败,反吧,亡党,不反吧,亡国。")

2.下面是美学家李泽厚先生为《美学百题》一书写的序言(文字有压缩)。请根据文章内容回答:为什么作者认为"学点形式逻辑是学习美学必须具备的基本条件"?

美学 101 题[①]

"美学热"持续不衰,似乎愈来愈多的人对美学发生了兴趣,想学习,想了解……这里,我倒想提出一个101题:即学习美学要注意或具备一些什么基本知识或基本条件?

学习美学特别是写美学文章,起码要注意或学点形式逻辑。不要误认为美学即文艺或美学乃表现情感者,可以毫不顾及思维或论证的逻辑性、科学性。

近来仔细拜读了几篇批评我的美学大作,都是反对我的美的客观社会性的主张的。我这主张自50年代提出后,曾不断受到各种严厉的驳难、反对;今天有新的批评,我本来应不意外。不料这次新批评又确乎使我意外得目瞪口呆。例如,我主张美是客观的;

[①] 吕美生等:《美学百题》,序言,合肥:安徽人民出版社,1985。

他却说,难道客观的都是美吗?你看那苍蝇蚊子不都属客观,美吗?我说,人化的自然是美的本质;他驳斥道,那样,自然不都变成了社会,自然不就消失了吗?唯心主义!!!……当然他讲得要曲折复杂得多,不过说穿了,就是用的这种论证。

于是乎,我只好张开大嘴,无话可说:想答辩却不能,欲一笑置之又万分困难。因为,如果连形式逻辑也不遵守,如何能进行辩论呢?如果不辩论,这些文章又都口诛笔伐,极有气派……考虑良久,决定还是甘心被诛吧。因为"人是动物"推论不出"动物是人";"加糖的水"推论不出"加糖后水就变成了糖"似乎是头脑健全人的常识;不知为何,一到这些撰写学术论文的大笔之下,就都变了。既然如此,又何必去分辨呢?美学如此,亦可哀矣。

文中对我的批评,50年代到80年代,好些同志表述得远为清楚、尖锐、详尽,这些文章相比起来,实在逊色得多,以至搞到连形式逻辑也不讲的地步,从而这似乎很难说是学术。

第二章 概 念

第一节 概念的概述

一、概念的本质

概念是最基本的思维形式之一,是思维结构的最小单位,是构成判断和推理的基本要素,被比喻为"思维的细胞"。正如普通生物学的研究要从研究细胞开始一样,在研究思维形式结构的普通逻辑中,概念也应该是首先研究的对象。

概念的本质究竟是什么呢?

概念是反映思维对象特有属性的思维形式。

要理解"概念"这一定义,就必须搞清楚以下几个问题:

1. 什么是事物的特有属性

作为思维对象的事物(包括客观存在的事物和人们想象中的事物,如魔鬼、永动机、特异功能等)都具有各方面的性质,如形状、性能、颜色、动作、高低、大小等;任何事物都与其他事物发生一定的关系,如方位关系、因果关系、大于或小于关系等。事物自身的性质和事物之间的关系,逻辑上统称为事物的属性。例如,"人"这一事物就有以下一些属性:有重量(受地球吸引)、有生命、能自由移动身体、以两足直立行走为主要运动方式、能思维、会说话、能制造或使用工具进行劳动,等等。

在事物多种多样的属性中,有些是特有属性,有些是非特有属性。事物的特有属性就是某类(或某个)事物所具有而其他事物不具有的属性。根据是否具有这些特有属性,人们可以将一类(或一个)事物跟其他事物区别开来。以上所列举的人的几种属性中,能思维、会说话、能制造或使用工具进行劳动等,就是人的特有属性,因为只有人具有这些属性,而其他对象不具有这些属性;而有重量、有生命、能自由移动身体等,则是人的非特有属性,因为不仅人具有这些属性,其他对象也具有这些属性。

有的事物以同时具有若干属性与其他事物相区别,"同时具有若干属性"就是该类对象的特有属性。例如,"以语言为工具"不是文学作品的特有属性(论文、教科书等也是以语言为工具的作品),"塑造形象"也不是文学作品的特有属性(绘画、雕塑、音乐也塑造形象),但"同时具备两属性"则是文学作品的特有属性。

2. 为什么说概念是反映事物特有属性的思维形式

事物的属性分为特有属性和非特有属性两类,为什么不将概念定义为"反映对象属性的思维形式"呢?要回答这个问题,有必要了解概念的形成过程。

人们认识事物总是从一些外在的属性开始的,当人们还没有发现某些事物与其他事物的区别(即特有属性)时,不会形成反映这些事物的概念。例如,当人类的祖先还没有发现夜空中无数星星里有几颗星的相对位置在发生位移时,就绝不会(也没有必要)形成反映这几颗特殊星星的概念"行星"。"行星"这一天文概念的形成正是人们认识了这些对象特有属性的结果。同样,在没有发现一些湖泊的水是咸的之前,人们只需要用"湖"这一概念来指称它们就可以了,只有在人们发现了它们的水是咸的,与一般的湖不一样,才会形成专门反映这些湖泊的概念"咸水湖"。

由于任何概念都是人们认识事物特有属性的必然结果,所以说概念是反映事物特有属性的思维形式。

3. 事物的本质属性和反映本质属性的科学概念

事物的特有属性不是单一的,例如人的特有属性就有能思维、会说话、能劳动等。在事物的诸种特有属性中,必有一个属性代表事物的本质,它决定着事物的性质,并派生出该类事物的其他特有属性。这种代表事物本质的特有属性叫做事物的本质属性。例如，人的若干特有属性中，"能制造或使用工具进行劳动"是人的本质属性，人的其他特有属性如"会说话"、"能思维"等均是由这个本质属性派生出来的，因为思维和语言都是劳动的产物。由此可见，事物的本质属性一定是事物的特有属性，而事物的特有属性不一定就是事物的本质属性。

任何概念都反映事物的特有属性，但并不是所有概念都反映事物的本质属性，这是因为人们对事物的认识有一个由浅入深、由表及里、由现象到本质的过程。在人们认识某类事物的本质属性之前，就可以凭借已经把握的该类事物的其他特有属性，形成关于该类事物的概念。例如，在相当长的历史阶段中，人们对行星的认识仅仅停留在"在星空中相对位置在发生持续的明显改变（即位移）"，显然，这一属性并不是行星的本质；同样，人们直到一百多年前才认识到人的本质是"能制造或使用生产工具进行劳动"。而在这之前很久，早就有了"行星"、"人"的概念。

反映事物非本质的特有属性的概念叫做一般概念，或称初级概念；反映事物本质属性的概念叫做科学概念，或称高级概念，科学概念是在初级概念的基础上对思维对象认识深化后才形成的。科学理论体系中的概念一般都是科学概念，而在日常普通思维中，人们既使用科学概念，也经常使用初级概念。

有些逻辑读本将概念定义为"反映对象本质属性的思维形式"，而将定义中的"本质属性"解释为"一类事物具有、其他事物不具有的属性"，这种解释与本书对"特有属性"的解释相同，而与现代汉语中"本质"一词的意义有很大的差别。

二、概念、语词和词项

1. 概念与语词的关系

思维离不开语言。概念是人们头脑中的思想，既看不见，也听不到，只有用语词把它表达出来，才能传播开来，并流传后世。概

念是语词的思想内容,语词是概念的语言形式。二者的差别在于:

(1)概念是一种思维形式,它的内容是客观的,具有全人类性,不同国家、不同民族的人,认识同一对象同一特有属性后都会形成相同的概念。而语词则是表达概念的声音和符号,它具有民族的、地域的特点。在不同国家、不同民族的语言中,表达同一个概念的语词可能是不同的,例如"书"这个概念,在汉语中用"书"表示,在英语中用"book"来表示,在俄语中则用"книга"来表示。

(2)在同一国家、同一民族的语言中,同一个概念也可以用不同的语词来表达。例如,"宇宙观"和"世界观","马达"和"电动机"等。表达同一个概念的不同语词叫做等义词。

(3)同一个语词在不同的语境中,可以表达不同的概念。例如,"运动"一词,作为物理学概念,指的是物体的存在形式;作为政治概念,指的是大规模的政治行动;作为日常用语,又多指体育活动。再如"逻辑"一词,既可指逻辑科学,又可指事物本身的发展规律等。尽管一个语词可以表达不同的概念,但在特定的语境(上下文)中,一个语词表达什么概念一般是确定的,不会发生歧义。如果结合具体语境也难以确定一个语词表达什么概念,我们就应该避免使用,而以一个不会发生歧义的语词来替换它。

(4)任何概念都由语词来表达,但不是所有的语词都表达概念。在汉语中,各种实词(名词、动词、形容词、数量词等)都表达概念,而只有语法意义没有词汇意义的虚词,一般不表达概念,如助词"的"、"地"、"得"等,叹词"呀"、"啊"、"吗"等,但虚词中的连词,如"并且"、"或者"、"如果……那么……"等,因为有确定的词汇意义,是能够表达概念的,如"如果……那么……"表达了"前者是后者的充分条件"这一逻辑含义。

2."词项"的含义

表达概念的语词叫做词项,它是逻辑学的一个专门术语。在普通逻辑中,词项指的就是性质判断的主项和谓项,以及关系判断的关系者项和关系项。例如,在"历史上大权在握的政治家都不是伟大的思想家"这一命题中,"历史上大权在握的政治家"和"伟大的思想家"就是两个词项。

当我们把概念当作一种独立的思维形式来研究时,是必须通过表达它的语词来进行的,这时我们称它为"概念"而不称它为"词项",它所反映的对象的特有属性我们称为"概念的内涵",而不说它是"词项的内涵",揭示内涵的逻辑方法称为"概念的定义",而不说"词项的定义";应用概念时违反同一律的逻辑错误叫做"偷换概念"而不能称作"偷换词项"。

三、概念的逻辑特征——内涵和外延

内涵和外延是概念的两个重要逻辑特征。了解概念的内涵和外延的知识,对于正确地运用概念,正确理解概念在判断和推理中的作用,乃至于正确把握判断的逻辑特征和推理的规则,具有非常重要的意义。

1. 什么是概念的内涵和外延

概念的内涵就是反映在概念中的对象的特有属性,科学概念的内涵就是它所反映的对象的本质属性。例如,"文学作品"的内涵就是"以语言为工具,通过塑造形象来反映社会生活、表达思想感情的作品";"三角形"的内涵就是"在同一平面中由三条互不平行的直线所围成的封闭图形";"武器"的内涵就是"直接用于杀伤敌方有生力量或破坏对方作战设施的器械"。

概念的内涵不等于对象本身所固有的特有属性。这是因为概念的内涵是一种主观认识,而事物本身的特有属性则是一种客观存在。主观认识与客观存在有时相符,有时则可能不相符。对象的特有属性有的已经被认识,有的可能尚未被认识。另外,事物的特有属性可能是多方面的,而一个概念往往只反映其中的一个或几个特有属性,并不反映对象的所有特有属性。这就是人们对同一对象可能形成不同概念的原因。

概念的外延就是具有概念所反映的特有属性的对象，即概念的适用范围。例如，"文学作品"的外延包括古今中外一切小说、诗歌、散文、文学剧本；"三角形"的外延包括存在于任何地方的锐角三角形、直角三角形、钝角三角形；"战争"的外延包括古今中外的一切正义战争和非正义战争、世界性的战争和局部性的战争、国内的战争和国与国之间的战争，等等。

内涵是概念质的方面的特征，它回答概念"反映了什么对象"（S 是什么）的问题；外延是概念量的方面的特征，它回答概念"反映了哪些对象"（S 有哪些）的问题。

2. 概念内涵和外延的确定性和可变性

对于"S 是什么"和"S 有哪些"的问题，通常都有确定的答案，这说明概念的内涵和外延在一定时间、一定范围内是确定的。一个概念之所以区别于另一概念，正是由于两者在内涵和外延方面有着明确的界限。

但是，概念的内涵和外延并不是固定不变的，随着历史条件的变化和人们对事物认识的深化，概念的内涵和外延也会发生一定的变化，这就是概念内涵和外延的可变性。概念内涵和外延发生变化的原因主要有两个：

第一，认识的深化发展。例如，在古代"人"这个概念的内涵仅仅是"两足直立行走的动物"，后来人们发现有些鸟类动物（如鸵鸟）也以"两足直立行走"为主要运动方式，凭这一属性不能将人与它们区分开来，就在原有的内涵中加进了"没有羽毛"这一属性，于是"人"的内涵变为"两足直立行走且没有羽毛的动物"，而"会制造或使用生产工具进行劳动的动物"这一本质属性，则是一百多年前才被人们认识的，才成为"人"这一概念的内涵。再如"行星"这一概念的外延，在古代仅指水、木、金、火、土 5 颗星，后来人们认识到地球也是行星，增加到 6 颗，近代人们借助于天文望远镜，又发现了天王星、海王星，"行星"的外延继续增加；再后来又有一些小行星进入"行星"这一概念的外延。

第二,事物本身的发展变化。例如,"大众传媒"这一概念的外延,原来专指报纸,后来随着传播技术的进步,又加进了广播,再后来又加进了电视,到20世纪的最后20年又增加了互联网;"社会主义国家"这个概念的外延也因事物本身的发展变化而在1990年前后发生了明显的变化。

了解概念内涵和外延的可变性是必要的,这样可以防止认识僵化。但是,概念内涵和外延的变化原因和变化规律并不是普通逻辑研究的对象。普通逻辑主要是研究思维的形式结构的,因此更加强调内涵和外延在一定时期、一定领域中的相对确定性。

3. 几种特殊概念的内涵和外延

概念有内涵和外延两方面逻辑特征,是没有任何例外的。但有人认为有例外,其中比较有代表性的观点是"专名没有内涵","虚概念没有外延"。下面对这两种观点加以简单的讨论。

第一个问题,专名所表达的概念(以下简称"专名概念")有没有内涵?专名就是"人名、地名、机关团体名之类,如北京、鲁迅、北京大学等"(据《现代汉语词典》)。有人认为专名仅仅是指代对象的笔画或声音符号,没有反映对象的任何特有属性,因而也没有内涵可言;有人则干脆说专名不表达(或不是)概念。

我们认为,专名概念反映了对象在名称上的特有属性,这正是专名概念的内涵。例如,"鲁迅"这个专名的内涵是"一个名字(或笔名)叫'鲁迅'的人";"武夷山"这个专名的内涵是"一座名叫'武夷山'的山"。

还有人认为专名概念的内涵就是它指称的对象所具有的一切特征,这种理解无限制地扩大了专名概念的内涵,也是不可取的。例如,有人说"鲁迅"的内涵是"中国现代文学的奠基人,伟大的文学家、思想家,《呐喊》《彷徨》等小说集的作者……"。实际上,鲁迅之所以叫"鲁迅",与他是否具有这些属性无关,而只与他(或他的父母)是否给他取了"鲁迅"这个名字(或笔名)有关。因此,"鲁迅"的内涵仅仅是"一个名叫'鲁迅'的人",它并没有反映这个人在其他方面的特有属性。

第二个问题,虚概念有没有外延?所谓虚概念指"在现实世界中不存在其反映的对象的概念",如"上帝"、"神仙"、"永动机"、"没有任何缺点的人"等。一种观点认为虚概念没有外延,他们把概念的外延理解为具有某属性的"客观世界存在的事物";而事实上,人们的思维不仅可以反映客观存在的事物,也可以反映主观想象中的事物,否则我们就没有办法对"特异功能"、"水变油技术"等作理性的思考。既然概念的外延可以是主观想象中的事物,虚概念当然也有外延。

另一种观点认为虚概念有外延,但外延为零。这种观点也值得商榷。因为,假如虚概念的外延都为零,则虚概念的外延就没有大小之分,那么"上帝"的外延就应该等于"神仙"的外延,而实际上谁都知道,上帝比神仙少,上帝只有一个,而神仙则有许多。

四、概念要明确

普通逻辑对概念运用的基本要求是:概念要明确。

所谓概念要明确,就是要明确概念的内涵即概念所反映的特有属性(对于科学概念而言,也就是本质属性),以及概念的外延即概念所反映的对象的范围。对任何概念 S 而言,如果你能用自己的语言回答"S 是什么"和"S 有哪些"两个问题,你对这个概念就可以说已经明确了。

概念明确是人们正确进行逻辑思维的必要条件,是作出恰当判断和进行合乎逻辑的推理的基础。概念明确也是正确表达思想的必要条件,在演讲或论文中,如果对关键的概念不作明确的解释,听众和读者就无法准确理解演讲或论文的主旨。

要做到明确概念,需要四个条件:

(1)具有与概念相关的知识基础。

(2)具有较好的语言修养。

(3)了解概念的本质、概念的内涵和外延、概念的种类和概念间的关系等逻辑知识。

(4)掌握明确概念的逻辑方法。

前两项不是逻辑学的任务,后两项正是本章的具体内容。

第二节 概念的种类

普通逻辑所说的概念的种类,不是指根据概念的具体内容进行的分类,如"哲学概念"、"文艺学概念"、"数学概念"、"生物学概念"等,而是根据概念的内涵和外延这两个逻辑特征对概念进行的分类。

一、单独概念和普遍概念

根据概念的外延是否为唯一对象,概念可以分为单独概念和普遍概念。

单独概念是反映唯一对象的概念。它的外延只及于一个特定对象。例如,"北京"、"黄山"、"中东地区"等,反映某一特定的地方;"杜甫"、"鲁迅"、"爱因斯坦"等,反映某一特定的人物;"2001年9月11日"、"文艺复兴时期"等,反映某一特定的时间;"北京大学"、"上海市政府"等,反映某一特定的单位;"五四运动"、"唐山大地震"等,反映某一特定事件。这些概念都只反映一个特定对象,因此都是单独概念。

语言中的专有名词都表达单独概念。此外,带有最高程度副词或序数词的词组(如"世界最高峰"、"人均收入最低的国家"、"美国第40任总统"等),以及在特定语境中使用的带有指示代词的词组(如"这座城市"、"那个大眼睛的姑娘"等),也表达单独概念。

普遍概念是反映两个或两个以上对象的概念。它的外延是由两个或两个以上对象组成的类,所以又叫类概念。如"工人"、"科学家"、"汽车"、"国家"、"城市"、"商品"、"价值"、"责任制"、"思想"等。这些概念所反映的都是由许多具有共同属性的对象所组成的类,它们都是普遍概念。

语言中的普通名词或名词性词组表达普遍概念,例如:人、山、学校、有学问的老师、出口商品、先进思想等。动词、形容词所表达的概念,也往往是普遍概念。如动词"走"、"流动"等是对某些对象的某种状态的概括;形容词"伟大"、"勇敢"、"美丽"等是对某些对象某种性质的概括。这些语词所表达的概念,其外延不是单一的对象,因而都是普遍概念。

普遍概念反映对象的类,一类中的每一个对象,相对于类来说叫做"分子"。有的大类中包含小类,小类又叫做"子类"。例如,"书"这个类,它的"分子"是指每一本具体的书,如《史记》、《资本论》、《小逻辑》等;"书"是一个大类,它包含"古籍书"、"现代书"等子类。无论是反映大类还是反映小类(子类)的概念,都是普遍概念。

普遍概念所反映的特有属性,是该类中的每个子类、每一个分子都具有的属性。

二、集合概念和非集合概念

根据概念所反映的是集合体的特有属性还是个体的特有属性,概念可以分为集合概念和非集合概念。

1. 什么是集合体

所谓集合体,是指由若干同类个体组成的有机整体。例如,森林是由许多同类个体(树)连成一片而成的集合体,政党是由许多同类个体(党员)组织起来的集合体。

集合体与组成它的个体的关系,是整体和部分的关系,它不同于类与分子之间的关系。部分不一定具有整体的属性,所以组成集合体的个体不必具有集合体的属性;而一个类包含的所有分子都具有类的共同属性。例如,森林中任意一棵特定的树,并不具有森林的属性;而任意一棵特定的树,必定具有树这个类的共同属性。我们可以指着某棵树说"这是树",却不能指着森林中的某一棵树说"这是森林"。

任何事物都可以分解为若干部分,因此任何事物都可以算是一个整体。集合体与一般整体的差别在于:组成集合体的每一部分都是同类的个体,如组成森林的每一棵树;而一般整体分解成的部分则不是同类个体,例如一棵树作为一个整体也可以分解为树根、树干、树冠等部分,但它们显然不是同类个体。

常见的集合体有:森林、群岛、星座、水系、丛书、组歌、舰队、建筑群、民族、工人阶级、企业集团、运动队、代表团、委员会、教研组,等等。

2. 什么是集合概念、非集合概念

反映集合体的特有属性的概念是集合概念,不反映集合体属性的概念是非集合概念。上面所说"常见的集合体"中所列举的每一个语词,表达的都是集合概念。而树、岛、星星、河(江、湖)、书、歌曲、军舰、建筑物、汉族人、工人、企业、运动员、代表、委员、教师等语词,表达的都是非集合概念。反映特定的个体对象的专有名词如达尔文、黄山、台湾岛等,表达的是单独的非集合概念。

有的集合概念的外延只涉及某一特定集合体,这就是单独集合概念,例如"北京故宫建筑群"、"大兴安岭森林"、"中国桥牌协会"等;有的集合概念的外延涉及许多集合体,这就是普遍集合概念,如"建筑群"、"森林"、"体育协会"等。普遍集合概念反映的是由许多集合体组成的类。

用抽象名词、形容词、动词表达的概念,如"可塑性"、"重要"、"相信"等,反映的是事物的性质和关系,这些性质和关系通常不为集合体所专有,因此它们不是集合概念,而是非集合概念。

3. 注意区分具体语境中的集合概念和非集合概念

语言中有些语词总是表达集合概念的,如森林、群岛、政党等,即使孤立地理解,它们表达的也是集合概念。

有的语词既可表达集合概念,也可表达非集合概念,如"群众"既可表示没有当领导或没有入党的普通人,也可表示许多普通人组成的整体,前者如"当官的都没来,只来了几个普通群众",后者如"任何时候都不能脱离群众"。

有的语词如果孤立地考察其词义,它表达的是非集合概念,但在特定的语境中却可以临时用来表达集合概念。

【例 2-2-1】不超过 3 万字的作品是可以在一天内读完的,
鲁迅的作品都不超过 3 万字, ——①
所以,鲁迅的作品是可以在一天内读完的。 ——②

【例 2-2-2】鲁迅的作品在一天内是读不完的, ——③
《阿 Q 正传》是鲁迅的作品, ——④
所以,《阿 Q 正传》在一天内是读不完的。

这两个推理的前提都是真判断,但都推出了假结论,其原因就是"鲁迅的作品"这一语词在①、④两句中取的是一般用法,表达的是非集合概念,反映的是鲁迅先生的任意一篇具体作品;而在②、③两句中则是临时用法,表达的是集合概念,反映的是鲁迅先生所有作品构成的整体(总和)。为了避免误解,我们有时需要明确一个语词在某一语句中所表示的是集合体(一类事物的总和才有的)的属性还是个体的属性,如果是前者,它表达的就是集合概念,如果是后者,它表达的就是非集合概念。

4.常见的误用集合概念的错误

如果不了解集合概念反映的是集合体的属性,不了解集合体的属性不必为组成它的个体所具有,思维和语言表达中就会出现"误用集合"的错误。这种错误常见的表现形式有两种:

(1)把集合概念当作非集合概念使用。

【例 2-2-3】他一下飞机,就和前来欢迎的人群一一握手。

【例 2-2-4】工人阶级都下岗了,怎能承担领导阶级的重任?

他"一一握手"的对象只能是"人",而不会是"人群";下岗的只能是"工人",而不是"工人阶级"。这两例都把集合概念当作非集合概念来使用了。

(2)混淆集合概念和非集合概念。

【例 2-2-5】有位伟人说过:"只有落后的领导,没有落后的群众。"作为一名普通群众,我怎么会落后呢?

【例 2-2-6】他是党总支书记,对他不满就是对党不满,反对他就是反对党。

在例 2-2-5 里,"群众"一词在"没有落后的群众"一句中表达的是集合概念,而在"作为一名普通群众……"中表达的是非集合概念,将二者混淆,当然是一种谬误。例 2-2-6 的语言今天看来十分荒谬,但在"反右"和"文革"时期,这是一种到处都能听到的"棍子逻辑",当时多少怀着善意目的向党员干部提意见的人,就是被这样的棍子打成"右派分子"、"反党分子"而长期蒙受冤屈。从逻辑上分析,这是混淆了集合体的属性和组成它的个体的属性的区别,因为根据逻辑,组成集合体的个体(党员、党的干部)不必具有集合体(党)的属性,即使真的对某些党员不满,甚至反对某些党员个人,也不能扣以"对党不满"、"反党"的帽子。

三、正概念和负概念

根据概念所反映的特有属性是正属性(即具有某属性)还是负属性(即缺少某属性),概念可以分为正概念(肯定概念)和负概念(否定概念)。

在思维对象中,有些事物与其他事物的差别(即特有属性)不在于比其他对象多某种属性,而在于比其他对象少某种属性。例如,非党员的特有属性是"没有加入党组织",非正义战争的特有属性是"不具有正义性",无性繁殖的特有属性是"没有两性结合的过程",等等。这种相对缺少的属性叫做负属性。反映负属性(即不具有某属性)的概念就是负概念。"非党员"、"非典型肺炎"、"无性繁殖"、"不文明"、"未成年人"等,都是负概念。

表达负概念的语词都带有"非"、"不"、"无"、"未"等否定词,这是负概念的外部语言标志。

反映正属性(即具有某属性)的概念是正概念。日常思维中使用的大多数概念是正概念,任何负概念都有一个对应的正概念(如上述负概念对应的正概念分别是"党员"、"典型肺炎"、"有性繁殖"、"文明"、"成年人"),但有的正概念却没有对应的负概念,如思维中一般不用"非云彩"、"非群众"一类的负概念。

负概念与它对应的正概念处在一个特定的范围之内,这个范围就是二者的外延之和,逻辑上叫做负概念的"论域"。例如,"非正义战争"的论域是战争,"无性繁殖"的论域是繁殖方式,"未成年人"的论域是人,"无理数"的论域是实数。负概念的外延仅仅是论域之内不具有某属性的对象,例如,"非党员"的外延显然不包括未成年人如儿童等,因为它的论域是成年人。

上述对概念的几种分类,是从不同角度划分的。任何一个概念都可以根据不同标准归入相应的类别。例如,"教师"是普遍概念、非集合概念、正概念;"舟山群岛"是单独概念、集合概念、正概念;"非法组织"是普遍概念、集合概念、负概念;"无理数"是普遍概念、非集合概念、负概念。

第三节 概念间的关系

逻辑学所说的概念间的关系指的是概念外延之间的关系,这种关系是客观对象之间一种最普遍的关系——同异关系在思维中的反映。

概念 S 与概念 P 外延间的关系,就是 S 类事物与 P 类事物之间的同异关系,也就是有没有 S 是 P,以及 S 是否全部是 P 这种关系。S 可能全部是 P,也可能全部不是 P,还可能有一部分是 P,而另一部分不是 P。两概念之间的关系共有以下五种：

一、全同关系

如果 S 与 P 的外延完全重合，即所有 S 都是 P，并且所有 P 都是 S，那么，S 与 P 之间的关系就是全同关系。例如：

《呐喊》的作者（S）——鲁迅（P）

等边三角形（S）——等角三角形（P）

会说话的动物（S）——会制造和使用工具的动物（P）

概念间的全同关系，可用右图表示。

具有全同关系的两个概念，虽然外延完全相同，但它们的内涵却是不完全相同的。例如，"《呐喊》的作者"的内涵是"写《呐喊》这本书的那个人"，而"鲁迅"的内涵则是"一个名叫'鲁迅'的人"。上述其他两对概念也是如此。

全同关系

对相同的对象之所以会形成不同的概念，是因为同一事物具有多方面的特有属性，反映不同特有属性的概念内涵是不同的，但外延却是相同的，这样就形成了全同关系的概念。

全同关系的概念是两个概念，它不同于表达同一概念的等义词。例如，"土豆"与"马铃薯"是一对等义词，它们不仅外延相同，而且内涵也相同，因而表达的是同一个概念，而不是全同关系的两个概念。

二、真包含于关系

如果 S 的全部外延仅是 P 的外延的一部分，即所有 S 都是 P，但有 P 不是 S，那么，S 与 P 之间的关系就是真包含于关系（S 真包含于 P）。例如：

知识分子（S）——劳动者（P）

小说（S）——文学作品（P）

哺乳动物（S）——脊椎动物（P）

概念间的真包含于关系，可用右图表示。

在现代逻辑的集合论中，真包含于关系仅指小类（子类）和大类的关系,而不包括分子与类的关系。例如"鲁迅"与"作家"外延间的关系在数理逻辑中只能叫做属于关系,而不能叫做真包含于关系。在普通逻辑中,我们不作这种严格区分,因为这种区分对于判断的逻辑性质和推理的规则没有什么影响。在普通逻辑看来,"鲁迅"与"作家"具有真包含于关系。

真包含于关系
(S真包含于P)

用代入法能够准确地判定两概念是否具有真包含于关系:将两概念代入"所有S是P,有的P不是S"的公式,如果能令两判断为真,则S真包含于P;否则就不具有真包含于关系。例如,"白马都是马,有的马不是白马"为真,故"白马"与"马"是真包含于关系;"马尾巴都是马,有的马不是马尾巴"为假,故"马尾巴"与"马"之间不具有真包含于关系。用同样的方法可以判定"黄山"与"安徽省"、"党员"与"党"、"省教育厅"与"国家教育部"、"电脑硬盘"与"电脑"之间都不具有真包含于关系。

三、真包含关系

如果S的部分外延是P的外延的全部,即有S不是P,但所有P都是S,那么,S与P之间的关系就是真包含关系(S真包含P)。例如:

学生(S)——大学生(P)

金属(S)——铁(P)

考试(S)——公务员录用考试(P)

概念间的真包含关系,可用右图表示。

真包含关系
(S真包含P)

真包含于关系和真包含关系是相对的,如果S真包含于P,则P就真包含S,反之亦然。

具有真包含于和真包含关系的一对概念中,外延较大的概念叫做属概念,外延较小的概念叫做种概念。所以,真包含关系又叫做属种关系;真包含于关系又叫做种属关系。我们通常把真包含关系和真包含于关系统称为"属种关系"。

属概念与种概念是相对而言的,如果 S 是 P 的属概念,P 就是 S 的种概念,反之亦然。属种关系的相对性还表现在:同一个概念相对于比它外延大的概念来说是种概念,相对于比它外延小的概念来说又是属概念。例如,"高等院校"相对于"学校"来说是种概念;相对于"高等师范院校"来说,它又是属概念。

概念间的属种关系是客观事物大类和小类关系的反映。由于大类与它所包含的小类不是同一层次的对象,所以属种概念一般不能并列使用。

【例 2-3-1】××同学生病了,大家送来了许多水果和香蕉。

【例 2-3-2】他既喜欢唱歌,又喜欢唱流行歌曲。

以上两例中,水果和香蕉、歌和流行歌曲都是属种关系的概念,并列使用使语言显得不自然,也暴露了说话人思维不够清晰。这种错误叫做"属种并列不当"。

有时为了强调某一个种概念的重要性、特殊性,也可以将属种概念并列,但与属概念并列的一定是明显特殊的种概念。

【例 2-3-3】我们的作家和所有的文艺工作者,都要对社会负责,对青少年负责。

此例强调作家是文艺工作者中对社会和青少年影响最大的一类,因而也应该是负有最大责任的一类,其表达效果相当于"我们所有的文艺工作者,尤其是作家们,都要……"这种用法已经约定俗成,不能认为是并列不当。

四、交叉关系

如果 S 与 P 的外延仅有一部分重合,即有 S 是 P,有 S 不是 P,并且有 P 不是 S,那么,S 与 P 之间的关系就是交叉关系。例如:

民主国家(S)——发展中国家(P)

工人(S)——青年(P)

正数(S)——整数(P)

交叉关系

概念间的交叉关系,可用右图表示。

交叉关系的概念一般是同一层次上的概念,可以并列使用。需要注意的是,如果表达两个交叉概念的语词之间没有"和"或者顿号,它表达的就不是交叉关系的两个概念,而是一个新的概念,而这个新的概念的外延并不等于原来的两个概念的外延之和。试比较下面两个"通知"。

【例 2-3-4】下午三点整在小礼堂召开全校党员、干部大会。

【例 2-3-5】下午三点整在小礼堂召开全校党员干部大会。

两例只有"一点"之差,但是"党员、干部"包括不是干部的党员、不是党员的干部、是党员的干部,而"党员干部"则只指最后一部分人。在使用交叉关系的概念时必须注意二者之间的差别。

概念间的全同、真包含于、真包含和交叉等四种关系,有一个共同特点,即至少有一部分外延是重合的。逻辑上有时候把这四种关系统称为概念间的相容关系。

五、全异关系

如果 S 与 P 两概念的外延没有任何重合,即所有 S 都不是 P,那么,S 与 P 之间的关系就是全异关系。全异关系又叫不相容关系。例如:

负数(S)——自然数(P)

国有企业(S)——个体企业(P)

男生(S)——女生(P)

概念间的全异关系,可用右图表示。

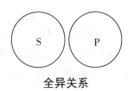

全异关系

如果全异关系的两概念 S 与 P 有一个共同的邻近的属概念 Q,则全异关系又有矛盾关系与反对关系之分。

1. 矛盾关系

如果 S 与 P 全异并且它们的外延之和等于它们共同的邻近属概念 Q 的外延,那么 S 与 P 之间的关系就是矛盾关系。例如:

正义战争(S)——非正义战争(P)
成年人(S)——未成年人(P)
双数(S)——单数(P)
矛盾关系可以用右图表示。

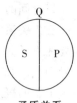

矛盾关系

矛盾关系的概念之间没有中间项,因此在它们共同的属概念的外延范围内,可以进行非此即彼的推演。例如,在战争的范围内,不是正义战争就一定是非正义战争;在自然数的范围内,不是双数就一定是单数。

2. 反对关系

如果 S 与 P 全异,并且它们的外延之和小于它们共同的邻近属概念 Q 的外延,那么 S 与 P 之间的关系就是反对关系。例如:

国有企业(S)——个体企业(P)
大学生(S)——小学生(P)
三角形(S)——四边形(P)
反对关系可以用右图表示。

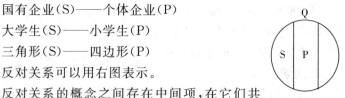

反对关系

反对关系的概念之间存在中间项,在它们共同的邻近属概念范围之内,不能进行非此即彼的推演。例如,由一个数不是正数,不能推断它是负数,因为还存在第三种情况——零。

了解概念外延间的各种关系,对于掌握概念的逻辑方法,以及理解简单判断的逻辑特征、判断间的真假关系,都具有重要的意义。此外,通过思考并明确某些概念外延间的关系,本身也是一种重要的思维方法,可以帮助我们理性地认知客观事物间的关系。例如,当我们要考察"科学决策"和"集体决策"两概念外延间的关系时,就会思考"科学决策都是集体决策吗"和"集体决策都是科学决策吗"的问题,思考后就会发现二者既不是全同关系,也不是属种关系,而是交叉关系。因为大家都根据经验来举手表决进行集体决策,同样可能是不科学的(属于经验决策),而领导人在占有大量可靠信息并征询专家意见后的个人决策(拍板),也有可能是科学决策。经过这样的思考过程,我们对事物的认识就会提升到较高水平。

第四节 概念的限制和概括

一、属种概念内涵与外延间的反变关系

限制和概括是两种简单的明确概念的逻辑方法。限制和概括的逻辑根据是属种关系概念内涵与外延间的反变关系。

我们来考察"生物"(A)、"动物"(B)、"脊椎动物"(C)三个具有属种关系的概念内涵和外延之间的关系。

先从外延上看,"生物"的外延最大,"动物"的外延次之,"脊椎动物"的外延最小。

再看它们的内涵,"生物"仅仅反映了对象"有生命"的特征;"动物"不仅反映了对象"有生命"的属性,还反映了对象"能移动身体"的特征,因此内涵比"生物"的内涵丰富;"脊椎动物"则既反映了对象"有生命",也反映了对象"能移动身体",此外还反映了对象在生理构造上的一个重要特征——"有一条脊椎骨",因此"脊椎动物"的内涵最为丰富。

由此可见,在具有属种关系的系列概念中,外延越大的概念,内涵就越少;外延越小的概念,内涵就越多。这就是"内涵与外延间的反变关系"。它是一条不以人的意志为转移的逻辑规律。

请考察:作家—中国作家—中国现代作家,学校—高等院校—高等师范院校,这些属种关系的概念是否也有上述相同现象。

二、概念的限制

概念的限制是通过增加内涵将一个外延较大的属概念过渡到外延较小的种概念,以明确概念的一种逻辑方法。例如,对"经济"增加"市场"的内涵,就限制为"市场经济";对"生物"增加"能移动

身体"的内涵,就限制为"动物"。

概念的限制可以连续进行。

【例 2-4-1】词——实词——名词——专有名词

【例 2-4-2】组织——非法组织——邪教组织

以上两例,都是对概念连续进行限制。

在思维和语言表达中,如果发现所使用的某个概念因为外延过大而不明确,就可以用限制的方法使它明确起来。

【例 2-4-3】在这座城市中,宠物狗进一次"狗美容院"所花的钱,相当于普通工人工资的三到四倍。

这句话中"工资"这一概念的外延过宽,是不够明确的。因为工资有年工资(年薪)、月工资、周工资、日工资、小时工资的分别,笼统地说"工资的三到四倍",读者并不明确它究竟是多少。如果是日工资的三到四倍,这一数额并不算太大;如果是月工资的三到四倍,这一数额就非常惊人了。因此应该对"工资"加以必要的限制,使之明确起来。

概念的限制是属概念到种概念的过渡,限制后的概念应是原概念的种概念。例如,"汽车——出租汽车"、"昆虫——蝴蝶"是概念的限制,因为两者具有真包含(属种)关系;"汽车——汽车轮子"、"出租汽车公司——出租汽车司机"、"大熊猫——可爱的大熊猫"等,则不是概念的限制,因为它们之间不具有属种关系。

三、概念的概括

概念的概括是通过减少内涵将一个外延较小的种概念过渡到外延较大的属概念,以明确概念的一种逻辑方法。例如,对"公务秘书"减少"公务"的内涵,就概括为"秘书";对"社会科学"减少"以社会现象及其规律为研究对象"的内涵,就概括为"科学"。

概念的概括可以连续进行。例如:

【例 2-4-4】公共汽车——汽车——交通工具

【例 2-4-5】单独概念——概念——思维形式

以上两例，都是对概念连续进行概括。

概念的概括实质上是对概念所反映的对象进行归类，它之所以能够使概念明确，是因为通过概括指出对象属于哪个大类，能揭示对象具有该大类的共同属性。例如，生物教师告诉学生说："蝴蝶是昆虫，昆虫是无脊椎动物"，这就把"蝴蝶"概括到"昆虫"进而概括到"无脊椎动物"，从而使学生对"蝴蝶"的所属范围及一般属性更为明确。通常人们用"S 是 P"这种形式的简单判断说明对象 S 属于 P 类的范围，例如"机器人是机器"、"鲸是哺乳动物"、"传销是一种非法的经营方式"等，实际上都是对概念进行概括。

概念的概括是种概念到属概念的过渡，概括后的概念应是原概念的属概念。例如，"水能—可再生能源"、"法学—社会科学"是概念的概括，因为两者具有真包含于（种属）关系；"炼钢车间—钢铁厂"、"省教育厅—国家教育部"、"人类灵魂的工程师—工程师"、"浩瀚的大海—大海"等，都不是概念的概括，因为它们不具有真包含于（种属）关系。

第五节 定 义

一、什么是定义

定义是用最简洁的语句揭示概念内涵的逻辑方法。给概念下定义，就是要准确地揭示概念反映了对象的何种特有属性；对科学概念下定义，也就是揭示它所反映的对象的本质属性。

【例 2-5-1】商品就是为交换而生产的劳动产品。

【例 2-5-2】普通逻辑是研究思维形式的结构、正确思维的规律和常用的思维方法的科学。

以上两例都是定义，它们分别揭示了"商品"、"普通逻辑"两个概念的内涵。

定义由被定义项、定义项和定义联项三部分组成。

被定义项就是需要明确内涵的概念,如例 2-5-1 中的"商品"、例 2-5-2 中的"普通逻辑"。

定义项就是用来揭示被定义项内涵的概念。如以上两例中判断词后面的用偏正词组表达的概念。

定义联项就是表示被定义项和定义项之间必然联系的判断词。如上述两例中的"就是"、"是"。

我们用 D_S 表示被定义项,用 D_P 表示定义项,定义的结构可以用公式表示如下:

$$D_S \text{ 就是 } D_P$$

一个孤立的定义,定义联项应该用"就是"而不宜用"是",因为"就是"能表示该语句是一个定义,而"是"则不能(例如,"语言学是社会科学"就不是定义);但在特定的语境中,例如在教科书中"什么是 S"这样的标题下面,定义联项一般用"是",因为在这一语境下,该语句是一个定义是不言自明的。

在语言中,定义还可以用以下的句式来表达:

所谓 D_S,是指(即)D_P

D_P 叫做(称为)D_S

D_S — D_P

下面的语句也表达定义:

【例 2-5-3】当且仅当 x 能被 2 整除,则 x 是偶数。

这一语句与"偶数就是能被 2 整除的数"等义。这种语句是数学、数理逻辑等学科中常用的定义句式。

二、定义的一般方法

1. 属加种差定义的步骤

由于定义项是用来揭示被定义项内涵的,因此定义的方法也就是构造定义项的方法。

定义的一般方法是:要给概念 D_S 下定义,就先确定 D_S 的邻近属概念 P(实际上就是对 D_S 进行一次概括),然后找到 D_S 与 P

类其他对象的差别(即 D_s 所指对象的特有属性,逻辑上称为"种差"),并将两者的差别与 P 构成一个偏正词组以作为定义项。例如,要给"商品"下定义,应先确定"商品"的邻近属概念为"劳动产品",然后将商品与其他劳动产品加以比较,找到它们的差别是"为交换而生产",将二者构成偏正词组"为交换而生产的劳动产品"作为定义项,于是一个完整的定义即告完成:"商品就是为交换而生产的劳动产品。"

这种先确定属概念再找种差的定义方法就叫做"属加种差定义"。用属加种差的方法可以给绝大多数概念下定义。

2."种差"的几种类型

种差就是被定义项所指对象的某种特有属性。事物的特有属性是多方面的,因此,确定种差的方法也是多样的。在定义中,作为定义项构成部分的"种差"常有以下几种类型:

(1)性质种差——所揭示的内涵是某类事物所特有的性质。

【例 2-5-4】人就是能够制造和使用生产工具的动物。

【例 2-5-5】法人就是根据法律独立参加民事活动的组织。

(2)原因种差——所揭示的内涵是某类事物产生或形成所特有的原因或过程。

【例 2-5-6】水就是由 2 个氢原子和 1 个氧原子化合而成的化合物。

【例 2-5-7】日食就是因运行到地球与太阳之间的月球的遮挡而形成的太阳暂时失光的天文现象。

(3)关系种差——所揭示的内涵是某类事物与他类事物所特有的关系。

【例 2-5-8】负数就是小于零的实数。

【例 2-5-9】直系亲属是指和本人有直接血缘关系或婚姻关系的人。

(4)功用种差——所揭示的内涵是某类事物所特有的功用。

【例 2-5-10】武器就是直接用于杀伤敌方有生力量或破坏对方作战设施的器械。

【例 2-5-11】商品就是用来进行交换的劳动产品。

属加种差定义是最常用的定义方法,但它也有局限性,对单独概念、相对概念和哲学范畴就难以采用这种方法下定义。单独概念反映独一无二的事物,要揭示个别事物与其他事物的本质差别,需要掌握它的很多属性,难以用简练的句子加以揭示,因而对单独概念,我们常用特征描述的方法来说明它所反映的对象的特征。相对概念和哲学范畴的定义方法,本节下文将作具体介绍。

三、定义的规则

要准确地给概念下定义,除了要真正了解概念所反映对象的特有属性外,还必须遵守下列四条规则:

规则 1:定义项的外延和被定义项的外延应是全同的。

虽然外延相同的概念可以具有不同的内涵(全同关系概念),但是外延不同的概念绝对不会具有相同的内涵。因此,如果定义项与被定义项外延不同,它就必然没有准确地揭示被定义项的内涵。因为外延是否全同是容易检验的,所以可以通过考察外延是否全同来间接判定内涵揭示得是否准确。

违反规则 1,就会犯"定义过宽"或"定义过窄"的逻辑错误。

"定义过宽"是指定义项的外延大于被定义项的外延。"定义过窄"是指定义项的外延小于被定义项的外延。

【例 2-5-12】普通逻辑就是研究思维的科学。

【例 2-5-13】秘书就是在国家机关为领导提供辅助管理、综合服务的工作人员。

例 2-5-12 犯有"定义过宽"的逻辑错误,因为研究思维的科学除普通逻辑外,还有哲学、辩证逻辑、心理学、脑生理学等科学,定义项"研究思维的科学"的外延大于被定义项"普通逻辑"的外延。例 2-5-13 犯有"定义过窄"的错误,因为它将在企事业单位、社会团体工作的许多秘书人员排除在"秘书"的外延之外,定义项的外延小于被定义项"秘书"的外延。

规则2:定义项不能直接或间接地包含被定义项。

人们之所以要给概念下定义,是因为它的内涵本来是不够明确的,需要用定义加以揭示。如果一个定义的定义项中直接包含了被定义项,等于说在用一个内涵不明确的概念给它自己下定义,当然不能起到准确揭示概念内涵的作用。这种错误的定义叫做"同语反复"。

【例2-5-14】比喻就是用比喻的方法来增强语言形象性的一种常用修辞格。

用"比喻"来解释"比喻",不能说明"比喻"与其他修辞格的差别,因而是个无效定义。

有的定义的定义项虽然不直接包含被定义项,但定义项中却包含有不够明确的概念,而要解释清楚这个概念,又必须用被定义项。这种定义就叫做"循环定义"。

【例2-5-15】人就是有理性的动物。

在这个定义中,"理性"是一个比"人"更难理解的概念,人们不理解"理性"的意思,也就不能理解这个定义,于是定义者就对"理性"作了如下的解释(定义):"所谓理性,就是人的大脑所特有思维功能。"用"理性"来解释"人",又用"人"来解释"理性",这等于是在用两个都不明确的概念互相下定义,这种"循环定义"当然是无效的。

规则3:定义项中不得包括含混的概念或语词,不得用比喻。

定义项是用来揭示被定义项内涵的,因此定义项中所使用的概念或语词,都应该是明确的,容易理解的,而不能是艰深晦涩、含混不清的。违反这一要求的逻辑错误叫做"定义含混"。

【例2-5-16】生命就是内在关系对外在关系不断适应的过程。

【例2-5-17】痒是一种难定部位、难以形容的莫名其妙的感觉。

例 2-5-16 的定义项中的"内在关系"、"外在关系"、"不断适应的过程"等,是难以理解的含混概念,例 2-5-17 的定义项中的"难以形容"、"莫名其妙"等则是说不清楚的含混语词,这两例都犯有"定义含混"的错误。

定义不能用比喻,是因为比喻虽然能增强语言的形象性,但它只说明了"D_s 像什么",未能回答"D_s 是什么",因此不能正面揭示概念的内涵。

【例 2-5-18】教师是人类灵魂的工程师。

用"人类灵魂的工程师"来比喻教师职业的重要和崇高固然很生动,但它并没有揭示"教师"与其他职业的差别,人们也可以说"作家是人类灵魂的工程师"、"哲学家是人类灵魂的工程师"。这种将比喻用于定义的错误,就叫做"以比喻代定义"。

规则 4:定义联项必须是肯定的。

作为定义的语句必须是肯定的判断句,这是因为定义是揭示概念内涵的,它要回答的问题是"D_s 是什么",而不是"D_s 不是什么"。如果定义联项是否定的,就不能回答"D_s 是什么"的问题,这种错误的定义叫做"否定定义"。

【例 2-5-19】商品不是供生产者自己使用的劳动产品。

【例 2-5-20】改革不是请客吃饭,不是玩游戏。

例 2-5-19 违反了规则 4,是一个否定定义;例 2-5-20 同时违反了规则 3 和规则 4,犯有"否定定义"和"以比喻代定义"两种错误。

有的逻辑读本将"定义项一般不应包含负概念"作为定义的规则,这是欠妥当的。因为作为规则,应该是任何定义必须遵守的;如果一条规则有许多可以违反它的"例外",就很难说它是真正的规则。如果将"定义项一般不应包含负概念"作为规则,那么违反它而又不能算是错误的"例外"是很多的。

首先,给负概念下定义时定义项中几乎都要用负概念。

【例 2-5-21】无机物就是不含碳元素的化合物（碳酸盐类物质除外）。

负概念虽然在概念总数中不占多数,但也有相当大的比例。很难说给负概念下定义就不是"一般"定义。

其次,有一些正概念也必须用负概念来下定义。

【例 2-5-22】旁听就是非正式地随班听课。（《现代汉语词典》）

【例 2-5-23】处女就是没有发生过性行为的女人。（同上）

"旁听"、"处女"这些概念都是常用的概念。这样的定义（释义）在《现代汉语词典》中并不少见。可见"定义项一般不应包含负概念"作为规则是没有什么约束力的。

遵守定义的规则是正确定义的必要条件。一个正确定义必须遵守上述四条规则,违反其中任何一条规则的定义都是错误定义。

四、两种特殊概念的定义

用属加种差的方法可以给绝大多数概念下定义。但是也有一些概念不能用属加种差的方法下定义,其中比较重要的有相对概念和作为哲学范畴的概念。

1. 相对概念的定义

相对概念是反映具有某种关系的事物的概念,它所反映的对象总是与另一个对象相比较才存在的。例如"父"与"子（女）"、"丈夫"与"妻子"、"原因"和"结果"、"属概念"与"种概念",等等。

对于这些相对概念,有时很难用属加种差的方法来下定义,因为给其中的一个概念下定义,通常涉及另一个对应的概念。对于这些相对概念,可以用"假设法"加以定义,其基本句式是：

如果 A 与 B 有某种关系,则 A 是 B 的 X,B 是 A 的 Y。

在这种定义中,X 和 Y 都是被定义项,而 A 和 B 本身不是相对概念,它们所指称的对象,是 X 和 Y 之间的关系的承担者。

【例 2-5-24】如果一个男人和一个女人结了婚,则男人是女人的丈夫,女人是男人的妻子。

【例 2-5-25】如果事物情况 A 的出现引起了事物情况 B 的出现,则 A 就是 B 的原因,而 B 则是 A 的结果。

【例 2-5-26】如果概念 A 真包含于概念 B,A 就是 B 的种概念,B 就是 A 的属概念。

有时也可以对相对概念中的某一个下定义。如"妻子"可以定义为:"男女二人结婚后,女子是男子的妻子",这一定义与例 2-5-24 实际上是相同的,而与一般的属加种差定义不同。

2. 哲学范畴的定义

各门学科中最基本的概念叫做该学科的范畴,例如化学中的"分解"、"化合",经济学中的"价值"、"抽象劳动",文艺学中的"形象"、"典型"等,就是各自学科的范畴。哲学范畴是概括性最强的范畴,如"物质"与"精神"、"存在"与"意识"、"现象"与"本质"、"实践"与"认识"、"必然"与"偶然"、"内容"与"形式"、"质变"与"量变"、"原因"与"结果",等等。哲学范畴是思维对客观事物的普遍本质的概括和反映,它反映的对象是最大的类,不存在外延比它更大的属概念,因此也不能用属加种差的方法下定义。

对哲学范畴,可以用描述对象共同属性的方式来加以定义。

【例 2-5-27】物质指独立存在于人的意识之外的客观实在。

【例 2-5-28】必然性是指事物发展变化中不可避免和一定不移的趋势。

在上述定义中,"客观实在"并不是"物质"的属概念,"趋势"也不是"必然性"的属概念,因此不是属加种差定义。但这两个定义分别用"独立存在于人的意识之外"和"不可避免和一定不移"等语词描述了"物质"和"必然性"的本质特征。

有的哲学范畴本身又是相对概念,如"原因"与"结果"等,这样的概念也可以用"假设法"加以定义。

由于各门学科的范畴是有限的,各种教科书或工具书对它们都有确定的定义,因此,除了引用这些权威定义外,人们在日常思维中很少需要自己对它们下定义。但是，了解范畴的定义方法对于我们理解、掌握这些范畴的意义是很有帮助的。

五、语词定义

语词定义就是对语词的意义加以解释的逻辑方法。

【例 2-5-29】驹就是小马。

【例 2-5-30】"一个中心"是指以经济建设为中心。

语词定义是对词义的解释，而不是对概念内涵的直接揭示。但语词的意义就是它所表达的概念，解释词义就是指出语词表达什么概念，这是进一步明确该概念的前提，因此语词定义是一种从语词意义方面来明确概念的逻辑方法，是一种特殊的定义。

语词定义可以分为说明的语词定义和规定的语词定义两种。

说明的语词定义就是对已有确定意义的语词加以说明。

【例2-5-31】"双规"是指纪检、监察机关责令有违纪嫌疑的人员在规定的时间、规定的地点对调查事项涉及的问题作出解释和说明。

【例 2-5-32】"乌托邦"原为希腊语，"乌"是没有，"托邦"是地方，"乌托邦"是指没有的地方，也就是一种空想、虚构。

以上两例，分别对"单方"、"乌托邦"给出说明性定义。前面的例 2-5-29 也是一个说明的语词定义。

规定的语词定义就是对某个语词的特殊含义或特别用法作出规定性的解释。被定义的语词多为新出现的语词，或是在某种特殊意义上使用的语词。

【例 2-5-33】我们所说的"三热爱"，是指热爱人民、热爱祖国、热爱科学。

【例 2-5-34】本书下文所说的"逻辑"，除特别说明者外，指的都是普通逻辑。

规定的语词定义所定义的词语，通常可以作不同的理解，但在某一特定范围内，说话人可以对它加以暂时的规定，以避免歧义。

这种定义在法律法规、教科书、论文论著中经常使用。

第六节 划 分

一、什么是划分

划分是通过把一个概念所反映的对象分为若干个小类,以明确概念外延的逻辑方法。

【例 2-6-1】根据体裁的不同,文学作品可分为小说、诗歌、散文、文学剧本四类。

【例 2-6-2】企业包括工业企业、建筑企业、批发和零售企业、交通运输企业、服务性(含信息服务)企业。

通过这两个划分,使人们对"文学作品"、"企业"这两个重要概念的外延有了比较清楚的理解。

划分由划分的母项、划分的子项、划分的标准三部分组成。

划分的母项就是被划分的概念,如上述例子中的"文学作品"、"企业";划分的子项就是用来说明母项外延的表示每个小类的概念,如上述例子中的"小说……"、"工业企业……"等。母项与各子项的关系是属概念和种概念的关系。

把母项分为若干子项的根据,叫做划分的标准。正确的划分都是根据一定标准进行的,因此,划分的标准是划分不可缺少的组成部分。但在语言表达中,划分的标准有时可以省略。上述例 2-6-1直接指出了划分的标准是"体裁",例 2-6-2 划分的标准是"经营行业",它在语言表达中被省略了。

划分与分解不同。划分的目的是明确概念的外延,划分得到的子项应是母项的种概念;分解的目的是了解对象的内部结构,分解后得到的是对象的组成部分。例如,将"树"分为乔木和灌木、针叶树和阔叶树、落叶树和常绿树等,是划分,因为"乔木"、"阔叶树"、"落叶树"等都是"树"的种概念;而将"树"分为树根、树干、树冠,则不是划分而是分解,因为"树干"等不是"树"的种概念,而是树的组成部分。

二、划分的方法

常用的划分方法,有一次划分和连续划分。

一次划分,即确定某一划分标准并依据它将母项分为若干个子项。上面所举的划分都是一次划分。

连续划分又称多次划分,即对一次划分得到的全部子项或部分子项,分别再进行划分,以明确子项的外延。

【例 2-6-3】汉语的句子,可以分为单句和复句。单句又可分为陈述句、祈使句、疑问句、感叹句四类;复句又可分为联合复句、偏正复句两种基本类型。

【例 2-6-4】数可分为实数和虚数,实数又可分为有理数和无理数,有理数又可分为整数和分数。

对概念是否进行连续划分,要根据各子项的外延是否需要进一步明确来确定。在日常思维中,人们比较多地运用一次划分,因为一次划分通常能满足明确母项外延的需要。在科学分类中,人们比较多地运用连续划分。下面是现代汉语对词类的分类,它是一个典型的连续划分:

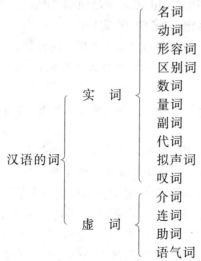

(参见黄伯荣、廖序东主编:《现代汉语》,北京:高等教育出版社,2002)

有一种特殊的划分方法叫做二分法。二分法就是根据对象是否具有某种属性,把一个概念(母项)划分为一个正概念和一个负概念两个子项。例如,把战争划分为正义战争和非正义战争(划分的标准是"是否具有正义性");把元素划分为金属元素和非金属元素(划分的标准是"是否具有金属的性质")。二分法的优点在于,划分时不一定知道母项外延究竟包括几个小类,只要了解其中一个小类,就可以根据概念间的矛盾关系,把母项划分为两个互相排斥的子项。二分法往往是为了强调那个负概念子项也属于母项的外延,例如,"下午召开全公司职工(包括正式职工和非正式职工)大会",就是强调非正式职工也要参加会议。

三、划分的规则

要正确地对概念进行划分,必须遵守下列两条规则:

规则1:各子项的外延之和必须与母项的外延相等。

划分的目的就是明确概念的外延,如果子项的外延之和与母项的外延不相等,则说明没有正确揭示母项的外延。违反规则1的逻辑错误有两种:"多出子项"和"子项不全"。

"多出子项"就是子项的外延之和大于母项的外延。

【例2-6-5】我国的高等学校可以分为本科院校、专科学校和中专学校。

此例多出了"中专学校"这一子项,因为它不属于"高等学校"的范围。

"子项不全"就是子项的外延之和小于母项的外延。

【例2-6-6】整数可以分为正整数和负整数两类。

此例缺少了一个子项"零",它是非常重要的一个整数。

有的划分遗漏了本应列入的子项,而将不属于母项范围的概念列入子项,同时犯有"多出子项"和"子项不全"的逻辑错误。

【例2-6-7】文学作品包括小说、诗歌、散文、通讯四类。

此例多出了"通讯"这一子项,因为它不属于文学作品的范围;同时它又缺少了子项"剧本",因为"剧本"是文学作品中很重要的一类。

规则2:每次划分必须根据同一标准进行。

根据不同的标准对一个概念进行划分,可能得到不同的子项。例如,对"文学作品"这一概念,根据体裁划分得到的是小说、诗歌、散文、剧本等子项;根据作品产生的年代划分得到的是古代文学作品、现代文学作品等子项;根据作品产生的国度划分得到的是中国文学作品、外国文学作品等子项。

但是,一次划分不能同时根据几个标准,否则子项就会出现相容混杂的现象,也容易遗漏子项。违反这条规则的逻辑错误叫做"划分的标准不同一",这种错误的划分因为思路不清晰,很难达到明确概念外延的目的。

【例2-6-8】干部可以分为党员干部、非党员干部、技术干部、党政干部和青年干部等几类。

【例2-6-9】国家分为社会主义国家、资本主义国家、民主国家、发展中的国家、经济发达的国家和超级大国等。

以上两例都犯了"划分的标准不同一"的错误。例2-6-8用了"是不是党员"、"工作性质"、"年龄大小"等三个不同的标准,例2-6-9用了"社会制度"和"经济发达程度"两个不同的标准。

在有的逻辑读本中,划分的规则中还有"子项的外延应当互不相容"一条,我们认为,"子项相容"的逻辑错误是由"划分的标准不同一"引起的,只要遵守"每次划分根据同一标准进行"的规则,就不会出现"子项相容"的逻辑错误,因此将"子项的外延应当互不相容"作为规则可以说是多余的。我们认为应当取消这条规则的另一理由是,如果遵守了规则1和规则2,即使出现了子项相容的现象,该划分也是正确的。

【例2-6-10】作家可以分为诗人、小说家、散文家和剧作家。

此例对"作家"的划分所根据的标准是"主要作品的体裁",子项穷尽了母项的外延,没有违反规则1和规则2,所以,尽管其子项的外延是相容的,也不能说它是错误的划分。

四、穷举和列举

1. 穷举

划分是将一个概念的外延分为若干小类来明确外延的方法。如果一个概念的外延比较小,没有比它更小的类,只有为数不多的分子,就不能也不必用划分的方法来明确它的外延。这时我们可以用穷举法来明确它的外延。

穷举法就是穷尽地列出概念所反映的类的每一个分子,以明确概念外延的逻辑方法。它通常适用于分子数有限的概念。

【例 2-6-11】中国的直辖市有北京、上海、天津、重庆四个。

【例 2-6-12】太阳系的大行星指水星、金星、地球、火星、木星、土星、天王星、海王星等八颗星。

穷举法中需要明确外延的概念也叫母项,如上述两例中的"中国的直辖市"、"太阳系的大行星";所列出的分子(通常是单独概念)也叫做子项。运用穷举法只要遵守划分的规则1"各子项的外延之和必须与母项的外延相等"就行了。

2. 列举

列举是揭示概念一部分外延的逻辑方法。列举就是不完全的划分或不完全的"穷举"。

【例 2-6-13】自然科学家包括物理学家、化学家、生物学家等。

【例 2-6-14】中国古代著名文学家有屈原、司马迁、李白、杜甫、苏轼、关汉卿、曹雪芹等。

列举通常在以下几种情况下使用:①只需要明确部分外延;②概念反映的类所包含的小类或分子数目太大,无法穷尽;③因为认识的局限而不知道母项的全部外延。

列举法虽然只是用来明确概念部分外延的,但也应该遵守"各子项的外延之和必须与母项的外延相等"的规则,具体的办法就是在子项后必须加上助词"等"(或"等等"),如果不加这个助词,人们就会把它当作划分或穷举来理解,如例 2-6-14 的句末假如没有"等"这个助词,就可能使人误以为中国古代著名文学家只有这 7 位。

如果列举的不是分子而是小类,还应该遵守"每次列举必须根据同一标准"的规则。

复习思考题

1. 概念的本质是什么?事物的属性、特有属性、本质属性的关系如何?

2. 什么是概念的内涵和外延?存在没有内涵或没有外延的概念吗?

3. "概念要明确"的含义如何?怎样做到概念明确?

4. 概念的逻辑分类有哪几种方法?

5. 什么是集合概念?集合体的属性与组成它的个体的属性之间是什么关系?为什么要注意区分具体语境中的集合概念和非集合概念?

6. 两个概念外延间的关系共有几种?试用 1~3 个判断来描述概念外延间的各种关系。

7. 概念间的属种关系对理解本章内容有特别重要的意义。请说明在明确概念的逻辑方法中哪些地方涉及属种关系的知识。

8. 什么是"内涵与外延间的反变关系"?为什么说它是一条逻辑规律?

9. 什么是概念的限制和概括?它们在思维中有何作用?

10. 什么是定义?它的基本结构如何?怎样用属加种差的方法给概念下定义?

11. 定义必须遵守哪些规则?违反它们会犯何种逻辑错误?

12. 什么是说明的语词定义?什么是规定的语词定义?

13. 什么是划分？划分由哪几个要素构成？

14. 什么是连续划分？什么是二分法？

15. 划分必须遵守哪些规则？违反它们会犯何种逻辑错误？

16. 什么是穷举和列举？运用它们时要注意哪些问题？

练 习 题

一、用"〰〰〰"标出下列各段文字中说明带括号的概念内涵的词语，用"＿＿＿"标出说明它们外延的词语。

1.（基础科学）是研究自然现象和物质运动基本规律的科学。它包括数学、物理学、化学、天文学、地学、生命科学等六大学科。

2.（艺术）是通过塑造形象具体地反映社会生活，表现作者思想感情的一种社会意识形态。根据表现手段和方式的不同，艺术通常可以分为表演艺术如音乐、舞蹈等，造型艺术如绘画、雕塑等，语言艺术即文学，以及综合艺术如戏剧、电影等。

3.（思维形式）就是人脑对复杂程度不同的思维对象的不同反映方式，它包括概念、判断、推理等。（思维形式的结构）就是某一类思维形式内部各个部分之间的联系方式。具体地说，简单判断内部概念与概念之间的联系方式，就是简单判断的结构；复合判断内部判断和判断之间的联系方式，就是复合判断的结构；推理内部前提与结论之间的联系方式，就是推理的结构。思维形式的内部结构是普通逻辑研究的主要对象，因此，人们将这种内部结构方式叫做"思维的逻辑形式"。

二、请分别从单独和普遍、集合和非集合、肯定（正）和否定（负）等三方面对下列概念进行归类。

1.《十日谈》的作者　　5. 非法组织　　8. 不文明

2. 建筑群　　6. 思维形式　　9. 西双版纳原始森林

3. 工程师　　7. 歌曲　　10. 南极科学考察队

4. 教研组

三、下列语句在概念运用方面有何逻辑错误？

1. 青年人最少保守思想，他们最拥护改革。小张是青年人，所以，小张最少保守思想，他对这些改革措施是不会持怀疑态度的。

2. 有位哲人说过：书籍是人类进步的阶梯。《西游记》是一本书籍，所以，《西游记》是人类进步的阶梯。

3. 对报纸和党报上的信息，他一般是不会怀疑的。没想到这种单纯天真后来会给他带来巨大的经济损失：他按照一张晚报上登载的"邮购指南"给某公司寄去了一笔购物款，却石沉大海，没有回音。

4. 高中毕业后，他没有机会上大学，只好到师范学院读书。于是他上大学的美梦便结束了。不过后来他却因祸得福，好多中学同学大学毕业后没有找到满意的工作，而他却到县师范当了老师，工作不算太累，收入又很稳定，让大家很羡慕。

四、请用图示法表示下列各组概念外延间的关系。

例示：A—学生　　　B—体育爱好者　　　C—大学生

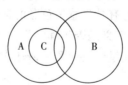

1. A—干部　　B—女干部　　C—高级干部
2. A—法学　　B—社会科学　　C—语言学　　D—科学
3. A—负概念　　B—集合概念　　C—普遍概念
4. A—鲁迅　　B—文学家　　C—思想家　　D—学者
5. A—概念　　B—思维形式　　C—单独概念　　D—判断
6. A—认识　　B—理性认识　　C—感性认识　　D—知觉

五、对下列概念各进行一次限制和概括。

1. 诗歌　　　　　　　　5. 国有企业
2. 自然科学　　　　　　6. 汽车

3. 民族文化　　　　　　7. 教师
4. 高等学校　　　　　　8. 概念

六、下列限制或概括是否正确？

1. 将"篮球队"限制为"篮球队员"，概括为"运动队"。
2. 将"违法行为"限制为"犯罪行为"，概括为"受贿"。
3. 将"判断"限制为"概念"，概括为"推理"。
4. 将"大学生"限制为"文科大学生"，概括为"学生"。

七、指出下列定义的被定义项、定义项、定义联项，并标出定义项中的"种差"和"属概念"。

1. 普通逻辑是研究思维形式的结构、正确思维的规律和常用思维方法的科学。
2. 事物的特有属性就是某类（或某个）事物具有而其他事物不具有的属性。
3. 概念的限制是通过增加内涵使一个外延较大的属概念过渡到一个外延较小的种概念以明确概念的逻辑方法。
4. 基本意义上附着有赞许感情色彩的词叫做褒义词。

八、下列语句作为定义是否正确？为什么？

1. 文学作品就是通过塑造形象来表达作者思想感情或反映社会生活的作品。
2. 普通逻辑就是研究推理形式的有效性的科学。
3. 形式主义者就是形式主义地看问题和处理问题的人。
4. （什么是理想？）理想不是脱离实际的幻想。
5. 爱情是能使男人变傻而使女人变疯的一种只可意会不可言传的神奇的情感体验。
6. （狗咬人不是新闻，人咬狗才是新闻。这说明"新闻"应定义为：）新闻就是关于离奇的、非同一般的、出乎意料的事件的报道。
7. 领导是指在社会组织内领导者对被领导者施加影响并共同作用于客观对象以实现组织预定目标的行为过程，而领导者则是指在社会组织共同活动中起领导作用的个人或集体。

8. 腐败是长在执政党身上的一种毒瘤,而有效的舆论监督则是割除这种毒瘤的手术刀。

九、下列语句是说明的语词定义,还是规定的语词定义?

1. 新闻写作中的"五个 W"是从英语"when、where、who、what、why"五个单词第一个字母而来,指的是何时、何地、何人、何事、何故,所以又称"五何"。

2. 成语"化干戈为玉帛"中的"干戈"一词,是古代兵器的通称。

3. 法律上所说的"犯罪终止",是指行为人在犯罪过程中自动放弃犯罪或者自动有效地防止犯罪结果发生;而"犯罪未遂"是指行为人已经着手实行犯罪而由于犯罪分子意志以外的原因未能得逞。

4. 在某些干部身上形成了所谓"新三大作风",就是理论联系实惠、密切联系领导、表扬和自我表扬。党的优良传统在他们身上已经丧失殆尽。

十、指出下列划分的标准是什么。

1. 思维形式包括概念、判断、推理三种基本类型。

2. 概念可以分为单独概念和普遍概念。

3. 文学作品可以分为小说、诗歌、散文和剧本,也可以分为古代文学作品和现代文学作品。

4. 任何事物都有许多属性。事物的属性可以分为两类:特有属性和非特有属性。

十一、下列语句划分是否正确?为什么?

1. 汉语的词可以分为实词、虚词和词组三类。实词又可以分为名词、动词、形容词三类,虚词也可分为介词、连词、助词三类。

2. 任何逻辑形式都可以分为逻辑常项和变项。

3. 我国企业可以分为国有企业、私营企业、"三资"企业三类。

4. 戏剧分为喜剧、悲剧、话剧、歌剧、地方戏、京剧以及各种曲艺和歌舞表演。

5. 战争可以分为侵略战争和反侵略战争两类（我们要坚决反对的只是前者）。

十二、以下是中央和国家机关公务员录用考试"行政职业能力测试"试卷"定义判断"题中的 3 道小题。请给予解答。（单项选择题）

1. 广义而言，集体记忆即是一个具有自己特定文化内聚性和同一性的群体对自己过去的记忆。这种群体可以是一个宗教集团、一个地域文化共同体，也可以是一个民族或一个国家。这种记忆可以是分散的、零碎的、口头的，也可以是集中的、官方的、文字的，可以是对最近一个事件的回忆，也可以是对远古祖先事迹的追溯。

根据上述定义，下列属于集体记忆的是：

A. 某市宣传地方旅游资源的纪录片

B. 某政府机构关于某项工作的文件汇编

C. 我国某大学内介绍邻国历史的教材

D. 我国广泛流行的大禹治水的传说

2. 职业社会化是指个体按社会需要选择职业，掌握从事某种职业的知识和技能，以及从事某种职业后进行知识、技能更新再训练的过程。

根据上述定义，下列属于职业社会化的是：

A. 青年张某参军后被分配至汽车班，学得精湛的修车技艺，退役后自己开了一间修理部

B. 某公司会计李某热爱厨艺，业余时间参加了一个培训班，学习营养知识，提高烹饪技术

C. 食堂管理员张某看到很多领域急需翻译人才，利用业余时间学习并取得翻译资格证后到某公司任职

D. 下岗女工陈某在抚养孩子期间，积累了丰富的知识和经

验,后在朋友建议下开办了一所幼儿园

3.政府采购就是指国家各级政府为从事日常的政务活动或为了满足公共服务的目的,利用国家财政性资金和政府借款购买货物、工程和服务的行为。政府采购不仅是指具体的采购过程,而且是采购政策、采购程序、采购过程及采购管理的总称,是一种对公共采购进行管理的制度。

根据上述定义,下列不属于政府采购的是:

A.某市政府规定,单笔超过一定金额的办公用品必须报有关部门集中采购

B.某市政府为方便市民出行,租用电信公司的短信平台给市民发送免费短信

C.某县政府为改善当地教育条件,拨专项资金给某小学翻修校舍,并规定必须严格按照投标程序进行

D.某市政府通过公开竞标方式选择一家酒店作为指定接待酒店

十三、运用本章所学的逻辑知识,解答下列问题。

1.《南方周末》2002年8月29日头版刊登中央党校读者梁清强的来信说:"贵报8月15日头版一篇文章中竟然把饿死数千万人的1959～1961年灾祸歪曲为'三年自然灾害',难道你们不知道中共中央《关于建国以来党的若干历史问题的决议》对此事是如何评价的吗?……不知贵报有没有勇气发表这封信,带头承认这次原则性错误。"

编辑部的答复说:"我们诚恳地接受梁先生的批评……'三年自然灾害'的说法掩盖了'三分天灾,七分人祸'的历史事实,是错误的。"

请问:为什么说把饿死数千万人的历史事实说成是过去通用的说法"三年自然灾害"是一种"原则性错误"(请从"天灾"与"人祸"内涵区别的角度来说明)。

2.人们通常将"剥削者"与"劳动者"对举,请思考:从逻辑的角

度看,"剥削者"与"劳动者"是全异关系吗?"劳动者"、"不劳动者"、"剥削者"、"被剥削者"、"穷人"、"富人"之间,从概念的外延上看,到底是什么关系?比尔·盖茨是剥削者还是劳动者?合法经营的私人企业主是劳动者吗?靠社会救济金度日失去劳动能力的残疾人是剥削者吗?

3."己所欲"与"人所欲"作为两个概念,其外延间具有何种关系?请用欧拉图表示之。根据它们外延间的关系图再思考:"己所不欲,勿施于人"是不是普遍适用的理想的道德准则?如果"己所不欲"恰恰是"人所欲",是否应该"施于人"?

4.下面一段文字有条理地对"科学体系"展开阐释:

科学是人类关于自然、社会、思维等认识对象规律性的正确认识的分科的知识体系。目前通行的科学分类是根据研究对象将科学分为自然科学、人文科学和社会科学三类。自然科学就是以自然现象和物质运动为研究对象的科学,包括数学、物理学、化学、生命科学、地学、天文学等。人文科学就是以人类的精神世界及其物化的精神文化产品为研究对象的科学体系,主要包括传统的文学、史学、哲学以及由这三个学科衍生出来的逻辑学、伦理学、美学、宗教学、文化学、文艺学等。社会科学是以人类社会的活动为研究对象的学科体系,主要包括经济学、政治学、社会学、军事学、法学、教育学、语言学、管理学等。

人文科学与社会科学既有一定的区别更有内在的联系。它们的区别一是研究对象不同(已于上述);二是研究方法不同,人文科学侧重意义分析,主要采用哲学阐释学的方法,而社会科学较多引进自然科学的实证方法。人文科学与社会科学的内在联系远远超过它们的上述区别,因为社会是由人构成的,任何社会活动都以人为主体并通过人的行为来实现的……正因为二者之间的这种内在联系,人们通常把二者合在一起,统称为人文社会科学。

请指出文中运用了哪些明确概念的逻辑方法。

5. 下面的新闻中运用了何种方法说明"基础科学"的外延?

联合国公布基础科学分类

最近,联合国教科文组织公布的学科分类目录,将基础科学分成七大类:数学——包括代数学、泛函分析、计算机科学、几何学、运筹学、统计学、拓扑学等。逻辑学——包括演绎逻辑、一般逻辑、归纳逻辑、方法论以及逻辑的应用等。物理学——包括力学、光学、声学、电磁学、电子学、核物理学等。天文学和天体物理学——包括宇宙学和宇宙起源学、行星学、射电天文学、太阳系学等。地球科学和空间科学——包括大气物理学、大气测量学、水文学、海洋学、土地学、空间科学等。化学——包括分析化学、无机化学、核化学、有机化学、物理化学等。生命科学——包括动物学、植物学、微生物学、自然人类学、生态学、遗传学等。

(1985年7月18日光明日报社主办《文摘报》)

第三章　简单判断及其演绎推理

第一节　判断的概述

一、什么是判断

判断是对思维对象有所断定的思维形式。

【例 3-1-1】长江是中国第一长河。

【例 3-1-2】马克思主义不是检验真理的标准。

【例 3-1-3】没有任何缺点的人是永远找不到的。

【例 3-1-4】法官的儿子才能当法官,贼的儿子只能是贼。

以上四例分别对"长江"、"马克思主义"、"没有任何缺点的人"、"法官的儿子、贼的儿子"等对象作出了确切的断定。

"思维对象"是一个外延极为宽泛的概念,人们既能对客观世界已经出现或可能会出现的事物进行思考,也能对客观世界尚未出现甚至根本不可能出现的事物(如上述例 3-1-3 中的"没有任何缺点的人")进行思考;既能对物质世界的东西进行思考,也能对精神世界的东西(如例 3-1-2 中的"马克思主义")进行思考。

判断是一种重要的思维形式。在认识活动中,不管是陈述日常生活中的具体事实(例如"张明是大学二年级学生"),还是揭示自然界或人类社会的某些重要规律(例如"如果物体不受外力作用,它就保持匀速直线运动的状态"),都必须借助判断来完成。

二、判断、语句和命题

1. 判断和语句的关系

判断和语句有着密切的联系。判断的形成、存在和表达,都要借助语句。判断是语句的思想内容,语句是判断的语言形式。

但是,判断和语句又有着显著的区别:

(1)判断是一种思维形式,是人们对事物情况认识的结果。任何国家、任何民族的任何人,只要对同一对象形成相同的认识,就会作出相同的判断。语句是一组表示思想或感情的声音或符号,不同国家、不同民族的人,表达相同判断的语句是不同的。

【例 3-1-5】这是一本书。

　　　　　　This is a book.

　　　　　　Это книга.

这是汉语、英语、俄语三种语言中不同的句子,但它们表达的判断是相同的。

(2)在同一民族语言中,同一判断可以用不同的语句来表达。

【例 3-1-6】所有的人都不是特殊公民。(所有 S 不是 P)

　　　　　　没有人是特殊公民。(没有 S 是 P)

　　　　　　难道有人是特殊公民?(难道有 S 是 P?)

以上是三个不同的句子,但它们表达的是同一判断。

(3)同一语句在不同的语境中可以表达不同的判断。

【例 3-1-7】一个业余摄影家的影展受到媒体的关注。

【例 3-1-8】张师傅下海了。

例 3-1-7 可以理解为"展出某一个业余摄影家的作品的影展受到媒体的关注",也可以理解为"展品全部是业余摄影家作品的一个影展受到媒体的关注"。这是由于对句子内部词语搭配关系的不同分析引起的语句歧义。

例 3-1-8 可以理解为"张师傅出海打鱼(或搞运输)去了",也可以理解为"张师傅做生意去了"。这是一个由于句子中所包含的语词(下海)的多义性引起的语句歧义。

尽管一个句子可以表达不同的判断,但在特定的语境(上下文)中,一个句子表达什么判断一般是确定的,不会发生歧义。如果一个语句即使结合具体语境也难以确定表达什么判断,我们就应该避免使用,而以一个不会发生歧义的语句来代替它。

(4)虽然任何判断都必须用语句来表达,但并非所有语句都直接表达判断。在各类句子中,陈述句以及无疑而问的反问句(如上面所举的"难道有人是特殊公民?")总是直接表达判断的。而一般的疑问句以及祈使句、感叹句,有的不表达判断,有的只能间接地表达判断(说话的目的不是表达判断)。

【例 3-1-9】

① 黄山是中国最美的一座名山。——陈述句
② 难道中国还有比黄山更美的名山吗?——反问句
③ 黄山风景美不美?——疑问句
④ 黄山真的是中国最美的一座名山吗?——疑问句
⑤ 在我去黄山前请不要对我夸黄山。——祈使句
⑥ 您一定要到黄山去玩一玩。——祈使句
⑦ 哎,这一趟黄山之行!——感叹句
⑧ 黄山的风景多美啊!——感叹句

在上述八个句子中,①和②直接表达判断,③⑤⑦不表达判断,而④⑥⑧则间接表达判断。例④提出的是一个问题,但它间接断定了"存在着'黄山是中国最美的一座名山'的说法";例⑥是向他人提出的一个建议,但它间接断定了"黄山值得一玩";例⑧抒发的是一种激动的情感,但它间接断定了"黄山风景非常美"。

2. 非陈述句的"预设"(隐含判断)

上述例 3-1-9 中的④⑥⑧三个句子所间接表达的判断,在语言逻辑中称为"预设",又叫"隐含判断"。在言语交际中,语句的预设是非疑问句所表达的信息中非常重要的一部分。

"语句的预设"可以理解为"使一句话有意义(或恰当)的前提条件"。例如,如果根本不存在"黄山是中国最美的一座名山"这一说法,就不会有"黄山真的是中国最美的一座名山吗"这种疑问;如果说话人不认为"黄山值得一玩",他也不会向别人提出"您一定要

到黄山去玩一玩"的建议；如果一个人不认为"黄山风景很美"，他也不会发出"黄山的风景多美啊"的感叹。

非陈述句的"预设"一般很容易分析出来，但不了解预设的有关知识，在使用中就可能出问题。1998年，我国有一家报纸发表了一篇题为《魁北克何时脱离加拿大？》的国际时事评论，这一标题预设了"魁北克应该脱离加拿大"和"魁北克迟早会脱离加拿大"，因此引起了当地加拿大留学生的不满。而仔细阅读这篇评论的正文，作者并没有"魁北克应该脱离加拿大"和"魁北克迟早会脱离加拿大"的观点，这是由于作者（或编辑）没有对该问句标题的预设作必要的分析而造成的"预设不当"的错误。因此，掌握基本的"预设"知识对于准确地表达思想是非常必要的。

3. 判断和命题

表达判断的语句称为命题。一个命题所表达的判断，不一定是陈述这个命题的人所认可的思想。例如，"如果物体不受外力作用，那么物体就会保持匀速直线运动的状态"，这一复合命题，它所表达的思想是陈述者认可的，当然是一个判断；而这一复合命题所包含的"物体不受外力作用"、"物体保持匀速直线运动的状态"两个支命题所陈述的思想，则不是陈述者认可的，但它们都有确切的意义，因而每个支命题本身仍然各自表达了一个判断。

判断是一种思想，而命题则是表达判断的语句。由于判断总是用语句来表达的，因此我们研究判断总是通过对命题的研究来进行的。为了行文方便，本书下面对"判断"和"命题"将不再作严格的区分。例如，"任何事物都是发展变化的"这一语句，我们将直接说它是一个判断，而不说它是一个命题；它的逻辑形式"所有 S 是 P"，我们也只称它为"判断形式"，而不说它是"命题形式"。

三、判断的逻辑特征

判断有两个重要的逻辑特征：

第一，任何判断都有所断定。一个判断对思维对象要么有所肯定要么有所否定。如上述例3-1-1、例3-1-3、例3-1-4,都对思维对象作了明确肯定,而例3-1-2则对思维对象作了明确否定。"有所断定"是判断的基本特征,因此被写在判断的定义当中。

第二,任何判断都有真假。判断的真假是指它所断定的内容是否符合事实或客观规律,即通常所说的是否正确。符合事实或客观规律的是真判断,不符合事实或客观规律的是假判断。由于一个断定要么符合客观实际,要么不符合客观实际,不会既符合客观实际又不符合客观实际,因此,任何判断要么为真,要么为假,不存在既真又假的判断,也不存在既不真又不假的判断。在上述例子中,例3-1-1、例3-1-2、例3-1-3是真判断,例3-1-4是假判断。

判断的真假情况在逻辑上称为"真假值",简称"真值"。

一个有具体内容的判断是否为真,必须根据相关的具体知识来判定,并最终要接受实践的检验。普通逻辑不研究具体判断的内容是否符合事实或客观规律,只研究在形式上有一定联系的若干判断之间真假关系。

【例3-1-10】所有的人都不是永远正确的。

这个判断是否为真,以及它为什么为真,这不是逻辑学能够解答的问题。但是,逻辑学可以告诉我们,当例3-1-10为真时,下面的判断就不可能为真:

【例3-1-11】有的人是永远正确的。

为什么当例3-1-10为真时,例3-1-11就不可能为真呢?这是因为这两个判断的逻辑形式分别是:

所有S不是P——有S是P

逻辑学将严格证明:当两判断中的"S"是同一个概念,"P"也是同一个概念时,具有上述逻辑形式的两个判断,都具有"不能同真,也不能同假"的关系。因为它们不能同真,所以当例3-1-10(所有S不是P)为真时,例3-1-11(有S是P)就不可能为真。

四、判断间的真假关系

逻辑学是研究判断之间真假关系的,因此我们有必要了解判断之间有哪几种真假关系。

如果两判断具有相同的变项,则它们之间的真假关系必为下面五种关系中的一种。

1. 等值关系

如果判断 p 与判断 q 真假值完全相同,要么同时为真,要么同时为假,不会是一真一假,我们就说 p 与 q 具有等值关系。

【例 3-1-12】不是所有的甲班同学都会用电脑写作——甲班有的同学不会用电脑写作

【例 3-1-13】只有达到分数线,才会被录取——如果没有达到分数线,就不会被录取

本书将用符号"↔"来表示判断间的等值关系。

2. 蕴涵关系和逆蕴涵关系(差等关系)

如果判断 p 为真时,判断 q 不可能为假,我们就说 p 蕴涵 q,或者说 q 逆蕴涵 p(q 被 p 蕴涵)。

【例 3-1-14】甲班所有同学通过了四级英语考试——甲班张明同学通过了四级英语考试

【例 3-1-15】任何人如果患肺炎,那么他就会发烧——如果甲患肺炎,那么甲会发烧

本书将用"→"、"←"来表示蕴涵关系和逆蕴涵关系。

3. 矛盾关系

如果判断 p 和判断 q 既不可能同时为真,也不可能同时为假,我们就说 p 与 q 具有矛盾关系。

【例 3-1-16】甲班所有同学爱好文学——甲班有的同学不爱好文学

【例 3-1-17】甲和乙都是南方人——甲和乙至少有一人不是南方人

4. 反对关系

如果判断 p 和判断 q 不可能同时为真,但可能同时为假,我们就说 p 与 q 具有反对关系。

【例 3-1-18】甲班所有同学都是住校生——甲班所有同学都不是住校生

【例 3-1-19】甲和乙都考取了大学——甲和乙都没考取大学

5. 下反对关系

如果判断 p 和判断 q 可能同时为真,但是不可能同时为假,我们就说 p 与 q 具有下反对关系。

【例 3-1-20】橱窗中有的商品是进口货——橱窗中有的商品不是进口货

【例 3-1-21】甲和乙至少有一人会写诗——甲和乙至少有一人不会写诗

如果两判断变项不同,则它们之间还可能有第六种真假关系:可同真,可同假,而且互不蕴涵。例如,"甲是大学生"与"乙是大学生","老张是教师"与"老张是医生"。

五、判断的种类

判断可按不同的标准进行分类。

1. 简单判断和复合判断

根据本身是否包含有其他判断,判断可以分为简单判断和复合判断。简单判断是本身不包含其他判断的判断。

【例 3-1-22】任何事物都是发展变化的。

【例 3-1-23】水银比重大于铁。

根据简单判断断定的是对象的性质,还是对象与对象之间的关系,又可以将它分为性质判断(亦称直言判断)和关系判断两类。上述例 3-1-22 是性质判断,例 3-1-23 是关系判断。

复合判断是本身包含其他判断的判断。

【例 3-1-24】如果他骄傲自满,他就会落后。

【例 3-1-25】张明或者精通英语,或者精通日语。

根据复合判断所包含的判断之间的逻辑关系(由联结词决定),复合判断又可以分为联言判断、选言判断、假言判断和负判断四种基本类型。上述例 3-1-24 是假言判断,例 3-1-25 是选言判断。

2. 模态判断和非模态判断

根据判断中是否包含有模态词,可以将判断分为模态判断和非模态判断。模态判断是包含有"必然"、"可能"、"应该"、"允许"等模态词的判断。

【例 3-1-26】违法犯罪必然会受到法律的制裁。

非模态判断是不包含模态词的判断,上述例 3-1-22 至例 3-1-25 都是非模态判断。

以上两种分类是互相交叉的,模态判断中既有简单判断,又有复合判断。复合判断所包含的支判断,也可以是模态判断。

【例 3-1-27】甲队必然能打进半决赛,并且可能夺得冠军。

普通逻辑只介绍简单的模态判断及其推理,不介绍复杂的模态逻辑理论。

现将本书所介绍的判断种类按教学顺序列表如下:

$$
\text{判 断}\begin{cases}\text{简单判断(非模态)}\begin{cases}\text{性质判断}\\ \text{关系判断}\end{cases}\\ \text{模态判断(简单的)}\begin{cases}\text{标准模态判断}\\ \text{规范判断}\end{cases}\\ \text{复 合 判 断}\begin{cases}\text{联言判断}\\ \text{选言判断}\\ \text{假言判断}\\ \text{负判断}\end{cases}\end{cases}
$$

第二节　推理和演绎推理概述

一、什么是推理

1. 推理的定义

推理是由一个或几个已知判断推出一个新判断的思维形式。

【例 3-2-1】　凡是真正的企业家都是熟悉市场经济规律的，
　　　　　　所以，凡是不熟悉市场经济规律的都不是真正的企业家。

【例 3-2-2】　所有金属都是导电体，
　　　　　　铝是金属，
　　　　　　所以，铝是导电体。

【例 3-2-3】　如果甲是案犯，他就有作案时间，
　　　　　　经调查甲不具有作案时间，
　　　　　　所以，甲不是案犯。

【例 3-2-4】　硝酸钠能溶解于水，
　　　　　　硝酸钾能溶解于水，
　　　　　　硝酸铵能溶解于水，
　　　　　　硝酸钙能溶解于水，
　　　　　　硝酸钠、硝酸钾……都是硝盐，
　　　　　　所以，所有的硝酸盐等都溶解于水。

上述例子都从已知判断推出了新的判断，它们都是推理。

2. 推理的一般结构

任何推理都由若干判断组成。其中一部分是已知判断，即推理所依据的判断，叫做推理的前提；另一部分是依据前提推出的新判断，叫做推理的结论。在上述例子中，"所以"前面的判断都是前提，"所以"后面的判断则是结论。推理的前提可以是一个判断，如例 3-2-1；也可以是两个或更多的判断，如上述例 3-2-2、例 3-2-3、

例 3-2-4。任何推理的结论总是一个判断。

前提只有一个判断的推理叫做直接推理,前提有两个或更多判断的推理叫做间接推理。

二、推理的语言表达

在语言中,推理是由复句或句群来表达的。表达推理的复句或句群,一般含有"因为……所以……"、"由于……因此……"、"……由此可见……"等因果关联词语。但推理的本质是判断与判断之间的推出与被推出关系,而不是表达判断的语句之间的关联词语。有些复句或句群中虽然不包含因果关联词,但各分句所表达的判断之间却有推出与被推出关系,它们同样表达推理。

【例 3-2-5】一个人只要说话写文章,就难免会有错话。某某同志既然是人而不是神,他说的话、写的文章就不可能"句句是真理,一句顶一万句"。

显然,"张思德同志的死是比泰山还要重的"是根据前面的判断推出来的,这里没有使用"所以"之类的因果关联词,但它仍然是一个推理。由此可见,要确定一个复句或句群是否表达推理,不能仅看它是否包含有因果关联词语,还要看各分句所表达的判断之间是否存在推出与被推出关系。

三、推理的种类

根据不同的标准,可以对推理进行不同的分类。

传统逻辑根据从前提到结论的思维进程的不同,将推理分为演绎推理、归纳推理和类比推理三类。它将演绎推理定义为"从一般性知识的前提推出特殊性知识的结论的推理",将归纳推理定义为"从特殊性知识的前提推出一般性知识的结论的推理",将类比推理定义为"从特殊(或一般)性知识的前提推出特殊(或一般)性知识的结论的推理"。传统逻辑不介绍溯因推理,而这种推理是日常思维和科学研究中常用的,这是传统逻辑的一个明显不足。

传统逻辑对演绎推理的定义已为人们广泛接受,典型的演绎推理(如第一、二格三段论和假言推理等)确实具有"从一般到特殊"的特征,但是这一定义是不够严密的,因为传统逻辑所介绍的演绎推理有的并不具有这一特征(如直接推理、第三格三段论等)。

现代逻辑根据前提是否蕴涵结论,把推理分为必然性推理和或然性推理两类。必然性推理是前提蕴涵结论的推理,即在推理形式有效的情况下,由真前提能够必然推出真结论的推理。或然性推理是前提不蕴涵结论的推理,即前提真结论未必真(即使推理形式正确,也不能由真前提必然地推出真结论)的推理。现代逻辑认为必然性推理就是演绎推理,或然性推理就是归纳推理(广义的归纳逻辑研究的对象),而类比推理和溯因推理等只是归纳推理的小类。

本书根据教学的需要,对推理提出一种新的分类方法。

首先,我们以推理的根据是不是前提判断的逻辑性质为标准,将推理分为演绎推理和非演绎推理两大类。根据前提判断的逻辑性质(由判断的形式结构决定的特征)进行推演的推理就是演绎推理,其他推理(不以判断的逻辑性质为根据的)都是非演绎推理。

对演绎推理,又可以根据前提和结论的判断类型,分为简单判断(非模态)的推理、模态判断的推理、复合判断的推理。简单判断的推理的前提和结论都是简单判断,它包括性质判断的推理、关系判断的推理。模态判断的推理的前提或结论中包含有模态判断,本书只介绍包含简单模态判断的推理。复合判断的推理的前提或结论中至少有一个复合判断,主要包括联言推理、选言推理、假言推理、负判断的相关推理以及复合判断的其他推理等。

对非演绎推理,又可按照推理根据的不同分为归纳推理、类比推理、溯因推理以及探求因果联系的逻辑方法。归纳推理是根据事物一般与个别的关系进行的推理,类比推理是根据同类型事物各属性之间的相关性进行的推理,溯因推理是根据已知的原因与结果之间的联系由结果的出现推断原因存在的推理,探求因果联系的逻辑方法具备推理"由已知判断推出新判断"的特征,它是根据事物情况共存或共变现象推出因果关系存在的推理。

在上述推理的种类中,演绎推理和归纳推理中的完全归纳推理是必然性推理,不完全归纳推理、类比推理、溯因推理以及探求因果联系的逻辑方法等都是或然性推理。

本书将要介绍的推理种类,列表如下:

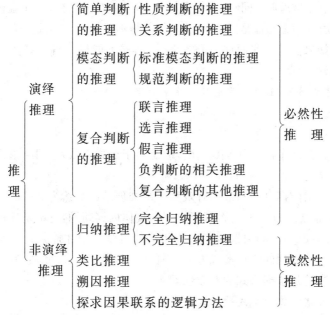

四、演绎推理的性质及其形式的有效性问题

1. 演绎推理的性质和推出真结论的条件

演绎推理是根据判断的逻辑性质进行推演的推理,属于必然性推理。它的主要性质是:在形式有效的情况下,如果前提真就能必然地推出真结论。

由演绎推理的性质可知,"前提真实"和"形式有效"是演绎推理必然地得到真结论的两个条件。本节开头所举的例 3-2-1、例 3-

2-2 两例具备这两个条件,因此其结论的真实性是必然的。

如果推理的前提不真实,即使推理形式有效,也不能保证得到真实的结论。

【例 3-2-6】所有的金属都是固体,

　　　　　　汞是金属,
　　　　　　─────────
　　　　　　所以,汞是固体。

这个推理形式同例 3-2-2,是有效式,但由于前提中有一个虚假判断("所有的金属都是固体"),因而结论是不可靠的(这里是假的)。

如果前提真实而推理形式无效,同样不能保证得到真实可靠的结论。

【例 3-2-7】有些导电体是金属,

　　　　　　水是导电体,
　　　　　　─────────
　　　　　　所以,水是金属。

此例两个前提都是真判断,但是由于形式无效,它的结论也是不可靠的(这里是假的)。

虽然前提真实和形式有效是演绎推理结论必然为真的两个条件,但前提判断真实与否属于推理的具体内容问题,它不是逻辑学能够解决的,而必须根据实践或相关的科学知识才能判定。普通逻辑是从推理的逻辑形式方面来研究演绎推理的,因此,它所要着重解决的是推理形式的有效性问题。

2. 演绎推理形式的有效性的判定

什么样的推理形式是有效的,什么样的推理形式是无效的呢?

如果对某一推理形式代入任何真实的前提,都不会出现假结论,那么这个推理形式就是有效式,否则就是无效式。如例 3-2-2 和例 3-2-6 具有如下的推理形式:

　　　　　所有 M 都是 P
　　　　　　S 是 M
　　　　　─────────
　　　　　所以,S 是 P

这个推理形式是有效的,因为具有这种形式的任何具体推理都不会前提真而结论假。

下列推理形式是无效的:

　　有些 M 是 P
　　　S 是 M
　　所以,S 是 P

例 3-2-7 具有这种推理形式,它的前提真而结论假。

普通逻辑判定演绎推理的形式是否有效的方法,是根据前提判断的逻辑性质制定出相应的推理规则。凡是合乎规则的推理形式就是有效的,凡是违反规则的推理形式就是无效的。

3."推理的逻辑性"的含义

由于普通逻辑是从形式方面来研究演绎推理的,因此,凡是形式有效(即合乎推理规则)的推理就是合乎逻辑的,形式无效(即违反推理规则)的推理就是不合乎逻辑的。

演绎推理的逻辑性仅仅是一个形式有效与否的问题,与前提的真假无关。这是因为:

第一,前提的真假是推理的内容问题,不是逻辑学研究的对象,逻辑本身也解决不了前提真假的判定问题,因而不能将前提真实作为推理合乎逻辑的条件。

第二,在实际思维中,人们不仅以已知为真的判断为前提进行推理,也常常以尚未被证明为真的判断为前提进行推理。例如,公安人员在侦破案件时就常常以假设的判断为前提进行推理。有时候,人们甚至以明知为假的判断为前提进行推理,例如,为了驳斥"凡是存在的都是合理的"这一判断,我们可以以它为前提进行推理:"凡是存在的都是合理的(假定),贪污腐败现象是存在的(明显的事实),所以贪污腐败现象是合理的。"由于从"凡是存在的都是合理的"合乎逻辑地推出了荒谬的结论,就有力地证明了原判断为假。(这种由假前提合乎逻辑地推出荒谬结论从而证明原前提为假的反驳方法叫做"归谬法",将在第九章"论证"中详细介绍。)

五、演绎推理的公理(演绎公理)

所谓公理,按照一般的理解,是指在某一领域为人们所公认的不需要证明的真理。公理是客观世界中最一般、最普遍的规律在人的意识中的反映,是人们通过无数次的实践总结出来并被实践反复检验为真的,因而具有不证自明的性质。(注:这里对公理的解释是传统意义上的理解,现代逻辑所讨论的"公理化方法"和"公理系统"中所说的公理,指在一个演绎系统中不需要证明而作为出发点的初始命题,它不一定具有直观的、不言自明的特点。)

演绎推理的公理(可以简称为"演绎公理")的内容是:凡对某类事物的全部对象有所断定,则对该类事物的部分对象(或个别对象)也可以作出相同的断定。

演绎公理可以用下图说明:

左图表示:当我们断定 M 类对象全部具有 P 属性时(M 真包含于 P),M 类的部分对象 S 也一定具有 P 属性(S 真包含于 P)。

右图表示:当我们断定 M 类对象全部不具有 P 属性时(M 与 P 全异),M 类的部分对象 S 也一定不具有 P 属性(S 与 P 全异)。

以上公理最初是由亚里士多德提出的,一般被称为三段论公理,实际上它不仅适用于三段论,而且适用于任何其他演绎推理;因此称为"演释公理"更为妥当。

【例 3-2-8】张老师认识甲班所有同学。

这个判断对"甲班同学"的全部作出了断定,根据演绎公理,由例 3-2-8 加上"李明是甲班同学",就可以直接推出:

张老师认识李明。

【例 3-2-9】如果一个数能被 9 整除,那么这个数就能被 3 整除。

此例断定了对于任何数而言,"被 9 整除"是"被 3 整除"的充分条件。根据演绎公理,由它可以推出下面的判断:

如果 x 能被 9 整除,那么 x 就能被 3 整除。

如果 108 能被 9 整除,那么 108 就能被 3 整除。

【例 3-2-10】一份统计表格的错误或者是由于材料不可靠,或者是由于计算不准确。

此例中的"一份统计表格"是指"任何统计表格",判断对"统计表格"的全部作出了断定。根据演绎公理,由它可以推出:

这份统计表格的错误或者是由于材料不可靠,或者是由于计算不准确。

第三节 性质判断及其直接推理

一、性质判断及其结构

1. 什么是性质判断

性质判断就是断定对象具有或不具有某种性质的判断。在传统逻辑中,性质判断亦称为直言判断。

【例 3-3-1】所有事物都是发展变化的。

【例 3-3-2】有的金属(在常温下)不是固体。

【例 3-3-3】北京是中国的首都。

这三个判断都是性质判断。

2. 性质判断的结构

性质判断由主项、谓项、联项和量项四个部分组成。

主项是反映所断定的对象的概念。上述例子中的"事物"、"金属"、"北京"就是主项。在性质判断的逻辑形式中,通常用大写字母"S"来表示主项。

谓项是反映对象所具有或不具有的性质的概念。上述例子中的"发展变化的"、"固体"、"中国的首都"就是谓项。在逻辑形式中通常用大写字母"P"来表示谓项。

主项和谓项统称为"词项",词项也就是判断结构中的概念。

联项是联结主项和谓项的语词,它表示"具有"还是"不具有"的差别,决定一个判断是肯定判断还是否定判断。表示"具有"某属性的联项是肯定的联项,通常用"是"这个判断词;表示"不具有"某属性的联项是否定的联项,通常用"不是"这个判断词。在思维中,一个性质判断要么是肯定的,要么是否定的,因此,任何性质判断都有联项。但在语言表达中,肯定的联项(是)有时可以省略,如例 3-3-1 可以表述为"所有事物都发展变化"。否定的联项"不是(或不)"在语言表达中是不能省略的。

量项是表示主项的外延被断定的范围(即是否被全部断定)的语词。表示对主项的全部外延作出断定的量项叫做全称量项,语言中通常用"所有"、"凡是"、"一切"、"任何"、"全部"、"每一个"等来表示。表示对主项的部分外延作出断定的量项叫做特称量项,通常用"有"、"有的"、"有些"等来表示。在语言表达中,全称量项有时可以省略,如例 3-3-1 可以表述为"事物都是发展变化的"。特称量项一般不可省略,如例 3-3-2 不能省略为"金属不是固体"。如果主项是一个单独概念,其外延仅涉及唯一对象,所以不存在是否断定全部外延的区别,因此,主项是单独概念的判断(单称判断)一般是不带量项的。

在日常语言中,由于有一定的语境(上下文)作为参照,特称量项"有的"、"有些"往往含有"只有一部分"的意思,当我们说"有的 S 具有 P 属性"时,似乎隐含着"另有一些 S 不具有 P 属性",但是这种所谓"隐含的意思"并不是确定的。例如,设甲班有 50 位同学,当我们了解到其中有 10 位(甚至只要 1 位)同学是文学爱好者,就可以断定"甲班有的同学是文学爱好者",而无需知道其余

40位(49位)同学是不是文学爱好者。从这个例子可以看出,特称量项"有的"、"有些"的确切含义是"至少存在着一个",而不是"有一些而且只有一些"。也就是说,"有的 S 是(不是)P"仅仅对 S 的部分对象作出了某种断定,而不意味着同时对 S 的另一部分对象作了相反的断定。因此,即使甲班 50 位同学全部都是文学爱好者,我们作出"甲班有的同学是文学爱好者"的断定,也是符合事实的,它仍然是一个真判断。

由于"有的"、"有些"的确切含义是"至少存在着一个",因此,特称量项又叫做存在量项。为避免不必要的混淆,下文的逻辑公式中,我们一般用"有"来表示特称量项。

3. 性质判断的逻辑性质是由联项和量项决定的

在性质判断的四个组成部分中,主项 S 和谓项 P 代表各种不同的具体概念,它们是性质判断的变项;而联项("是"、"不是")和量项("所有"、"有")的意思是确定不变的,它们是性质判断逻辑形式中的常项。思维的逻辑形式是由常项决定的,因此,性质判断的具体形式以及各自不同的逻辑性质,都是由联项和量项决定的,而与一个判断主项、谓项是什么具体概念无关。

二、性质判断的种类

1. 肯定判断和否定判断

一个判断是肯定判断还是否定判断,称为"判断的质"。性质判断的质是由它的联项("是"或"不是")决定的。

一个判断要么是肯定判断,要么是否定判断。因此,根据判断的质,性质判断可以分为肯定判断(S 是 P)和否定判断(S 不是 P)两类。上述例 3-3-1、例 3-3-3 是肯定判断,例 3-3-2 是否定判断。

2. 全称判断、特称判断、单称判断

一个判断是否断定了主项的全部外延,称为"判断的量"。性质判断的量是由它的量项("所有"或"有")决定的。

带有全称量项(不管语言表达中是否省略)的判断叫做全称判

断(所有 S—P),它对主项的全部外延作出了断定;带有特称量项的判断叫做特称判断(有 S—P),它只对主项的部分外延作出了断定。

主项是单独概念的判断叫做单称判断。如"中国是社会主义国家"、"孙中山不是马克思主义者"等。在特定的语境中,普遍概念 S 前加上指示代词"这个"、"那个"或序数词"第 x 个"等,可以构成临时性的单独概念"这个 S"、"那个 S"、"第 x 个 S"等,因此,像"这所学校不是重点大学"、"第 10 号球员是外籍人"一类的判断,也属于单称判断。由于单独概念的外延只有一个,所以单称判断也对主项的全部外延(唯一的对象)作出了断定。

全称判断和单称判断都断定了主项的全部外延,而在研究推理时我们有时只关心一个判断是否断定了某词项的全部外延(即下文将要讨论的是否"周延"),这时可以把单称判断当作全称判断来处理。这样,根据判断的量,性质判断就只分为全称判断(含单称判断)和特称判断两类。

3. 性质判断的四种基本类型——A、E、I、O

综合以上两种分类法,性质判断可以分为以下四种基本类型:

(1)全称肯定判断,简称 A 判断,其逻辑形式为"所有 S 是 P",也可简写为"SAP"。它断定 S 类事物全部具有 P 性质。如"所有金属是导体"。

(2)全称否定判断,简称 E 判断,其逻辑形式为"所有 S 不是 P",也可简写为"SEP"。它断定 S 类事物全部不具有 P 性质。如"所有宗教徒不是唯物主义者"。

(3)特称肯定判断,简称 I 判断,其逻辑形式为"有 S 是 P",也可简写为"SIP"。它断定 S 类事物中至少有一个具有 P 性质。如"有的亚洲国家是经济发达的国家"。

(4)特称否定判断,简称 O 判断,其逻辑形式为"有 S 不是 P",也可简写为"SOP"。它断定 S 类事物至少有一个不具有 P 性质。

如"有的金属不是固体"。

上述四种性质判断及其逻辑形式可以列表如下：

名　　称	简　称	逻辑形式	简　式
全称肯定判断	A判断	所有S是P	SAP
全称否定判断	E判断	所有S不是P	SEP
特称肯定判断	I判断	有S是P	SIP
特称否定判断	O判断	有S不是P	SOP

三、主、谓项相同的性质判断间的对当关系及对当关系推理

1. 性质判断间的对当关系

主谓项相同的A、E、I、O四种性质判断之间存在着一定的真假制约关系，普通逻辑称之为"对当关系"。为了搞清楚这种对当关系，我们先来了解在主项S和谓项P外延间处于各种关系的情况下，A、E、I、O四种判断各自的真假情况。

S与P外延间关系 / 判断类型	全同 SP	真包含于 S P	真包含 S P	交叉 S P	全异 S　P
A(所有S是P)	＋	＋	－	－	－
E(所有S不是P)	－	－	－	－	＋
I(有S是P)	＋	＋	＋	＋	－
O(有S不是P)	－	－	＋	＋	＋

（表中"＋"号表示真，"－"号表示假）

让我们根据这个表来考察四种性质判断之间的真假关系。

（1）A—E之间的真假关系：当A为真时，E一定为假；当A为假时，E有真假两种可能。它们之间具有"不能同时为真，可以同时为

假"的反对关系。试比较、体会下面两个判断间的真假关系：

　　甲班所有同学是本地人——甲班所有同学不是本地人

　　(2) A—O、E—I 之间的真假关系：当 A 为真时，O 一定为假；当 A 为假时，O 一定为真。它们之间具有"不能同时为真，也不能同时为假"的矛盾关系。E 与 I 之间也具有相同的关系。试比较、体会下面两对判断间的真假关系：

　　甲班所有同学是本地人——甲班有同学不是本地人

　　甲班所有同学不是本地人——甲班有同学是本地人

　　(3) A—I、E—O 之间的真假关系：当 A 为真时，I 一定为真；当 E 为真时，O 就一定为真。它们之间都具有"前者真，后者不可能假"的蕴涵关系。"蕴涵"是现代逻辑的术语，传统逻辑称这种关系为"差等关系"。试比较、体会下面两对判断间的真假关系：

　　甲班所有同学是本地人——甲班有同学是本地人

　　甲班所有同学不是本地人——甲班有同学不是本地人

　　(4) I—O 之间的真假关系：当 I 为真时，O 有真假两种可能；当 I 为假时，O 一定为真。它们之间具有"不能同时为假，可以同时为真"的下反对关系。试比较、体会下面两判断间的真假关系：

　　甲班有同学是本地人——甲班有同学不是本地人

　　四种性质判断两两之间的对当关系，可以用下图表示：

　　这个表达对当关系的带对角线的正方形，在传统逻辑中叫做

"逻辑方阵"。

单称判断没有对应的特称判断,在考察判断间的对当关系时,不能将单称判断归入全称判断。单称肯定判断(s 是 P)与单称否定判断(s 不是 P)之间不是反对关系,而是矛盾关系。如"甲是上海人"与"甲不是上海人",二者既不可同真,也不可同假。

2.性质判断的对当关系推理

根据性质判断的对当关系,可以由一个性质判断的真或假,推出与之主、谓项相同的其他性质判断的真假情况。这种推论就叫做对当关系推理。

(1)根据 A—E 之间的反对关系,可以进行由真到假的推理。

  T-3-3-(1) SAP ⊨ 并非 SEP(⊨ 是推出符号)

例如,由"店里陈列的所有商品都是国产的"为真,可以必然推出"店里陈列的所有商品都不是国产的"为假。

  T-3-3-(2) SEP ⊨ 并非 SAP

例如,由"所有宗教徒都不是唯物主义者"为真,可以必然推出"所有宗教徒都是唯物主义者"为假。

(2)根据 A—O、E—I 之间的矛盾关系,可以进行由真到假的推演,也能进行由假到真的推理。

  T-3-3-(3) SAP ⊨⊨ 并非 SOP(⊨⊨ 表示互推)
  T-3-3-(4) SEP ⊨⊨ 并非 SIP
  T-3-3-(5) SIP ⊨⊨ 并非 SEP
  T-3-3-(6) SOP ⊨⊨ 并非 SAP

以(3)式为例,由"所有发达国家都是资本主义国家"为真,可以推出"有的发达国家不是资本主义国家"为假。由"有些鸟类动物不是卵生动物"为假,也可以推出"所有的鸟类动物都是卵生动物"为真。

(4)~(6)式请读者自己举例说明。

(3)根据 A—I、E—O 之间的差等(蕴涵)关系,可以由前者真推出后者为真,也能由后者假推出前者为假。

T-3-3-(7)　　SAP ⊨ SIP
T-3-3-(8)　　SEP ⊨ SOP
T-3-3-(9)　　并非 SIP ⊨ 并非 SAP
T-3-3-(10)　 并非 SOP ⊨ 并非 SEP

以(9)式为例,由"甲班有的同学是外省人"为假,可以推出"甲班所有同学是外省人"为假。

(7)、(8)、(10)式的有效性请读者自己举例说明。

(4)根据 I—O 之间的下反对关系,可以进行由假到真的推理。

T-3-3-(11)　　并非 SIP ⊨ SOP
T-3-3-(12)　　并非 SOP ⊨ SIP

以(11)式为例,由"橱窗内有商品是假冒伪劣产品"为假,可以推出"橱窗内至少有一种商品不是假冒伪劣产品"为真。

(12)式的有效性请读者自己举例说明。

下面的推理形式是无效的:

△并非 SAP ⊨ SEP（因为 A、E 可以同假）

△并非 SEP ⊨ SAP（原因同上）

△SIP ⊨ 并非 SOP（因为 I、O 可以同真）

△SOP ⊨ 并非 SIP（原因同上）

△并非 SAP ⊨ 并非 SIP（当 S 与 P 具有真包含或交叉关系时,A 假而 I 真）

△并非 SEP ⊨ 并非 SOP（当 S 与 P 具有真包含或交叉关系时,E 假而 O 真）

△ SIP ⊨ SAP（当 S 与 P 具有真包含或交叉关系时,I 真而 A 假）

△ SOP ⊨ SEP（当 S 与 P 具有真包含或交叉关系时,O 真而 E 假）

四、性质判断主、谓项的周延性问题

1. 什么是周延性问题

周延性问题就是一个词项的外延是否被全部断定的问题。如果一个判断对某词项的全部外延作出了断定,该词项就是周延的;如果没有对某词项的全部外延作出了断定,而仅仅断定了它的部分外延,该词项就是不周延的。例如,在"所有蝙蝠都是哺乳动物"这一判断中,主项"蝙蝠"的外延被全部断定,因此是周延的,而谓项"哺乳动物"的外延没有被全部断定,因此是不周延的。

2. A、E、I、O四种性质判断主项和谓项的周延情况

性质判断的主项是否周延,是由判断的量(量项)决定的。全称判断(含单称判断)断定了主项的全部外延,因此其主项是周延的。特称判断只对主项的部分外延作出了断定,因此其主项是不周延的。例如,在"所有金属是导体"和"有的金属不是固体"这两个判断中,"金属"这一词项在前一判断(全称判断)中是周延的,而在后一判断(特称判断)中是不周延的。

性质判断的谓项是否周延,是由判断的质(联项)决定的。否定判断断定了谓项的全部外延,因此其谓项是周延的。当我们断定某对象"不是P"的时候,实际上断定它被排斥在P的全部外延之外。例如,"有的作家不是大学毕业生",这一判断断定了"作家"中有的人不是任何"大学毕业生"(既不是文科的,也不是理科的;既不是本科的,也不是专科的,等等),在这里,"大学毕业生"的全部外延被断定,因此是周延的。

肯定判断没有对谓项的全部外延作出断定,因此它的谓项是不周延的。当我们断定某对象"是P"的时候,并没有断定它是P的全部,例如"所有唯物主义者都是无神论者",这一判断并没有断定"唯物主义者"是"无神论者"的全部,因此其谓项"无神论者"不周延。

从上面的分析可以得出如下结论:

全称判断的主项周延,特称判断的主项不周延。
否定判断的谓项周延,肯定判断的谓项不周延。
A、E、I、O 四种性质判断主、谓项的周延情况可以列表如下:

判断类型	主项(S)	谓项(P)
A 所有 S 是 P	周延	不周延
E 所有 S 不是 P	周延	周延
I 有 S 是 P	不周延	不周延
O 有 S 不是 P	不周延	周延

既然性质判断主、谓项的周延情况是由量项和联项决定的,而联项和量项决定了判断的逻辑形式,因此,周延性问题就完全是判断的形式问题,而跟判断的具体内容无关。要确定一个判断的主、谓项周延与否,只要看它是什么判断就可以了,而不必考察它的主、谓项是什么具体概念,以及它们的外延间实际上是什么关系。

主、谓项的周延性是性质判断中一个非常重要的逻辑问题。在性质判断有关推理中,许多推理规则将涉及词项的周延性问题,因此正确理解并熟练地判别各种性质判断主、谓项的周延性,对于学好性质判断演绎推理的有关知识,具有十分重要的意义。

五、性质判断的变形推理

性质判断的变形推理就是通过改变一个性质判断的形式,由一个性质判断推出另一个性质判断的推理。

"变形"的基本方法有换质法、换位法两种,还可以将两种方法结合起来运用,这就是换质位法。

1. 换质法

换质法就是通过改变前提判断的质(肯定改为否定,否定改为肯定),从而得到一个新判断的推理方法。

换质法推理有两条规则:

规则1:只改变前提判断的质(联项)。

规则2:结论的谓项应是前提判断谓项的矛盾概念。

规则1是由换质法的定义直接导出的。规则2是由换质法的演绎性质决定的,因为有效的演绎推理是前提蕴涵结论的推理,既然改变了原判断的质(联项),为了保证从真前提必然推出真结论,就必须将原判断的谓项换成它的矛盾概念。

根据上述两条规则,A、E、I、O四种性质判断都可以换质。

T-3-3-(13) SAP ⊨⊨ SE$\overline{P}$(所有S是P ⊨⊨ 所有S不是非P)

【例3-3-4】凡是反侵略战争都是正义战争,所以,凡是反侵略战争都不是非正义战争。

T-3-3-(14) SEP ⊨⊨ SA$\overline{P}$(所有S不是P ⊨⊨ 所有S是非P)

【例3-3-5】所有宗教徒都不是唯物主义者,所以,所有宗教徒都是非唯物主义者。

T-3-3-(15) SIP ⊨⊨ SO$\overline{P}$(有S是P ⊨⊨ 有S不是非P)

【例3-3-6】有些事故是可以避免的,所以,有些事故不是不可避免的。

T-3-3-(16) SOP ⊨⊨ SI$\overline{P}$(有S不是P ⊨⊨ 有S是非P)

【例3-3-7】有些大型企业不是国有企业,所以,有些大型企业是非国有企业。

换质法推理有一个特点:前提与结论可以互推,对上述推理的结论再进行换质,就能必然地推出原来的前提。因此,换质法的四个有效式的前提与结论之间都用了互推符号"⊨⊨"。

2.换位法

换位法就是通过调换前提判断主、谓项的位置,从而推出一个新判断的推理方法。

换位法有两条规则:

规则1:只改变前提判断主项和谓项的位置(不换质)。

规则2:前提中不周延的项,在结论中不得周延。

规则1是由换位法的定义直接导出的。规则2是由换位法的演绎性质决定的,因为一个词项在前提中不周延,就是说前提没有断定它的全部外延,而只断定了它的部分外延;如果它在结论中变为周延,就是说结论断定了它的全部外延,这样,结论对它的断定范围就超出了前提所断定的范围,这种断定也就不是必然可靠的了。规则2实际上是规定结论的断定范围不得超出前提的断定范围,它保证了合乎规则的换位法推理能够从真前提必然地推出真结论。

根据上述两条规则,换位法有三个有效式:

T-3-3-(17)　　SAP ⊨ PIS(所有S是P ⊨ 有P是S)

【例3-3-8】所有大学教师都是知识分子,所以,有些知识分子是大学教师。

SAP只能换位为PIS,不能换位为PAS,否则就会违反规则2。如上例,假如得出"所有知识分子是大学教师",就是违反逻辑的。

T-3-3-(18)　　SEP ⊨ PES(所有S不是P ⊨ 所有P不是S)

【例3-3-9】所有腐败分子都不是好干部,所以,所有好干部都不是腐败分子。

T-3-3-(19)　　SIP ⊨ PIS(有S是P ⊨ 有P是S)

【例3-3-10】有些非常重要的会议是小型会议,所以,有些小型会议是非常重要的会议。

根据规则,O判断不能换位,因为如果将"有S不是P"换位为"有P不是S",前提中不周延的项S在结论中就变成周延的了,这就违反了换位法的规则2,结论就不可靠了。这种逻辑错误叫做"周延不当"。例如,"有些文章不是公文,所以,有些公文不是文章",真前提推出了假结论,可见其形式是无效的。

在运用换位法推理时,我们要注意避免使用下面两个无效的推理形式,它们都有"周延不当"的错误。

△SAP ⊨ PAS

△SOP ⊨ POS

3. 换质位法

换质位法就是既改变前提判断的质，又调换前提判断主、谓项的位置，从而得到一个新判断的推理方法。

换质位法通常是先对一个性质判断换质，再对换质的结论进行换位。例如，对"凡是真正的企业家都是熟悉市场经济运行规律的"换质，可以得到"凡是真正的企业家都不是不熟悉市场经济运行规律的"，再对这一结论进行换位，就得到"凡是不熟悉市场经济运行规律的都不是真正的企业家"的结论。这一推导过程可以用公式表示为：

T-3-3-(20)　　SAP（换质）$\models$ SE$\overline{P}$（换位）$\models$ $\overline{P}$ES

同理，下列推理形式也是有效的：

T-3-3-(21)　　SEP $\models$ SA$\overline{P}$ $\models$ $\overline{P}$IS

T-3-3-(22)　　SOP $\models$ SI$\overline{P}$ $\models$ $\overline{P}$IS

在实际思维中，上述推理过程的中间步骤可以省略。例如，从"凡是真正的企业家都是熟悉市场经济运行规律的"的前提，可以直接推出"凡是不熟悉市场经济运行规律的都不是真正的企业家"的结论。

在进行换质位推理时，必须遵守换质法和换位法的规则。下面的推理形式是无效的，因为第二步换位时违反了"前提中不周延的项，在结论中不得周延"的规则：

△SIP $\models$ SO$\overline{P}$ $\models$ $\overline{P}$OS

如果先对一个性质判断进行换位，然后再对换位的结论进行换质，只要不违反换位法和换质法的规则，也能得到可靠的结论。这种推理可以叫做"换位质法"。例如，对"所有无神论者不是宗教徒"换位，可得"所有宗教徒不是无神论者"，再换质可得"所有宗教徒是有神论者"。这一推理过程的形式是：

SEP $\models$ PES $\models$ PA$\overline{S}$

它合乎换质法和换位法规则，因而是一个有效的推理形式。

六、关于区别判断

1. 什么是区别判断

具有"只有 S 才是 P"形式的判断叫做区别判断。

【例 3-3-11】只有能被 5 整除的数,才能被 10 整除。

【例 3-3-12】只有不畏劳苦沿着陡峭山路攀登的人,才有希望到达科学的光辉顶点。

【例 3-3-13】只有年满 18 周岁的公民,才有选举权。

表达这种判断的语句往往带有逗号,但逗号仅仅表示语音的停顿,并不表示其前后是两个分句。上述例子中逗号前都是偏正词组,表达的仅仅是概念,而且句中逗号完全可以省略。因此区别判断不同于本书第五章将要介绍的"只有 p,才 q"形式的必要条件假言判断,因为后者是复合判断,其变项 p、q 都是判断。

区别判断不是与性质判断并列的一种独立的判断类型,它实际是性质判断的一种特殊形式。"只有 S 才是 P"相当于"所有 P 是 S",或者"所有非 S 不是 P"。例如,例 3-3-11 等于下列判断:

【例 3-3-14】所有能被 10 整除的数都能被 5 整除。

【例 3-3-15】所有不能被 5 整除的数都不能被 10 整除。

从例 3-3-14 经过换质位就得到例 3-3-15,二者完全等值。

2. 含有区别判断的推理

区别判断既然只是性质判断的一种特殊形式,以它为前提当然能进行性质判断的各种推理。从例 3-3-11 推出例 3-3-14 或例 3-3-15 的有效性是明显的。下面的推理中也含有区别判断:

【例 3-3-16】只有年满 18 周岁的公民才有选举权,甲不到 18 周岁,所以甲没有选举权。

此例等于"凡是不满 18 周岁的公民都没有选举权,甲是不满 18 周岁的公民,所以,甲没有选举权"。这个推理前提中含有两个性质判断,属于性质判断的间接推理,也就是三段论。这种推理的有效性问题是下一节将要详细阐述的内容。

第四节 三段论

一、什么是三段论

1. 三段论的定义

三段论是由两个包含有一个共同项的性质判断推出一个新的性质判断的推理。

【例 3-4-1】所有科学规律都是不以人的意志为转移的，

　　　　　　逻辑规律是科学规律，

　　　　　　所以，逻辑规律是不以人的意志为转移的。

这就是一个三段论，其中前提中的两个性质判断包含一个共同项"科学规律"，推出的结论则是由前提中另外两个词项"逻辑规律"和"不以人的意志为转移的"构成的新的性质判断。

2. 三段论的一般结构

任何三段论都由三个性质判断组成，其中两个判断是前提，一个判断是结论。

任何正确的三段论都包含三个不同的词项：大项、小项和中项。结论中充当谓项的概念叫大项，公式中通常用"P"表示，如上述例子中的"不以人的意志为转移的"；结论中充当主项的概念叫小项，公式中通常用"S"表示，如上述例子中的"逻辑规律"；两个前提包含的共同项叫中项，公式中通常用"M"表示，如上述例子中的"科学规律"。

三段论的两个前提中，包含大项的前提叫大前提，如上述例子中的"所有科学规律都是不以人的意志为转移的"；包含小项的前提叫小前提，如上述例子中的"逻辑规律是科学规律"。三段论的典型形式是：

```
所有 M 是 P        ————————大前提
所有 S 是 M        ————————小前提
所以,所有 S 是 P  ————————结  论
```

在语言表达中,三段论并不总是按照大前提、小前提、结论的顺序排列的,如上例可表述为"逻辑规律是科学规律,而任何科学规律都是不以人的意志为转移的,所以,逻辑规律是不以人的意志为转移的",也可表述为"逻辑规律是不以人的意志为转移的,因为它是科学规律,而任何科学规律都是不以人的意志为转移的"。

3. 中项在三段论中的媒介作用

中项在三段论推理中具有特别重要的作用。正是因为两个前提包含有一个共同的中项,才使大项和小项建立起必然的联系,从而构成一个新的性质判断。中项联结大项和小项的作用称为"媒介作用",它是三段论之所以能够必然推出结论的"秘密"。离开中项的媒介作用,就不能得出必然的结论。

为保证三段论的前提中有一个共同的中项,一个正确的三段论的前提中只能有三个不同的项。人们通常不会以两个明显没有共同项的性质判断为前提进行推理,例如,没有人会以"所有行星都是不会发光的"、"酒精是无色透明的液体"为前提进行推理,因为它们不包含共同项。但是,有人可能会进行类似下面的推理:

【例 3-4-2】尼古丁是一种剧毒物质,
　　　　　　烟草中含有尼古丁,
　　　　　　所以,烟草是一种剧毒物质。

【例 3-4-3】群众是我们依靠的对象,
　　　　　　某甲是群众,
　　　　　　所以,某甲是我们依靠的对象。

在例 3-4-2 中,"尼古丁"和"含有尼古丁"虽然在内容上有一定联系,但并不是相同的概念;在例 3-4-3 中,大前提中的"群众"一词表达的是集合概念,反映的是"人民群众"这个集合体;而小前

提中的"群众"表达的是非集合概念,反映的是个体;虽然用的是同一语词,但表达的却不是同一概念。这两个例子的前提中实际上都没有共同的中项,但都误将不同的概念当作一个概念来理解,并以它为"中项"来进行推理,其结论当然是不可靠的。这种思维错误实质上是违反同一律要求的"混淆概念"的错误(参见第七章"普通逻辑的基本规律",本书第268页)。在三段论推理中,这种错误叫做"四词项"(或"四概念")错误。

"四词项"错误是一种非形式的错误,只有在具体的三段论推理中才会出现。为了保证三段论的两个前提有一共同的中项,在运用具体的三段论时必须注意避免这种错误。

二、三段论的规则

为了保证三段论能够从真前提必然推出真结论,为了检验三段论形式是否有效,普通逻辑根据演绎公理、性质判断的逻辑性质、逻辑基本规律的要求,总结出三段论的规则。根据这些规则可以直接判定任何一个三段论的形式是否有效。

1. 三段论的基本规则

规则1:中项至少要周延一次。

三段论大项与小项的联系是借助于中项的媒介作用建立起来的,为了使大项和小项建立起必然的联系,必须保证中项至少有一部分外延既和大项有确定的联系,也与小项有确定的联系。如果中项在两个前提中都不周延,就可能出现这种情况:中项的一部分外延与大项有联系,另一部分外延与小项有联系,在这种情况下大项与小项就无法通过中项的媒介作用建立起必然的联系,也就不能得出新的结论。

【例3-4-4】有些国有企业经济效益不好,

　　　　　　A公司是国有企业,

　　　　　　所以,A公司——

【例3-4-5】泄露会议机密者是到会人员,
　　　　　李××是到会人员,
　　　　　所以,李××——

在例3-4-4中,中项"国有企业"在大前提中是特称判断主项,在小前提中是肯定判断谓项;在例3-4-5中,中项"到会人员"在大小前提中都是肯定判断谓项,它们都不周延。根据规则1,以这些判断为前提不能得出必然的结论。如果根据它们推出"A公司经济效益不好"或"李××是泄露会议机密者",其结论就是不可靠的。这种逻辑错误叫做"中项不周延"。

规则2:前提中不周延的项,在结论中不得周延。

这条规则与判断变形推理中换位法的周延规则完全一样,其作用是保证结论所断定的范围不超出前提所断定的范围(这是演绎推理的一条普遍性原则),从而保证结论的必然可靠性。

违反这条规则有两种可能的情况:

其一,大项在前提中不周延,在结论中变得周延。这种逻辑错误叫做"大项不当周延"。

【例3-4-6】科学研究是复杂劳动,
　　　　　企业管理不是科学研究,
　　　　　所以,企业管理不是复杂劳动。

此例大项"复杂劳动"在大前提中不周延,而在结论中变得周延了,因而结论是不可靠的(本例中是假的)。

其二,小项在前提中不周延,在结论中变得周延。这种逻辑错误叫做"小项不当周延"。

【例3-4-7】陈景润没有留过学,
　　　　　陈景润是杰出科学家,
　　　　　所以,杰出科学家都没有留过学。

此例小项"杰出科学家"在小前提中不周延,而在结论中变周延了,因而结论也是不可靠的(本例中是假的)。

规则 3:从两个否定的前提不能必然得出结论。

否定判断断定主项与谓项之间具有不相容(全异)关系。如果两个前提都是否定判断,则它们断定中项与大项、中项与小项都具有不相容关系。在这种情况下,中项就无法起到媒介作用,因而也就不能推出确定的结论。

【例 3-4-8】调查报告不是文学作品,

　　　　　这篇文稿不是调查报告,
　　　　　　所以,——

显然,从上述前提既推不出"这篇文稿是文学作品",也推不出"这篇文稿不是文学作品"。如果一定要推出什么结论,其结论就是不可靠的,这种逻辑错误叫做"两否定前提"。

规则 4:若前提有一否定判断,则结论必为否定判断;若两个前提都是肯定判断,则结论必为肯定判断。

否定判断断定主、谓项外延间具有不相容(排斥)关系,肯定判断断定主、谓项外延间具有相容(重合)关系。如果前提有一否定判断,则另一前提必为肯定判断。两个前提不外乎以下两种情况:

(1)大前提否定,小前提肯定。大前提断定大项与中项排斥,小前提断定小项与中项重合,在这种情况下,与中项重合的小项的外延必然与大项排斥。

(2)大前提肯定,小前提否定。大前提断定大项与中项重合,小前提断定小项与中项排斥,在这种情况下,与中项重合的大项的外延必然与小项排斥。

在这两种情况下,如果前提为真,大项与小项在外延上总是互相排斥的,而反映排斥关系的判断(结论)只能是否定判断。

【例 3-4-9】社会科学不是自然科学,

　　　　　法学是社会科学,
　　　　　　所以,法学不是自然科学。

【例 3-4-10】鱼是卵生动物，
　　　　　　鲸不是卵生动物，
　　　　　　所以，鲸不是鱼。

在例 3-4-9 中，大前提是否定判断而小前提是肯定判断；在例 3-4-10 中，大前提是肯定判断而小前提是否定判断。显然，它们都只能推出否定的结论，而不能得出肯定的结论。

为什么若两个前提都是肯定的，结论就只能是肯定的呢？这是因为假如大小前提都是肯定判断，则它们断定大、小项都与中项有重合关系，通过中项的媒介作用，只能确定大、小项之间有重合关系，而断定重合关系的判断只能是肯定判断。

【例 3-4-11】所有的正方形都是等边矩形，
　　　　　　所有的等边矩形都是直角菱形，
　　　　　　所以，有的直角菱形不是正方形。

此例两个前提均为肯定判断，根据规则只能推出肯定的结论，这里却得出否定的结论，这一结论就不是可靠的（此例是假的）。

以上四条规则是三段论的基本规则，它们是判定三段论形式有效与否的标准。凡是符合这四条规则的三段论，其形式都是有效的；违反其中任何一条，其形式都是无效的。因此，遵守这四条规则是三段论形式有效的充分必要条件。

2. 三段论的导出规则

以上述四条基本规则为根据，可以证明以下两条导出规则：

规则 5：从两个特称的前提不能必然得出结论。

如果两个前提都是特称肯定判断（II 组合），则前提中没有一个词项周延，无法满足"中项至少要周延一次"的要求。

如果一个前提为特称肯定判断，另一个前提为特称否定判断（IO 或 OI 组合），则只有一个项（O 判断的谓项）周延，这个项若充当中项，则大项在前提中不周延，但根据规则 4"前提有一否定，结论必否定"，而否定判断的谓项（大项）周延，这样就必然犯"大项不当周延"的错误。

如果两个前提都是特称否定判断,则它已经违反了规则3"从两个否定的前提不能必然得出结论"。

总之,若两个前提都为特称判断,它总是违反上述基本规则中的某一条,所以不能必然地推出结论。

规则6:若前提有一特称判断,则结论必为特称判断。

若一个前提为特称判断,另一个前提必为全称判断,这样两个前提判断类型的组合情况只有四种:

第一种,AI(或IA)组合,即一个前提是全称肯定判断,另一个前提为特称肯定判断。在这种组合中,只有A判断的主项是周延的,根据规则1,这唯一周延的项必须充当中项(否则就要犯"中项不周延"的错误),因此,小项在前提中就不会周延,根据规则2,它在结论中也不得周延(否则就要"小项不当周延"的错误)。小项在结论中是主项,它不周延,结论就只能是特称判断。

第二种,AO(或OA)组合,即一个前提是全称肯定判断,另一个前提是特称否定判断。在这种组合中,有两个项(A判断的主项和O判断的谓项)是周延的。由于前提中有一否定判断,根据规则4,结论必为否定判断,大项在结论中周延(否定判断谓项周延),又根据规则2,大项在前提中也必须周延(否则就要犯"大项不当周延"的错误)。因此,AO(或OA)组合两个周延的项中必须有一个是大项,而另一个必须充当中项(否则就要犯"中项不周延"的错误)。这样,小项在前提中就不周延,根据规则2,它在结论中也不得周延,所以结论只能是特称判断。

第三种,EI(或IE)组合,即一个前提为全称否定判断,另一个前提为特称肯定判断。这种组合中,也有两个项(E判断的主项和谓项)是周延的,与第二种组合一样,这两个项也必须充当大项和中项,所以只能推出特称的结论。

第四种,EO(或OE)组合,即一个前提是全称否定判断,另一个前提为特称否定判断。这种组合违反规则 3"从两个否定的前提不能必然得出结论",推不出任何确定的结论。

上述四种组合中,三种组合只能得出特称结论,第四种组合不能得出结论,所以说,若前提有一特称判断,则结论必为特称判断。

三、三段论的格

为了正确地运用三段论,除了要熟悉三段论的规则外,还要对三段论的具体形式作进一步的了解。三段论的形式有格和式两个方面的区别。

1. 什么是三段论的格

三段论的格就是由中项在前提中位置的不同所形成的不同的三段论形式。由于中项在大、小前提中都既可能充当主项,也可能充当谓项,所以三段论的中项在前提中的位置就有四种情况。也就是说,三段论共有四个格。

第一格,中项在大前提中是主项,在小前提中是谓项。形式为:

M——P　　　　【例 3-4-12】凡是金属都是导体,
S——M　　　　　　　　　　铁是金属,
─────　　　　　　　　　─────────
S——P　　　　　　　　　　所以,铁是导体。

第二格,中项在大、小前提中都是谓项。形式为:

P——M　　　　【例 3-4-13】凡是金属都是导体,
S——M　　　　　　　　　　碳不是导体,
─────　　　　　　　　　─────────
S——P　　　　　　　　　　所以,碳不是金属。

第三格,中项在大、小前提中都是主项。形式为:

M——P　　　　【例 3-4-14】汞是液体,
M——S　　　　　　　　　　汞是金属,
─────　　　　　　　　　─────────
S——P　　　　　　　　　　所以,有的金属是液体。

第四格,中项在大前提中是谓项,在小前提中是主项。形式为:

P——M　　　　　【例 3-4-15】有的液体是金属，
M——S　　　　　　　　　　　所有金属都是导体，
―――――　　　　　　　　　　―――――――――
S——P　　　　　　　　　　　所以，有的导体是液体。

2.三段论各格的特殊规则

三段论的基本规则对每个格有不同的具体要求。这些要求就是三段论各格的特殊规则。

第一格有两条特殊规则：

(1)小前提必须是肯定判断。

(2)大前提必须是全称判断。

现在我们用三段论的一般规则来证明这两条特殊规则。

先证"小前提必须是肯定判断"。

假如小前提是否定判断，根据基本规则 4,"若前提有一否定判断,则结论必为否定判断";结论是否定判断,则大项在结论中周延;根据基本规则 2,"前提中不周延的项,在结论中不得周延",这就要求大项在大前提中必须周延;第一格大项在大前提中是谓项,它若周延,大前提就必须是否定判断;但根据基本规则 3,从两个否定的前提又推不出结论。由此可见,"小前提是否定判断"的假定是不能成立的,所以第一格小前提必须是肯定判断。

再证"大前提必须是全称判断"。

小前提既是肯定判断,它的谓项就不周延;而第一格小前提的谓项是中项,中项在小前提中不周延,根据基本规则 1"中项至少要周延一次"的要求,它在大前提中必须周延;第一格中项在大前提中是主项,主项周延的判断必为全称判断。所以,第一格的大前提必为全称判断。

第二格有两条特殊规则：

(1)前提中必有一否定判断。

(2)大前提必须是全称判断。

先证"前提中必有一否定判断"。

假如两个前提都是否定判断,则根据基本规则3,"从两个否定的前提不能必然得出结论"。假如两个前提都是肯定判断,则它们的谓项都不周延,而第二格的中项在两个前提中都是谓项,这就违反了"中项至少要周延一次"的规则。所以,第二格的两个前提中必须有一个是否定判断(另一个前提为肯定判断)。

再证"大前提必须是全称判断"。

前提中既有一否定判断,根据基本规则4,"若前提有一否定判断,则结论必为否定判断";结论为否定判断,则大项在结论中周延;根据基本规则2,它在大前提中也必须周延;第二格大项在大前提中是主项,主项周延的判断必为全称判断。所以,第二格大前提必须是全称判断。

第三格有两条特殊规则:

(1)小前提必须是肯定判断。

(2)结论必须是特称判断。

先证"小前提必须是肯定判断"。

假如小前提是否定判断,根据基本规则4,结论必为否定判断,大项在结论中周延;根据基本规则2,大项在大前提中也必须周延;第三格大项在大前提中是谓项,谓项周延的判断必为否定判断,这样大、小前提就均为否定判断,而根据基本规则3,从两个否定的前提又推不出结论。所以,第三格小前提必须是肯定判断。

再证"结论必须是特称判断"。

小前提既为肯定判断,它的谓项就不周延;第三格小前提的谓项是小项,它在前提中不周延,根据基本规则2,在结论中也不得周延。小项是结论的主项,主项不周延的判断就是特称判断。所以,第三格结论必须是特称判断。

第四格有三条特殊规则:

(1)若大前提为肯定判断,则小前提必须是全称判断。

(2)若小前提为肯定判断,则结论必须是特称判断。

(3)若前提有一否定判断,则大前提必须是全称判断。

下面对这三条特殊规则加以简单证明。

证(1):如果大前提是肯定判断,则中项在大前提中不周延,它在小前提中必须周延,第四格中项是小前提主项,主项周延必为全称判断。

证(2):如果小前提是肯定判断,它的谓项(小项)不周延,小项在前提中不周延,在结论中也不得周延,故结论必为特称判断。

证(3):前提若有一否定判断,则结论必否定,大项在结论中周延,根据基本规则2,它在前提中也必须周延。第四格大项在大前提中是主项,主项周延的判断必为全称判断。

3. 三段论各格的特殊规则与三段论基本规则的关系

从上面的证明过程可以看出:各格的特殊规则是用基本规则来证明的,它们是三段论基本规则对某一格的具体要求。各格的特殊规则从属于三段论的基本规则。

遵守三段论的四条基本规则,是三段论形式有效的充分必要条件。而遵守各格的特殊规则,只是三段论形式有效的必要条件,而不是充分条件。凡是违反格的规则的三段论,也必然违反三段论的基本规则,因而是无效式;但不违反格的特殊规则的三段论,不一定合乎三段论的基本规则,因而不一定是有效式。

【例 3-4-16】所有的鸟都是卵生动物,

  蛇不是鸟,
  ——————
  所以,蛇不是卵生动物。

此例违反第一格"小前提必肯定"的规则,同时也违反"前提中不周延的项,在结论中不得周延"的规则,当然是无效的。

【例 3-4-17】有些卵生动物是鸟,

  有些卵生动物是昆虫,
  ——————
  所以,有些昆虫是鸟。

这是第三格的三段论,它没有违反第三格"小前提必肯定"和

"结论必特称"两条规则,但却违反了基本规则1"中项至少要周延一次",当然也是无效式。

由此可见,格的特殊规则不能代替三段论的基本规则。在分析一个三段论的形式是否有效时,仅仅用格的特殊规则来检验是不够的,必须用三段论的基本规则来检验,只有符合四条基本规则的三段论,才能被判定为有效式。

虽然格的特殊规则不能代替一般规则,但格的规则比较明确、具体,用格的规则来排除某一格中的无效式,比用一般规则来得简便。因此我们不能完全排除格的规则的作用。

4. 三段论各格的特点和作用

根据三段论各格的特殊规则,可以看出各格的特点,这些特点又决定了各格在思维中的特殊作用。

第一格的大前提是全称的,一般用来指出一类事物所有对象的属性,小前提是肯定的,一般用来指出某些具体对象属于某类,结论则推出这些具体对象的有关情况。第一格是日常思维中运用最多的三段论式,当我们根据一般原理来推断某些具体对象的情况时,就会很自然地运用第一格三段论。第一格可以推出A、E、I、O四种不同判断的结论,而其他各格则不能做到这一点,因此,第一格在逻辑史上被称为"典型格",又叫"完善的格"。

司法机关审理案件时,都是以法律条文为大前提(准绳),以行为事实为小前提(依据),运用第一格三段论推出具体对象应该承担什么样的法律责任(是否有罪,应该受到什么样的处罚等等)。由于第一格在司法实践中的特殊作用,故又被称为"审判格"。

第二格的特点是:结论一定是否定判断。这是因为第二格前提中必有一否定,根据基本规则3,只能推出否定结论。第二格常被用来推断某事物不属于某类,例如,"鸟都是卵生动物,蝙蝠不是卵生动物,所以,蝙蝠不是鸟"。第二格推出的否定结论实际上就是将两类事物加以区别,因此人们又称第二格为"区别格"。

第三格的特点是：只能推出特称的结论。它通过对某些具体事例的考察，得出特称的结论，从而推翻另一与之矛盾的全称判断。例如，针对"所有人都是自私的"这一全称判断，可以用"雷锋不自私，雷锋是人，所以，有的人不自私"这一第三格三段论的结论来加以反驳。因此，第三格又被称为"例证格"或"反驳格"。

第四格大项在前提中是主项而在结论中是谓项，小项在前提中是谓项而在结论中是主项，所以显得很不自然。在思维中没有什么特别的用处。

四、三段论的式

1. 什么是三段论的式

三段论的式是由组成三段论的三个判断质和量的不同而形成的三段论形式，也就是说，它是由大前提、小前提、结论各属于 A、E、I、O 四种性质判断的哪一种而决定的不同的三段论形式。如果一个三段论的大前提、小前提和结论均为 A 判断，这个三段论就是 AAA 式。如果一个三段论的大前提是 E 判断，小前提是 I 判断，结论是 O 判断，这个三段论就是 EIO 式。

格相同的三段论可以具有不同的式，式相同的三段论也可以属于不同的格。试考察下列三个三段论的形式：

【例 3-4-18】所有的真理都是批评不倒的，
　　　　　　所有的科学理论都是真理，
　　　　　　所以，所有的科学理论都是批评不倒的。

【例 3-4-19】凡是以权谋私者都不是好干部，
　　　　　　有的高级领导干部是以权谋私者，
　　　　　　所以，有的高级领导干部不是好干部。

【例 3-4-20】所有鸟类动物都不是哺乳动物，
　　　　　　有些会飞的动物是哺乳动物，
　　　　　　所以，有些会飞的动物不是鸟类动物。

上述例 3-4-18、例 3-4-19 两例属于相同的格（第一格），但具有不同的式,例 3-4-18 是 AAA 式,例 3-4-19 是 EIO 式。例 3-4-19、例 3-4-20 两例具有相同的式(EIO 式),但属于不同的格,例 3-4-19 是第一格,例 3-4-20 是第二格。

有了格和式这两方面的区别,对于任何一个三段论,我们都可以用"第×格×××式"来准确地描述它的逻辑形式。例如上述三例,例 3-4-18 是"第一格 AAA 式",例 3-4-19 是"第一格 EIO 式",例 3-4-20 是"第二格 EIO 式"。

2.三段论有哪些有效式

三段论的大前提、小前提和结论,都可能是 A、E、I、O 四种判断中的任何一种,因此三段论可能有的式有 $4 \times 4 \times 4 = 64$ 种。但这 64 个式中大多数违反三段论的一般规则,例如,EEE 式、EOO 式违反"从两个否定的前提不能必然得出结论"的规则,IIA 式、OIE 式等违反"前提中不周延的项,在结论中不得周延"的规则,AEA 式、AOI 式等违反"若前提有一否定判断,则结论必为否定判断"的规则,AAE 式、AAO 式违反"若前提都是肯定判断,则结论必为肯定判断"的规则,等等。根据三段论的规则,我们很容易把这些无效式排除掉,结果只剩下 11 个式不违反三段论的一般规则。这 11 个式是:

AAA　　AAI　　AEE　　AEO　　AII　　AOO
EAE　　EAO　　EIO　　IAI　　OAO

这 11 个式并不是在每个格中都是有效的,因为一个式在特定的格中,可能违反格的特殊规则(当然也同时违反一般规则)。例如,AEE、AEO、AOO 等式在第一格是无效的,因为它们违反第一格"小前提必肯定"的规则,犯"大项不当周延"的错误;IAI、OAO 式在第一格也是无效的,因为它们违反第一格"大前提必全称"的规则,犯"中项不周延"的错误。

把这 11 个式放到四个格中,再用三段论的一般规则(或各格的规则)来检验,就可以得到下表:

格式	AAA	AAI	AEE	AEO	AII	AOO	EAE	EAO	EIO	IAI	OAO
一	+	(+)	−	−	+	−	−	(+)	+	−	−
二	−	−	+	(+)	−	+	+	(+)	+	−	−
三	−	+	−	−	+	−	−	−	+	+	+
四	−	+	+	(+)	−	−	+	−	+	+	−

表中"−"号表示某式在某格中是无效的;"+"号表示某式在某格中是有效的;"(+)"表示某式在某格中虽然是有效的,但本来根据两个前提能够推出全称的结论,这里却只得到特称的结论,因此推论是不充分的,这5个式叫做三段论的"弱式"。

由表可以看出,三段论各格的有效式有:

第一格 AAA　AII　EAE　EIO　(AAI)　(EAO)

第二格 AEE　AOO　EAE　EIO　(AEO)　(EAO)

第三格 AAI　AII　EAO　EIO　IAI　OAO

第四格 AAI　AEE　EAO　EIO　IAI　(AEO)

每个格都有6个有效式,三段论共有24个有效格式。如果不算弱式,三段论只有19个有效的格式。

五、三段论在语言表达中的省略式

1. 什么是省略三段论

任何三段论都包含大前提、小前提、结论三个判断,但在语言表达中,并不需要原原本本地把三个判断一一说出来。较常见的情况是,说出其中的两个判断,而将第三个不言自明的判断略去不说。这种语言表达过程中省略某个判断的三段论叫做三段论的省略式,又叫省略三段论。

2. 省略三段论的三种情况

(1)省略大前提。

【例 3-4-21】经济规律是客观规律,所以它是不以人们意志为转移的。(省略大前提"客观规律都是不以人们意志为转移的")

被省略的大前提往往是人们公认的一般原理。

(2)省略小前提。

【例 3-4-22】任何公民都要遵守宪法和法律,领导干部当然也得遵守。(省略小前提"领导干部是公民")

被省略的小前提陈述的往往是众所周知的事实。

(3)省略结论。

【例 3-4-23】没有文化的军队是愚蠢的军队,而愚蠢的军队是不能战胜敌人的。(省略结论"没有文化的军队是不能战胜敌人的")

被省略的结论往往是用一些最常用的格式(如第一格 AAA 式、第二格 AEE 式等)一目了然可以推知的。

3. 省略三段论的还原

省略三段论被人们广泛应用于语言表达之中,因为它能使信息的传递敏捷迅速,使思想的表达简洁有力。但是,由于它省略了推理结构中的某一部分,也往往掩盖了推理中的错误。

【例 3-4-24】某甲是唯物主义者,因为他是一个无神论者。

这是一个省略大前提的三段论,我们把它补充完整,就可以发现它的错误。

> 所有唯物主义者都是无神论者,
> 某甲是无神论者,
> ─────────────────
> 所以,某甲是唯物主义者。

中项"无神论者"一次也没有周延,犯有"中项不周延"的逻辑错误。但在大前提没有补充出来之前,这个错误却并不明显。

省略三段论除了可能掩盖形式上的错误外,还有可能掩盖被省略的前提的虚假性。

【例 3-4-25】 因为甲犯过错误,所以他不能当职代会代表。

这个三段论省略了大前提,把它补充完整是:

<u>凡是犯过错误的都不能当职代会代表,</u>
<u>甲犯过错误,</u>

所以,甲不能当职代会代表。

此例大前提明显虚假,因为人们所犯错误的性质有差别,程度有轻重,时间有早迟,犯过错误后在认识错误和改正错误方面也不尽相同,而且有关法规也没有规定"犯过错误的人不能当选为职代会代表",我们不能不加区别地剥夺所有犯过错误的人当代表的资格。但在大前提被补充出来之前,它的虚假性也不是很明显的。

为了确定一个省略三段论的形式是否有效,以及它省略的前提是否真实,有时需要把省略的部分补充出来,将它还原为一个完整的三段论,然后再用三段论的规则去判定其形式是否有效,或者用客观事实和科学常识验证被省略的前提是否虚假。

省略三段论还原的一般步骤是:

第一步,确定被省略的判断是不是结论。如果省略的是结论,就根据三段论的规则推出它的结论,恢复过程即告结束。假如推不出结论,则说明两个前提未能满足三段论一般规则的要求,可根据规则揭露其错误,如"中项不周延"、"两否定前提"等。

第二步,如果被省略的不是结论,就要确定未被省略的两个判断中哪个是结论。如果有因果关联词,则"所以"后面的判断或"因为"前面的判断是结论;如果没有因果关联词,则根据推出关系确定结论——被推出的判断是结论。

第三步,确定了结论以后,再判定被省略的前提是大前提还是小前提,方法是:如果未省略的前提含有结论的谓项(即大项),则它是大前提,这说明被省略的是小前提;如果未省略的前提含有结论的主项(即小项),则它是小前提,这说明大前提被省略。

第四步,补充被省略的前提。如果被省略的是大前提,则用结论的谓项(大项)和小前提(未被省略)中的中项构成一个判断作为大前提;如果被省略的是小前提,则用结论的主项(即小项)和大前提(未被省略)中的中项构成一个判断作为小前提。

至此,一个省略三段论的恢复过程就全部完成。

在恢复省略三段论时,必须遵循一个原则,即:尽可能地补充真实的前提,并尽量构成有效的三段论式。

【例 3-4-26】律师是法律工作者,所以律师应该具有良好的逻辑修养。

对这个省略三段论,如果给它补充"有些法律工作者应该具有良好的逻辑修养"这个大前提,然后断言这个三段论犯有"中项(法律工作者)不周延"的错误,这种断言就是强加于人的。因为,只要给它补充"所有的法律工作者都应具有良好的逻辑修养"这个大前提,就可构成一个前提真实的第一格 AAA 式正确三段论。只有那些无论怎样还原都无法使它做到前提真实并且形式有效的省略三段论,才能说它是错误的。

第五节 关系判断及其推理

一、什么是关系判断

1. 关系判断的定义

关系判断是断定对象之间具有或不具有某种关系的判断。

【例 3-5-1】李白和杜甫是好朋友。

【例 3-5-2】泰山不高于黄山。

【例 3-5-3】蒙古国位于中国和俄罗斯之间。

断定两个对象间关系的判断叫做"两项关系判断",如例3-5-1、例3-5-2;断定三个或更多对象间关系的判断叫做"多项关系判断",如例3-5-3。普通逻辑主要研究两项关系判断,因为一般的关系主要存在于两个对象之间,而且多项关系判断的有关逻辑问题可以根据两项关系判断进行类推。

表达关系判断的语句与表达性质判断的语句有时相似:

【例 3-5-4】李白和杜甫是大诗人。

这一语句与例 3-5-1 的结构相似,但"好朋友"是一种关系,而"大诗人"则是一种性质。例 3-5-4 可以分解为"李白是大诗人"、"杜甫是大诗人"两个独立的判断,而例 3-5-1 却不能分解为"李白是好朋友"、"杜甫是好朋友"两个独立的判断。用这种方法可以帮助我们判定一个语句表达的是不是关系判断。

2.关系判断的一般结构

关系判断主要由关系者项和关系项两部分构成。

关系者项就是关系判断中表示关系的承担者的概念,也可称为关系判断的主项。上述例 3-5-1 中的"李白"、"杜甫";例 3-5-2 中的"泰山"、"黄山";例 3-5-3 中的"蒙古国"、"中国"、"俄罗斯"等,就是关系者项。

在两项关系判断中,位于前面的那个关系者项叫做"关系者前项",位于后面的那个关系者项叫做"关系者后项"。

关系项就是关系判断中表示对象间存在那种关系的概念,也可称为关系判断的谓项。以上例子中的"好朋友"、"不高于"、"在……与……之间"等就是关系项。

如果一个关系判断的关系者项是普遍概念,就存在着是否对它的全部外延作出断定的问题,这时关系者项前就带有量项。

【例 3-5-5】新闻系三年级有的学生认识××日报的老总。

【例 3-5-6】二战时日本侵略了所有东南亚国家。

【例 3-5-7】有的选举人拥护所有的候选人。

例 3-5-5 的关系者前项前带有特称量项"有的",例 3-5-6 的关系者后项前带有全称量项"所有",例 3-5-7 的关系者前项和关系者后项分别带有特称量项"有的"和全称量项"所有"。

与性质判断中量项的作用一样,全称量项和特称量项的差别决定了关系者项(主项)在判断中是否周延。

我们用 a、b、c 等表示关系者项,用 R 表示关系项,关系判断的结构就可以用公式表示如下:

  aRb 或者 R(a,b)   ——两项关系判断
  R(a,b,c,……)   ——多项关系判断
  所有(有的)a R 所有(有的)b——带量项的关系判断

由于不带量词的两项关系判断(aRb)是最常用也是最基本的关系判断,下面我们主要以它为代表来讨论关系的逻辑性质。

二、关系的逻辑性质和相关的推理

对象间的关系是多种多样的,逻辑学不可能对它们一一加以考察。普通逻辑所关注的是关系所具有的逻辑性质,即与关系判断之间真假相关的性质。根据关系的逻辑性质所进行的推理,叫做"关系推理"。

关系的逻辑性质主要有对称性和传递性两个方面。

1. 关系的对称性及相关推理

关系的对称性是指:当 a 与 b 有 R 关系时,b 与 a 是否也具有 R 关系?任何关系在对称性方面只有三种可能:对称、反对称、非对称。

(1)对称关系:在特定论域中,当 a 与 b 具有关系 R 时,b 与 a 必然具有关系 R,R 就是对称关系。从判断的真假值看,对称关系也可以理解为:当 aRb 为真时,bRa 必然为真,R 就是对称关系。

日常生活中的朋友、邻居、同学、同事、同乡,数学中的等于、平行于、垂直于、平面图形的相似,逻辑学中概念外延间的全同、交叉、全异、矛盾、反对关系,判断间的等值、反对、矛盾、下反对等关系,都是对称关系。

根据对称关系的逻辑性质,下面的推理形式是有效的:

T-3-5-① a R b,
R 是对称关系,
所以,b R a。

【例 3-5-8】小张和小李是同学(同学是对称关系),所以小李和小张是同学。

【例 3-5-9】$a^2+b^2=c^2$(=是对称关系),所以,$c^2=a^2+b^2$。

(2)反对称关系:在特定论域中,当 a 与 b 具有关系 R 时,b 与 a 不可能具有关系 R,R 就是反对称关系。从判断的真假值看,反对称关系也可以理解为:当 aRb 为真时,bRa 必然为假,R 就是反对称关系。

日常生活中的剥削、压迫、高于、战胜、在……以北,数学中的大于、小于,逻辑学中概念外延间的真包含于、真包含关系,都是反对称关系。

根据反对称关系的逻辑性质,下面的推理形式是有效的:

T-3-5-② a R b,
R 是反对称关系,
所以,b $\bar{R}$ a。

【例 3-5-10】甲的成绩比乙的成绩好("比……好"是反对称关系),所以,乙的成绩不比甲的成绩好。

【例 3-5-11】三角形的两边之和大于第三条边("大于"是反对称关系),所以,三角形任意一边不大于另外两边之和。

(3)非对称关系:在特定论域中,当 a 与 b 具有关系 R 时,b 与 a 可能具有关系 R,也可能不具有关系 R,R 就是非对称关系。从判断的真假值看,非对称关系也可以理解为:当 aRb 为真时,bRa 真假不定,R 就是非对称关系。

日常生活中的理解、帮助、尊敬、认识、爱等,都是非对称关系。

根据非对称关系的逻辑性质,不能进行必然性推理。

2.关系的传递性及相关推理

关系的传递性是指:当 a 与 b 有 R 关系,并且 b 与 c 也有 R 关系时,a 与 c 是否也具有 R 关系?任何关系在传递性方面只有三种可能:传递、反传递、非传递。

(1)传递关系:在特定论域中,当 a 与 b 具有关系 R,并且 b 与 c 也有关系 R 时,a 与 c 必然具有关系 R,R 就是传递关系。从判断的真假值看,传递关系也可以理解为:当 aRb 为真并且 bRc 也真时,aRc 必然为真,R 就是传递关系。

日常生活中的比……高、在……南面,数学中的等于、大于、小于,逻辑学中概念外延间的全同、真包含、真包含于,判断间的等值、蕴涵(差等)等关系,都是传递关系。

根据传递关系的逻辑性质,下面的推理形式是有效的:

T-3-5-③　aRb,bRc,

R 是传递关系,

所以,a R c。

【例 3-5-12】杭州在南京的南边,南京在济南的南边(在……南边是传递关系),所以,杭州在济南的南边。

【例 3-5-13】S 真包含于 M,M 真包含于 P(真包含于是传递关系),所以,S 真包含于 P。

(2)反传递关系:在特定论域中,当 a 与 b 具有关系 R,并且 b 与 c 也有关系 R 时,a 与 c 必然不具有关系 R,R 就是反传递关系。从判断的真假值看,反传递关系也可以理解为:当 aRb 为真并且 bRc 也真时,aRc 必然为假,R 就是反传递关系。

日常生活中的……是……的父亲、比……大 5 岁、反向行驶,平面几何中的垂直于,逻辑学中概念外延间的矛盾关系、判断间的矛盾关系等,都是反传递关系。

根据反传递关系的逻辑性质,下面的推理形式是有效的:
T-3-5-④　　a R b, b R c,
　　　　　　R 是反传递关系,
　　　　　　所以, a $\overline{R}$ c。

【例 3-5-14】老李是大李的父亲,大李是小李的父亲(父子关系是反传递关系),所以,老李不是小李的父亲。

【例 3-5-15】在一个平面内,线段 AB 垂直于 CD, CD 垂直于 EF(垂直是反传递关系),所以, AB 不会垂直于 EF。

(3)非传递关系:在特定论域中,当 a 与 b 具有关系 R,并且 b 与 c 也有关系 R 时, a 与 c 可能具有关系 R,也可能不具有关系 R, R 就是非传递关系。从判断的真假值看,非传递关系也可以理解为:当 aRb 为真并且 bRc 也真时, aRc 真假不能确定, R 就是非传递关系。

日常生活中的认识、帮助、朋友、爱等,逻辑学中概念外延间的全异关系、交叉关系等,都是非传递关系。

根据非传递关系的逻辑性质,不能进行必然性推理。

3. 关系逻辑性质的确定

一种具体的关系,究竟是对称的、反对称的还是非对称的,是传递的、反传递的还是非传递的,仅靠逻辑学本身是无法确定的。例如,为什么平面内两条直线间的垂直关系是对称关系、反传递关系?必须借助平面几何的有关知识才能够解答。为什么爱是一种非对称关系而不是对称关系,也必须借助心理学、社会学知识和生活常识才能回答。因此,根据关系的逻辑性质进行的推理,虽然在语言表达中一般不说出"××关系是对称关系"、"××关系是反传递关系"之类的判断,但实际上这些判断是关系推理不可缺少的前提之一。人们仅仅以"aRb"为前提,是不能必然推出"bRa"的结论来的,必须加上"R 是对称关系"这一前提,才能推出"bRa"来。因此,"aRb ⊨ bRa"、"aRb 并且 bRc ⊨ aRc"等,不是有效的演绎推理形式,只有"aRb 并且 R 是对称关系 ⊨ bRa"、"aRb, bRc

并且 R 是传递关系 ⊨ aRc"才是有效的演绎推理形式。

虽然一种具体关系的逻辑性质不能仅靠逻辑学来确定,但是,掌握了逻辑学中有关关系逻辑性质的知识,可以帮助我们正确分析并理解具体关系的逻辑性质。

三、混合关系推理

1. 什么是混合关系推理

混合关系推理是以一个关系判断和一个性质判断为前提进行的推理。

【例 3-5-16】有的代表拥护所有的候选人,
张甲是候选人,
所以,有的代表拥护张甲。

这一推理的形式可以写成:
有的 a R 所有 b,
s 是 b,
所以,有的 a R s。

从这个推理形式不难看出,混合关系推理不是根据关系的逻辑性质进行推演的,而是根据判断所断定的词项外延间的关系进行推演的。用演绎公理很容易解释这个推理的有效性:既然已知前提对 b 类(候选人)的全部对象有所断定,则对 b 类的个别对象(张甲)也可以作出相同的断定。

混合关系推理实际上是把三段论推理的原理应用到关系判断的推理中来,因此,又被称为"关系三段论"。

2. 混合关系推理的规则

混合关系推理应遵守以下规则:

规则1:前提中必须有一共同的中项,且中项至少周延一次。

规则2:前提中不周延的项,在结论中不得周延。

规则3:前提中的性质判断必须是肯定判断。

根据这三条规则,我们来分析下面的推理:

【例 3-5-17】有些参加演出的演员征服了所有的观众,
　　　　　　赵某是参加演出的演员,
　　　　　　所以,赵某征服了所有的观众。

【例 3-5-18】人民群众痛恨一切贪官污吏,
　　　　　　有些当权者是贪官污吏,
　　　　　　所以,人民群众痛恨一切当权者。

【例 3-5-19】人类要保护珍稀动物,
　　　　　　青蛙不是珍稀动物,
　　　　　　所以,人类不要保护青蛙。

例 3-5-17 违反了规则 1,其中项"参加演出的演员"一次也不周延;例 3-5-18 违反了规则 2,前提中不周延的项"当权者"在结论中变周延了;例 3-5-19 违反了规则 3,它前提中的性质判断"青蛙不是珍稀动物"是一个否定判断。它们的形式都是无效的。

复习思考题

1.什么是判断?判断与语句的关系如何?什么是非陈述句的"预设"?

2.判断有哪些逻辑特征?判断之间的真假关系有哪几种?

3.什么是推理?传统逻辑、现代逻辑和本书是如何对推理进行分类的?

4.什么是演绎推理?演绎推理有什么性质?怎样判定演绎推理形式的有效性?什么样的推理是"合乎逻辑的推理"?

5.什么是演绎推理的公理?它在演绎推理中的作用如何?

6.什么是性质判断?性质判断的结构如何?如何正确理解特称量项"有的"、"有些"的确切含义?

7.性质判断可以分为哪几种基本类型?它们之间具有怎样的真假关系?根据这些关系能进行哪些推理?

8. 什么是周延性问题？各种性质判断主、谓项周延情况如何？

9. 什么是性质判断的变形推理？它有哪几种方法？每种方法各有哪些有效式？"周延不当"是一种什么样的逻辑错误？

10. 什么是三段论？三段论的一般结构如何？中项在三段论推理中有何作用？"四词项"是一种什么样的逻辑错误？

11. 三段论有哪些规则？其中哪些是基本规则？违反它们会犯何种逻辑错误？

12. 什么是三段论的格？各格有何特点和作用？

13. 三段论各格的特殊规则与三段论基本规则之间有何关系？

14. 什么是三段论的式？三段论有多少可能的格式？有多少有效的格式？

15. 什么是省略三段论？如何将省略三段论还原为完整三段论？

16. 什么是关系判断？关系判断的一般结构如何？

17. 关系有哪几方面的逻辑性质？如何确定关系的逻辑性质？根据关系的逻辑性质能进行哪些推理？

18. 什么是混合关系推理？它有哪些规则？

练 习 题

一、下列语句是否表达判断？为什么？

1. 没有耕耘，哪来收获？

2. 教学大楼内严禁吸烟！

3. 任长霞的事迹多么感人啊！

4. 传统逻辑是否应该送进历史博物馆呢？

二、下列语句各预设了什么判断？

1. 为何总是植绿不见绿？

2. 中小学生的负担何时能真正减下去？

3. 请将马路让出来!
4. 国有资产流入了谁的腰包?
5. 反腐败的任务有多重啊!
6. 请不要再用假种子、假农药坑害善良的农民了!

三、分析下列性质判断的结构。

① 指出它是 A、E、I、O 中的哪一种;② 如果语句不是标准的判断表达式,请转换成标准的表达式;③ 标出它们的主项、谓项、联项和量项;④ 指出其主项和谓项的周延情况。

1. 我国有的少数民族是白种人。
2. 凡是搞阴谋诡计的人都是没有好下场的。
3. 无论什么困难都不是不可克服的。
4. 没有任何物体不在运动。
5. 难道高级官员是特殊公民?

四、设下列判断形式为真,请指出主项 S 和谓项 P 外延间可能具有何种关系。

1. 没有 S 是 P。　　　　　2. 没有 S 不是 P。
3. 不是所有 S 是 P。　　　4. 有 S 不是非 P。

五、下列判断是 A、E、I、O 中的哪一种?请写出主谓项与之相同的其他三个判断。假定原判断为真,请根据判断间的对当关系指出其他三个判断的真假情况。假如原判断为假,情况又怎样?

1. 甲班有的同学是文学爱好者。
2. 小王庄不是所有人家都有彩电。
3. 这个城市所有公园都是免费开放的。
4. 10 月份放映的影片都不是国产影片。

六、对下列判断换位、换质、换质位,并写出推理的逻辑形式。

1. 换质。
(1) 所有知识分子都是劳动者。
(2) 有些外国的经验不是不符合我国国情的。

2.换位。

(1)任何抢劫犯罪都不是过失犯罪。

(2)有些高级官员是腐败分子。

3.换质位(先换质,再换位,只要求推两步)。

(1)真理是不怕批评的。

(2)所有犯罪行为都不是合法行为。

七、下列推理属于何种推理?是否有效?为什么?

1.所有侵略战争都不是正义战争,所以,所有非侵略战争都是正义战争。

2.凡是正确思想都是来源于实践的,所以,凡是来源于实践的思想都是正确思想。

3.凡是形式有效的演绎推理都是前提蕴涵结论的推理,所以,凡是前提蕴涵结论的推理都是形式有效的演绎推理。

4.有些网上信息不是可靠信息,所以,有些可靠信息不是网上信息。

5.并不是所有事故都是不可避免的,所以,所有事故都是可以避免的。

八、分析下列三段论的结构。

①指出它们的大前提、小前提和结论,大项、小项和中项;②写出它们的逻辑形式,并说明属于第几格什么式。

1.经济规律既然是一种客观规律,它就是不以人的意志为转移的,因为,任何客观规律都是不以人的意志为转移的。

2.并非所有的化合物都含有碳元素,所有的有机物都含有碳元素,所以,有的化合物不是有机物。

3.《饮中八仙歌》是杜甫的作品,《饮中八仙歌》是浪漫主义的作品,所以,并非杜甫的所有作品都不是浪漫主义的作品。

4.手相学不是科学,因为科学是对客观世界的正确反映,而手相学根本不是对客观世界的正确反映。

5. 所有的鱼都有鳃,海豚没有鳃,所以海豚不是鱼;肺鱼是鱼,所以肺鱼也有鳃。

九、下列三段论推理是否正确？为什么？

1. 法律工作者要学好法律,经济工作者不是法律工作者,所以,经济工作者不要学好法律。

2. 有些绿色植物不是种子植物,蕨类植物不是种子植物,所以,有些绿色植物是蕨类植物。

3. 优秀的文学作品都是艺术成就较高的作品,《围城》是艺术成就较高的作品,所以,《围城》是一部优秀的文学作品。

4. 逻辑规律是人为约定的,经济规律不是逻辑规律,所以,经济规律不是人为约定的。（注意：此题大前提是假判断）

5. 李白的作品都富有浪漫主义色彩,这首诗富有浪漫主义色彩,所以,这首诗是李白的作品。

6. 任何正确思想都是来源于实践的,这种理论是来源于实践的,因此,这种理论的正确性是无须怀疑的。

7. 正确思想都是来源于实践的,错误思想不是正确思想,所以,错误思想不是来源于实践的。

8. 并非所有的词都表达概念,有的词是虚词,所以有的虚词不表达概念。

十、将下列省略三段论补充完整,并说明它们是否正确。

1. 这个三段论是中项周延的三段论,所以,它是正确三段论。
2. 小张是摇滚音乐迷,他怎么可能是三好学生？
3. 奥巴马是平民出身,所以,美国有的总统是平民出身。
4. 人道主义不是唯心主义,所以说它是一种科学的世界观。
5. 某种理论底气不足,非常害怕批评,所以它不是科学真理。

十一、试分析下列各段文字中所包含的三段论推理,并将它们用规范的格式写出来。

1. 喜马拉雅山脉是否从来就是世界屋脊？不。在27亿年前,这里原来是一片汪洋大海。人们是如何知道这里原来是茫茫一片的汪洋大海？原因是找到了化石。地质学研究一再证明，凡是地层中有水生物化石的地区都是地质史上的古海洋地区。喜玛拉雅山脉的地层遍布珊瑚、苔藓、海藻、鱼龙、海百合等海洋生物的化石，可见，喜玛拉雅山脉在过去的地质年代里，曾被海洋淹没过。

2. 发生在天安门广场上的这起××功痴迷分子集体自焚事件，充分暴露了××功组织的邪教本质。他们打着宗教的旗号，胡说什么取缔法轮功剥夺了公民宗教信仰的自由。但是，世界宗教发展史说明，任何正统宗教都要求其信徒珍爱自己的生命（因为在宗教教义中，人的生命是上帝、真主、佛给予的），而××功组织却鼓吹信徒可以用结束自己生命的方式来到达所谓的天国，这哪里有一点正统宗教的善良本性呢？

3. 汉语的词分为实词和虚词。《中学教学语法系统》规定，意义实在、能够充当句子成分、能独立成句的词是实词。按照这一标准，象声词应该归入实词。象声词摹拟客观事物某种声音，既具体，又形象，意义很实在；象声词不但可充当定语、状语、补语等次要句子成分，而且经常充当主语、谓语等句子主要成分（炮声隆隆、书声琅琅、流水潺潺）；象声词独立成句更是常见（"砰！砰！村外传来几声枪响"）。令人不可理解的就是这个《系统》在词的分类表中却将象声词列入虚词的范围。

4. 毛泽东同志晚年的错误，尤其是发动"文化大革命"的错误，让许多人感到不解：为什么写过《实践论》、《矛盾论》这样思想深刻、逻辑严密的哲学著作的人会犯下明显违反他自己正确理论的错误呢？要分析这一现象的深层原因也许是非常复杂的，需要哲学家、政治家进行理论探讨。但是，毛泽东同志自己曾说过，"任何政党，任何个人，错误总是难免的"。[①] 既然毛泽东的这句话是谁

---

① 《毛泽东选集》第 4 卷，1480 页，北京：人民出版社，1991。

都不会反对的真理,那么他自己(以及任何人,不管他是普通人还是"伟人")犯错误当然也是难免的。理解了这一点,我们的注意点就应该放在建立必要的完善的制度,以防止少数人可能会犯的错误给全党、全国带来巨大的损失。

十二、请运用三段论的知识,回答下列问题。

1. 有一个正确的三段论,大项在前提中不周延,小项在结论中周延,请求出这个三段论的格和式,并写出推导过程。

2. 有一个正确的三段论,两个前提中只有大前提有一个周延的项。请求出这个三段论的格和式,并写出推导过程。

3. 结论为否定的三段论,大前提能否为 I 判断?为什么?

4. 结论为全称的三段论,中项能否周延两次?为什么?

5. 小前提为否定的正确三段论,其大前提必为 PAM。

十三、从对称性和传递性两个方面考察,下列关系属于哪一种关系?(请在表中相应的空格内画"√")

关系性质 关系名称	对称性			传递性		
	对称关系	反对称关系	非对称关系	传递关系	反传递关系	非传递关系
夫 妻						
爱						
批 评						
足球赛中的战胜关系						
国与国间的侵略关系						
概念间的真包含关系						
概念间的全同关系						
概念间的全异关系						
判断间的矛盾关系						
判断间的蕴涵关系						

十四、下列包含关系判断的推理是否正确？为什么？

1. 黄山比泰山高，泰山比庐山高，所以，黄山比庐山高。

2. 大家都认识刘校长，所以，刘校长也认识大家。

3. p 与 q 不等值，q 与 r 也不等值，所以，p 与 r 不等值。

4. S 真包含 P，所以，P 不真包含 S。

5. 老师喜欢学习好的学生，胡丹丹学习不太好，所以，老师不喜欢她。

6. 青年作家 H 的作品受到许多大学生的喜爱，小明是大学二年级学生，所以小明一定喜欢 H 的作品。

十五、以下是中央和国家机关公务员录用考试"行政职业能力测试"试卷"逻辑判断"题中的 3 道小题。请给予解答。（单项选择题）

1. 未来深海水下线缆的外皮将用玻璃制成，而不是特殊的钢材或铝合金。因为金属具有颗粒状的微观结构，在深海压力之下，粒子交界处的金属外皮容易断裂。而玻璃看起来虽然是固体，但在压力之下可以流动，因此可以视为液体。

由此可以推出：

A. 玻璃没有颗粒状的微观结构

B. 一切固体几乎都可以被视为缓慢流动的液体

C. 玻璃比起钢材或铝合金，更适合做建筑材料

D. 与钢材相比，玻璃的颗粒状的微观结构流动性更好

2. "东胡林人"遗址是新石器时代早期的人类文化遗址，在遗址中发现的人骨化石经鉴定属两个成年男性个体和一个少年女性个体。在少女遗骸的颈部位置有用小螺壳串制的项链，腕部佩戴有牛肋骨制成的骨镯。这说明在新石器时代早期，人类的审美意识已开始萌发。

以下哪项如果为真，最能削弱上述判断？

A. 新石器时代的饰品通常是石器

B. 出土的项链和骨镯都十分粗糙
C. 项链和骨镯的作用主要是表示社会地位
D. 两个成年男性遗骸的颈部有更大的项链

3. 甲、乙、丙三人,一位是山东人,一位是河南人,一位是湖北人。现在只知道:丙比湖北人年龄大,甲和河南人不同岁,河南人比乙年龄小。由此可以推知:

A. 甲不是湖北人
B. 河南人比甲年龄小
C. 河南人比山东人年龄大
D. 湖北人年龄最小

十六、运用本章所学的逻辑知识,解答下列问题。

1. 下面是一次全国大专辩论赛部分场次的正方辩题和反方辩题。请分析这些正、反辩题之间有何种真假关系。如果要求反题必须是正题的矛盾命题,反题应该如何调整呢?

(1) 人类社会应重义轻利—人类社会应重利轻义
(2) 大学生择业的首要标准在于发挥个人专长
　　　　—大学生择业的首要标准在于服从祖国需要
(3) 消除腐败必须依靠法治建设
　　　　—消除腐败必须依靠道德自律
(4) 烟草业对社会利大于弊 — 烟草业对社会弊大于利
(5) 艾滋病是社会问题不是医学问题
　　　　—艾滋病是医学问题不是社会问题
(6) 市场经济还需要雷锋精神—市场经济不需要雷锋精神

2. 下面是马克·吐温的一个小故事。请从逻辑学的角度,体会马克·吐温"道歉启事"巧妙的表达方式。

美国作家马克·吐温在一次酒会上答记者问时说:"美国国会中的有些议员是狗娘养的。"记者把这句话在报纸上发表以后,华盛顿的议员们大为愤怒,纷纷要求马克·吐温道歉或予以澄清,否则,就将以公共场合诽谤他人的罪名告到法庭。

过了几天,《纽约时报》上果然刊登了马克·吐温致联邦议员的"道歉启事":

日前鄙人在酒席上发言,说"美国国会中的有些议员是狗娘养的"。事后有人向我兴师动众。我考虑再三,觉得此话不恰当,而且也不符合事实。故特此登报声明,把我的话修改如下:"美国国会中有些议员不是狗娘养的。"

3. 下面是报纸上一篇小评论,请指出文中所运用的推理。

性教育也是教育

性教育也必须遵循所有教育的一般规律。

第一,所有的教育都是"超前"的,没有一个人直到造原子弹的时候才学数理化。所以,也不应该有任何一个人直到青春期了,才开始接受性教育。

第二,所有的教育在当时都是"没用"的,不信,你说孩子不当作家就不必学语文,看看家长不揍你!所以,没有到青春期的人也必须接受性教育,因为一切知识都是"储备",所谓"书到用时方恨少"也。

第三,所有的教育都是"强制"的,哪怕念到博士生,虽然没有家长和大学的强制,却仍然有你自己的需求在强制。尤其是中小学生更是强制教育(义务教育的真谛)。因此,就像谁都不能不学任何一门功课一样,谁都不能拒绝或者逃避性教育。

第四,所有的教育都必须激发学习者的兴趣和需求,只有到学生们瞪大眼睛,无拘无束,自由讨论的地步,时下的一些所谓"性教育"才不是在败坏教育。

总之,我们能不能把重音放在"教育"这两个字上?不应该再仅仅盯住"性"这个字了。

(2001年2月1日《南方周末》,汪来利文)

4. 人教版(2008)高中语文课本第四册"逻辑与语文学习"一文在介绍推理的时候,将"人非圣贤,孰能无过"这个人们经常引用的古语解释为一个省略三段论,并将它还原为:

圣贤是不会有过错的,

我们不是圣贤,

所以,我们不是不会有过错的(我们都是会出错的)。

请问:

(1)"人非圣贤,孰能无过"解释为一个三段论推理是否妥当?如果它不宜解释为推理,如何解释它才比较合乎情理呢?

(2)课本编者还原出来的这个三段论的形式是否有效?它所补充的大前提"圣贤是不会有过错的"是一个真判断吗?

第四章 模态判断及其演绎推理

第一节 模态判断和模态推理概述

一、模态逻辑的概念

汉语中"模态"一词是英语词"modal"的音译,它导源于拉丁语中的"modalis",本来具有形态、样式等意思。现代语言中"模态"一词狭义的理解是指事物或者认识的必然性和可能性;广义的理解则是指对除实然存在的事物以外的一切样式、情状、趋势等的断定。试比较下列判断:

【例 4-1-1】
　　①甲在北京上大学。
　　②甲必然在北京上大学。
　　③甲可能在北京上大学。
　　④甲应该在北京上大学。
　　⑤甲可以在北京上大学。
　　⑥人们都知道甲在北京上大学。
　　⑦我相信甲在北京上大学。

在上述七个判断中,①是实然判断,又称为"非模态判断"。②、③是标准模态判断,又称狭义模态判断。④~⑦是非标准模态判断。很明显,在实际思维中人们经常使用各种模态判断。

在以上判断中,必然、可能、应该、可以、知道、相信等语词叫做"模态词"。模态判断也就是含有模态词的判断。含有模态判断的推理叫做"模态推理"。

研究模态判断的逻辑性质以及相关推理的逻辑分支叫做"模

态逻辑"。早在亚里士多德时代，人们就已经认识到模态判断及其推理在思维中的作用，因此就开始了对模态判断及其推理的研究。但是传统逻辑对模态逻辑的研究成果是有限的。现代逻辑运用符号演算的方法来研究模态判断及其推理，取得了许多成果。

作为逻辑入门的普通逻辑，本书不可能也没有必要对模态逻辑的庞大体系作系统的探讨。本章仅对日常思维中常用的几种模态判断的逻辑性质及相关推理作一些简单的介绍。

二、模态的种类

1. 判断的模态和事物的模态

判断的模态又称"真值模态"，是指一判断的真（或假）是否具有必然性或可能性。断定这种必然性或可能性的模态判断，模态词位于一个完整判断前面或后面，模态词修饰、限定的是整个判断。

【例 4-1-2】中国人的平均寿命已经超过了 60 岁，这是必然的。

【例 4-1-3】不可能这根矛既能戳穿这张盾又不能戳穿这张盾。

这类模态判断的形式可以写作：必然 p，可能 p，不可能 p……

事物的模态是指事物的发生或存在是否具有必然性或可能性。在断定这种必然性或可能性的模态判断中，模态词位于一个判断的主项（或关系者项）和谓项（或关系项）之间，模态词修饰、限定的不是整个判断，而是判断的联项或关系项。

【例 4-1-4】每个人都必有一死。

【例 4-1-5】今年冬天可能比去年冷。

这类模态判断的形式可以写作：所有 S 必然是 P，a 可能 Rb……

判断的模态与事物的模态是有区别的，但要严格区分它们需要运用许多现代逻辑知识。鉴于本书仅仅介绍模态逻辑的基本常识，为了避免将简单问题复杂化，我们将不对它们作严格区分，而将所有模态都看成是判断的模态。如例 4-1-4 和例 4-1-5 可以理解为：

【例 4-1-6】每个人都有一死,这是必然的。

【例 4-1-7】今年冬天比去年冷,这是可能的。

这样我们就可以将例 4-1-4 的形式记作"必然 p",将例 4-1-5 的形式记作"可能 p"。

2. 客观模态与主观模态

客观模态是指客观事物本身存在的样式、情状和趋势。

【例 4-1-8】人类社会必然由野蛮、愚昧走向文明进步。

【例 4-1-9】大灾之后可能会出现瘟疫。

这些判断所断定的都是客观存在的必然性和可能性。

主观模态是指人们对事物认识的确定性或不确定性。

【例 4-1-10】曹操可能死于脑瘤。

【例 4-1-11】中国的人口在 1990 年就已经超过了 10 个亿,这是必然的。

这些判断所反映的都是主观模态。因为曹操这个人是否死于脑瘤,1990 年中国人口是否超过了 10 个亿,都是已经发生过的客观事实,只是说话者对这些事实的把握程度不同,才有"可能"、"必然"的差别。

客观模态与主观模态的区分在哲学上是有意义的。有些模态逻辑系统主要处理客观模态,有些模态逻辑系统(如认知逻辑)主要处理主观模态。本书所要讨论的主要是客观模态判断。

3. 标准模态和非标准模态

标准模态又称"狭义模态",是指事物或认识的必然性、可能性这一类性质。上面举的例子中,除例 4-1-1 中的①、④、⑤、⑥、⑦外,都是标准模态判断,它们断定的是事物或认识的必然性或可能性。

非标准模态是指与标准模态词性质相似的一些性质,如是否应该,是否允许,是否相信等。主要的非标准模态有规范模态、认知模态、时间模态(时态)等。本书将简单介绍规范模态的有关知识，而不介绍其他的非标准模态。

第二节 标准模态判断及其推理

一、标准模态判断的概念及其种类

1. 什么是标准模态判断

标准模态判断就是断定事物情况的必然性或可能性的判断，即狭义的模态判断。在本节下面的行文当中，我们只称它为"模态判断"。

上一节例 4-1-1 的②、③，例 4-1-2 到例 4-1-9，都是模态判断。

模态判断中都含有模态词"必然（必定、一定）"、"可能（也许、或许）"。日常使用的模态判断，模态词可能位于判断的主项（关系者项）和联项（关系项）之间，如例 4-1-4"每个人都必有一死"。如前所述，这一判断在本书中将处理为"每个人都有一死，这是必然的"，其形式记作"必然 p"（□p）。而"今年冬天可能比去年冷"这一判断的形式则记作"可能 p"（◇p）。

2. 模态判断的真假

模态判断的真假取决于它所断定的事物情况的必然性或可能性是否存在，而不取决于该事物情况是否确实发生。

【例 4-2-1】西班牙队在第 15 届世界杯足球赛上取得冠军是必然的。（必然 p）

【例 4-2-2】西班牙队在第 15 届世界杯足球赛上得不到冠军是可能的。（可能非 p）

尽管事实上西班牙队取得了冠军（p 真），但人们还是认为例 4-2-1（必然 p）为假，而例 4-2-2（可能非 p）为真，这是因为面对实力也很强大的对手荷兰队等强队，西班牙队取得胜利并不具有必然性。

3. 模态判断的种类

根据所包含模态词的不同，模态判断可以分为必然判断和可能判断,后者又叫做"或然判断"。

根据所断定的是事物发生的必然性或可能性,还是事物不发生的必然性或可能性,模态判断又可以分为模态肯定判断和模态否定判断。

综合以上两种分类,就有四种基本类型的模态判断:

判断类型名称	形　式	判　断　实　例
必然肯定判断	必然 p	甲今年必然考上研究生。
必然否定判断	必然非 p	甲今年必然考不上研究生。
可能肯定判断	可能 p	甲今年可能考上研究生。
可能否定判断	可能非 p	甲今年可能考不上研究生。

二、模态判断的对当关系及对当关系推理

1. 模态判断间的对当关系

上述四种模态判断之间,具有与 A、E、I、O 之间对当关系完全相同的真假关系。

(1)"必然 p"—"必然非 p"之间具有"不能同真,可以同假"的反对关系。试比较、体会下面两判断间的真假关系:

　　甲今年必然考上研究生——甲今年必然考不上研究生

(2)"必然 p"—"可能非 p"、"必然非 p"—"可能 p"之间具有"不能同真,也不能同假"的矛盾关系。试比较、体会下面两对判断间的真假关系:

　　甲今年必然考上研究生——甲今年可能考不上研究生
　　甲今年必然考不上研究生——甲今年可能考上研究生

(3)"必然 p"—"可能 p"、"必然非 p"—"可能非 p"之间具有"前者真,后者不可能假"的差等关系(蕴涵关系),即必然性蕴涵着可能性。试比较、体会下面两对判断间的真假关系:

　　甲今年必然考上研究生——甲今年可能考上研究生
　　甲今年必然考不上研究生——甲今年可能考不上研究生

(4)"可能 p"—"可能非 p"之间具有"不能同假,可以同真"的下反对关系。试比较、体会下面两判断间的真假关系：

　　甲今年可能考上研究生——甲今年可能考不上研究生

上面所考察的四种模态判断两两之间的对当关系,可以用下图表示：

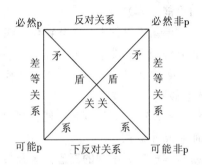

2. 模态判断的对当关系推理

根据上述逻辑方阵,下面的推理形式是有效的：

T-4-2-(1)　　必然 p ⊨ 不必然非 p

T-4-2-(2)　　必然非 p ⊨ 不必然 p

T-4-2-(3)　　必然 p ⊨ 不可能非 p

T-4-2-(4)　　必然非 p ⊨ 不可能 p

T-4-2-(5)　　可能 p ⊨ 不必然非 p

T-4-2-(6)　　可能非 p ⊨ 不必然 p

T-4-2-(7)　　必然 p ⊨ 可能 p

T-4-2-(8)　　必然非 p ⊨ 可能非 p

T-4-2-(9)　　不可能 p ⊨ 不必然 p

T-4-2-(10)　　不可能非 p ⊨ 不必然非 p

T-4-2-(11)　　不可能 p ⊨ 可能非 p

T-4-2-(12)　　不可能非 p ⊨ 可能 p

下面的推理形式是无效的：

△不必然 p ⊨ 必然非 p（因为必然 p、必然非 p 可以同假）

△不必然非 p ⊨ 必然 p（原因同上）

△可能 p ⊨ 不可能非 p（因为可能 p、可能非 p 可以同真）

△可能非 p ⊨ 不可能 p（原因同上）

△不必然 p ⊨ 不可能 p（当 p 有可能存在,也有可能不存在时,必然 p 假而可能 p 真）

△不必然非 p ⊨ 不可能非 p（当 p 有可能存在,也有可能不存在时,必然非 p 假而可能非 p 真）

△可能 p ⊨ 必然 p（当 p 有可能存在,也有可能不存在时,可能 p 真而必然 p 假）

△可能非 p ⊨ 必然非 p（当 p 有可能存在,也有可能不存在时,可能非 p 真而必然非 p 假）

三、模态判断与非模态判断间的真假关系及相关推理

模态判断与非模态判断间的关系是：

必然 p 蕴涵 p，p 蕴涵可能 p。

必然非 p 蕴涵非 p，非 p 蕴涵可能非 p。

以上关系可概括为：必然性蕴涵实然性，实然性蕴涵可能性。

试体会下列判断的真假关系：

①甲今年必然考上研究生。（必然 p）

②甲今年考上研究生。　　（p）

③甲今年可能考上研究生。（可能 p）

根据上述真假关系,可以得到下列有效推理形式：

T-4-2-(13)　　必然 p ⊨ p

T-4-2-(14)　　p ⊨ 可能 p

T-4-2-(15)　　非 p ⊨ 不必然 p

T-4-2-(16)　　不可能 p ⊨ 非 p

【例 4-2-3】荷兰队没有夺冠,所以荷兰队不必然夺冠。

这是 T-4-2-(15)的实例。请读者自己举例说明 T-4-2-(13)、

(14)、(16)的有效性。

四、模态三段论

1. 什么是模态三段论

模态三段论就是前提中含有模态判断的三段论推理。

【例 4-2-4】一切绿色植物必然要进行光合作用,
　　　　　　海藻是绿色植物,
　　　　　　所以,海藻必然要进行光合作用。

【例 4-2-5】灵长目动物必然有发达的大脑,
　　　　　　那个小动物可能是灵长目动物,
　　　　　　所以,那个小动物可能有发达的大脑。

模态三段论的两个前提中,有的只有一个是模态判断,如例 4-2-4；有的都是模态判断,如例 4-2-5。

模态三段论推理要遵守三段论推理的一般规则,例如"中项至少要周延一次"、"前提中不周延的项,在结论中不得周延"、"从两个否定的前提不能必然得出结论"等。

下面我们介绍几种比较简单而又常用的模态三段论形式。

2. 大前提是模态判断,小前提是非模态判断的三段论推理

　　T-4-2-(17)　　所有的 M 必然是 P
　　　　　　　　　S 是 M
　　　　　　　　　所以,S 必然是 P

【例 4-2-6】在历史上产生的东西必然最终要在历史上死亡,
　　　　　　封建专制制度是历史上产生的东西,
　　　　　　所以,封建专制制度必然最终要在历史上死亡。

用演绎公理很容易说明这一推理形式的有效性："凡对某类事物的全部对象有所断定,则对该类事物的部分对象（或个别对象）也可以作出相同的断定"；此例大前提对 M 的全部作出了"必然是 P"的断定,而 S 是 M 的一部分,所以结论就可以对 S 作出相同的断定。

T-4-2-(18)　　所有的 M 可能是 P
　　　　　　　S 是 M
　　　　　　　所以，S 可能是 P

【例 4-2-7】凡与被害者有仇恨的人都可能是本案的凶手，
　　　　　　甲是与被害者有仇恨的人，
　　　　　　所以，甲可能是本案的凶手。

3. 大、小前提都是模态判断的三段论推理

T-4-2-(19)　　所有的 M 必然是 P
　　　　　　　S 必然是 M
　　　　　　　所以，S 必然是 P

【例 4-2-8】所有的犯罪分子必然要受到法律的制裁，
　　　　　　甲必然是犯罪分子，
　　　　　　所以，甲必然要受到法律的制裁。

T-4-2-(20)　　所有的 M 可能是 P
　　　　　　　S 必然是 M
　　　　　　　所以，S 可能是 P

【例 4-2-9】所有用静脉注射方法吸过毒的人都可能感染上艾滋病毒，
　　　　　　甲必然是用静脉注射方法吸过毒的人，
　　　　　　所以，甲可能感染上艾滋病毒。

T-4-2-(21)　　所有的 M 可能是 P
　　　　　　　S 可能是 M
　　　　　　　所以，S 可能是 P

【例 4-2-10】被 IH 病毒侵犯的电脑都可能出现系统崩溃的严重后果，
　　　　　　　这台电脑可能被 IH 病毒侵犯，
　　　　　　　所以，这台电脑可能出现系统崩溃的严重后果。

两个前提都是模态判断的三段论，除了要遵守三段论的一般

规则外,还要遵守下面一条规则:

前提中如含有可能判断,结论必为可能判断。

如上述例 4-2-9,只能推出"甲可能感染上艾滋病毒",而不能推出"甲必然感染上艾滋病毒"。

第三节 规范判断及其推理

在各种非标准模态判断中,规范判断是比较重要的一种。因为人们日常思维和社会活动中经常会遇到并运用它,而且它与法制建设和道德建设密切相关,所以普通逻辑有必要介绍规范判断及规范推理的基本知识。

一、规范判断的概念及其种类

1. 什么是规范判断

规范判断是陈述人们的行为规范的判断,它告诉人们哪些行为是必须的,哪些行为是禁止的,哪些行为是允许的。

【例 4-3-1】一切国家机关和武装力量、各政党和各社会团体、各企事业组织都必须遵守宪法和法律。

【例 4-3-2】禁止中学生吸烟和酗酒。

【例 4-3-3】允许在承包经营的土地上自主选择经营项目。

【例 4-3-4】拾到他人的财物应该归还失主。

规范有各种层次,有法律规范(如例 4-3-1)、纪律规范(如例 4-3-2)、政策规范(如例 4-3-3)、道德规范(如例 4-3-4)等。各种规范对人们行为的约束强度是不同的,其中法律规范的约束力最强。下面讨论规范判断将主要以法律规范为例。

规范判断中一般都含有规范模态词(以下简称"规范词"),如上述例子中的必须、不得(禁止)、允许、应该等,就是规范词。

2. 规范判断的真假

规范判断不存在是否符合客观事实的问题,而只存在是否恰当的问题。例如,前几年有的地方"禁止销售外地啤酒",虽然它作为地方的"土政策"已经是事实,但却是违反国家法规政策的,因而是错误的,或者说是不恰当的。

在规范逻辑中,真判断就是指恰当的判断,假判断就是指不恰当的判断。例如,在病房中"禁止抽烟"就是真判断,而"允许抽烟"就是假判断。

3. 规范判断的种类

普通逻辑对规范判断不作法律规范、纪律规范、政策规范、道德规范的区分,而只根据规范词的逻辑性质将规范判断分为三类:

(1)必须判断——陈述某种行为是必须或应当进行的判断。

【例 4-3-5】结婚必须办理结婚登记手续。

【例 4-3-6】公民有保守国家机密的义务。

【例 4-3-7】教师应当为人师表。

宪法和法律中有关公民义务的条款,都是必须判断。因为义务也就是必须进行的行为。

必须判断的形式可以写作"必须 p"。

(2)禁止判断——陈述某种行为是禁止进行的判断。

【例 4-3-8】法律禁止一切侵害妇女儿童权益的行为。

【例 4-3-9】不准拖欠教师的工资。

【例 4-3-10】在居住区内进行娱乐活动不得影响他人休息。

刑法中有关犯罪行为的条款,民法中有关侵权行为的条款,经济法中有关违约行为的条款,都是禁止判断。

禁止判断的形式可以写作"禁止 p"。

必须判断与禁止判断都带有很强的约束力。它们之间有一定的内在联系:

必须 p↔禁止不 p

禁止 p↔必须不 p

例如,"必须让学龄儿童接受义务教育"和"禁止不让学龄儿童接受义务教育"是等义的;"公共场所禁止抽烟"与"公共场所必须不抽烟"是等义的。

(3)允许判断——陈述某种行为是允许进行或者允许不进行的判断。

【例 4-3-11】允许外国人在中国投资办企业。

【例 4-3-12】公民有信仰宗教的自由。

【例 4-3-13】已婚公民可以参加高考并成为普通高等院校的正式学生。

上述三例的形式可以写作"允许 p"。

宪法和法律中有关公民权利的条款,都是允许判断。

在法律理论中有一条推定原理:对国家机关行使公权来说,凡是法律没有明文允许的行为,都是禁止的;对一般公民行使私权来说,凡是法律没有明文禁止的行为,都是允许的。逻辑学有关规范判断的原理可以帮助我们加深对法律的理解。

"允许不 p"也是人们经常运用的一种规范判断形式,如:

【例 4-3-14】允许法定继承人放弃继承遗产的权利。

【例 4-3-15】已经取得外语六级资格证书的高年级学生可以不上外语课。

【例 4-3-16】残疾人开办的个体商店可以不缴纳经营税。

二、规范判断的对当关系及对当关系推理

1. 规范判断间的对当关系

必须 p、禁止 p、允许 p、允许不 p,这四种形式的规范判断间,具有与 A、E、I、O 之间的对当关系完全相同的真假关系。

(1)"必须 p"—"禁止 p"之间具有"不能同真,可以同假"的反对关系。试比较、体会下面两判断间的真假关系:

此处必须栽树——此处禁止栽树

(2)"必须 p"—"允许不 p"、"禁止 p"—"允许 p"之间具有"不能同真,不能同假"的矛盾关系。试比较、体会下面两对判断间的真假关系：

　　　　本校教师必须有硕士学位──本校教师可以没有硕士学位
　　　　本单位禁止外国人参观──本单位允许外国人参观

（3）"必须 p"—"允许 p"、"禁止 p"—"允许不 p"之间具有"前者真，后者不可能假"的差等关系（蕴涵关系），"必须"蕴涵"允许"，"禁止"蕴涵"允许不"。试比较、体会下面两对判断间的真假关系：

　　　　一把手必须参加此次会议──一把手可以参加此次会议
　　　　禁止在公共场所抽烟──允许在公共场所不抽烟

（4）"允许 p"—"允许不 p"之间具有"不能同假，可以同真"的下反对关系。试比较、体会下面两判断间的真假关系：

　　　　公民有信仰宗教的自由──公民有不信仰宗教的自由

上面所考察的四种形式的规范判断两两之间的对当关系，可以用下图表示：

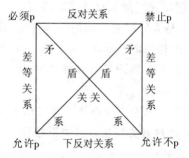

2. 规范判断的对当关系推理

根据上述逻辑方阵，下面的推理形式是有效的：

T-4-3-(1)　　必须 p ⊨ 不禁止 p

T-4-3-(2)　　禁止 p ⊨ 不必须 p

T-4-3-(3)　　必须 p ⊨ 不允许不 p

T-4-3-(4)　　禁止 p ⊨ 不允许 p

T-4-3-(5)　　允许 p ⊨ 不禁止 p

T-4-3-(6)　允许不 p ⊨ 不必须 p

T-4-3-(7)　必须 p ⊨ 允许 p

T-4-3-(8)　禁止 p ⊨ 允许不 p

T-4-3-(9)　不允许 p ⊨ 不必须 p

T-4-3-(10) 不允许不 p ⊨ 不禁止 p

T-4-3-(11) 不允许 p ⊨ 允许不 p

T-4-3-(12) 不允许不 p ⊨ 允许 p

下面的推理形式是无效的：

△不必须 p ⊨ 禁止 p（因为必须 p、禁止 p 可以同假）

△不禁止 p ⊨ 必须 p（原因同上）

△允许 p ⊨ 不允许不 p（因为允许 p、允许不 p 可以同真）

△允许不 p ⊨ 不允许 p（原因同上）

△不必须 p ⊨ 不允许 p（当既允许 p，也允许不 p 时，必须 p 假而允许 p 真）

△不禁止 p ⊨ 不允许不 p（当既允许 p，也允许不 p 时，禁止 p 假而允许不 p 真）

△允许 p ⊨ 必须 p（当既允许 p，也允许不 p 时，允许 p 真而必须 p 假）

△允许不 p ⊨ 禁止 p（当既允许 p，也允许不 p 时，允许不 p 真而禁止 p 假）

三、规范三段论

1. 什么是规范三段论

规范三段论就是前提中含有规范判断的三段论推理。

【例 4-3-17】一切违反宪法的行为必须予以追究，

非法剥夺公民人身自由是违反宪法的行为，

所以，非法剥夺公民人身自由的行为必须予以追究。

规范三段论推理的前提中一般只有一个规范判断，而另一个是性质判断。规范三段论推理实际上不是根据规范词的逻辑性质进行推演的,而是根据演绎公理和三段论的规则进行推演的,因此要遵守三段论的规则。

2. 规范三段论的两种主要形式

(1)以规范的适用对象为中项的规范三段论。

T-4-3-(13)　所有 M 都必须(禁止、允许)进行 P 行为
　　　　　　S 是 M
　　　　　　所以,S 必须(禁止、允许)进行 P 行为

上述例 4-3-17 是这个推理的一个实例。下面再举两个例子。

【例 4-3-18】所有公共场所禁止吸烟,
　　　　　　展览厅是公共场所,
　　　　　　所以,展览厅禁止吸烟。

【例 4-3-19】允许任何被告聘请律师为自己辩护,
　　　　　　甲是被告,
　　　　　　所以,允许甲聘请律师为自己辩护。

(2)以被规范的行为为中项的规范三段论。

T-4-3-(14)　所有的 M 行为都是必须(禁止、允许)进行的
　　　　　　S 行为属于 M 行为
　　　　　　所以,所有 S 行为都是必须(禁止、允许)进行的

【例 4-3-20】所有破坏生态环境的行为都是绝对禁止的,
　　　　　　违章砍伐森林是破坏生态环境的行为,
　　　　　　所以,违章砍伐森林是绝对禁止的。

【例 4-3-21】任何健康的娱乐活动都是允许的,
　　　　　　圣诞化装舞会是健康的娱乐活动,
　　　　　　所以,圣诞化装舞会是允许的。

【例 4-3-22】反贪部门必须为举报人保守秘密,
　　　　　　张同志是举报人,
　　　　　　所以,反贪部门必须为张同志保守秘密。

最后一例的语言形式与 T-4-3-(14) 不一致,但其推理原理是一致的,因为这个推理可以理解为:

为举报人保守秘密是反贪部门必须履行的义务,
为张同志保守秘密是为举报人保守秘密,
所以,为张同志保守秘密是反贪部门必须履行的义务。

上述两个推理形式的有效性,以及有关实例的合理性,用演绎推理的公理很容易加以解释:"凡对某类事物的全部对象有所断定,则对该类事物的部分对象(或个别对象)也可以作出相同的断定。"

复习思考题

1. 什么是模态判断?什么是模态词?模态可以分为哪几种?
2. 什么是标准模态判断?模态判断间的真假关系如何?
3. 模态判断与非模态判断之间真假关系如何?根据这些真假关系能够进行哪些推理?
4. 什么是模态三段论?它有哪些主要形式?应遵守哪些规则?
5. 什么是规范判断?规范判断有哪些种类?
6. 怎样理解法律条文中的规范判断?
7. 规范判断间的真假关系如何?根据这些真假关系能够进行哪些推理?
8. 什么是规范三段论?它是根据什么进行推演的?有哪些主要形式?

练 习 题

一、请在下列语句的括号内填上恰当的模态词("必然"、"可能"、"可能不"或"不必然"、"不可能"或"必然不"),使之成为恰当的判断。

1. 任何事物(　　　)是孤立静止的。
2. 体制改革(　　　)是一帆风顺的。
3. 贪污或受贿数额特别巨大的(　　　)会被判处死刑。
4. 前提真而结论假的推理(　　　)是有效的演绎推理。
5. 达到高考分数线的考生(　　　)被高校录取。
6. 长相漂亮的人(　　　)心灵美。
7. 大量吸烟(　　　)会导致癌症。
8. 不受监督的权力(　　　)导致腐败。

二、已知下列判断的真假情况,请写出与其素材相同的其他三种模态判断,并根据模态判断间的对当关系推出它们的真假情况。

1. 这消息可能来自 A 国。(已知为假)
2. 一个人不可能不犯错误。(已知为真)
3. 小林可能没有男朋友。(已知为真)
4. 陈某必然不会受处分。(已知为假)

三、下列包含模态判断的推理是否正确?为什么?

1. 违法犯罪必然会受到法律的惩处,所以,违法犯罪不可能不受到法律的惩处。
2. 这案子可能不是共同作案,所以,这案子不可能是共同作案。
3. 某些人宣称在神农架发现的这些神奇的动物并不一定是"野人",所以,这些神奇的动物必然不是"野人"。
4. 一些曾经绝迹的丑恶现象现在又出现了,这说明已经绝迹的丑恶现象在若干年后再度出现是可能的。

5.事故果然发生了,所以说,发生事故是必然的。

6.大学生谈恋爱可能会影响学习,甲班冯冰同学在谈恋爱,所以,冯冰的学习必然会受到影响。

四、请在下列语句的括号内填上恰当的规范词("必须"或"应该"、"禁止"或"不允许"、"允许"或"可以"、"允许不"或"不必须"),使之成为恰当的判断。

1.(　　　)任何人考试作弊。

2.在发展生产的同时(　　　)保护好环境。

3.(购买保险应该本着自愿的原则,因此,)公民在购买房屋时(　　　)购买房产保险。

4.公民利用网络发布合法言论是(　　　)的。

五、已知下列判断的真假情况,请写出与其素材相同的其他三种规范判断,并根据规范判断间的对当关系推出它们的真假情况。

1.允许已婚公民参加普通高考。(已知为真)

2.本市出租车必须使用本地产的××牌轿车。(已知为假)

3.禁止在21点至次日6点进行有噪声的施工作业。(已知为真)

4.允许招收家境困难的少年到本厂打工。(已知为假)

六、下列包含规范判断的推理是否正确？为什么？

1.因为国家政策允许一部分人先富起来,所以,禁止一部分人通过诚实劳动和合法经营先富起来是错误的。

2.校园已经不禁止谈恋爱了,所以,大学生应该谈恋爱。

3.共产党员不得搞封建迷信活动,修建豪华坟墓属于封建迷信活动,所以共产党员不得修建豪华坟墓。

4.既然法律规定放弃遗产继承权是允许的,所以甲就应该放弃遗产继承权。

七、运用本章所学的逻辑知识,解答下列问题。

1.报载,某地举行基层人民代表选举,多数选民因为对公布的候选人不满而拒绝参加投票，导致参选人数不足法定人数。选举组织者在随后召开的选民代表会上说："选举权是宪法赋予每个公民的权利。你们放弃法定的权利，是违反宪法精神的，是不允许的。因此，所有选民在下轮选举时都必须参加投票。"请分析上述言论是否符合逻辑。

2. 下面是《男女开房必须持结婚证吗？》一文的摘录：

南京某高校学生小顾和女友"十一"期间赴安徽旅游，到达目的地后在一家旅社投宿，开了一个双人标准间。当天晚上，几个联防队员冲进该房间将正在洗澡的小顾硬从卫生间里拖了出来，声称小顾没有结婚证同女友开房属于卖淫嫖娼行为，最后处以罚款500元。

笔者认为，公安部门要求男女开房需持结婚证，以及进行所谓的例行查房没有法律依据，侵害了酒店、宾馆顾客的合法权益。

到目前为止，法律的强制规范只是禁止强奸、重婚与性交易这三种行为，未婚男女外出同住并未在禁止之列。其他任何人或机关均无权干涉或处理。

同时，根据私权行使"法无禁止即可为"的原则，既然法律没有禁止规定，那么，这种行为也没有违法。此外，居住权是公民最基本的权利之一，除了法律规定的情况外，任何人不能对此予以剥夺。在这种情况下，酒店或公安部门无权要求顾客出示除身份证件以外的其他任何证件及进行所谓的例行查房。不然的话，就严重侵犯了顾客的人权，违背了现代法治精神。

(2002年10月21日《中国青年报》，宋君华文)

试分析"法无禁止即可为"的原则所包含的逻辑学原理。

第五章 复合判断及其演绎推理

第一节 复合判断及其演绎推理概述

一、什么是复合判断

复合判断是本身包含其他判断的判断。

多数复合判断包含两个或两个以上判断。

【例 5-1-1】这篇文章观点新颖,并且语言生动。

【例 5-1-2】某人或者犯了贪污罪,或者犯了受贿罪,或者犯了盗窃罪。

【例 5-1-3】如果水面温度低于 0℃,那么水面就会结冰。

上述例 5-1-1、例 5-1-3 包含两个简单判断,例 5-1-2 包含三个简单判断。

有的复合判断只包含一个简单判断,如:

【例 5-1-4】并非所有的金属在常温下都是固体。

这个判断中包含有一个完整的简单判断"所有的金属在常温下都是固体",也属于复合判断。

二、复合判断的一般结构

任何复合判断都由支判断和联结词两部分构成。

复合判断所包含的判断叫做"支判断",上述例子中的"这篇文章观点新颖"、"这篇文章语言生动","水面温度低于 0℃"、"水面会结冰"等,就是支判断。支判断可以是简单判断(如上述例子中的支判断),也可以是复合判断,如:

【例 5-1-5】如果甲队队员个人技术好,并且战术配合协调,那么甲队就能战胜乙队,并且夺得冠军。

这个判断中,位于"如果"后面的支判断"甲队队员个人技术好,并且战术配合协调"和位于"那么"后面的支判断"甲队就能战胜乙队,并且夺得冠军"也都是包含其他判断的复合判断。这种支判断本身是复合判断的复合判断叫做"多重复合判断"。

表示支判断之间的关系,将支判断联结为一个完整的复合判断的语词叫做联结词,如上述例子中的"并且"、"或者……或者……"、"如果……那么……"、"并非"等,都是联结词。

我们用 p、q、r 等小写字母表示支判断,上述例 5-1-1 至例 5-1-5 的逻辑形式可分别记作:

① p 并且 q
② p 或者 q 或者 r
③ 如果 p,那么 q
④ 并非 p
⑤ 如果(p 并且 q),那么(r 并且 s)

在复合判断中,内容各异的支判断(公式中一般用 p、q、r 等小写字母表示)是变项(判断变项),而表示支判断之间联系方式的联结词是逻辑常项。思维形式的逻辑性质是由逻辑常项决定的,因此,复合判断的逻辑性质(主要指复合判断的真假与支判断的真假之间的关系)也是由它的逻辑常项——联结词决定的。

三、复合判断的基本类型

不同的联结词(常项)决定了各种复合判断不同的逻辑性质,普通逻辑根据联结词的不同将复合判断分为四种基本类型:联言判断、选言判断(又可分为相容的选言判断和不相容的选言判断两小类)、假言判断(又可分为充分条件假言判断、必要条件假言判断、充分必要条件假言判断三小类)和负判断。

四、复合判断的推理及其种类

前提或结论中有复合判断并且是根据复合判断的逻辑性质进行推演的演绎推理就是复合判断的推理。

复合判断推理的种类与复合判断的种类基本对应,即有联言推理、选言推理、假言推理、负判断的推理等基本类型,此外还有包含几种复合判断的比较复杂的推理,如假言选言推理、假言联言推理等。本章将在介绍复合判断基本类型及相关推理后,对普通思维中常用的比较复杂的复合判断推理作一些必要的介绍。

第二节 联言判断及联言推理

一、联言判断及其结构

联言判断是同时断定几种相关的事物情况存在的判断。

【例 5-2-1】杭州风景非常优美,并且交通极为便利。

【例 5-2-2】他不但比我年轻,而且比我能干。

联言判断的支判断叫做"联言支",可以用 p、q、r 等字母表示。一个联言判断至少包含两个联言支,有的联言判断包含三个或更多的联言支。下面这个联言判断就包含三个联言支。

【例 5-2-3】她的父亲是大学校长,母亲是大学教授,她自己正在读博士。

表示若干相关事物情况共存关系的语词叫做"联言联结词"。在自然语言中,表示这种关系的最典型的语词是"并且",我们用它作为联言联结词的代表。这样,一个两支的联言判断的逻辑形式可以写作:p 并且 q。

联言联结词"并且"可以用数理逻辑中的合取符号"∧"表示,因此上述公式可以写作:p∧q。

二、联言判断的语言表达

在自然语言中,并列复句、连贯复句、递进复句、转折复句以及以并列词组为主语的单句,都可以表达联言判断。

【例 5-2-4】聂卫平既是围棋高手,也是桥牌高手。

【例 5-2-5】他在美国取得博士学位后回到祖国,不久就担任了一个国家级研究所的负责人。

【例 5-2-6】从事这种职业的人虽然社会地位不高,但经济收入非常可观。

【例 5-2-7】自然科学、人文科学和社会科学都是社会发展不可缺少的。

例 5-2-3、例 5-2-4 是并列复句,例 5-2-5 是连贯复句,例 5-2-1、例 5-2-2 是递进复句,例 5-2-6 是转折复句,例 5-2-7 是由并列词组为主语的单句。它们都断定了几种事物情况并存,都表达联言判断。

三、联言判断的逻辑性质

联言判断的每个联言支分别断定一种事物情况存在,如果所断定的事物情况确实都存在,则所有联言支都为真。所以从支判断的真假值角度看,联言判断可以理解为"断定支判断全部为真的判断"。由此可知,联言判断真假与联言支真假之间的关系是:

当一个联言判断为真时,它的每一个联言支都是真的;当每一个联言支都为真时,联言判断才为真;只要有一个联言支为假,联言判断就为假。

联言判断的逻辑性质可以用下面的表格直观地表示:

p	q	p∧q
+	+	+
+	−	−
−	+	−
−	−	−

(表中的"+"号表示真,"−"号表示假。后文相同)

这种表示复合判断与支判断之间真假关系的表叫做真值表,它是数理逻辑中处理复合命题及其推理的一种简便方法。普通逻辑引进真值表,主要用来直观地说明复合判断的逻辑性质。有关真值表的进一步知识将在本章第八节介绍。

四、联言推理

联言推理就是前提或结论中有联言判断并且是根据联言判断的逻辑性质进行推演的演绎推理。

根据联言判断的逻辑性质,可以得到联言推理的两条规则:

规则1:已知若干独立判断均为真,就能推出以它们为支判断的联言判断为真。

规则2:已知一个联言判断为真,就能推出它的任何一个支判断为真。

符合这两条规则的联言推理的有效式有两个:

①组合式:

$$\frac{p}{q}$$
所以,p并且q

左式可写成:$p, q \models p \land q$

【例 5-2-8】中国人民是热爱和平的。
　　　　　　美国人民是热爱和平的。
　　　　　　所以,中国人民和美国人民都是热爱和平的。

将若干内容相关的独立判断组合成一个完整的联言判断,不是判断的简单相加,因为联言判断不但断定了若干事物情况存在的事实,而且表示它们之间有一定的关联,这是"整体大于部分之和"的哲学原理在思维中的体现之一。

在写议论文或发表演讲的时候,往往先论证各个分论点,最后将若干分论点综合成一个完整的总论点。例如,一篇历史学论文在分别用大量事实和数据论证了"日本侵华战争给中国人民造成了巨大灾难"和"日本侵华战争给日本人民造成了巨大灾难"之后,最后得出"日本侵华战争不但给中国人民造成了巨大灾难,而且也给日本人民造成了巨大灾难"这个联言判断的结论。这里就是在运用联言推理的组合式。

②分解式：

    p 并且 q 　　　　　　左式可写成：p∧q ⊨ p（或 q）
所以，p（或 q）

【例 5-2-9】鲁迅是伟大的文学家，也是伟大的思想家。
　　　　　　所以，鲁迅是一位伟大的思想家。

联言推理分解式的主要作用是，突出或者强调某一个联言支所断定的内容。我们在引述某一逻辑形式为联言判断的法律、法规条文或某种权威的观点来证明一个单独论点的时候，常常要运用联言推理的分解式。例如，为了说明通信秘密不容侵犯，我们可以运用下面的推理：

【例 5-2-10】我国宪法明文规定："中华人民共和国公民的通信自由和通信秘密受法律的保护"；由此可见，公民的通信秘密是受法律保护不容侵犯的。

第三节　选言判断及选言推理

一、选言判断及其一般结构

选言判断是断定若干种可能的事物情况有一种存在的判断。

【例 5-3-1】这位博士或者精通英语，或者精通日语。

【例 5-3-2】武松要么把老虎打死，要么被老虎吃掉。

人们对事物的认识有时处于这样的阶段：对事物情况尚没有确切了解，但是已经知道若干种可能的事物情况必有一种已经发生或将会发生。这时就要用选言判断来反映它们。

【例 5-3-3】他工作没有干好或者是因为能力有限，或者是因为不够认真。

【例 5-3-4】这件案子的主犯要么是甲，要么是乙，要么是丙。

选言判断的支判断叫做"选言支"，可以用 p、q、r 等字母表示。

一个选言判断至少包含两个选言支。表示几种可能的事物情况有一种存在的关联词叫做"选言联结词"。选言联结词有"或者……或者……"和"要么……要么……"两种，这两种联结词所表示的选言支之间的真假关系是不同的："或者 p 或者 q"断定选言支至少有一为真，不排除若干选言支同时为真的可能性；而"要么 p，要么 q"则断定选言支有而且只有一个为真，严格排除选言支同时为真的可能性。

由两种不同的选言联结词构成的选言判断，逻辑性质存在着明显的差别，所以，选言判断和选言推理要分两类介绍。

二、相容的选言判断及其推理

1. 相容的选言判断

相容的选言判断就是断定若干种可能的事物情况至少有一种存在的判断。如上述例 5-3-1 和例 5-3-3 都是相容的选言判断。

相容的选言判断一般用"或者 p 或者 q"这样的选择复句来表达。有时也可以用"也许 p，也许 q"的句式表达，如"也许是我说错了，也许是您记错了"。

相容的选言判断的逻辑形式可以写作：p 或者 q。

选言联结词"或者"可以用数理逻辑的析取符号"∨"代替，因此上述公式可以写作：$p \vee q$。

相容的选言判断断定的是若干种可能的事物情况至少有一种存在。由于每个选言支分别陈述一种可能的事物情况，如果这种事物情况确实存在，陈述它的支判断就为真。如果所断定的若干种可能的事物情况确实有一种或若干种存在，则选言支也就有一个或若干个为真。所以从支判断的真假值角度看，相容的选言判断可以理解为"断定支判断至少有一为真的判断"。由此可知，相容的选言判断的真假与选言支真假之间的关系是：

当一个相容的选言判断为真时，它的选言支至少有一个为真；当有一个或一个以上选言支为真时，相容的选言判断为真；只有选言支全部为假时,相容的选言判断才为假。

相容的选言判断的逻辑性质可以用下列真值表表示:

p	q	p∨q
+	+	+
+	−	+
−	+	+
−	−	−

2.相容的选言推理

相容的选言推理就是前提中有相容的选言判断并且是根据相容的选言判断的逻辑性质进行推演的推理。

由相容的选言判断的定义和真值表可知:当一个相容的选言判断为真时,它的若干选言支不可同假,但是可以同真。根据选言支之间的这种真假关系,可以得到相容的选言推理的两条规则:

规则1:已知一部分选言支为假,可以推出另一部分选言支中至少有一为真。

规则2:已知一部分选言支为真,不能推出另一部分选言支的真假。

根据规则1,可得到相容的选言推理的一个有效式——否定肯定式:

```
p 或者 q              p 或者 q 或者 r
非 p                  非 p
─────                 ─────────
所以,q                所以,q 或者 r
```

以上两式也可写成:$(p \vee q) \wedge \neg p \models q$("¬"表示否定)

$$(p \vee q \vee r) \wedge \neg p \models q \vee r$$

【例5-3-5】这份统计表格的错误,或者在于原始数据不准确,或者在于计算有错误;经反复验算证明计算没有错误;所以,这份统计表格的错误在于原始数据不准确。

【例 5-3-6】这种产品滞销或者是因为质量不好,或者是因为价格太高,或者是因为广告促销没有做好;经分析,这种产品质量很好;所以,它滞销或者是因为价格太贵,或者是因为广告促销活动没有做好。

根据规则 2,下列推理形式(肯定否定式)是无效的:

【例 5-3-7】这项科研成果或者有实用价值,或者有理论价值;经鉴定,这项成果有很大的实用价值;所以,它没有什么理论价值。

【例 5-3-8】他或者犯了贪污罪,或者犯了受贿罪,或者犯了渎职罪;经初步审理,可以认定他犯了贪污罪和渎职罪;所以,可以排除他犯受贿罪的可能性。

这两个推理在形式上违反了规则 2,所以,即使它们的前提是真实的,其结论也是不可靠的。这种肯定否定式推理是运用选言推理时容易犯的逻辑错误,我们应当注意避免。

三、不相容的选言判断及其推理

1. 不相容的选言判断

不相容的选言判断就是断定若干种可能的事物情况有一种并且只有一种存在的判断。本节开头所举的例 5-3-2 和例 5-3-4 都是不相容的选言判断。

不相容的选言判断一般用"要么 p 要么 q"这样的选择复句来表达。也可在表达相容的选言判断的语句后加上"二者不可得兼"以强调不相容,例如,"你或者升学,或者就业,二者不可得兼"。

不相容的选言判断的逻辑形式可以写作:要么 p 要么 q。

选言联结词"要么……要么……"也可以用严格析取符号"V̇"代替,因此上述公式可以写作:p V̇ q。

不相容的选言判断断定的是若干种可能的事物情况只有一种存在。由于每个选言支分别陈述一种可能的事物情况,如果一种事物情况确实存在,陈述它的支判断就为真。如果若干种可能的事物情况确实只有一种存在,则选言支也就只有一个为真。所以从支判断的真假值角度来看,不相容的选言判断可以理解为"断定支判断只有一个为真的判断"。由此可知,不相容的选言判断的真假与选言支真假之间的关系是:

当一个不相容的选言判断为真时,它的选言支有且只有一个为真;当只有一个选言支为真时,不相容的选言判断为真;当选言支全部为假,或不止一个选言支为真时,不相容的选言判断都为假。

不相容的选言判断的逻辑性质可以用下列真值表表示:

p	q	p V̇ q
+	+	−
+	−	+
−	+	+
−	−	−

2. 不相容的选言推理

不相容的选言推理就是前提中有不相容的选言判断并且是根据不相容的选言判断的逻辑性质进行推演的推理。

由不相容的选言判断的定义和它的真值表可以知道:当一个不相容的选言判断为真时,它的选言支不可同时为假,也不可有两个(或两个以上)选言支同时为真。根据选言支之间的这种真假关系,可以得到不相容的选言推理的两条规则:

规则1:已知一部分选言支为假,可以推出另一部分选言支有

第五章 复合判断及其演绎推理

且只有一个为真。

规则 2：已知一个选言支为真（或一部分选言支中有一为真），可以推出其余的选言支为假。

根据规则 1 和规则 2，可得到不相容的选言推理的两个有效式：

① 否定肯定式：

  要么 p 要么 q   要么 p 要么 q 要么 r
  非 p   非 p
  所以，q   所以，要么 q 要么 r

以上两式也可写成：

$$(p \dot\vee q) \wedge \neg p \vDash q$$
$$(p \dot\vee q \dot\vee r) \wedge \neg p \vDash q \dot\vee r$$

【例 5-3-9】在两岸统一问题上有两条道路可供选择：要么是和平统一，要么是武力解决；武力解决不符合两岸人民的根本利益；所以，我们只能走和平统一的道路。

【例 5-3-10】这个人突然死亡，要么是自杀，要么是被杀，要么是意外事故致死；经调查已经确定他不是自杀；所以，他的死要么是被杀，要么是意外事故致死。

② 肯定否定式：

  要么 p 要么 q   要么 p 要么 q 要么 r
  p   p
  所以，非 q   所以，非 q 并且非 r

以上两式也可写成：

$$(p \dot\vee q) \wedge p \vDash \neg q$$
$$(p \dot\vee q \dot\vee r) \wedge p \vDash \neg q \wedge \neg r$$

【例 5-3-11】这一犯罪行为要么是故意犯罪，要么是过失犯罪；经法庭调查已认定是过失犯罪，所以，这一行为不是故意犯罪。

【例 5-3-12】这幅古画要么是唐代的,要么是宋代的,要么是明代的;经专家鉴定确认它是宋代的;所以,这幅古画不是唐代的,也不是明代的。

四、关于选言判断和选言推理的几个问题

1. 关于相容的选言判断的定义

许多逻辑读本将相容的选言判断定义为"断定在若干事物情况中至少有一种存在并且可能不止一种存在的判断"或"选言支可以同真的选言判断"。这种定义是不够妥当的。事实上,相容的选言判断只是断定若干事物情况中"至少有一种存在",而没有断定它们"可能不止一种存在";只是断定选言支"至少有一为真",而没有断定选言支"可以同真"。

【例 5-3-13】

①爱因斯坦或者是 20 世纪最伟大的科学家,或者是 20 世纪最伟大的文学家。

②爱因斯坦要么是 20 世纪最伟大的科学家,要么是 20 世纪最伟大的文学家。

没有人怀疑这两个判断都是真判断。①是相容的选言判断,按照上述定义,它断定了选言支"可以同真"(本书不同意这一观点);②是不相容的选言判断,它断定选言支"只有一真",即"不可同真"(本书同意这一观点)。如果承认①真,就承认①的两个选言支"可以同真";如果承认②真,就承认②的两个选言支"不可同真";如果承认①和②都真,就等于承认两个选言支既可以同真,又不可同真。而这显然是自相矛盾的。

对这两个判断都为真的唯一解释是:相容的选言判断和不相容的选言判断的区别在于后者断定了选言支不可同真(即严格排斥),而前者对此没有作出明确断定。没有断定"不可同真"不等于断定"可以同真"。因此,相容选言判断的严格定义应该是"断定选

言支至少有一为真的判断",而不是"断定选言支可以同真的判断"。

2.关于语言表达中选言联结词的选用问题

"或者 p 或者 q"和"要么 p 要么 q"的差别,在于前者没有断定选言支严格排斥,而后者断定了这一点。因此,在语言表达中,如果要强调选言支严格排斥,就应该用"要么……要么……"("或者……或者……二者不可得兼")的句式;如果不需要强调选言支严格排斥,不管选言支事实上是否严格排斥,都可以用"或者……或者……"的句式。但这并不意味着"'或者……或者……'既可以表达相容的选言判断,也可以表达不相容的选言判断"。

选言联结词的选用,关系到选言判断是否恰当的问题。请看:

【例 5-3-14】

①他学习成绩不好,或者是因为不够努力,或者是因为学习方法不够科学。

②他学习成绩不好,要么是因为不够努力,要么是因为学习方法不够科学。

③这张画或者是唐代的,或者是宋代的,或者是明代的。

④这张画要么是唐代的,要么是宋代的,要么是明代的。

上述四例中,①和④显然是恰当的。③的选言支事实上是严格排斥的,但说话人重在指出这张画不是其他朝代的,而选言支严格排斥这一点又是极为明显的,不必加以强调,所以用"或者……或者……"表达也是可以的,不会发生交际中的误解,因此不能说③是不恰当的。②的选言支本来不是严格排斥的,而此处用"要么……要么……"断言它们是严格排斥的,因而是不恰当的,可能会造成误解。这种用"要么……要么……"来表达本来不严格排斥关系的错误,可以名之为"强加排斥关系"。

3. 关于带量词的选言判断及有关推理

先看下面的推理实例:

【例 5-3-15】

① 一份统计表格的错误或者是由于材料不可靠,或者是由于计算不准确;这份统计表格的错误不是由于计算不准确;所以,这份统计表格的错误是由于材料不可靠。

② 一个复句,要么是联合复句,要么是偏正复句;连贯复句不是偏正复句;所以连贯复句是联合复句。

这两个推理通常被分析为否定肯定式的选言推理,其逻辑形式被写为:

```
    p 或者 q              要么 p 要么 q
    非 p                  非 p
    ─────                 ─────────
    所以, q               所以, q
```

它们符合"已知一部分选言支为假,可以推出另一部分选言支有一个为真"的规则,因而是有效式。

这样分析①和②形式的有效性,虽然是比较简便的,但却不是很严格的。如②的选言前提的选言支,并不是"连贯复句是偏正复句"、"连贯复句是联合复句",因此后面"连贯复句不是偏正复句"、"连贯复句是联合复句"也不是"否定一个选言支"或"肯定另一选言支"。①也存在相同的问题。

事实上,①、②的"选言前提"不是严格意义上的选言判断,其逻辑形式也不是"p 或者 q"、"要么 p 要么 q"。它们断定的对象,"一份统计表格"实际上是"所有统计表格","一个复句"实际上是"任何复句",它们的逻辑结构可以分析为:"所有 S 或者是 P 或者是 Q"和"所有 S 要么是 P 要么是 Q"。两个推理的形式则是:

```
    所有 S 或是 P 或是 Q          所有 S 要么是 P 要么是 Q
    某一 S 不是 P                 某种 S 不是 P
    ──────────────               ──────────────
    所以, 某一 S 是 Q             所以, 某种 S 是 Q
```

这两个推理形式的有效性可以这样来说明(以①为例):根据演绎公理,由"所有 S 或是 P 或是 Q"可以推出"某一 S 或是 P 或是 Q",后者等于"或者某一 S 是 P,或者某一 S 是 Q",令"某一 S 是 P"为 p,"某一 S 是 Q"为 q,于是可以构成标准形式的"否定肯定式"的选言推理,即:$(p \lor q) \land \neg p \models q$。

推导过程中确实应用了选言推理规则,所以,虽然将类似①、②的推理当作"选言推理否定肯定式"来处理不是很严格的,但这种处理方法比较简便,在普通逻辑中我们也不能说它是错误的。

"所有 S 或是 P 或是 Q"这样的判断在思维中是经常应用的,我们可以将它们叫做"带量词的选言判断"。关于这种判断的逻辑性质和有关推理的有效性问题,有兴趣的读者可以参看本章附录"带量词的复合判断及其推理"。

4. 关于选言支的穷尽问题

在相容的选言推理和不相容的选言推理中,否定肯定式都是有效式。使用这种推理在形式上一般不会犯错误,但却可能出现"选言前提不穷尽"的错误。请看下例:

【例 5-3-16】一个作家或是诗人,或小说家,或是散文家。
　　　　　　曹禺这位作家不是诗人,也不是散文家,
　　　　所以,曹禺是小说家。

推理的形式没有问题,推出假结论的原因在于选言前提不真实——选言支没有穷尽对象的所有可能。

这个推理的第一前提实际上是一个"带全称量词的选言判断",这种判断是否真实与是否穷尽是一致的,下面的判断都因为不穷尽而不真实:

【例 5-3-17】
①一个实数要么是正数,要么是负数。
②人的血型要么是 O 型,要么是 A 型,要么是 B 型。
③一个人肚子痛或是因为得了肠炎,或是因为得了胃炎。

④一个哲学体系要么是主观唯心主义的,要么是辩证唯物主义的。

严格地说,这种"带全称量词的选言判断"是无法分析出它的"选言支"的,它的穷尽问题本质上是划分或穷举"子项不全"的问题。但由于在普通思维中人们往往将它分析为选言判断并以它为前提进行"否定肯定式"的推理,因此,对这种推理提出"选言前提要穷尽"的要求,还是必要的。

第四节 假言判断及假言推理

一、假言判断及其一般结构

1. 什么是假言判断

假言判断又叫条件判断,是断定一事物情况存在(或不存在)是另一事物情况存在(或不存在)的条件的判断。

【例 5-4-1】如果物体不受外力作用,那么它就保持匀速直线运动的状态。

【例 5-4-2】中国只有坚持改革开放的基本国策,才能在经济上缩小同发达国家的差距。

【例 5-4-3】当且仅当三角形三条边相等,它的三个角才相等。

2. 假言判断的一般结构

任何假言判断都包含两个支判断,其中表示条件的支判断叫做"前件",如上述例子中的"物体不受外力作用"、"中国坚持改革开放的基本国策";表示结果的支判断叫做"后件",如上述例子中的"物体保持匀速直线运动的状态"和"中国在经济上缩小同发达国家的差距"。在语言表达中,前件不一定总是位于前面,如:

【例 5-4-4】他会成功的,如果他能够保持这种拼搏精神的话。

在这个判断中,"他会成功的"虽然位于前一分句,但它表达的是结果,因而从判断结构来看它是后件,而后一分句"他能够保持这种拼搏精神"则是前件。

将前件和后件联结起来构成完整判断,并表示前后件之间条件联系性质的关联词,叫做"假言联结词"。如上述例子中的"如果……那么……"、"只有……才……"、"当且仅当……才……"等。

我们用 p 表示前件,用 q 表示后件,则上述三例的逻辑形式可以写作:如果 p,那么 q;只有 p,才 q;当且仅当 p,才 q。

3. 事物情况之间条件联系的种类

假言判断是断定事物情况之间条件联系的判断,不同的假言联结词表示不同性质的条件联系。那么事物情况之间的条件联系按其性质划分为几种呢?

设事物情况 P 是事物情况 Q 的条件,则 P 与 Q 之间条件联系的性质有以下四种可能:

A:充分不必要条件——当 P 存在时,Q 就一定存在;当 P 不存在时,Q 不一定不存在(简言之,有 P 必有 Q,无 P 未必无 Q)。例如,"物体摩擦"和"物体生热"之间,"动物用鳃呼吸"和"动物在水中生活"之间,都具有充分不必要条件联系。

B:必要不充分条件——当 P 不存在时,Q 一定不存在;当 P 存在时,Q 不一定存在(简言之,无 P 必无 Q,有 P 未必有 Q)。例如,"有氧气存在"和"动物生存"之间,"高考成绩合格"与"被高校录取"之间,都具有必要不充分条件联系。

C:充分必要条件——当 P 存在时,Q 就一定存在;当 P 不存在时,Q 就一定不存在(简言之,有 P 必有 Q,无 P 必无 Q)。例如,"三角形等边"与"三角形等角"之间,"x 被 2 整除"与"x 是偶数"之间,都具有充分必要条件联系。

D:不充分不必要条件——当 P 存在时,Q 不一定存在;当 P 不存在时,Q 不一定不存在(简言之,有 P 未必有 Q,无 P 未必无 Q),而 P 对 Q 又有一定的制约或依赖关系,只不过这种关系没有达到必然的程度。例如,"风调雨顺"与"农业丰收"之间,"一个学生学习条件优越"与"这个学生取得好成绩"之间,都具有不充分不必要条件联系。

在上述四种条件联系中,不充分不必要条件(D)在逻辑上意义不大,也没有一种判断形式可以直接断定这种条件联系。在其他三种条件联系中,充分不必要条件(A)和充分必要条件(C)都具有"有P必有Q"的性质,二者可合称为充分条件;必要不充分条件(B)和充分必要条件(C)都具有"无P必无Q"的性质,二者可合称为必要条件。我们以一个矩形表示"条件联系"这个论域,则四种条件联系的关系可以用欧拉图表示如下:

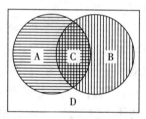

图中横线区(A)为充分不必要条件,竖线区(B)为必要不充分条件,方格区(C)为充分必要条件,圆圈外的空白区(D)为不充分不必要条件。通常所讲的充分条件=A+C,必要条件=B+C。

本节前面提到的几种假言联结词中,"如果……那么……"断定的是充分条件联系,"只有……才……"断定的是必要条件联系,"当且仅当……才……"断定的是充分必要条件联系。

联结词不同的假言判断逻辑性质也不同。因此,对因联结词不同而构成的几种不同的假言判断及其演绎推理,有必要分门别类地加以介绍。

二、充分条件假言判断及其推理

1. 充分条件假言判断

充分条件假言判断是断定一事物情况是另一事物情况存在的充分条件的判断。

【例5-4-5】如果上游大面积长时间下暴雨，那么下游将会出现洪水。

【例5-4-6】如果 x 能被 2 整除，那么 x 是偶数。

前面列举的例 5-4-1 和例 5-4-4 也是充分条件假言判断。

充分条件的特征是：有条件 P 存在，就必有结果 Q 存在，即有 P 必有 Q。充分条件包括充分不必要条件和充分必要条件，如例 5-4-5 的前件实际上是后件的充分不必要条件，而例 5-4-6 的前件实际上是后件的充分必要条件，但是这两个判断对前件是不是后件的必要条件没有作出断定，而只断定了二者之间的充分条件关系。

充分条件假言判断的逻辑形式可以写作：如果 p，那么 q。

充分条件假言联结词"如果……那么……"可用数理逻辑中的蕴涵符号"→"来代替，因此上述公式可以写作：p→q。

在自然语言中，充分条件假言判断一般用假设复句和条件复句来表达。除了"如果 p，那么 q"的句式外，常用的句式还有："只要 p 就 q"、"假如 p 就 q"等，如：

【例5-4-7】只要你有真才实学，就不怕找不到工作。

【例5-4-8】假如他们向法院起诉，我们就更加被动了。

在特殊语境下或特殊文体中，充分条件假言联结词也可省略，而不会发生误解。

【例5-4-9】为人不做亏心事，半夜不怕鬼敲门。（谚语）

【例5-4-10】东风不与周郎便，铜雀春深锁二乔。（诗歌）

充分条件假言判断断定了事物情况 P 是事物情况 Q 存在的充分条件，即有 P 必有 Q。当 P 确实存在时，陈述它的前件 p 就为真；当 Q 确实存在时，陈述它的后件 q 就为真；所以从前后件真假关系来看，充分条件假言判断可以理解为"断定前件真时后件也必然为真（p 真 q 必真）的判断"。因此，充分条件假言判断的真假与其前后件真假之间的关系是：

当前件真、后件真时,充分条件假言判断可以是真的。

当前件真、后件假时,充分条件假言判断是假的。这是因为"p 真 q 必真"的断定不符合"p 真而 q 假"的事实。

当前件假时,后件不管真或假,充分条件假言判断都可以是真的。这是因为充分条件假言判断并没有断定当 p 为假时 q 是否也为假。

请看下面的例子:

【例 5-4-11】如果我们要搞市场经济,那么国家就要允许非公有制企业参与市场竞争。(前件真后件真)

【例 5-4-12】如果地球上有猫存在,那么老鼠早就绝迹了。(前件真后件假)

【例 5-4-13】如果北京一月份平均气温低于－20℃,那么昆明湖就会封冻。(前件假后件真)

【例 5-4-14】如果地球倒转,那么太阳就会从西边升起。(前件假后件假)

上述四例中,只有例 5-4-12(前件真后件假)是假的,其他三个判断都是真的。

充分条件假言判断的逻辑性质可用下面的真值表表示:

p	q	p→q
+	+	+*
+	−	−
−	+	+*
−	−	+*

需要说明的是,充分条件假言判断的真假不完全由其前后件的真假情况决定。除了从前件真后件假可以确定整个假言判断为假之外,其他三种真假组合都不能确定整个判断一定为真。这是

因为充分条件假言判断断定的是"P 是 Q 的充分条件",只有当这种条件关系确实存在时,充分条件假言判断才是真的;如果事实上不存在充分条件,则不管前后件真假情况如何,充分条件假言判断都是假的。因此,真值表中第一、三、四行中带"*"号的三个"+"号,都只能理解为"可以为真",而不能理解为"一定为真"。

【例 5-4-15】如果日本缺乏能源资源,那么日本就会成为世界经济强国。(前件真后件真)

【例 5-4-16】如果地球倒转,那么太阳仍会从东边出来。(前件假后件真)

【例 5-4-17】如果不发生十年动乱,那么中国的综合国力在 2000 年就会超过美国。(前件假后件假)

这三个判断的前后件真假情况与真值表的第一、三、四行相符,但它们前件所陈述的事物情况不是后件所陈述的事物情况的充分条件,所以并不是真判断。

2. 充分条件假言推理

充分条件假言推理是前提中有一个充分条件假言判断并且是根据充分条件假言判断前后件的真假关系进行推演的推理。

根据充分条件假言判断的定义和它的真值表,可以知道:当一个充分条件假言判断为真时,其前后件的真假关系是:

前件真后件必真

前件假后件真假不定

后件真前件真假不定

后件假前件必假

根据上述真假关系,可以导出充分条件假言推理的规则:

规则 1:已知前件为真,就能推出后件为真。

规则 2:已知前件为假,不能推出后件的真假。

规则 3:已知后件为真,不能推出前件的真假。

规则 4:已知后件为假,就能推出前件为假。

根据规则1和规则4,可以得到两个有效的推理形式:

① 肯定前件式:　　　　② 否定后件式:
　　如果 p,那么 q　　　　　如果 p,那么 q
　　　　p　　　　　　　　　　非 q
　　所以,q　　　　　　　　所以,非 p

以上两式也可以写成:
　　（p→q）∧p ⊨ q
　　（p→q）∧¬q ⊨ ¬p

【例 5-4-18】如果上游大面积长时间下暴雨,那么下游将会出现洪水;上游已经大面积长时间下了暴雨;所以,下游将会出现洪水。（肯定前件式）

【例 5-4-19】如果他是案犯,他就有作案时间;经调查他没有作案时间;所以他不是案犯。（否定后件式）

根据规则2和规则3,下面的推理形式是无效的:

　　△ 如果 p,那么 q　　　△ 如果 p,那么 q
　　　　非 p　　　　　　　　　　q
　　所以,非 q　　　　　　　所以,p
　　（否定前件式）　　　　（肯定后件式）

【例 5-4-20】如果他发高烧,那么他就有病;他没有发高烧;所以,他没有病。（否定前件式,违反规则2）

【例 5-4-21】如果他是一个好律师,那么他就精通法律;他精通法律;所以,他是一个好律师。（肯定后件式,违反规则3）

否定前件式和肯定后件式是运用充分条件假言推理时容易犯的逻辑错误,我们应当注意避免。

三、必要条件假言判断及其推理

1. 必要条件假言判断

必要条件假言判断是断定一事物情况是另一事物情况存在的必要条件的判断。

【例 5-4-22】你只有热爱教育工作,才能当好人民教师。

【例 5-4-23】x 只有能被 2 整除,它才是偶数。

前面列举的例 5-4-2 也是必要条件假言判断。

必要条件的特征是：没有条件 P 存在,就不会有结果 Q 存在,即无 P 必无 Q。必要条件包括必要不充分条件和充分必要条件,如例 5-4-22 的前件实际上是后件的必要不充分条件,例 5-4-23 的前件实际上是后件的充分必要条件,但这两个判断对前件是不是后件的充分条件并没有作出断定,而只断定了二者之间的必要条件关系。

必要条件假言判断的逻辑形式可以写作：只有 p, 才 q。

必要条件假言联结词"只有……才……"可用数理逻辑中的逆蕴涵符号"←"来代替,因此上述公式可以写作：p←q。

在自然语言中,必要条件假言判断一般用条件复句来表达。除了"只有 p, 才 q"的句式外,常用的句式还有："除非 p 才（或不）q"、"必须 p, 才 q"、"不 p 不 q"等。如：

【例 5-4-24】除非火车晚点,他才会迟到（他不会迟到）。

【例 5-4-25】必须当事人到场,事情才能搞个水落石出。

【例 5-4-26】不破不立。（成语）

必要条件假言判断断定了事物情况 P 是事物情况 Q 存在的必要条件,即无 P 必无 Q。当 P 不存在时,陈述它的前件 p 就为假,当 Q 不存在时,陈述它的后件 q 就为假,所以从前后件的真假关系来看,必要条件假言判断也可以理解为"断定前件假时后件也必然为假（p 假 q 必假）的判断"。因此,必要条件假言判断的真假与前后件真假之间的关系是：

当前件真时,不管后件真或假,必要条件假言判断都可以是真的。这是因为必要条件假言判断并没有断定当 p 为真时 q 是否也为真。

当前件假、后件真时,必要条件假言判断是假的。这是因为

"p假q必假"的断定不符合"p假而q真"的事实。

当前件假、后件假时,必要条件假言判断可以是真的。

请看下面的例子:

【例5-4-27】中国人民只有坚决抵抗,才能取得抗战的最后胜利。(前件真后件真)

【例5-4-28】人类只有了解艾滋病的致病原因,才能彻底战胜这种疾病。(前件真后件假)

【例5-4-29】邓亚萍只有通过高考,才能成为正规大学的在籍学生。(前件假后件真)

【例5-4-30】只有从制度上消灭一切特权,才能从根本上杜绝以权谋私的腐败现象。(前件假后件假)

上述四例中,只有例5-4-29(前件假后件真)是假的,其他三个判断都是真的。

必要条件假言判断的逻辑性质可用下面的真值表表示:

p	q	p←q
+	+	+*
+	−	+*
−	+	−
−	−	+*

与充分条件假言判断的真值表一样,这个真值表中第一、二、四行中带"*"号的三个"+"号,都只能理解为"可以为真",而不能理解为"一定为真"。

2.必要条件假言推理

必要条件假言推理是前提中有一个必要条件假言判断并且是根据必要条件假言判断前后件的真假关系进行推演的推理。

根据必要条件假言判断的定义和它的真值表可以知道,当一个必要条件假言判断为真时,其前后件的真假关系是:

前件真后件真假不定

前件假后件必假

后件真前件必真

后件假前件真假不定

根据这种真假关系,可以导出必要条件假言推理的规则:

规则 1:已知前件为真,不能推出后件的真假。

规则 2:已知前件为假,就能推出后件为假。

规则 3:已知后件为真,就能推出前件为真。

规则 4:已知后件为假,不能推出前件的真假。

根据规则 2 和规则 3,可以得到两个有效的推理形式:

① 否定前件式: ② 肯定后件式:

    只有 p,才 q   只有 p,才 q

    非 p   q

    所以,非 q   所以,p

以上两式也可以写成:

$$(p \leftarrow q) \wedge \neg p \models \neg q$$

$$(p \leftarrow q) \wedge q \models p$$

【例5-4-31】只有视真实性为新闻的生命,媒体才能有公信力;这家媒体常出现误导民众的假新闻;所以这家媒体失去了公信力。(否定前件式)

【例5-4-32】只有热爱学生,才能受到学生的普遍尊敬;张老师得到学生的普遍尊敬;所以张老师是热爱学生的。(肯定后件式)

根据规则 1 和规则 4,下面的推理形式是无效的:

    △ 只有 p,才 q   △ 只有 p,才 q

    p   非 q

    所以,q   所以,非 p

    (肯定前件式)   (否定后件式)

【例5-4-33】我们只有建立反贪制度,才能杜绝腐败现象;我们已经建立了反贪制度;所以,腐败现象已经杜绝。(肯定前件式,违反规则1)

【例5-4-34】只有肥料充足,庄稼才能长得好;庄稼长得不好;所以,肥料不充足。(否定后件式,违反规则4)

肯定前件式和否定后件式是运用必要条件假言推理时容易犯的逻辑错误,我们应当注意避免。

四、充分必要条件假言判断及其推理

1. 充分必要条件假言判断

充分必要条件假言判断是断定一事物情况是另一事物情况存在的充分必要条件的判断。

【例5-4-35】当且仅当某三角形的三条边相等,它的三个角才相等。

【例5-4-36】当且仅当 x 能被 2 整除,x 就是偶数。

充分必要条件的特征是:有条件 P 存在,就一定有结果 Q 存在,没有条件 P 存在,就不会有结果 Q 存在,即有 P 必有 Q,无 P 必无 Q。

充分必要条件假言判断的逻辑形式可以写作:当且仅当 p,才(则)q。

充分必要条件假言联结词"当且仅当……才(则)……"可以用数理逻辑的等值符号"↔"来代替,上述公式可以写作:$p \leftrightarrow q$。

联结词"当且仅当"仅在数学和逻辑学中使用,在自然语言中,充分必要条件假言判断一般用下面的句式来表达:"只要 p 就 q,并且只有 p 才 q";"只要 p 而且只有 p,才 q"。例如,如果我们要断定"为社会创造价值"是"实现自己的价值"的充分必要条件,可以用下面的语句来表示:

【例5-4-37】只要为社会创造价值,就能实现自己的价值;并且只有为社会创造价值,才能实现自己的价值。

【例5-4-38】只要为社会创造价值,而且只有为社会创造价

值,才能实现自己的价值。

充分必要条件假言判断断定了事物情况 P 是事物情况 Q 存在的充分必要条件,即有 P 必有 Q,无 P 必无 Q。当 P 存在时,陈述它的前件 p 就为真,当 Q 存在时,陈述它的后件 q 就为真,反之亦然。所以从前后件的真假关系来看,充分必要条件假言判断可以理解为"断定前件与后件真假值相同(p 真 q 必真,p 假 q 必假,即等值)的判断"。因此,充分必要条件假言判断的真假与前后件真假之间的关系是:

当前件和后件同时为真或同时为假时,充分必要条件假言判断都可以是真的。

当前后件真假值不同时,充分必要条件假言判断就是假的。

充分必要条件假言判断的逻辑性质可用下面的真值表表示:

p	q	p↔q
+	+	+*
+	−	−
−	+	−
−	−	+*

真值表中第一、四行中带"*"号的两个"+"号,都只能理解为"可以为真",而不能理解为"一定为真"。

2. 充分必要条件假言推理

充分必要条件假言推理就是前提中有一个充分必要条件假言判断,并且是根据充分必要条件假言判断前后件的真假关系进行推演的推理。

根据充分必要条件假言判断的定义和它的真值表,可以知道,当一个充分必要条件假言判断为真时,其前后件的真假关系是:

前件真后件必真

前件假后件必假
后件真前件必真
后件假前件必假

根据前后件的这种真假关系,可以导出充分必要条件假言推理的规则:

规则1:已知前件为真,就能推出后件为真。
规则2:已知前件为假,就能推出后件为假。
规则3:已知后件为真,就能推出前件为真。
规则4:已知后件为假,就能推出前件为假。

根据这四条规则,可以得到下面四个有效的推理形式:

① 肯定前件式:　　　　　　② 否定前件式:
当且仅当 p,才 q　　　　　　当且仅当 p,才 q
　　p　　　　　　　　　　　　非 p
所以,q　　　　　　　　　　所以,非 q

③ 肯定后件式:　　　　　　④ 否定后件式:
当且仅当 p,才 q　　　　　　当且仅当 p,才 q
　　q　　　　　　　　　　　　非 q
所以,p　　　　　　　　　　所以,非 p

五、关于假言判断和假言推理的几个问题

1. 关于条件联系的定义和分类

上文已经分析了各种条件联系的定义和相互关系。充分条件包括充分不必要条件和充分必要条件,其准确定义是"有 P 必有 Q,P 就是 Q 的充分条件"。但是许多逻辑教材将充分条件定义为"有 P 必有 Q,无 P 未必无 Q",实际上这是充分不必要条件的定义。按照这种定义,"x 被 2 整除"就不是"x 是偶数"的充分条件,因为不符合"无 P 未必无 Q"的规定,显然对充分条件的这种定义犯有"定义过窄"的错误。同样,将必要条件定义为"无 P 必无 Q,有 P 未必有 Q"也存在相同的问题。我们考察下面两个判断:

【例 5-4-39】
① 如果 x 能被 2 整除,x 就是偶数。
② 只有 x 能被 2 整除,x 才是偶数。

根据数学常识,"x 被 2 整除"实际上是"x 为偶数"的充分必要条件。由于充分必要条件关系属于充分条件,因此①断定它们之间具有充分条件关系是完全可以的;又由于充分必要条件属于必要条件,故②断定它们之间具有必要条件关系也是完全可以的,这两个判断都没有什么不恰当之处。如果说"既然二者是充分必要条件关系,而①只断定它们是充分条件关系,因此是不恰当的",这种批评显然是不合适的。

2. 关于假言判断类型的认定

一个假言判断究竟是充分条件的,必要条件的,还是充分必要条件的,必须根据它所断定的条件联系来确定。而一个判断断定了什么条件关系,是由假言联结词决定的。上述①用"如果……则……"断定了充分条件关系,所以是一个充分条件假言判断;②用"只有……才……"断定了必要条件关系,所以它是必要条件假言判断。不能因为"x 被 2 整除"实际上是"x 为偶数"的充分必要条件,就说"①和②都是充分必要条件假言判断",也不能说联结词"如果……那么……"、"只有……才……""有时也可表达充分必要条件假言判断"。

由此可见,判定一个假言判断的类型的依据是它的联结词。唯一的例外是在特定文体(如诗歌、标语)中,语句中不含有任何联结词,这时候如果语句间有条件联系,则一定为充分条件联系,此时可以认定它表达的是充分条件假言判断。

3. 关于"强加条件"、"混淆条件"的谬误

如果事物情况间本来不具有某种条件联系,而我们断定它们有这种条件联系,这种断定就是不符合事实的,所构成的假言判断也是假的。这种谬误叫做"强加条件"或"混淆条件"。

由于对条件联系的断定是由所用联结词实现的,因此"强加(混淆)条件"谬误的具体表现就是"误用联结词"。常见的情况有:

(1)对本来不具有条件联系的事物作出假言判断。例如,"如果男人有了钱,那就一定会变坏",是强加充分条件;"只有学会学术造假,才能在学术界占有一席之地"是强加必要条件。

(2)本来只有充分条件,却用"只有……才……"断定它们有必要条件,如"只有乱砍森林,环境才会变坏";本来只有必要条件,却用"只要……就……"断定它们有充分条件,如"只要你热爱教育事业,你就能当好人民教师"。

如果事实上具有充分必要条件联系,而我们用"如果……那么……"只断定充分条件,或用"只有……才……"只断定必要条件,这不能说是混淆条件,如上述例5-4-39的①、②。

4. 关于带量词的假言判断及其推理

先看下面的实例:

【例5-4-40】

①如果一个整数的个位数是0,那么它就是5的倍数;67890的个位数是0,所以67890是5的倍数。

②如果一个人是案犯,他就有作案时间;张老三没有作案时间;所以,张老三不是案犯。

③一个学生只有刻苦学习,才能取得优异成绩;甲不刻苦学习;所以甲不能取得优异成绩。

④只有肥料充足,庄稼才能长得好;这块地庄稼长得好;所以这块地肥料是充足的。

这四个推理通常被认为是假言推理,其逻辑形式被写为:

$(p \to q) \wedge p \vDash q$　　(充分条件假言推理肯定前件式)

$(p \to q) \wedge \neg q \vDash \neg p$　　(充分条件假言推理否定后件式)

$(p \leftarrow q) \wedge \neg p \vDash \neg q$　　(必要条件假言推理否定前件式)

$(p \leftarrow q) \wedge q \vDash p$　　(必要条件假言推理肯定后件式)

它们都符合假言推理的规则,因而没有人怀疑它们的有效性。

实际上这些推理的"假言前提"并不是严格意义上的假言判断,因为无法确切地分析出它们的前件和后件。例如,①的假言前提的前件并不是"67890 的个位数是 0",后件也不是"67890 能被 5 整除",另一前提和结论也不是什么"肯定前件"或"肯定后件"。②、③、④三例也有类似的问题。

上述四例"假言前提"的逻辑形式不是"如果 p 那么 q"和"只有 p 才 q"。它们断定的对象"一个整数"、"一个人"、"一个学生"、"一块地"等,实际上是"所有的整数"、"任何人"、"所有的学生"、"任何一块土地",它们的逻辑形式可以写作"所有 S 如果是 P 则是 Q"和"所有 S 只有是 P 才是 Q",而四个推理的形式则分别是:

①所有 S 如果是 P 则是 Q　　②所有 S 如果是 P 则是 Q
　　某一 S 是 P　　　　　　　　　某一 S 不是 Q
　所以,某一 S 是 Q　　　　　　所以,某一 S 不是 P
③所有 S 只有是 P 才是 Q　　④所有 S 只有是 P 才是 Q
　　某一 S 不是 P　　　　　　　　某一 S 是 Q
　所以,某一 S 不是 Q　　　　　所以,某一 S 是 P

这些推理的有效性可以这样说明(以①为例):根据演绎公理,由"所有 S 如果是 P 则是 Q"可以推出"某一 S 如果是 P 则是 Q",而后者等于"如果某一 S 是 P,则某一 S 是 Q",令"某一 S 是 P"为 p,"某一 S 是 Q"为 q,可以构成标准形式的"肯定前件式"的充分条件假言推理,即:$(p \rightarrow q) \wedge p \models q$。

推导过程中确实应用了假言推理的规则,所以,虽然将这些推理当作"假言推理"来处理不是很严格,但由于这种处理方法比较简便,在普通逻辑中我们也不能说它是错误的。

"所有 S 如果是 P 则是 Q"、"所有 S 只有是 P 才是 Q"这样的判断在思维中是经常应用的,我们可以称之为"带量词的假言判断"。关于这种判断的逻辑性质和有关推理的有效性问题,有兴趣的读者可以参看本章附录"带量词的复合判断及其推理"。

第五节 负判断及其推理

一、什么是负判断

负判断是否定某个判断的判断。它不是直接对事物情况作出断定,而是断定某一判断为假。

【例 5-5-1】并非所有的水生动物都用鳃呼吸。

【例 5-5-2】并非这种商品价格便宜并且质量又好。

负判断由原判断和否定词构成。原判断就是被否定的判断,它可以是一个简单判断(如例 5-5-1 的原判断是一个性质判断),也可以是一个复合判断(如例 5-5-2 的原判断是一个联言判断)。否定词就是表示原判断为假的关联词,一般用"并非"表示。负判断的逻辑形式可以写作:并非 p。

否定词"并非"可用数理逻辑中的否定符号"¬"代替,因此上述公式可以记作:¬p。

在自然语言中,负判断还可表述为:"p 是假的"、"p 是错误的"、"p 是不符合实际的"、"p 是不对的",等等。

根据负判断的定义,可以知道负判断的真假值与原判断的真假值是相反的,负判断与原判断具有矛盾关系。这一逻辑性质可以用下面的真值表表示:

p	¬p
+	−
−	+

二、性质判断、关系判断的负判断及其等值推理

1. 性质判断的负判断及其等值推理

断定某一性质判断为假的判断就是性质判断的负判断。由于

性质判断的负判断与被否定的性质判断（原判断）具有矛盾关系，所以可以根据主谓项相同的性质判断之间对当关系中的矛盾关系得到以下等值式：

① 并非"这个 S 是 P"　　↔　这个 S 不是 P
② 并非"这个 S 不是 P"　↔　这个 S 是 P
③ 并非"所有 S 是 P"　　↔　有 S 不是 P
④ 并非"所有 S 不是 P"　↔　有 S 是 P
⑤ 并非"有 S 是 P"　　　↔　所有 S 不是 P
⑥ 并非"有 S 不是 P"　　↔　所有 S 是 P

根据等值判断可以互推的原理，我们可以从等值号前面的负判断推出等值号后面的判断，也可以从等值号后面的判断推出等值号前面的负判断。这就是性质判断负判断的等值推理，它和性质判断对当关系推理中的矛盾关系推理是完全一致的。

【例 5-5-3】并非所有闪光的东西都是金子，所以，有些闪光的东西不是金子。

这是根据③式进行的等值推理的一个实例。其他各式请读者自己举例验证。

从上面③、④、⑤、⑥等值式我们可以得到关于量词否定的下列规律：

否定全称得特称，否定特称得全称

关于量词的这一规律不仅适用于性质判断中的量项，同样适用于其他判断中词项所带的量词。

2. 关系判断的负判断及其等值推理

断定某一关系判断为假的判断就是关系判断的负判断。根据"否定全称得特称，否定特称得全称"的规律，可以得到关系判断负判断的下列一些等值式：

① 并非"aRb"　　　↔　a 不 Rb
② 并非"a 不 Rb"　 ↔　aRb

③并非"所有 aRb" ↔ 有 a 不 Rb
④并非"所有 a 不 Rb" ↔ 有 aRb
⑤并非"有 aRb" ↔ 所有 a 不 Rb
⑥并非"有 a 不 Rb" ↔ 所有 aRb
⑦并非"aR 所有 b" ↔ a 不 R 有的 b
⑧并非"aR 有的 b" ↔ a 不 R 所有 b

【例 5-5-4】并非张老师认识甲班所有同学,所以,张老师不认识甲班有的同学(即"甲班有的同学张老师不认识")。

这是⑦式的一个实例。其他各式请读者自己举例验证。

三、模态判断、规范判断的负判断及其等值推理

根据模态判断的对当关系和规范判断的对当关系,可以得到模态判断负判断和规范判断负判断的等值判断。这部分内容我们留在练习中让读者自己完成(见本章练习题第五题)。

四、复合判断的负判断及相关推理

1. 联言判断的负判断及其等值推理

联言判断的负判断是断定某一联言判断为假的判断。它的一般形式为:

并非(p 并且 q)   左式也可写作:$\neg(p \wedge q)$

例 5-5-2 是联言判断负判断的一个实例。

根据联言判断的真值表,当"$p \wedge q$"为假时,p 和 q 的真假有三种可能:p 真 q 假,p 假 q 真,p 假 q 假,即 p 和 q 至少有一为假。由于"p 为假"等于"非 p 为真","q 为假"等于"非 q 为真",因此"p 和 q 至少有一为假"等于说"非 p 和非 q 至少有一为真",而断定两个支判断至少有一为真的判断是相容的选言判断。由此可以得到下面的等值式:

并非(p 并且 q)↔非 p 或者非 q

上式也可写作: $\neg(p \wedge q) \leftrightarrow \neg p \vee \neg q$

【例 5-5-5】"并非某甲既会画国画又会画油画"等值于"某甲或者不会画国画,或者不会画油画"。

等值号两边的判断可以互推,这就是联言判断的负判断的等值推理。

2.选言判断的负判断及其等值推理

(1)相容的选言判断的负判断及其等值推理。

相容的选言判断的负判断是断定某一相容的选言判断为假的判断。它的一般形式为:

并非(p 或者 q)　　　左式也可写作:$\neg(p \vee q)$

【例 5-5-6】并非某甲或者是校长,或者是党委书记。

根据相容的选言判断的真值表,当且仅当 p 和 q 都为假时,"p∨q"才假。据此我们可以得到下面的等值式:

并非(p 或者 q)↔非 p 并且非 q

上式也可写作:$\neg(p \vee q) \leftrightarrow \neg p \wedge \neg q$

如例 5-5-6 等值于"某甲既不是校长,也不是党委书记"。

从联言判断的负判断和相容的选言判断的负判断的等值推演可以看出它们之间的如下规律:

否定联言得选言,否定选言得联言

这条规律是英国逻辑学家、数学家德·摩根首先发现并加以准确描述的,故被称为"德·摩根定律"。

(2)不相容的选言判断的负判断及其等值推理。

不相容的选言判断的负判断是断定某一不相容的选言判断为假的判断。它的一般形式为:

并非(要么 p 要么 q)　　　左式也可写作:$\neg(p \overset{\vee}{\cdot} q)$

【例 5-5-7】并非这件好事要么是甲做的,要么是乙做的。

根据不相容的选言判断的真值表,当"$p \overset{\vee}{\cdot} q$"为假时,p 和 q 的真假情况有两种可能:p 和 q 都为假,或者 p 和 q 都为真(有两个以上选言支为真)。据此可以得到下面的等值式：

并非(要么p要么q)↔(非p并且非q)或者(p并且q)

上式也可写作：¬(p V̇ q)↔(¬p∧¬q)∨(p∧q)

如例5-5-7等值于"这件好事既不是甲做的，也不是乙做的；或者这件好事是甲和乙一起做的"。

3．假言判断的负判断及相关推理

(1)充分条件假言判断的负判断及相关推理。

充分条件假言判断是断定某一充分条件假言判断为假的判断。它的一般形式为：

并非(如果p，那么q) 左式也可写作：¬(p→q)

它的意思相当于"P并不是Q的充分条件"。在自然语言中，这个意思可以表述为"即使p，也不一定q"，例如，"并非如果受灾就会减产"，可以正面表述为"即使受灾，也不一定减产"。

在现代逻辑中，蕴涵式p→q被定义为"并非(p真而q假)"，即当且仅当p真而q假时，p→q才为假。因此¬(p→q)与p∧¬q是等值的，相互之间可以进行等值推演。但在普通思维和自然语言中，充分条件假言判断"如果p则q"断定的是"事物情况P是事物情况Q的充分条件"，而不仅仅是p与q的真假关系。因此充分条件假言判断的真假并不完全取决于前后件的真假。当一个充分条件假言判断为假时(即事物情况P并不是事物情况Q的充分条件时)，其前后件的真假情况可能出现各种不同的组合，因此"并非(如果p则q)"并不等值于"p并且非q"。例如，"并非'如果地球倒转，那么太阳还是会从东边出来'"，并不等值于"地球倒转了，但是太阳不是从东边出来"(前者为真判断，而后者为假判断)。

虽然从一个假言判断为假不能确切地推出它的前后件的真假，但当前件真而后件假时，充分条件假言判断必然为假。因此下面的推理形式是有效的：

    p 并且非 q ⊨ 并非（如果 p 则 q）

【例 5-5-8】今年受了灾，但粮食并没有减产；所以，并非如果
    今年受灾，那么粮食就会减产。

（2）必要条件假言判断的负判断及相关推理。

必要条件假言判断的负判断是断定某一必要条件假言判断为假的判断。它的一般形式为：

    并非（只有 p，才 q）   左式也可写作：¬(p←q)

它的意思相当于"P 并不是 Q 的必要条件"。在自然语言中，这个意思可以表述为"即使非 p，也可能 q"，例如，"并非只有学历高才能找到好工作"，可以正面表述为"即使学历不高，也可能找到好工作"。

与充分条件假言判断负判断的原理一样，从一个必要条件假言判断为假，也不能必然推出它的前后件的真假情况。但如果已知前件为假而后件为真，则必要条件假言判断必然为假，所以下面的推理形式有效：

    非 p 并且 q ⊨ 并非（只有 p 才 q）

【例 5-5-9】他虽然没有本科文凭，但也当上了国家公务员；所
    以，并非只有他具有本科文凭，才能当上国家公务员。

（3）充分必要条件假言判断的负判断及相关推理。

充分必要条件假言判断的负判断是断定某一充分必要条件假言判断为假的判断。它的一般形式为：

    并非（当且仅当 p，才 q）   左式也可写作：¬(p↔q)

它的意思相当于"P 并不是 Q 的充分必要条件"。

从一个充分必要条件假言判断为假，不能必然推出它的前后件的真假。但如果已知前件真而后件假，或者前件假而后件真，则可推知充分必要条件假言判断必然为假，所以下面的推理形式有效：

(p 并且非 q) ⊨ 并非(当且仅当 p 才 q)
(非 p 并且 q) ⊨ 并非(当且仅当 p 才 q)

4. 负判断的负判断及其等值推理

负判断的负判断就是断定某一负判断为假的判断。其形式为：

　　　　并非(非 p)　　　　左式也可写作：¬¬p

根据负判断与原判断的矛盾关系,可得到下面的等值式：

　　　　并非(非 p)↔p　　　左式也可写作：¬¬p↔p

等值式两边的判断形式可以互推,这就是负判断的负判断的等值推理,它是双重否定等于肯定的普遍规律的具体体现。

【例 5-5-10】并非"Z 涉嫌雇凶杀人被逮捕"是误传,所以,"Z 涉嫌雇凶杀人被逮捕"是真的。

第六节　假言选言推理(二难推理)

一、什么是假言选言推理

假言选言推理是前提中有若干假言判断和一个选言判断,并且是根据假言判断和选言判断的逻辑性质进行推演的推理。其中以两个充分条件假言判断和一个两支选言判断为前提的假言选言叫做"二难推理"。例如,古希腊唯物主义者伊壁鸠鲁曾运用下面的推理驳斥宗教神学关于"存在着一个仁慈而万能的上帝"的观点：

【例 5-6-1】

　　　如果上帝是仁慈的,他就愿意消灭世间的邪恶；
　　　如果上帝是万能的,他就能够消灭世间的邪恶；
　　　(说明世间有邪恶存在,)上帝或者不愿意消灭世间的邪恶,
　　　或者他不能够消灭世间的邪恶；
　　　所以,上帝或者不是仁慈的,或者不是万能的。

"二难推理"的名称来源于希腊文"dilemma",原意为"进退两

难",因在辩论中运用它常常使对方处于进退两难的境地而得名。如上例的结论虽然没有从根本上否定上帝存在,但否定了"既仁慈又万能的上帝"存在。由于宗教神学既不敢承认"上帝不是仁慈的",又不敢承认"上帝不是万能的"(这两点都与他们宣传的上帝形象不相符),他们就在强大的逻辑力量面前处于一种两难境地。

二、二难推理的主要形式

1. 简单肯定式

如果 p,那么 r

如果 q,那么 r

p 或者 q(要么 p,要么 q)

所以,r

【例 5-6-2】如果你卖的这件文物是真品,那么你犯了法;如果你卖的这件文物是假货,那么你也犯了法;你卖的这件文物或者是真品或者是假货;所以,你总是犯了法。

简单肯定式的特点是:两个充分条件假言前提的前件不同而后件相同,选言前提的两个选言支分别肯定两个不同的前件为真,根据充分条件假言推理"已知前件为真,就能推出后件为真"的规则,既然两个前件必有一真,结论就能肯定那个共同的后件为真。

2. 简单否定式

如果 p,那么 q

如果 p,那么 r

非 q 或者非 r(要么非 q,要么非 r)

所以,非 p

【例 5-6-3】如果甲是一位优秀干部,那么他应有较强的工作能力;如果甲是一位优秀干部,那么他应该努力工作;(说明甲工作没干好)他或者能力不强,或者工作不努力;所以,甲不是一位优秀干部。

简单否定式的特点是:两个充分条件假言前提的前件相同而

后件不同,选言前提的两个选言支分别断定两个不同的后件为假,根据充分条件假言推理"已知后件为假,就能推出前件为假"的规则,既然两个后件必有一假,结论就能断定那个共同的前件为假。

3. 复杂肯定式

　　如果 p,那么 r
　　如果 q,那么 s
　　p 或者 q(要么 p,要么 q)
　　所以,r 或者 s

【例 5-6-4】如果他明知是谣言而故意传播,那么他是别有用心;如果他轻信谣言而到处传播,那么他是愚昧无知;他或者明知是谣言而故意传播,或者是轻信谣言而到处传播;所以,他或者是别有用心,或者是愚昧无知。

复杂肯定式的特点是:两个充分条件假言前提的前后件均不相同,选言前提的两个选言支分别肯定两个不同的前件为真,根据充分条件假言推理"已知前件为真,就能推出后件为真"的规则,既然两个前件至少有一为真,结论就能断定两个不同的后件也至少有一为真。

4. 复杂否定式

　　如果 p,那么 r
　　如果 q,那么 s
　　非 r 或者非 s(要么非 r,要么非 s)
　　所以,非 p 或者非 q

【例 5-6-5】如果他有勇气,他就敢于同困难作斗争;如果他有智慧,他就善于同困难作斗争;他或者不敢于同困难作斗争,或者不善于同困难作斗争;所以,他或者缺少勇气,或者缺少智慧。

复杂否定式的特点是:两个充分条件假言前提的前后件均不相同,选言前提的两个选言支分别断定两个不同的后件为假,根据充分条件假言推理"已知后件为假,就能推出前件为假"的规则,既然两个后件有一为假,结论就能断定两个不同的前件至少有一为假。

三、运用二难推理常见错误及其破斥方法

二难推理逻辑力量很强,但由于形式比较复杂,运用不当也容易发生错误。有些诡辩者还利用它结构复杂的特点,故意用错误的二难推理进行诡辩。因此,了解二难推理运用中常犯的错误,不但可以帮助我们正确运用二难推理,而且有助于发现和揭露诡辩。

运用二难推理常见的错误有以下三种:

1. 违反充分条件假言推理的规则

二难推理主要是根据充分条件假言判断的逻辑性质进行推演的,因此它必须遵守充分条件假言推理的规则。

【例 5-6-6】如果这个思想体系是辩证唯物主义的,那么它就承认物质是第一性的;如果它是主观唯心主义的,那么它就认为精神是第一性的;它或者承认物质是第一性的,或者认为精神是第一性的;所以,这个思想体系或者是辩证唯物主义的,或者是主观唯心主义的。

这个推理前提都是真的,但违反了充分条件假言推理"已知后件为真,不能推出前件的真假"的规则,所以在形式上是无效的。

2. 选言前提不真实(不穷尽)

二难推理的选言前提断定事物情况只存在两种可能,如果事物情况还存在第三种可能,即选言支没有穷尽事物情况的各种可能,就不能达到使对方"两难"的效果。这实际上是选言前提不真实的问题。

【例 5-6-7】如果推理前提不真实,则它的结论不可靠;如果推理形式不正确,则它的结论也不可靠;推理或者前提不真实,或者形式不正确;所以,推理的结论总是不可靠的。

这个推理虽然形式正确(简单肯定式),但选言前提不真实,因为它忽略了"推理的前提真实并且形式正确"这种情况的存在,得出的结论当然是不可靠的(这里是假的)。

3. 假言前提虚假("强加条件")

如果二难推理的假言前提所断定的充分条件关系实际上不存在,它的结论当然也是不可靠的。

【例 5-6-8】如果你过得好,那么人家就嫉妒你;如果你过得不好,人家就看不起你;你或者过得好,或者过得不好;所以,你或者被人嫉妒,或者被人看不起。

这个推理形式也是正确的(复杂肯定式),但两个假言前提都不真实,所以,得出的结论也不可靠(这里是假的)。

上述三种错误中,前一种是推理形式的谬误,后两种属于推理前提虚假问题。它们是运用二难推理时容易犯的错误,这里将它们列举出来,希望引起读者注意。

对于错误的二难推理,我们可以分别从以上三个方面揭示它的形式的错误或前提的虚假。

有一种破斥错误二难推理的方法叫做"构造反二难推理",即按照原推理的模式构成一个结论相反的二难推理。

【例 5-6-9】如果你本来就聪明,那么你不要学习逻辑(因为你没有必要学逻辑);如果你本来不聪明,那么你也不要学习逻辑(因为不聪明是学不会逻辑的);你本来或者聪明,或者不聪明;所以,你都不需要学习逻辑。

对于这个错误的二难推理,我们可以用下面的反二难推理来加以反驳:

> 如果你本来就聪明,那么你要学习逻辑(因为学了逻辑会使你变得更聪明);如果你本来不聪明,那么你也要学习逻辑(学会逻辑会使你变得聪明);你本来或者聪明,或者不聪明;所以,你都要学习逻辑。

一个人是否要学逻辑,要根据他的专业或所从事的工作是否需要来确定,所以上述"反二难推理"的结论也不一定正确,但由于它得出了与原二难推理相反的结论,所以用它来驳斥原二难推理还是非常有力的。

上例两个二难推理的形式如下:

如果 p,那么 r   如果 p,那么非 r
如果 q,那么 r   如果 q,那么非 r
<u>　p 或者 q　</u>   <u>　p 或者 q　</u>
所以,r   所以,非 r

推理形式都没有错误,原推理的错误在于假言前提虚假。可见构造反二难推理是一种揭露对方假言前提虚假的特殊方法。

四、假言选言推理的其他形式

1. 多难推理

前提中有三个或更多充分条件假言判断和一个多支选言判断的假言选言推理统称"多难推理"。如:

如果 p,那么 s   如果 p,那么 s
如果 q,那么 t   如果 q,那么 t
如果 r,那么 u   如果 r,那么 u
<u>　p 或 q 或 r　</u>   <u>　非 s 或非 t 或非 u　</u>
所以,s 或 t 或 u   所以,非 p 或非 q 或非 r

它们推出结论的原理与二难推理相同,此处不再举例说明。

2. 以必要条件假言判断为前提的假言选言推理

以必要条件假言判断为前提,也能构成假言选言推理。现介绍两种形式如下:

只有 p,才 r   只有 p,才 r
只有 q,才 r   只有 q,才 s
<u>　非 p 或者非 q　</u>   <u>　r 或者 s　</u>
所以,非 r   所以,p 或者 q

它们的有效性请读者自己用必要条件假言判断的逻辑性质加

以说明,此处也不再举例。

第七节 复合判断的其他推理

一、假言联言推理

假言联言推理是前提中有若干假言判断和一个联言判断,并且是根据假言判断和联言判断的逻辑性质进行推演的推理。假言联言推理的基本形式有:

1. 肯定式

  如果 p,那么 r

  如果 q,那么 s

  <u>p 并且 q</u>

  所以,r 并且 s

【例 5-7-1】如果某自然数的末位数字为 5,则它能被 5 整除;如果某自然数的各位数字之和是 9 的倍数,则它能被 9 整除;某自然数的末位数字为 5,并且它的各位数字之和为 9 的倍数;所以,某自然数既能被 5 整除,也能被 9 整除。

2. 否定式

  如果 p,那么 r

  如果 q,那么 s

  <u>非 r 并且非 s</u>

  所以,非 p 并且非 q

【例 5-7-2】如果这种溶液是碱性的,它就会使石蕊试纸变蓝;如果这种溶液是酸性的,它就会使石蕊试纸变红;这种溶液既未能使石蕊试纸变蓝,也未能使石蕊试纸变红;所以,这种溶液既不是碱性的,也不是酸性的。

二、假言判断的等值转换推理(假言易位推理)

根据假言判断之间的等值关系进行的推理就是假言判断的等值转换推理。根据假言判断所断定的前后件之间的真假关系,可以得到下列等值式:

如果 p 则 q ↔ 只有 q 才 p ↔ 如果非 q 则非 p ↔ 只有非 p 才非 q

【例 5-7-3】
① 如果甲考取大学,那么他高考成绩达到最低分数线。
② 只有甲高考成绩达到最低分数线,他才能考取大学。
③ 如果甲高考成绩没达到最低分数线,他就不能考取大学。
④ 除非甲没有考取大学,他高考成绩才会没达到最低分数线。

根据这种等值关系,我们可以从一个假言判断推出另一个与之等值的假言判断。例如:

(1) 如果 p,那么 q ⊨ 如果非 q,那么非 p。

【例 5-7-4】如果甲是作案人,他就有作案时间;所以,如果甲没有作案时间,他就不是作案人。

(2) 只有 p,才 q ⊨ 如果 q,那么 p。

【例 5-7-5】只有气温低于 0℃,湖面才会结冰;所以,如果湖面结冰,那么气温一定低于 0℃。

这种结论的前后件位置与前提的前后件位置作了调换的等值推演,又叫做"假言易位推理"。

三、假言连锁推理

假言连锁推理又叫纯假言推理,它是根据条件关系的传递性进行的推理。主要形式有:

1. 充分条件假言连锁推理

   如果 p,那么 q   如果 p,那么 q
   如果 q,那么 r   如果 q,那么 r
   ─────────   ─────────
   所以,如果 p,那么 r   所以,如果非 r,那么非 p

右式的结论也可以从左式的结论通过等值转换得到。

【例 5-7-6】如果要实现现代化,就要提高全民族的科学文化水平;如果要提高全民族的科学文化水平,就要大力发展教育事业。所以,如果要实现现代化,就要大力发展教育事业。(或:如果不大力发展教育事业,就不能实现现代化)

2. 必要条件假言连锁推理

只有 p,才 q　　　　　　　只有 p,才 q
只有 q,才 r　　　　　　　只有 q,才 r
所以,只有 p,才 r　　　　所以,如果非 p,那么非 r

右式的结论也可以从左式的结论通过等值转换得到。

【例 5-7-7】只有打破平均主义,才能真正实行按劳分配;只有真正实行按劳分配,才能调动劳动者的积极性。所以,只有打破平均主义,才能调动劳动者的积极性。(或:如果不打破平均主义,就不能调动劳动者的积极性)

四、反三段论

反三段论是从一个以联言判断为前件的充分条件假言前提推出另一个以联言判断为前件的充分条件假言判断的推理。其形式为:

如果(p 并且 q),那么 r
所以,如果(p 并且非 r),那么非 q
[或:如果(q 并且非 r),那么非 p]

这个推理形式的有效性可以这样来解释:如果同时具备 p、q 两个条件,那么就必然出现结果 r;当条件 p 已经具备而结果 r 没有出现时,就一定是因为另一条件 q 没有具备。

【例 5-7-8】如果某一演绎推理的前提真实并且形式有效,那么结论就必然为真;所以,如果某一演绎推理的前提真实而结论为假,那么其形式必然无效。(也可得出:如果某一演绎推理形式有效而结论为假,那么前提必然不真实)

这种推理之所以叫做"反三段论",是因为它的原理相当于从一个形式有效的三段论的结论为假而推出它的前提之一为假,"如果大前提为真而结论为假,那么它的小前提必然为假","如果小前提为真而结论为假,那么它的大前提必然为假"。

五、条件分析推理

条件分析推理是根据某事物的条件之一已经具备,推断另一条件已成为某事物存在的充分条件的推理。它的基本形式是:

如果(p 并且 q),那么 r

<u>　　　　　p　　　　　　　　</u>

所以,如果 q,那么 r

这个推理形式的有效性可以这样解释:如果 p、q 合起来构成 r 的充分条件,那么当条件 p 已经具备时,q 就成了 r 的充分条件。

【例 5-7-9】如果能战胜 A 队和 B 队,我们就能取得冠军;我们已经战胜了 A 队;所以,如果能战胜 B 队,我们就能取得冠军。

六、归谬式推理

归谬式推理是根据某一判断蕴涵着两个不可同真的结果,推断该判断为假的推理。归谬式推理的一般形式是:

如果 p,那么 q

<u>如果 p,那么非 q</u>

所以,非 p

这个推理形式的意思是:如果从一个假定能够合乎逻辑地推导出互相矛盾的两个结果来,则原来的假定不能成立。

【例 5-7-10】如果你能发明一种能溶解一切物品的溶液,那么就得有一种器皿来盛放它(因为液体总得有容器盛放);如果你能发明一种能溶解一切物品的溶液,那么就没有一种器皿能盛放它(因为任何器皿都会被它溶解)。所以,你根本不能发明一种能溶解一切物品的溶液。

本书第一章中提到的伽利略推断"物体降落的速度与重量成

正比"不成立，用的就是归谬式推理。

以上所介绍的这些推理形式，都是根据几种基本的复合判断的逻辑性质进行推演的。只要我们熟悉各种复合判断的逻辑性质，这些推理形式的有效性是不难理解的。

第八节　真值表的应用

一、真值表的一般知识

本章第二到第五节分别用真值表来直观地说明七种复合判断的逻辑性质，这些真值表是基本的真值表。下面将这七个基本真值表综合为一个统一的表，以便比较各种判断形式的逻辑性质。

①	②	③	④	⑤	⑥	⑦	⑧	⑨
p	q	p∧q	p∨q	p⊻q	p→q	p←q	p↔q	¬p
+	+	+	+	−	+	+	+	−
+	−	−	+	+	−	+	−	−
−	+	−	+	+	+	−	−	+
−	−	−	−	−	+	+	+	+

此表第⑥、⑦、⑧三栏的"＋"号不再带"＊"，表示在数理逻辑中蕴涵式、逆蕴涵式、等值式在相应的行中为真，而与日常思维中相对应的假言判断在该情况下只是"可以为真"有所区别。

真值表是数理逻辑中一个极其简便而有用的工具。

真值表能直观地说明复合判断的逻辑性质，这种作用叫做"真值表的说明作用"。

在数理逻辑中，复合命题形式（真值形式）可以用真值表方法加以定义，如上表第⑥栏实际上是将蕴涵式"p→q"定义为"当且仅当'不是 p 真而 q 假'"（这一定义与普通逻辑的充分条件假言判断的定义不完全相同），因为表中标示了"p→q"只在 p 真 q 假时为假,在其他情况下都为真。真值表在数理逻辑中的这种作用叫做"真值表的定义作用"。

真值表除了有说明作用和定义作用外,还有一个重要作用——判定作用。

下面分别介绍真值表的三种判定作用。

二、用真值表判定复合判断形式的真值

以七种基本真值表为工具,可以判定任何复合判断形式的真值(即在变项的何种真假情况下为真,何种真假情况下为假)。

下面举例说明判定的方法和步骤:

【例 5-8-1】在真值表中列出"非 p 并且 q"($\neg p \wedge q$)的真值。

第一步:在表的最左面设"p"、"q"两栏,并按真真、真假、假真、假假的顺序列出它们的全部真假组合情况。

第二步:如果被判定的判断形式中有"非 p(或非 q)",则设"非 p(或非 q)"栏,并根据"负判断与原判断真值相反"的原理,列出非 p(或非 q)的真值。

第三步:设"$\neg p \wedge q$"栏,并根据基本真值表告诉我们的"当每一个联言支都为真时,联言判断才为真;只要有一个联言支为假,联言判断就为假"的逻辑性质,列出"$\neg p \wedge q$"在各行的真假值。

(第一步)		(第二步)	(第三步)
p	q	$\neg p$	$\neg p \wedge q$
+	+	−	−
+	−	−	−
−	+	+	+
−	−	+	−

【例 5-8-2】在真值表中列出"如果(p 并且非 q),那么(p 或者非 q)"的真值。

第一步、第二步与上例同。

第三步：设"(p∧ ¬q) →(p∨ ¬q)"栏，并在联结词∧下列出前件"p∧ ¬q"的真值，在联结词∨下列出后件"p∨ ¬q"的真值。

第四步：根据基本真值表告诉我们的"当且仅当前件真而后件假，蕴涵式才为假"的逻辑性质，在主联结词→下列出整个判断形式的真值，并用两条竖线将它标出。

（第一步）　（第二步）　（第三步）（第四步）（第三步）

p	q	¬q	(p∧ ¬q)	→	(p∨ ¬q)
+	+	-	-	+	+
+	-	+	+	+	+
-	+	-	-	+	-
-	-	+	-	+	+

由于不存在前件真而后件假的情况，所以在真值表的四行中蕴涵式都为真；也就是说，在 p 和 q 的任何真假组合情况下，整个判断形式都取真值。这种在变项任何真假组合情况下都取真值的命题（判断）形式，数理逻辑中叫做永真式（又称"重言式"）。

【例 5-8-3】在真值表中分别列出"(¬p∧q)∧(p∨ ¬q)"和"(p∧q)∨(¬p∧ ¬q)"的真值。

　（1）　　（2）　　　（3）（4）（3）　　（3）（4）　（3）

p	q	¬p	¬q	(¬p∧q)	∧	(p∨ ¬q)	(p∧q)	∨	(¬p∧ ¬q)
+	+	-	-	-	-	+	+	+	-
+	-	-	+	-	-	+	-	-	-
-	+	+	-	+	-	-	-	-	-
-	-	+	+	-	-	+	-	+	+

表的上方括号内的数字表示的是第几步骤，具体说明略。

从真值表可看出，命题形式"(¬p∧q)∧(p∨ ¬q)"在变项的任何真假组合情况下都取假值，这种命题形式在数理逻辑中叫做永假式(又称"矛盾式");命题形式"(p∧q)∨(¬p∧¬q)"在变项的不同真假组合中有时取真值,有时取假值,这种命题形式叫做可真式。

三、用真值表判定判断或判断形式之间的真假关系

用真值表可以判定若干判断或判断形式之间具有什么样的真假关系,例如是否等值,是否矛盾,是否蕴涵等。判定的一般步骤是:

第一步:写出需要判定的具体判断的判断形式(如果需要判定的就是判断形式,则没有这一步骤)。

第二步:在同一真值表上列出各判断形式的真值。

第三步:比较它们的真假情况,如果在变项各种真假组合中,两判断形式真值完全相同,则它们等值,否则不等值;如果在变项各种真假组合中,两判断形式的真值完全相反,则它们矛盾,否则不矛盾;如果在变项的各种真假组合中,当一判断形式为真时,另一判断形式也都为真,则前一判断形式蕴涵后一判断形式,否则不蕴涵。

【例 5-8-4】用真值表判定下列各对判断或判断形式是否等值
① "如果校长不参加会议,那么党委书记就要参加会议"和"或者校长参加会议,或者党委书记参加会议"。
② ¬(p∧q) 和 ¬p∧¬q。

①题两个判断的逻辑形式分别是:¬p→q 和 p∨q。

在真值表中列出上述判断形式的真值:

p	q	¬p	¬q	¬p→q	p∨q	¬(p∧q)	¬p∧¬q
+	+	−	−	+	+	−(+)	−
+	−	−	+	+	+	+(−)	−
−	+	+	−	+	+	+(−)	−
−	−	+	+	−	−	+(−)	+

右起第二栏括号内的真假值是"¬(p∧q)"的原判断"p∧q"的真值,"¬(p∧q)"的真值是通过原判断的真值得出来的。

从真值表可以看出,"¬p→q"和"p∨q"在变项的任何真假组合情况下真值都相同,所以第①题两个判断等值;而第②题的"¬(p∧q)"和"¬p∧¬q"两个判断形式则存在真假值不一样的情况(第二行和第三行),所以它们不等值。

本章前面列出的许多等值式,例如 ¬(p∨q)↔¬p∧¬q、(p→q)↔(q←p)↔(¬q→¬p)等,都可以用真值表的方法加以证明或检验。

【例 5-8-5】用真值表判定下列判断形式哪些具有等值关系,哪些具有矛盾关系,哪些具有蕴涵关系。

① ¬p∨¬q　　　②p∨q　　　③p→q
④ ¬(p∧q)　　　⑤ ¬p∧¬q　　⑥p←¬q

p	q	¬p	¬q	① ¬p∨¬q	② p∨q	③ p→q	④ ¬(p∧q)	⑤ ¬p∧¬q	⑥ p←¬q
+	+	−	−	−	+	+	−	−	+
+	−	−	+	+	+	−	+	−	+
−	+	+	−	+	+	+	+	−	−
−	−	+	+	+	−	+	+	+	−

从真值表可以看出:具有等值关系的是:①与④、②与⑥;具有矛盾关系的是:②与⑤、⑥与⑤;具有蕴涵关系的是:⑤蕴涵①、⑤蕴涵③、⑤蕴涵④,另外,具有等值关系的两对判断形式也互相蕴涵。

四、用真值表判定复合判断演绎推理的形式是否有效

有效的演绎推理形式前提蕴涵结论:当前提为真时,结论必然为真。演绎推理这一逻辑性质与蕴涵式"前件真后件必真"的逻辑性质完全相同。在数理逻辑中,可以将任何演绎推理形式写成一个以前提的合取为前件、以结论为后件的蕴涵式。例如相容的选言推理的否定肯定式可以写成[(p∨q)∧¬p]→q,充分条件假言推理的否定后件式可以写成[(p→q)∧¬q]→¬p,二难推理的简单肯定式可以写成[(p→r)∧(q→r)∧(p∨q)]→r,等等。

用真值表的方法可以判定一个复合判断推理的形式是否有效。具体方法是：在真值表中列出与推理形式相对应的蕴涵式的真值,如果这个蕴涵式是一个永真式（重言式）,则该推理形式有效,如果不是永真式,则该推理形式无效。

【例 5-8-6】用真值表判定下列推理形式是否有效。

① 如果非 q,则 p　　② p 或者 q　　③ 如果 p 则 q
　 非 p　　　　　　　　 q　　　　　　　 如果 p 则非 q
　 所以,q　　　　　　　所以,非 p　　　　所以,非 p

将这三个推理形式写成蕴涵式：

①[(¬q→p)∧¬p]→q

②[(p∨q)∧q]→¬p

③[(p→q)∧(p→¬q)]→¬p

用真值表列出第①蕴涵式的真值如下：

p	q	¬p	¬q	[(¬q→p)∧¬p]→q		
+	+	−	−	+	−	+
+	−	−	+	+	−	+
−	+	+	−	+	+	+
−	−	+	+	−	−	+

完成这个表的步骤是：第一步,在小括号内的→号下列出假言前提"¬q→p"的真值；第二步,在方括号内的∧号下列出两前提的合取"(¬q→p)∧¬p"的真值；第三步,在主联结词→下列出整个蕴涵式的真值。

由于不存在"前件真而后件假"的情况,所以,这个蕴涵式是永真式,说明推理形式①有效(它实际上是充分条件假言推理否定后件式的一个变式)。

第②蕴涵式的真值表如下:

p	q	¬p	¬q	[(p∨q)∧q]→ ¬p
+	+	−	−	+ + −
+	−	−	+	+ − +
−	+	+	−	+ + +
−	−	+	+	− − +

真值表显示,主联结词→号下不是全部为真,故这个蕴涵式不是永真式,说明推理形式②不是有效式(它就是相容的选言推理肯定否定式,违反"已知一部分选言支为真,不能推出另一部分选言支的真假"的规则)。

第③蕴涵式的真值表如下:

p	q	¬p	¬q	[(p→q)∧(p→ ¬q)]→ ¬p
+	+	−	−	+ − − +
+	−	−	+	− − + +
−	+	+	−	+ + + +
−	−	+	+	+ + + +

真值表显示,主联结词→号下全部为真,故这个蕴涵式是永真式,说明推理形式③是有效式(它就是归谬式推理)。

附 录 带量词的复合判断及其推理

普通思维和自然语言中使用的许多判断形式,逻辑性质是由量词和联结词共同决定的。例如"甲班有的同学不但懂英语,而且懂日语"就不是一般的联言判断,它不等于"甲班有的同学懂英语,并且有的同学懂日语",因为当后者为真时,前者不一定为真。二者差别在于前者量词"有的"管辖的是整个联言判断,而后者量词"有的"则分别只管辖每个支判断。这种带有管辖整个判断的量词(而不是每个支判断各自带量词)的复合判断叫做带量词的复合判断。

这里介绍几种常用的带量词的复合判断及相关推理,供喜爱逻辑的读者参考。

一、带量词的联言判断及其推理

1. 全称联言判断及其推理

全称联言判断是断定一类事物的每一对象同时具有两个以上属性的判断。其基本形式为:所有S是P并且是Q。

【例5-9-1】甲班所有同学既懂英语又懂日语。

全称联言判断等值于以若干全称判断为联言支的联言判断,即:

所有S是P并且是Q↔所有S是P,并且所有S是Q

根据这种等值关系,下面的推理形式是有效的:

所有S是P并且是Q ⊨ 所有S是P(或所有S是Q)

2. 特称联言判断及其推理

特称联言判断是断定一类事物的部分对象同时具有两个以上属性的判断。其基本形式为:有S是P并且是Q。

【例5-9-2】有的音乐家既擅长作曲,又擅长演奏。

【例5-9-3】有的人不富裕但生活得很幸福。

特称联言判断蕴涵以若干特称判断为联言支的联言判断,即:

有S是P并且是Q → 有S是P,并且有S是Q

根据这种蕴涵关系,下面的推理形式是有效的:

有S是P并且是Q ⊨ 有S是P(或有S是Q)

但下面的推理形式是无效的:

△有S是P并且有S是Q ⊨ 有S是P并且是Q

例如,由"有的自然数是奇数,有的自然数是偶数"不能推出"有的自然数既是奇数又是偶数"。

二、带量词的选言判断及其推理

1. 全称选言判断及其推理

全称选言判断是断定一类事物的每一对象至少具有若干可能属性中的一种的判断。其基本形式为:所有 S 或者是 P 或者是 Q。

【例 5-9-4】所有科学家或者是人文社会科学家,或者是自然科学家。

在自然语言中,全称选言判断的全称量词通常用泛指代词"一个"来表示。如上例通常表述为:

一个科学家或者是人文社会科学家,或者是自然科学家。

全称选言判断既不等值于也不蕴涵以若干全称判断为选言支的联言判断,如上例是一个真判断,而"或者所有科学家是人文社会科学家,或者所有科学家是自然科学家"却是一个假判断。由此可见,"所有(一个)S 或者是 P 或者是 Q"不是一般意义上的选言判断,它的"选言支"既不是"所有 S 是 P"、"所有 S 是 Q",也不是其他什么判断。

全称选言判断在日常思维和自然语言中使用频率较高,以它为前提的推理也是普通思维中常用的推理形式:

【例 5-9-5】一份统计表格有错误,或者是由于材料来源不可靠,或者是由于计算有误差;这份统计表格的错误不是由于材料来源不可靠,因此,它的错误在于计算有误差。

【例 5-9-6】一部电视剧不受欢迎的原因,或者是内容不好,或者是艺术粗糙;有些电视剧不受欢迎不是因为内容不好,所以,有些电视剧不受欢迎是因为艺术粗糙。

【例 5-9-7】该校所有硕士生或者选修英语,或者选修日语;所有硕士生都没选修日语;所以,所有硕士生选修了英语。

这三个推理的逻辑形式为:

① 所有 S 或者是 P 或者是 Q
　　某一 S 不是 P
　　所以,某一 S 是 Q

② 所有 S 或者是 P 或者是 Q
　　有些 S 不是 P
　　所以,有些 S 是 Q

③ 所有 S 或者是 P 或者是 Q
　　所有 S 不是 Q
　　所以,所有 S 是 P

只要理解了全称选言判断的含义,这三个推理形式的有效性可以说是直观的。但由于无法分析出大前提的"选言支",所以它们不是一般意义上的选言推理,它的有效性必须从量词的逻辑性质和联结词的逻辑性质两个方面来解释。

下面我们来解释①式的有效性。

根据"凡对某类事物的全部对象有所断定,则对该类事物的部分对象也可以作出相同的断定"的演绎公理,下列推理形式有效:

　　所有 S 或者是 P 或者是 Q ⊨ 某一 S 或者是 P 或者是 Q

这一推理式的结论等值于"或者某一 S 是 P,或者某一 S 是 Q",然后再加上"某一 S 不是 P",构成选言推理的否定肯定式,就推出"某一 S 是 Q"的结论。

对于相容的全称选言判断而言,下列推理形式是无效的:

△ 所有 S 或者是 P 或者是 Q
　　某一 S 是 P
　　所以,某一 S 不是 Q

△ 所有 S 或者是 P 或者是 Q
　　有些 S 是 P
　　所以,有些 S 不是 Q

△ 所有 S 或者是 P 或者是 Q
　　所有 S 是 P
　　所以,所有 S 不是 Q

3. 特称选言判断及其推理

特称选言判断是断定一类事物的部分对象至少具有若干可能属性中的一种的判断。其基本形式为:有 S 或者是 P 或者是 Q。

这一判断形式等值于:有 S 是 P,或者有 S 是 Q。

【例 5-9-8】有一些家长或者对孩子过分宠爱,或者对孩子过分严厉。

日常思维中很少运用以特称选言判断为前提的推理,但下面的推理形式的有效性是明显的:

　　有 S 或者是 P 或者是 Q
　　所有 S 不是 P
　　所以,有 S 是 Q

而下面的推理形式则是无效的:

△ 有 S 或者是 P 或者是 Q
　　有 S 不是 P
　　所以,有 S 是 Q

【例 5-9-9】一号寝室有同学或者是北京人,或者是上海人;一号寝室有同学不是北京人;所以,一号寝室有同学是上海人。

当事实上一号寝室有同学是北京人,有同学不是北京人,没有同学是上海人时,上述例子中的前提为真而结论为假。所以该推理的形式是无效的。

三、带量词的假言判断及其推理

1. 全称充分条件假言判断及其推理

全称充分条件假言判断就是断定一类事物的每一对象具有某一属性是该对象具有另一属性的充分条件的判断。其基本形式为:所有 S 如果是 P 则是 Q。

这一判断形式的含义为：对任何 S 而言，P 都是 Q 的充分条件。

【例 5-9-10】任何人如果触犯刑律，就要受到法律的制裁。

在自然语言中，全称量词通常用泛指代词"一个"来表示。如上例通常表述为"一个人如果触犯刑律，就要受到法律的制裁"或"如果一个人触犯刑律，就要受到法律的制裁"；有时候全称量词和主项一起被省略，如上例可表述为"如果触犯刑律，就要受到法律的制裁"，其意义和判断形式没有任何变化。

全称充分条件假言判断蕴涵以两个全称判断为前后件的充分条件假言判断，即：

所有 S 如果是 P 则是 Q → 如果所有 S 是 P，则所有 S 是 Q

但是，"如果所有 S 是 P，则所有 S 是 Q"并不蕴涵"所有 S 如果是 P 则是 Q"，例如，"如果任何一支球队都保持不败记录，那么任何一支球队都不会是冠军"为真，而"任何一支球队如果保持不败记录，那么它就不是冠军"为假。

根据"凡对某类事物的全部对象有所断定，则对该类事物的部分对象也可以作出相同的断定"的演绎公理，下列推理形式有效：

所有 S 如果是 P 则是 Q ⊨ 有的 S 如果是 P 则是 Q
所有 S 如果是 P 则是 Q ⊨ 某一 S 如果是 P 则是 Q

后一式的结论等值于"如果某一 S 是 P，则某一 S 是 Q"。

以全称充分条件假言判断为前提的推理是普通思维中使用频率很高的一种推理。

【例 5-9-11】所有人如果要实现自己的价值，就要为社会创造价值；你想实现自己的价值；所以，你要为社会创造价值。

【例 5-9-12】任何企业如果采用先进的科学管理方法，就能提高劳动生产率；有的企业采用了先进的科学管理方法；所以，有的企业提高了劳动生产率。

【例 5-9-13】如果一个人是作案者，他就有作案时间；某甲没有作案时间；所以，某甲不是作案者。

【例 5-9-14】一个干部要想得到群众的拥护,就要清正廉洁;有些干部不清正廉洁;所以,有些干部得不到群众的拥护。

上述四例的逻辑形式分别为:

① 所有 S 如果是 P 则是 Q　　② 所有 S 如果是 P 则是 Q
　　某一 S 是 P　　　　　　　　　有 S 是 P
　　所以,某一 S 是 Q　　　　　　所以,有 S 是 Q

③ 所有 S 如果是 P 则是 Q　　④ 所有 S 如果是 P 则是 Q
　　某一 S 不是 Q　　　　　　　　有 S 不是 Q
　　所以,某一 S 不是 P　　　　　所以,有 S 不是 P

用充分条件假言推理的规则不能直接说明上述推理形式的有效性,因为"某一 S 是 P"、"有 S 是 P"不是"所有 S 如果是 P 则是 Q"的前件,"某一 S 是 Q"和"有 S 是 Q"也不是它的后件。

下面我们来证明①、②两式的有效性。

证①:(1) 所有 S 如果是 P 则是 Q　　　　（已知前提）
　　　(2) 某一 S 如果是 P 则是 Q　　　　（据演绎公理）
　　　(3) 如果某一 S 是 P,则某一 S 是 Q　（等值）
　　　(4) 某一 S 是 P　　　　　　　　　　（已知前提）
　　　(5) 某一 S 是 Q　　　　　　　　　　（肯定前件式）

证②:(1) 所有 S 如果是 P 则是 Q　　　　（已知前提）
　　　(2) 所有 S 如果不是 Q 则不是 P　　（等值易位）
　　　(3) 如果所有 S 不是 Q,则所有 S 不是 P　（蕴涵）
　　　(4) 有 S 是 P　　　　　　　　　　　（已知前提）
　　　(5) 有 S 是 Q　　　　　　　　　　　（否定后件式）

不难证明下列推理形式是无效的:

△ 所有 S 如果是 P 则是 Q
　　某一(或有的)S 是 Q
　　所以,某一(或有的)S 是 P

△ 所有 S 如果是 P 则是 Q
　　某一(或有的)S 不是 P
　　所以,某一(或有的)S 不是 Q

2. 特称充分条件假言判断及其推理

特称充分条件假言判断就是断定一类事物的部分对象具有某一属性是这些对象具有另一属性的充分条件的判断。其基本形式为:有 S 如果是 P 则是 Q。

【例 5-9-15】有的作家如果没有得到鲁迅先生的帮助,就不会成为作家。

【例 5-9-16】有些人一旦受到挫折就会萎靡不振。

【例 5-9-17】有的孩子如果没有希望工程的资助,就会失学。

在语言表达中,特称充分条件假言判断的特称量词有时位于后一分句的句首,如例 5-9-15 可以说成"如果没有鲁迅先生的帮助,那么有的作家就不会成为作家";例 5-9-17 可以说成"如果没有希望工程的资助,有的孩子就会失学"。

当"有 S 如果是 P 则是 Q"为真时,"如果有 S 是 P,则有 S 是 Q"不一定为真,例如上述例 5-9-15 是真判断而"如果有的作家没有得到鲁迅先生的帮助,那么有的作家就不会成为作家"是一个假判断。因此,下面的推理形式是无效的:

△ 有 S 如果是 P 则是 Q
　　有 S 是 P
　　所以,有 S 是 Q

【例 5-9-18】有的孩子如果没有希望工程的资助,就会失学;
　　　　　　有的孩子没有得到希望工程的资助;
　　　　　　所以,有的孩子失学。

△ 有 S 如果是 P 则是 Q
　　有 S 不是 Q
　　所以,有 S 不是 P

【例 5-9-19】有的人如果受到挫折就会萎靡不振；
　　　　　　有的人没有萎靡不振；
　　　　　　所以,有的人没有受到挫折。

普通思维中很少以特称充分条件假言判断为前提进行推理,但下面的推理形式从理论上分析是有效的：

　　有 S 如果是 P 则是 Q　　　有 S 如果是 P 则是 Q
　　所有 S 是 P　　　　　　　所有 S 不是 Q
　　所以,有 S 是 Q　　　　　所以,有 S 不是 P

3. 带量词的必要条件假言判断及其推理

带量词的必要条件假言判断可以转换成相应的带量词的充分条件假言判断,如"所有 S 只有是 P 才是 Q"可转换成"所有 S 如果不是 P 则不是 Q","有 S 只有是 P 才是 Q"也可以转换成"有 S 如果不是 P 则不是 Q"。下面只列举常用的以必要条件假言判断为前提的推理形式：

① 所有 S 只有是 P 才是 Q　　② 所有 S 只有是 P 才是 Q
　 某一 S 不是 P　　　　　　　 有 S 不是 P
　 所以,某一 S 不是 Q　　　　 所以,有 S 不是 Q

③ 所有 S 只有是 P 才是 Q　　④ 所有 S 只有是 P 才是 Q
　 某一 S 是 Q　　　　　　　　有 S 是 Q
　 所以,某一 S 是 P　　　　　所以,有 S 是 P

复习思考题

1. 什么是复合判断？复合判断的一般结构如何？复合判断的逻辑性质是由什么决定的？

2. 什么是联言判断？联言判断的逻辑性质如何？

3. 什么是联言推理？联言推理有哪些规则？有哪些有效式？

4. 什么是相容的选言判断？它的逻辑性质如何？相容的选言判断断定了选言支"可以同真"吗？

5. 什么是相容的选言推理？它有哪些规则？有哪些有效式？运用相容的选言推理应当注意避免哪些错误？

6. 什么是不相容的选言判断？它的逻辑性质如何？

7. 什么是不相容的选言推理？它有哪些规则？有哪些有效式？

8. "选言支不穷尽"是一种什么样的谬误？

9. 什么是假言判断？事物之间的条件联系有几种？它们之间关系如何？

10. 什么是充分条件假言判断？它的逻辑性质如何？

11. 什么是充分条件假言推理？它有哪些规则？有哪些有效式？运用充分条件假言推理应当注意避免哪些错误？

12. 什么是必要条件假言判断？它的逻辑性质如何？

13. 什么是必要条件假言推理？它有哪些规则？有哪些有效式？运用必要条件假言推理应当注意避免哪些错误？

14. 什么是充分必要条件假言判断和充分必要条件假言推理？

15. 如何区分不同的假言判断？什么是"强加条件"和"混淆条件"谬误？

16. 什么是负判断？怎样理解性质判断和关系判断的负判断？关于量词的否定有何规律？

17. 怎样理解联言判断和选言判断的负判断？什么是"德·摩根定律"？

18. 怎样理解假言判断的负判断？为什么普通逻辑对假言判断的负判断不能作等值推演？

19. 什么是假言选言推理？二难推理的主要形式有哪些？

20. 运用二难推理常犯错误有哪些？如何驳斥错误的二难推理？

21. 试解释假言联言推理、假言易位推理、假言连锁推理、反三段论、条件分析推理、归谬式推理的形式的有效性。

22. 真值表有哪些作用？怎样正确运用真值表的方法解答复合判断及其推理的有关问题？

练 习 题

一、指出下列语句各表达什么判断，并写出它们的逻辑形式。

1. 醉翁之意不在酒，在乎山水之间也。

2. 或者彻底转变观念以适应市场经济，或者固守老观念等待企业最后被淘汰，二者必居其一。

3. 只要他参加会议，会议内容就会泄漏出去。

4. 只有受过专门训练，才能胜任公关小姐这项工作。

5. 这种商品销路不好，或者因为质量差，或者因为价格太贵。

6. 如果甲队队员个人技术发挥得好，并且战术配合协调，甲队就能获胜。

7. 并非所有教授都有真才实学，不是教授的人也并非都没有真才实学。

8. 如果产品质量不好，或者价格定得太高，那么，产品就打不开销路，企业的经济效益就上不去，员工的收入也会受影响。

9. 如果只重视读书而忽视社会实践，就可能成为迂腐之徒；如果只重视社会实践而不认真读书，就可能成为浅薄之徒。

10. 并非只有出国留学或者成名成家，才有出息。

二、在下列各题中，A 是 B 的什么条件？

1. A—有作案动机　　　　B—有故意作案的行为

2. A—某整数个位数为 0　B—某整数能被 5 整除

3. A—大量抽烟　　　　　B—患肺癌

4. A—考取研究生　　　　B—外语成绩好

5. A—做一定数量的练习　　B—学好普通逻辑这门课
6. A—演绎推理形式有效　　B—演绎推理合乎逻辑

三、根据假言判断的等值关系将下列判断转换成另一形式的假言判断。（充分转必要,或者必要转充分）

1. 如果你要想实现自己的价值,你就要为社会创造价值。
2. 除非让权力置于有效监督之下,否则不能从制度上消灭以权力谋私利的腐败现象。
3. 如果甲不参加,乙就不会参加。
4. 只有热爱生活,才能感受到生活的美。

四、下列各题对负判断的理解是否准确？为什么？

1. "并非77级有的同学已经忘记了余老师"的意思是"77级有的同学没有忘记余老师"。
2. "并非甲或者是教授或者是研究员"的意思是"甲或者不是教授,或者不是研究员"。
3. "并非A既是杰出的政治家,也是杰出的理论家"的意思是"A既不是杰出的政治家,也不是杰出的理论家"。
4. "并非如果历史上没有发生十年动乱,那么中国20世纪末就发展为世界一流强国了"的意思是"历史上并没有发生十年动乱,而中国20世纪末也没有发展为世界一流强国"。

五、请根据模态判断和规范判断的对当关系,写出下列负判断的等值判断的形式。（否定词"并非"日常语言中一般说"不"）

1. 并非必然 p(不必然 p)
2. 并非可能 p(不可能 p)
3. 并非必然不 p(不必然不 p)
4. 并非可能不 p(不可能不 p)
5. 并非必须 p(不必须 p)
6. 并非允许 p(不允许 p)
7. 并非禁止 p(不禁止 p)

8. 并非允许不 p(不允许不 p)

六、写出下列推理的逻辑形式,并分析它们是否有效。(允许将"一个 S 如果是 P 则是 Q"分析为"如果 p 则 q",将"一个 S 或是 P,或是 Q"分析为"p 或者 q")

1. 歌德有句名言:一个人要想实现自己的价值,他就要为社会创造价值。我想我们在座的青年朋友没有不想实现自己价值的,所以,我们也都应该为社会创造价值。

2. 只有深入生活,才能写出好作品。所以,要写出好作品,就要深入生活。

3. 该校美术系学生要么是国画专业的,要么是油画专业的,要么是版画专业的,要么是雕塑专业的;李华是该校美术系学生,但他不是国画专业的,也不是版画专业和雕塑专业的;所以,李华是油画专业的。

4. 一个官员只有清正廉洁,才能得到民众的拥护;他没有得到民众的拥护;所以,他不是清正廉洁的。

5. 当且仅当一个三角形有两个角相等,它才是等腰三角形;这个三角形有两个角相等;所以,它是等腰三角形。

6. 只有四边相等,才会是正方形;这个四边形的四条边相等;所以,这个四边形是正方形。

7. 如果这些赃款是在事先接收的,那么他犯了受贿罪;如果这些赃款是在事后接收的,那么他也犯了受贿罪;这些赃款他或者是事先接收的,或者是事后接收的;所以他总是犯了受贿罪。

8. 如果他既勤劳又聪明,那么他就能挣到很多钱;所以,如果他聪明但不能挣到很多钱,那就说明他不勤劳。

9. 如果一个人把自己的毕生精力献给祖国的建设事业,那么他是一个爱国主义者;这位老华侨直到年迈退休才落叶归根返回祖国;所以,他不是一个爱国主义者。

10. 在现代社会,一个国家只有实行对外开放,才能高速度地发展社会生产力;在相当长的时期内我们没有实行对外开放;所以在那段时期我们未能高速度地发展社会生产力。

11. 一个党员干部犯了严重错误或者应受党纪处分,或者应受行政处分;某党员干部犯严重错误已经受到党纪处分;所以,对他不要再给以行政处分。

12. 如果甲队队员个人技术好并且战术配合好,那么甲队就能取得冠军;甲队没能取得冠军;所以,甲队队员个人技术不好,并且战术配合也欠佳。

13. 如果是谋财害命,则死者必有相当多的财产,已知死者确有许多财产;所以,这起案子必是谋财害命。

14. 一个企业的产品质量不好,或者是由于技术设备落后,或者是由于管理水平低,或者是由于职工素质差;这家工厂的技术设备是先进的;所以,他们的产品质量不好或是由于管理水平低,或是由于职工素质差。

15. 如果他是一个唯物论者,他就能实事求是地看问题;如果他是一个辩证论者,他就能全面地看问题;他既不能实事求是地看问题,又不能全面地看问题;所以,他既不是一个唯物论者,也不是一个辩证论者。

16. 士大夫或处江湖之远,或居庙堂之高;处江湖之远,则忧其君;居庙堂之高,则忧其民;所以,士大夫或忧其君,或忧其民。

七、请运用复合判断推理的有关知识解答下列问题。

1. 小孙刚到公安局工作,第一次参加侦破一起盗窃案。初步调查表明此案可能是两人以上共同作案,而且只有张某、王某、李某三人有重大嫌疑。后来事实证明,张某确实是作案人。在案情分析会上,小孙说:"这个案件的作案人已经找到,对王某、李某的怀疑可以排除了。"刑警队长说:"小孙的分析犯了一个逻辑错误。"不久,小孙又参加了一起杀人案的侦破工作。现场勘查表明,此案是一个人所为,且只有甲、乙、丙三人有可能作案。经调查,确证甲是此案凶手,于是队长宣布:"乙、丙二人不是作案人,对他们不必再查了。"小孙说:"哈,这次队长犯了与我上次犯过的相同的错误。"队长笑了笑对小孙说:"小孙,看来你得好好地学一点逻辑!"

请问:小孙作出结论运用的是什么推理?为什么是错误的?队长作出结论运用的是什么推理?为什么是正确的?

2. 小蓝、小黄、小白是中学时的好朋友。一天,她们同时到夜大学报名,在报名处相会了,高兴地交谈起来。突然,她们中背黄书包的一个人说:"真是巧得很!我们三个人的书包一个是黄色的,一个是蓝色的,一个是白色的,但却没有一个人的书包和自己姓氏所表示的颜色相同。"小蓝看了看三个人的书包,也赞同说:"是呀!真是这样!"

请问:这三人的书包各是什么颜色?请写出推导过程。

3. 逻辑教师问:有一个AII式正确三段论,你能知道它是第几格的吗?

学生甲答:是第一格。因为如果是第一格的,则小前提必是肯定的,AII式小前提是肯定的,所以它是第一格的。

学生乙答:是第三格。因为只有小前提是肯定,结论是特称的,才会是第三格的正确式;AII式小前提是肯定的,结论是特称的,因此,它是第三格无疑了。

甲、乙两人的回答合乎逻辑吗?为什么?

4. 某博物馆被盗走一件珍贵文物,经初步侦查,只有A、B、C、D、E五人有作案可能。现已确知下列条件:

(1)如果A参加作案,则B和C也会参加。

(2)只有D参加作案,B才会参加。

(3)C咬定说作案人是D或者E。

(4)C的话已被证明是假话。

请问,A、B、C、D、E五人中谁是作案人,谁不是作案人?请写出推导过程。

5. 有四对夫妻同在一个公司工作,他们分别姓赵、钱、孙、李、周、吴、郑、王。现已知以下情况:

(1)赵结婚时李曾去做客。

(2)李与钱的上衣的尺寸、颜色、款式都一样。

(3)孙的爱人是吴的爱人的亲表兄。

(4)未结婚时,孙、李、王曾同住一间寝室。

(5)吴与爱人外出度蜜月时,李、郑、王三个人的爱人都到车站去送行。

请根据以上情况推出谁同谁是一对夫妻,写出推导过程,说明推导过程中使用的推理形式。

6. 有这样一道逻辑题:

某科研小组接受一项科研任务,关于小组成员谁参加这项研究,小组内部商定:

(1)如果 A 参加,则 B 也参加。

(2)如果 C 不参加,则 D 就要参加。

(3)如果 A 不参加而 C 参加,则组长 E 就得参加。

(4)组长 E 和副组长 F 不能都参加。

后经请示上级领导,决定由副组长 F 参加并主持这项研究。在此情况下,按照上述意见,B 和 D 是否参加这个项目的研究?

甲、乙、丙、丁四位同学对这道题做出了四种不同的答案:

甲:B 和 D 都不参加。

乙:B 和 D 都要参加。

丙:B 和 D 至少要有一人参加。

丁:根据已知条件推不出 B 和 D 是否参加的任何结论。

请问:甲、乙、丙、丁四人的答案谁的正确?如果能推出确切的结论,请写出推理步骤,并注明每一步所用推理形式的名称;如果推不出结论,也请说明理由。

八、试用真值表的方法解答下列问题。

1. 判定下列复合判断形式的真值：

(1) 非 p 并且非 q

(2) 要么非 p，要么非 q

(3) q 或者非 p

(4) 并非(非 p 并且 q)

p	q	¬p	¬q	¬p∧¬q	¬p V̇ ¬q	q∨¬p	¬(¬p∧q)

2. 判定下列各对判断形式之间的真假关系：

(1) p 或者 q 和 如果非 q 那么 p

(2) p 并且非 q 和 p 或者非 q

(3) 并非(p 或者 q) 和 p 并且 q

p	q	¬p	¬q	第(1)对		第(2)对		第(3)对	
				p∨q	¬q→p	p∧¬q	p∨¬q	¬(p∨q)	p∧q

3. 判定下列推理形式是否为有效式：

(1) (p∨q)∧¬q ⊨ p

(2) (p←q) ⊨ (¬p→¬q)

(3) (p→q)∧q ⊨ p

p	q	¬p	¬q	(p∨q)∧¬q→p	(p←q)→(¬p→¬q)	(p→q)∧q→p

九、以下是中央和国家机关公务员录用考试"行政职业能力测试"试卷"逻辑判断"题中的 3 道小题。请给予解答。（单项选择题）

1.有关专家指出,月饼高糖、高热量,不仅不利于身体健康,甚至演变成"健康杀手"。月饼要想成为一种健康食品,关键要从工艺和配料两方面进行改良,如果不能从工艺和配料方面进行改良,口味再好,也不能符合现代人对营养方面的需求。

由此不能推出的是:

A.只有从工艺和配料方面改良了月饼,才能符合现代人对营养方面的需求

B.如果月饼符合现代人对营养方面的需求,说明一定从工艺和配料方面进行了改良

C.只要从工艺和配料方面改良了月饼,即使口味不好,也能符合现代人对营养方面的需求

D.没有从工艺和配料方面改良月饼,却能符合现代人对营养方面需求的情况是不可能存在的

2.假设"如果甲是经理或乙不是经理,那么,丙是经理"为真,由以下哪个前提可推出"乙是经理"的结论?

A.丙不是经理

B.甲和丙都是经理

C.丙是经理

D.甲或丙有一个不是经理。

3.航天局认为优秀宇航员应具备三个条件:第一,丰富的知

识;第二,熟练的技术;第三,坚强的意志。现有至少符合条件之一的甲、乙、丙、丁四位优秀飞行员报名参选,已知:

(1)甲、乙意志坚强程度相同;

(2)乙、丙知识水平相当;

(3)丙、丁并非都是知识丰富;

(4)四人中三个人知识丰富、两人意志坚强、一人技术熟练。

经过考察,发现其中只有一人完全符合优秀宇航员的全部条件。他是:

A.甲　　　　B.乙　　　　C.丙　　　　D.丁

十、运用本章所学的逻辑知识,解答下列问题。

1.请指出下面一段文章中存在的逻辑错误,并分析其原因。

名 人 的 误 导

美国一位萨克斯管的演奏大师 Keeny.G,对他的崇拜者讲他的成功之道时,说了一句据说是极深刻的话:"必须不停地练习,成功的大门才会为你打开。"因为出自名人之口,而且是这一行顶尖人物的话,便有记者和围着名人的捧场者加以传播,于是成了警世名言,很有一句顶一万句的味道了。

其实,大家都明白,全世界吹这种萨克斯管者,岂止 Keeny.G 一个人呢?为什么他能登上王者的高峰,而无数演奏这种乐器的人,却只有仰望的分呢?难道仅仅因为没有"不停地练习"吗?所以,这位名人的话,就不能太信以为真了。

显然,"不停地练习",不过是成功的诸多因素中的一个,或者是主要的因素,但绝不是唯一的因素。如果给谁一支萨克斯管,即使一天到晚不眠不食不撒手地吹,也不会成为 Keeny.G 的。

这就是名人的误导了。老托尔斯泰指导文学青年时说,写作成功的奥秘在于百分之九十九的勤奋和百分之一的天才,看来这位大师要比 Keeny.G 客观些,至少还承认那九十九以外的一。他之所以作出如此悬殊的比例,其良苦用心,也是勉励后辈不要过多地耽迷于个人的才华禀赋,应该认识到创作是一项艰苦的劳动而已。

所以,名人的诲人不倦精神,是值得敬佩的,但作教诲时,最好一不要偏激,二不要因噎废食,三不要忽略客观世界的现实状况。

……

(原载《南方周末》,作者李国文,略有删节)

2. 在意大利都灵大教堂的圣坛上,终年展示着一件稀世圣物——耶稣遇难后的裹尸布。这块长4.3米、宽3米,沾有斑斑血迹的细亚麻织品自1357年首次展出后的六百多年里,它的真伪问题一直引起信徒们的激烈争论,一些信徒把它奉为至高无上的圣物而顶礼膜拜;另一些人则认为它是某些好事者伪造出来的赝品。

某年,一个神学院的A、B、C、D四个学生旅行来到都灵,在亲眼看到这块裹尸布以后,每人对它的真伪问题提出了自己的看法。

A说:我认为这件圣物是真的。如果它是假的话,那么它就不可能在六百多年里被我们的教友虔诚地敬奉;事实上,我们的教友们几百年来都一直在虔诚地敬奉它;可见它是真的。

B说:我也相信这件圣物是真的。大家想想耶稣受难时的情景吧:耶稣是被钉死在十字架上的,那时手腕上、大腿上一定流了大量的血。所以我们可以这样分析:如果它是真的,那么它上面必定有许多血迹,现在我们看到它上面确实有斑斑血迹;这说明它确确实实是真的。

C说:我同意B的分析。此外我还要补充一点理由:只有这块布上有血迹,它才可能是真的;正如刚才B所指出的,布上的血迹是有目共睹的,可见它是真的无疑了。

D说:我认为它不是圣物,这道理是再简单不过了。纺织史的研究告诉我们,世界上最早的细亚麻织品,是到公元2世纪才出现的。这就是说,如果这块细亚麻织品真的是耶稣受难时的裹尸布,那么耶稣就是在公元 2 世纪以后才受难的,可是《圣经》上说他是公元 1 世纪受难的呀!由此可见它根本不可能是圣物。

请问:A、B、C、D 四人的言论是否正确?为什么?

3. 一天早晨,理科三位男生甲、乙、丙在图书馆门口遇到了文科三位女生 A、B、C,跟她们聊了起来。当男生问女生是哪个系的时候,一位女生说:"我们三个一个是中文系的,一个是教育系的,一个是政治系的。至于究竟哪一位是哪个系的,你们先猜猜看,试试你们猜得准不准。"三位男生打量了她们一会儿,分别作了以下猜断:

甲:A 是中文系的,B 是教育系的。

乙:A 是教育系的,C 是中文系的。

丙:A 是政治系的,B 是中文系的。

女生听后笑了起来,其中一个说道:"你们每个人都猜对了一半。现在再猜猜看,到底哪位来自哪个系?这要看你们逻辑学得怎么样了。"

三位男生因为没有上过逻辑课,想了好一会儿还是猜不出来。他们反问女生:"我们三个人,一个是数学系的,一个是物理系的,一个是化学系的。也请你们猜猜看,我们各来自哪个系?"三位女生打量了他们一会儿,分别作了以下猜断:

A:甲是物理系的,乙是数学系的。

B:乙是物理系的,甲是数学系的。

C:丙是物理系的,乙是化学系的。

男生听了她们的猜断后也笑了起来,其中一个说道:"你们三个人,一个全猜对了,一个全猜错了,一个猜对了一半。现在也请你们回答:我们到底哪位来自哪个系?你们学过逻辑学,也不一定猜得出来。"

不到两分钟,女生就准确说出了三位男生哪位来自哪个系。

假定你是这六个人中的一个,你能很快判定每位同学各自是哪个系的吗?

4. 美国前总统林肯说:"最高明的骗子,可能在某个时刻欺骗所有人,也可能在所有时刻欺骗某些人,但不可能在所有时刻欺骗所有的人。"如果林肯的上述陈述为真,能必然推出以下判断的真假情况吗?

(1)林肯可能在某个时刻受骗。

(2)骗子也可能在某个时刻受骗。

(3)不存在某一时刻所有的人都必然不受骗。

(4)不存在某一时刻有人可能不受骗。

(5)不存在所有时候有人必然不受骗。

第六章 非演绎推理

第一节 非演绎推理概述

一、什么是非演绎推理

前面三章讨论的演绎推理都是根据判断的逻辑性质进行推演的,而判断的逻辑性质又是由判断的形式结构决定的,因此演绎推理是一种形式化的推理。演绎推理的一个重要性质是前提蕴涵结论,如果前提真,并且形式有效,就能必然地推出真的结论。这是演绎推理一个极大的优点。但是思维中仅仅有演绎推理是不够的,人们的思维中不但要运用演绎推理,也要运用其他推理。例如,当我们知道小王到某商店买的旅游鞋质量不错,小杨在该商店买的旅游鞋质量不错,小刘到该商店买的旅游鞋质量也不错等之后,我们自然就会作出这样的推论:某商店出售的旅游鞋质量都不错。这里所运用的推理就不是根据某种判断的逻辑性质进行的,它不属于我们前面介绍过的任何一种演绎推理。

非演绎推理是除演绎推理以外其他一切推理的统称,它不是根据判断的逻辑性质,而是根据其他已有知识和经验进行推演的。绝大多数非演绎推理是由已知为真的判断推出可能为真的结论的推理,唯一的例外是归纳推理中的一个小类——完全归纳推理,它根据已知为真的前提能够推出必然为真的结论。

二、非演绎推理的种类

按照推理根据的不同,非演绎推理可以分为归纳推理、类比推理、溯因推理以及探求因果联系的逻辑方法。

归纳推理是根据一般与个别的关系进行推演的推理,因为个别对象中包含着一类对象的一般属性,而一类事物的一般属性又总是寓于个别对象之中,所以当我们分别考察了若干个别对象具有某属性后,就能推断该属性可能是整个类的共同属性。

类比推理是根据两事物已知的共同属性以及这些已知属性与推出属性之间的相关性进行推演的推理。

溯因推理是根据已知的事物之间的因果联系,从结果的出现推断原因存在的推理。

探求因果联系的逻辑方法是根据事物情况共存或共变现象推出因果关系存在的推理。在一般逻辑读本中,它是作为归纳推理的一部分内容来介绍的,我们认为它具有独立的非演绎推理形式的性质。

在现代逻辑中,上述几种非演绎推理都叫做归纳推理,因为现代逻辑将演绎推理定义为必然性推理,而将归纳推理定义为或然性推理。本书不采用这种处理方法,这是因为:第一,各种非演绎推理不仅推理的根据不同,而且推理的形式也有很大差别;第二,将类比推理和溯因推理归入归纳推理,不符合人们对"归纳"一词通常的理解;第三,既然归纳推理中有完全归纳推理和不完全归纳推理之分(这是一个二分法),就不应该出现第三种归纳,而如果将类比推理和溯因推理归入不完全归纳推理,又显得不太妥帖。

三、非演绎推理与演绎推理的联系和区别

非演绎推理和演绎推理既有密切的联系,又有明显的区别。

1. 非演绎推理和演绎推理的联系

二者的联系主要体现在以下三个方面:

第一,演绎推理离不开非演绎推理。作为演绎推理前提的已知判断,归根结底是人们通过实践获得的,而实践直接提供的往往是非常具体的个别的知识,这些知识要上升为普遍性的知识,就离不开归纳推理等非演绎推理。

第二,非演绎推理也离不开演绎推理。这表现在以下两点上:

一是人们通过实践获得经验材料(这是非演绎推理的主要前提)的过程,需要有理论的指导,而理论思维的过程主要运用演绎推理;二是非演绎推理得到的或然性结论,需要运用演绎推理加以理论证明,否则不能成为人们普遍接受的科学理论。

第三,人们的认识过程是一个实践—认识—再实践—再认识的循环往复以至无穷的过程,在这一认识链条中,从实践经验上升到普遍理论的过程主要运用非演绎推理,而用已有的科学理论指导实践的过程,则主要运用演绎推理,缺少其中任何一环,认识的链条就会中断。

从以上几方面看,演绎推理和非演绎推理是互为补充、缺一不可的,虽然普通逻辑对演绎推理研究得比较充分,但这并不意味着非演绎推理在思维中不重要。如果一个人仅仅了解演绎推理的有关知识,而缺少非演绎推理的知识,他的逻辑知识就是不完全的。

2. 非演绎推理和演绎推理的区别

二者的区别主要有以下四点:

第一,推理的根据不同。演绎推理是根据判断的逻辑性质进行推演的,在演绎推理中,前提判断的逻辑形式和逻辑性质是极为重要的;非演绎推理的根据不是前提的逻辑性质,在非演绎推理中,前提判断的逻辑形式和逻辑性质对推理的可靠性没有决定性影响。

第二,对前提真实性的要求不同。演绎推理不要求前提必须真实(参见第三章第二节),而非演绎推理则要求前提必须真实。

第三,结论所断定的范围不同。演绎推理的结论不超出前提所断定的知识范围;而非演绎推理除完全归纳推理外,结论所断定的范围都超出了前提所断定的知识范围。通过非演绎推理,人们可以得到许多新的知识。

第四,前提与结论之间的联系性质不同。演绎推理前提与结论之间的联系是必然的,在具备前提真实和形式有效两个条件下,能必然地推出真实可靠的结论;而非演绎推理除完全归纳推理外,前提与结论之间只具有或然性联系,在前提真实并且形式正确的情况下,结论也不一定是可靠的。

四、获取经验材料的途径

非演绎推理的前提一般是陈述具体事实的判断,这些判断来源于人们的实践活动,是人们在经验材料的基础上概括出来的。所以,要正确地运用非演绎推理,有必要了解这些经验性的知识是如何获得的。

获取经验材料的方法有观察、实验和社会调查等。此外,人们还经常以前人或他人得到的间接材料作为非演绎推理的前提。

1. 观察

观察就是通过感官或借助一定的仪器,有目的地认识自然状态下各种现象的发生发展过程,从而获取经验材料的方法。例如,医生了解病人的症状,工人对机器运转情况的考察,农民对庄稼生长状况的考察,公安人员对犯罪现场的勘查等,都是在进行观察。

观察不同于一般的感知,因为观察是有目的、有计划地进行的,观察的对象是有选择性的。人们总是根据研究的需要,选择特定的对象进行观察。

观察要坚持实事求是的原则,避免"先入为主",不能掺杂观察者的主观成分。观察中要注意克服片面性,否则可能会得出错误结论。对某些微观现象或宏观现象的观察,还应尽可能地利用显微镜、望远镜等科学仪器,从而提高观察能力。

2. 实验

实验是人们在人工控制的条件下,根据研究的目的进行观察和研究的方法。

实验在自然科学的研究中有着特别重要的作用,通过实验得到的经验材料往往比单纯观察所得到的材料更为精确可靠。

在实验中人们可以控制、创造条件,使复杂现象处于单纯的状态,排除外界的干扰,使被研究现象以纯粹的形态表现出来。实验可以创造自然状态下难以得到或难以利用的特殊条件,如超高压、超高温、超低温、强放电、强辐射等。实验还具有可重复性,能使某些现象反复出现,以便对它反复观察。在自然科学中,任何新发现如果不能通过实验重复,就不能使人相信,也就不能成为科学。

实验虽然是更为精确的观察方法,但并不是任何现象都可以进行实验。例如火山爆发、日食月食、人的大脑的发育机制等,都无法使用实验的方法来直接加以研究。因此,实验不能代替观察,二者是密切结合、相互补充的。

3. 社会调查

社会调查是人们有计划、有目的地通过各种途径系统地收集有关社会现象的第一手材料的方法。

社会调查是人们认识社会的根本途径,是社会科学研究和领导机关了解情况的主要手段,是形成科学决策和制定正确政策不可缺少的前提。

进行社会调查必须坚持实事求是的原则,要做到不唯上、不唯书、不唯己、不唯众、要唯实,不能观点在先、材料在后,或为了附和某领导、某权威的观点去有选择地找例子,否则就不能得到真实可靠的材料。进行社会调查还要掌握科学的调查方法。

五、整理经验材料的方法

通过观察、实验和社会调查获得的经验材料,必须经过加工整理,才能形成有条理的系统的知识。整理材料的过程是思维加工的过程,所使用的思维方法属于逻辑的方法。这一过程中常用的逻辑方法有比较、归类、分析与综合、抽象与概括等。

1. 比较

比较是用来确定不同事物或同一事物不同发展阶段的共同点和差异点的方法。

当人们认识某一特定对象时,往往把这一对象与其他对象进行对照(横向比较),或将一对象的现状与过去的情况进行对照(纵向比较),以发现相同点和差异点,以便更好地认识事物。在进行比较时,要注意在极不相似的对象中寻找相同点,在极为相似的对象中寻找不同点。

2. 归类

归类是根据事物的共同点和差异点,把事物一类一类地区分开来的方法。归类是在比较的基础上进行的,通过比较认识到事物之间的相同点和相异点,再把具有相同属性的材料归入同一类,把属性不同的材料归入不同的类。

归类不是分类,分类是把一个较大的类分为若干小类,其目的是为了明确概念的外延。归类则是把一些具体的琐细的材料归入较大的类,以便了解哪些具体对象具有共同的属性。归类是使材料系统化的方法。

3. 分析与综合

分析是把对象分解为各个部分、各个方面,分别加以考察的方法。分析的过程通常是先把一个复杂的问题分成许多简单的问题,把一个大而难的问题分成一些比较小而容易解决的问题,然后从最容易突破的地方入手。分析要由浅入深,由近及远,由易到难,由现象到本质。通过分析,人们有了关于事物的各个部分、各个方面的认识,但是还缺乏对事物整体的认识,因此要了解事物的全貌,就必须在分析的基础上进行综合。

综合是把分析所得到的关于对象的各个部分、各个方面的认识结合为一个整体认识的方法。综合并不是把分析所得到的各方面的认识进行简单相加、机械凑合,而是把这些认识有机地联系起来,明确了解各个部分、各个方面在整体中的地位和作用,从而在本质上认识事物。

分析和综合两种方法总是结合在一起运用的。一般是先分析后综合,分析是综合的基础,没有分析就没有综合;但在综合后又可以运用综合得到的总体认识来指导进一步更深入的分析。没有综合的分析是片面的分析,没有分析的综合是无根据的综合。

4. 抽象与概括

抽象是在思维中撇开对象的非特有、非本质属性,从中抽取对象的特有属性或本质属性的方法。

任何对象的属性都是多方面的,但是其中必有特有的、主要的、本质的属性。要从许许多多属性中把握特有的、主要的、本质的属性,就要使用抽象的方法。因为通过抽象可以摆脱事物的各种次要因素的影响,在纯粹的形态中研究事物特有的、主要的、本质的特征,所以更加接近事物的本质。

这里所说的概括,有别于明确概念的逻辑方法中的概括,是指把关于对象的本质的、规律性的认识推广到所有同类的其他事物上去的方法。人们认识事物,接触到的是个别具体的事物,在研究过程中很难把一类事物毫无遗漏地全部观察到,这就需要用概括的方法,才能使认识从个别推广到一般。

抽象和概括是紧密联系,不可分割的。事实上,人们在进行科学抽象的同时,就已经把抽象出来的共同本质推广到研究对象所属类的整体当中了,也就是说在科学抽象的同时,就在进行着概括。

第二节 归纳推理

一、归纳推理的概念和种类

归纳推理是以一类中若干个别对象的具体知识为前提,推出有关该类事物一般的普遍性知识的结论的推理。

【例 6-2-1】

鸡的活动具有时间上的周期性节律,

青蛙的活动具有时间上的周期性节律,

牵牛花的活动具有时间上的周期性节律，
向日葵的活动具有时间上的周期性节律，
大雁的活动具有时间上的周期性节律，
人的活动具有时间上的周期性节律，
鸡、青蛙、牵牛花、向日葵、大雁、人等都是生物，
所以，一切生物的活动都具有时间上的周期性节律。

在这一推理中，前提涉及的鸡、青蛙、牵牛花、向日葵、大雁、人，相对于"生物"来说是一些个别的具体的事物，而得出的结论则是关于"生物"整个大类的一般性知识。

归纳推理之所以能从个别对象具有某属性推出整个大类具有该属性，是因为个别中包含着一般，大类的一般属性总是寓于该类的个别对象之中。

根据前提所涉及的对象是否穷尽一类事物的全部外延，归纳推理可以分为完全归纳推理和不完全归纳推理两类。完全归纳推理的前提涉及某类（结论所断定对象）的每一分子或小类，不完全归纳推理的前提只涉及某类（结论所断定对象）中部分分子或小类。由于完全归纳推理比较简单，使用频率较低，所以，一般所说的归纳推理，主要是指不完全归纳推理。

不完全归纳推理又可分为简单枚举归纳推理、典型归纳推理和统计归纳推理。统计归纳推理是现代归纳逻辑的内容，本书只对它作简单介绍。

二、完全归纳推理

完全归纳推理就是由某类中每一分子（或每一小类）具有某属性，推出该类所有对象都具有某属性的推理。例如，我们分别考察太阳系的八大行星，发现水星、金星、地球……海王星的运行轨道都是椭圆形的，就可以得出一个普遍性的结论：太阳系所有大行星的运行轨道都是椭圆形的。这个推理可以展示如下：

【例 6-2-2】

　　水星的轨道是椭圆形的；
　　金星的轨道是椭圆形的；
　　地球的轨道是椭圆形的；
　　火星的轨道是椭圆形的；
　　木星的轨道是椭圆形的；
　　土星的轨道是椭圆形的；
　　天王星的轨道是椭圆形的；
　　海王星的轨道是椭圆形的；
　　水星、金星……海王星是太阳系的全部大行星；
　　所以，太阳系所有大行星的轨道都是椭圆形的。

这是一个典型的完全归纳推理。这种推理的结构形式可用公式表示为：

　　S_1 ——————— P
　　S_2 ——————— P
　　　……
　　S_n ——————— P
　　$S_1, S_2……S_n$ 是 S 类的全部对象
　　所以，所有 S ——————— P

完全归纳推理是归纳推理中比较特殊的一类，在所有的非演绎推理中，它是唯一结论没有超出前提范围的推理，因此前提和结论的联系也是必然的，只要前提真，结论就必然为真。

在生产、工作和科学研究中，人们经常用完全归纳推理得出一般性结论。例如，山东省某市自1994年起对全市二百多家中小型国有企业全面实行股份合作制改革，两年以后，有关部门对这二百多家企业进行全面调查，结果表明，每一家企业的经济效益在实行股份合作制改革之后都有了明显提高，于是他们得出一个普遍性的结论：本市所有实行股份合作制改革的中小型国有企业经济效

益都有了明显提高。

用完全归纳推理也可以得到一个统计判断的结论。例如，一高校某系 2004 年有 150 名毕业生，在对这 150 名同学逐个调查后发现，其中有 96 人通过了六级英语考试，据此我们能够得到一个必然可靠的结论：该系 2004 年毕业生有 64% 通过了六级英语考试。这种推理可以叫做完全统计归纳推理。

完全归纳推理的结论虽然必然可靠，但它的前提必须穷尽一类事物的全部对象。当一类事物的对象无穷多（如自然数）或数量非常大时，就不能通过完全归纳推理得出结论。在这种情况下，只能应用不完全归纳推理。

三、简单枚举归纳推理

根据某类中的部分对象具有某属性，推断该类全部对象具有某属性的推理叫做不完全归纳推理。传统逻辑所说的不完全归纳推理，主要指简单枚举归纳推理。

1. 什么是简单枚举归纳推理

简单枚举归纳推理就是根据已观察到的某类部分对象具有某属性，而且没有遇到相反事例，从而推断该类对象全部具有某属性的推理。

前面所举的例 6-2-1，就是一个简单枚举归纳推理。

简单枚举归纳推理的一般形式是：

S_1 —————— P

S_2 —————— P

……

S_n —————— P

$S_1, S_2 \cdots\cdots S_n$ 是 S 类的部分对象，且没有发现反例

所以，所有 S —————— P

下面再举一个著名的例子:

【例 6-2-3】8 是两个素数相加之和(3+5);

10 是两个素数相加之和(3+7);

12 是两个素数相加之和(5+7);

14 是两个素数相加之和(3+11);

16 是两个素数相加之和(3+13);

……

100 是两个素数相加之和(3+97);

8,10,12……100 是不小于 8 的偶数中的部分对象,且没有发现反例;

所以,所有不小于 8 的偶数可能都是两个素数之和。

2.简单枚举归纳推理结论的或然性

简单枚举归纳推理前提和结论的联系是或然的,这是因为它的结论仅仅建立在"对一类中的部分对象进行考察且未发现反例"的基础之上。未发现反例不等于在未考察的对象中不存在反例,因此所得出的全称结论不是必然可靠的。例如,在很长时期内,人们在欧洲、亚洲、美洲、非洲等地看到的天鹅都是白色的,于是便认为"世界上所有的天鹅都是白色的",但是,后来人们在澳洲发现了黑色的天鹅,于是原来的结论被推翻。

上面例 6-2-3 的结论就是著名的"哥德巴赫猜想",该命题至今没有得到演绎的证明,因此即使现在用计算机验证了上亿个偶数均没有发现反例,也不能成为一条数学定律。

著名数学家华罗庚先生在一本普及性的小册子《数学归纳法》中曾经举过这样一个例子:

【例 6-2-4】从一个袋子里摸出来的第一个是红玻璃球,第二个是红玻璃球,甚至第三个、第四个、第五个都是红玻璃球的时候,我们立刻就会产生一种猜想:"是不是这个袋子里的东西全部都是红玻璃球?"但是,当我们有一次摸出一个白玻璃球的时候,这个猜想失败了。这时,我们会产生另一个猜想:"是不是袋子里的东西全部都是玻璃球?"但是,当有一次摸出来的是一个木球的时候,这个猜想又失败了,那时我们会产生第三个猜想:"是不是袋子里的东西都是球?"这个猜想对不对,还必须继续加以检验,直到把袋子里的东西全部摸出来才能见个分晓。

此例对简单枚举归纳推理结论的或然性作了非常形象的说明。

3. 如何提高简单枚举归纳推理结论的可靠性程度

对于任何或然性推理,都存在着如何相对地提高它的可靠性程度的问题。这是非演绎推理中逻辑学所要解决的主要问题。

要提高简单枚举归纳推理结论的可靠性,必须注意以下几点:

第一,前提考察的对象数量要足够多。一般来说,前提考察的对象越多,结论的可靠性程度就越高。以例 6-2-4 为例,如果袋子里共有 100 个东西,我们只摸出 3 个,发现它们都是红玻璃球,就得出"袋子里都是红玻璃球"的结论,显然是不太可靠的;但是如果摸出 10 个对象还没有发现反例,得出相同的结论就要可靠得多;如果摸出 50 个对象再得出该结论,那就更加可靠。

第二,前提考察的对象分布范围要广,要有一定的代表性。仍以例 6-2-4 为例,设允许摸出的对象限制为 5 个,如果从袋子里某一个地方(如靠近袋口处)摸出 5 个对象没有发现反例,得出"袋子里都是红玻璃球"的结论,显然不太可靠;但是,如果从袋口、袋底、袋子中间和袋子两边等 5 个不同地方,摸出 5 个对象没有发现反例,得出相同的结论就可靠得多。在进行社会调查选择调查对象、对大宗产品进行质量检验抽取样品的时候,特别要注意这一点。

第三,要注意从最有可能出现反例的地方去寻找反例。由于简单枚举归纳推理是以没有发现反例为必要条件的,因此,如果在最可能出现反例的地方也找不到反例,结论的可靠性程度就比较高。例如,一个企业要对所生产的大宗产品(例如胶卷)进行质量检验,在一个工作日刚开始和快要结束的时候,最容易出现质量问题,这时应该抽取较多的样品送检,如果没有发现质量问题,得出"今日出产的所有产品都合格"的结论,就比较可靠。

第四,如果可能,可对前提所考察的对象具有某属性的原因进行分析。如果不仅知道 $S_1, S_2 \cdots \cdots S_n$ 具有 P 属性,而且分析出它们为什么具有 P 属性,也就是通常所说的"知其然又知其所以然",得出的结论就要可靠得多。

【例 6-2-5】20 世纪 60 年代初,人们初次发现鸡、鸭吃了发霉的花生会得癌症死去;后来又对别的动物做实验,发现牛、羊吃了发霉的花生会得癌症死去,白鼠、鸽子等吃了发霉的花生也会得癌症死去。为什么这些动物吃了发霉的花生会得癌症呢?科学家们对发霉的花生进行化学分析,发现发霉的花生中含有很多黄曲霉素,而黄曲霉素是一种强烈的致癌物质。由此人们得出结论:动物在吃了发霉的花生后会得癌症死去。

在这一认识过程中,由于对动物吃发霉花生得癌症的原因作了科学分析,就大大提高了结论的可靠性程度。

这种通过因果分析以提高简单枚举归纳推理结论的可靠性的方法,有的逻辑读本叫做"科学归纳法"。本书不采用这种提法,因为很难从形式上判定所作的因果分析是否科学。

如果在运用简单枚举归纳推理时不注意以上要求,仅仅根据对一类事物中少数并不具有代表性、典型性的对象的考察,甚至无视反例的存在,就得出结论,并且又把这种结论当作可靠结论来看待,就会犯"以偏概全"(又叫"轻率概括")的逻辑错误。例如,某人根据他所接触到的几个商人都有偷税漏税行为,就断定"商人没有一个不偷税漏税";某人根据个别大学生素质差的事例就断言"90后是垮掉的一代";某名牌学府的教授根据个别上访人员的表现就断言"老上访户至少百分之九十九以上是偏执型精神障碍"。这些简单化的思维就是"以偏概全"。

4. 简单枚举归纳推理的作用

简单枚举归纳推理虽然比较简单,而且推理的结论可靠性程度也不高,但它却是归纳推理中最基本、最常用的一种。其他归纳推理都是在简单枚举归纳推理的基础上进行的。

在日常生活、生产实践、经济社会活动和科学研究中,简单枚举归纳推理都得到了广泛的应用。

简单枚举归纳推理是提出科学假说的一种重要方法,它得出的或然性结论往往成为人们进一步研究的起点。

四、典型归纳推理

1. 什么是典型归纳推理

典型归纳推理是根据对某类中少数典型对象(即标本)的考察,得出典型对象的属性就是该类所有对象共同属性的推理。例如,要研究麻雀是以粮食为主要食物,还是以虫子为主要食物,并不需要对大量麻雀进行观察解剖,只要选择少量标本进行观察解剖就可以了。20世纪50年代,人们在不同季节、不同地区分别解剖了几只麻雀,发现它们除了庄稼成熟时外,多数时间以小虫为主要食物,由此得出"麻雀以小虫为主要食物"的结论,并进而指出麻雀不是害鸟而是益鸟。再如,要测量某种品牌汽车的耐碰撞性能,也不需要去测试成千上万辆汽车,只要选出一二辆来进行测量研究就能得出比较可靠的数据。在社会科学研究中,选取典型事例进行研究,从而得出一般性结论的做法更是被广泛采用,例如对某一典型犯罪团伙的调查研究,可以得到对所有同类型犯罪团伙的共性认识,从而确定打击它们的策略,并制定出防止出现新犯罪团伙的措施。

典型归纳推理可用公式表示如下：

S_1 ———————— P
……
S_n ———————— P
<u>S_1……S_n 是 S 类中有代表性的个体</u>
所以，所有 S ———————— P

典型归纳推理是在简单枚举归纳推理的基础上进行的,因为人们一般是先通过简单枚举归纳推理得出一些初步的认识,再选取典型对象进行深入研究的。

2.典型标本的选择

典型归纳推理和简单枚举归纳推理的一个重要差别是:结论的可靠性程度与前提考察对象的数量相关性程度不高。它的结论可靠与否,主要不在于考察对象的多少(有时甚至只要一个标本就够了),而在于选出的标本是否真正具有典型性,是否能作为某类的代表性个体。

那么,应该如何选择作为典型的个体呢？典型通常应该具有两个方面的条件：

第一,典型必须具有类的定义属性。定义属性是一类事物区别于其他类事物的属性。例如,假定我们要研究金属,选择的对象必须具有金属的特有属性,如"具有光泽,不透明,富有延展性及导热性"等。这似乎是不言自明的,但过去很长一段时期内,人们却曾将一些不具有资本主义特有属性的事物当作资本主义的典型来研究,并进而加以"深入批判"。

第二,作为典型归纳推理的标本对象,应该是一类中的普通对象,而不应该是非常特殊的对象。例如,要研究金属在超低温下的物理性质,不宜选择稀有金属或金、铂等贵重金属作为考察典型,最好选择铁、铜、铅等常见金属作为标本。在社会调查中,要考察腐败官员的活动规律,也不宜以最大的腐败分子如成克杰之流作为标本(成克杰确实是贪官"典型",但这不是典型归纳推理中的典型,因为他的活动具有太多的特殊性,其特点不能推广为腐败官员的一般共性),而宜选择几个县级、地市级的腐败官员作为标本进行深入调查,因为这些人是腐败官员中最普通的对象,有些大贪官最初也是在县、市级任职时开始腐败的。

五、统计归纳推理

1. 什么是统计归纳推理

在对 S 类的部分对象进行考察时,往往会遇到这种情形:有的对象具有 P 属性,也有的不具有 P 属性。这时运用简单枚举归纳推理既不能得出"所有 S 是 P"的结论,也不能得出"所有 S 不是 P"的结论,因为二者都存在反例。但是,如果考察的对象足够多,就可以根据考察结果得出"S 类有 n％是 P"这样的结论。这种结论叫做统计判断,其推理过程则称为统计归纳推理。

统计归纳推理就是根据被考察的样本中百分之几的对象具有(或不具有)某属性,从而推出该类全部对象有百分之几具有(或不具有)某属性的推理。

【例 6-2-6】1943 年美国有关部门对该年出生的婴儿的性别进行逐一统计,结果表明当年出生的男婴总数为 1506959 人,女婴总数为 1427901 人,折合成百分比为 51.35％对 48.65％,根据这个统计结果,可以得出结论:美国新生儿中有 48.65％是女婴。

【例 6-2-7】某高校在该校 15 个院系 2010 级 5200 名新生中随机抽取 450 名学生为样本,对他们的家庭经济情况进行调查,结果其中有 68 名学生的家庭经济情况符合有关部门规定的"特困生"标准,占 15.1％。学校根据这一统计结果得出结论:本校有 15％左右的学生属于特困生。

以上两例得出结论的过程都应用了统计归纳推理。统计归纳推理的形式可以用公式表示如下:

　　　　已考察的 S 类样本中有 n％是 P
　　　　所以,整个 S 类有 n％是 P
　　统计归纳推理与简单枚举归纳推理的差别有两点:第一,简单枚举归纳推理的前提一般不会太多,通常人们不会考察成百上千的对象才得出或然的结论,而统计归纳推理的前提考察的对象数量通常都足够多;第二,简单枚举归纳推理的结论是全称判断,而统计归纳推理的结论是统计判断(又叫百分比判断)。统计归纳推理结论的可靠性程度高于简单枚举归纳推理,但它由样本推广到全类,结论的断定范围也超出了前提考察的范围,因此其结论仍然是或然的。

　　2. 如何提高统计归纳推理结论的可靠性程度

　　为了提高统计归纳推理结论的可靠性程度,应当注意以下几点:

　　第一,选出的样本应尽可能多。样本数量越多,统计的数据就越可靠。例如,如果我们仅仅调查 30 个学生的家庭经济情况,就得出有关全校特困生比例的结论,显然是不太可靠的。

　　第二,如果可能,样本要从总体的各个层次中随机抽取。利用分层抽样方法可以使样本更具有代表性。例如,如果仅从一两个院系选择若干学生考察,得到的数据往往不能说明全校学生的情况。

　　第三,统计得到的数据只能说明当时的情况。因为事物是在不断发展变化的,如学生家庭经济情况可能会因为经济的发展或自然灾害等,在一年后就发生较大变化,因此上一年统计数据到下一年就不一定可靠。

　　3. 关于概率归纳推理

　　概率是现代归纳逻辑的一个重要概念。有的逻辑读本在介绍统计归纳推理的同时还并列介绍"概率归纳推理",①另一些读本则认为"统计归纳推理即概率归纳推理"。② 我们认为,在日常思维中,概率归纳推理实际上是统计归纳推理的一种应用形式。

所谓概率,就是对某一随机事件出现的可能性大小作出的数量方面的估计。概率判断的标准形式是:任意一 S 有 n ％ 的可能是 P。这一判断与"整个 S 类有 n ％ 是 P"的差别在于,前者是对任一个体具有 P 属性的可能性大小的断定,而后者则是对整个类具有 P 属性的对象所占比例的断定。

概率判断与统计判断之间的关系是:从后者能够推出前者。例如,从"美国有 48.5％的婴儿是女的"可以推出"任意一即将出生的美国婴儿有 48.5％的可能是女的"等。由此可见,概率判断实际上是将统计推理的结论应用到该类任一个体对象的结果,得到概率判断必须通过统计归纳推理这一步骤。了解了概率判断和统计判断之间的关系,普通逻辑就没有必要将"概率归纳推理"作为一个单独的类别来介绍。

第三节 类 比 推 理

一、什么是类比推理

类比推理是根据两个(或两类)对象在一系列属性上相同(或相似),推断它们在另一属性上也相同(或相似)的推理。例如,黄岩蜜橘是我国浙江省特产的优质柑橘品种,后被引种于美国加利

---

① 中国人民大学逻辑教研室:《逻辑学》,270~274 页,北京:中国人民大学出版社,1996;何向东主编:《逻辑学教程》,173~178 页,北京:高等教育出版社,2004。

② 吴家国等:《普通逻辑》增订本,286 页,上海人民出版社,1993;黄华新等:《新逻辑学》,236 页,杭州:浙江大学出版社,1999。

福尼亚州。为什么会想到移植到加利福尼亚州呢？因为在引种之前，美国曾派出一个考察小组到浙江省黄岩地区进行实地考察，收集到当地地形、土质、水文、气温、降雨量等方面的资料，跟美国一些地区相比后发现，加利福尼亚州在这些方面与浙江省最为相似，于是便首先在加利福尼亚州试种，果然取得成功。

在美国人确定试种地点的过程中，实际上应用了下面的推论：

  加利福尼亚州与中国浙江省在地形、土质、水文、气温、降雨量等方面是相似的，

  中国浙江省适合种植优质柑橘黄岩蜜橘，

  所以，加利福尼亚州也适于种植这种优质柑橘。

这是一个在农业生产方面应用类比推理的典型例子。

类比推理的一般形式是：

  A 对象具有 abcd 属性，

  B 对象具有 abc 属性，

  所以，B 对象很可能具有 d 属性。

公式中的 A 和 B，代表的可以是两个个别的具体事物，也可以是两类事物。

为什么根据两个或两类对象在一些属性上相同或相似，就能推断它们在另一属性上也相同或相似呢？这是因为事物的属性与属性之间是具有一定的相关性，如上例中已知共同属性地形、土质、水文、气温、降雨量等方面的条件，与是否适合某种植物的生长有着很大程度的相关性。事物属性之间的这种相关性，就是类比推理的根据。

二、类比推理结论的或然性

类比推理结论断定的范围已超出了前提断定的范围，它的前提与结论之间的联系是或然性的，即使前提是真的，结论也不必然为真。这是因为任意两个或两类对象之间总是有差异的（否则就不成为两个或两类），如果所推出的属性是两个事物的差异之点，

则结论就会是假的。例如,在过去相当长的时间内,人们根据火星和地球有许多相似特点,如都是太阳系的行星,有几乎相同的昼夜变化,都有大气层、水分、适中的表面温度,其他物质组成也相似等等,推断火星上也可能存在着生命甚至高级动物,但是后来宇航考察证明了这种推断是错误的。

三、如何提高类比推理结论的可靠性程度

要提高类比推理结论的可靠性程度,必须注意以下两点:

第一,前提中已知的共同属性不能太少。一般而言,已知的共同属性越多,结论的可靠性程度就越高。因为两个或两类对象的相同属性多,说明它们在自然或社会领域中的地位也较为接近,类推的属性也就有较大可能是两个对象所共同的。例如,一种新药物在临床应用之前,总是先在动物身上进行试验,看看对于动物有无疗效,有无副作用,以此来类推它对人有无疗效或副作用。由于高等动物与人有更多的相似之点,因此总是选择高等动物(哺乳动物)来做这种药物试验,这比在较低等的动物(例如青蛙)身上做试验得到的结论要可靠得多。

第二,前提中已知的共同属性应与推出属性有较高的相关程度。这一点甚至比第一点更为重要。这是因为类比推理的根据,就是已知属性与推出属性之间的相关性,如果已知共同属性与推出属性相互没有内在联系,结论的可靠性程度就很低。例如前面所举的美国加利福尼亚州引种黄岩蜜橘的例子,如果美国派出的考察小组收集的不是浙江省地形、水文、土质、气候等方面的资料,而是收集人口密度、风俗民情、风景是否幽美等数据资料,然后在美国找一个在这些方面与浙江省相似的地方试种黄岩蜜橘,那么成功的可能性就比较小。

如果在运用类比推理时不注意以上两点,仅仅根据为数很少的共同属性,就推断对象具有与已知属性相关性程度不高的另一属性,这样的结论就是很不可靠的。这种错误的类推在逻辑上叫

做"机械类比"。例如,宣扬"上帝创造世界"的人曾经将钟表和宇宙进行类比,指出二者具有内部结构复杂、各部分之间结合巧妙、运转自然协调等"共同属性",而钟表之所以有这些属性是因为有一个设计、制作它的钟表师,由此证明宇宙也有一个设计、创造它的造物主——上帝。显然,宇宙和钟表是两个截然不同的事物,且推出属性与所谓的已知"共同属性"并没有内在联系。这是一个典型的"机械类比"。

四、类比推理的作用

类比推理在人们认识客观世界和改造客观世界的活动中,具有非常重要的作用。

第一,类比推理是科学发现的重要方法。科学上许多重要理论最初是通过类比推理提出来的。例如光的波动说就是荷兰科学家惠更斯运用类比推理提出来的,他把光和声两种物理现象进行类比,发现它们具有许多共同属性:直线传播、在同一介质中直射、通过不同介质时发生折射、遇到障碍物会反射或衍射等,当时已知声是一种波(周期运动),由此推断光也是一种波。这一推断后来被科学实验证实。再如人们所熟悉的阿基米德发现浮体定律的故事:

海罗在锡拉丘兹称王之后,为了显示自己的丰功伟绩,决定在一座圣庙里放上一顶金皇冠,献给不朽的神灵。海罗与承包商谈好价钱,订了合同,并精确地称出黄金交给了他。到了规定的日期,制造商送来了做工极其精美的皇冠,大王极为满意。看起来皇冠的重量与所给的黄金重量完全相符,但后来有人告发说,在做皇冠时,商人盗窃了金子,加上了等量的白银。海罗认为自己受了欺骗,实在是奇耻大辱,但又没有办法把窃贼的嘴脸揭露出来,就命阿基米德想想办法。阿基米德连洗澡的时候都在想这件事,当他进澡盆时,发现自己的身体越往里浸,从盆里溢出的水就越多。这可找到解决问题的办法了,他一下子从澡盆里跳出来,光着身子欣喜若狂地冲回家,一边大声喊叫说他找到朝思暮想的答案了。(乔治·伽莫夫《物理学发展史》)

阿基米德正是通过人体与皇冠之间的类比,推知能用排水量来精确测定形状不规则的物体(皇冠)的体积,并进而计算出物体的密度。科学发展史上类似的例子可以说是不胜枚举的。

类比推理是创造性思维中常用的思维方法,一个人创造能力的高低,在很大程度上与他是否善于运用类比推理相关,所谓"举一反三"、"触类旁通",也就是善于运用类比推理。

第二,类比推理是现代工程技术中摹拟方法的逻辑根据。我国古代就有著名工匠鲁班从带齿的草叶划伤手指受到启发而发明锯子的传说。现代工程技术中人们更广泛地应用摹拟方法来进行工程研究。20 世纪 60 年代出现的新学科——仿生学,就是专门研究生物系统的结构和功能,并创造出摹拟它们的技术系统。例如,青蛙的眼睛是跟踪运动目标(飞虫)的非常完善的器官,人们研究蛙眼的结构与反应原理,设计出摹拟蛙眼的电子模型"电子蛙眼",用来监视空中的飞机以及跟踪天上的卫星。这种由自然原型向技术模型过渡的类比推理可表示如下:

自然原型具有 abcd 属性,
<u>设计的技术模型令它具有 abc 属性,</u>
所以,技术模型也可能具有 d 属性。

显然,它是类比推理形式的一种应用。

除了仿生技术外,现代工程技术中的模型试验也是类比推理的应用,人们利用模型试验来研制诸如新型飞机、通讯卫星,以及设计水利电力工程、防震的高层建筑物等,就是根据试验模型的性能来推断研制原型的性能。

第三,类比推理也是一种说理的方法,在逻辑论证中可以用作辅助论证的方法。《战国策·齐策》记载的"邹忌讽齐王纳谏"故事中，邹忌说服齐王广开言路就用了类比推理，其类推过程如下：

  我（邹忌）：有人偏爱我，有人惧怕我，有人有求于我，这些人都说假的好话来蒙蔽我；

  您（齐王）：有人偏爱您，有人惧怕您，有人有求于您；

  所以，这些人都说假的好话来蒙蔽您。

  在科学发展史上，用类比推理来为新的理论辩护也不乏其例。例如，哥白尼的"地动说"曾遭到强烈反对，最主要的反对理由是所谓"塔的证据"。反对者说，根据"地动说"，地球每天自转一周，因此地球表面上任何地点在很短暂的时间内都将运动很大一段距离。如果有一块石头从一座塔顶上落下来，那么在下落过程中，由于地球自转的缘故，塔已经离开了原来位置，因此下落的石头应该落在距塔基相当远的地面上。可是人们看到的实际情形并非如此。后来伽利略成功地运用类比推理解释了这一现象，他指出：塔的证据不能成为反对"地动说"的理由，这正如一条匀速航行的船，从桅杆顶上落下一件重物，总是落在桅杆脚下面而不是落在船尾一样。在17世纪40年代，法国人伽桑狄进行了一次"桅杆顶落石"的试验，结果与伽利略预期的相同。这就为"地动说"提供了极为有力的辩护（参见伽利略《关于托勒密和哥白尼两大世界体系的对话》）。

  类比推理作为一种或然性推理，其结论只是可能为真而不是一定为真，因此，虽然它可以用来说明某些道理，但不能独立用来完成对科学定理的逻辑论证。

第四节 溯因推理

一、什么是溯因推理

  溯因推理就是根据已知的事物之间的因果关系，从某事物情况的存在推出引起该事物发生的原因存在的推理。

  【例6-4-1】昆虫学家们在研究中发现，有些飞蛾能在2公里距离外吸引异性。小小的飞蛾为什么有这么强的吸引力呢？为了解释这一现象，美国昆虫学家 P. 卡拉汉教授在反复观察的基础上提出了"这些昆虫是用红外辐射的方法向远处的异性发出信号的"的推测。这一推测后来得到了实验的证实。

卡拉汉提出上述推测的思维过程可以整理如下：

飞蛾能在远距离外接收异性发出的信号；

如果这种信号是用红外辐射的方法传递的，那么就能在远距离外接收；

所以，这种信号很可能是用红外辐射的方法传递的。

这一推理的一般形式可以用公式表示如下：

E

如果 H，那么 E

所以，可能 H

在上式中，"E"代表已经观察到的待解释的现象，"H"则是能够使 E 得到合理解释的一种可能的原因，"如果 H，那么 E"则表示 H 是可以引起 E 出现的一个充分的原因。

这一公式与演绎推理中充分条件假言推理的肯定后件式是相似的，所不同的是，此处推出的是或然的结论。这种推理模式在演绎推理中是违反逻辑的无效式，但作为一种或然性推理，它在思维中是经常应用的。

上述推理模式是溯因推理的一种简化，严格说来，溯因推理实际上不是一种形式化的推理，它不是根据假言判断的逻辑性质进行推演的，因为其关键的过程是如何提出可以解释 E 现象的原因 H，也就是如何构造"如果 H，那么 E"这个假言判断，在这一过程中人们必须运用许多相关的其他知识，例如上述例子中卡拉汉必须知道"红外辐射可以向远处传递很微弱的信号"的基础知识，这实际上是进行溯因推理的必要前提。

美国哲学家 N.汉森明确地将溯因模式表述为：

(1)某一令人惊异的现象 E 被观察到。

(2)若 H 是真的，则 E 理所当然地能得到解释。

(3)因此有理由认为 H 是真的。

二、溯因推理的类型

溯因推理有两种主要类型，即简单式和复杂式。

1. 简单式

溯因推理的简单式是从某一待解释现象的存在提出一个可能的原因存在的推理。它的结论是一个或然性的简单判断。上页的公式就是溯因推理简单式的公式。

我们举出两个运用简单式溯因推理的例子：

【例 6-4-2】甲在案件发生后神情显得很紧张；如果他是这起案件的作案人，他在案发后会显得紧张；所以，甲有可能是这起案件的作案人。

【例 6-4-3】这台电脑的数据在 5 月 8 日这一天全部丢失；如果电脑遭到病毒的袭击，数据就会快速地全部丢失；所以这台电脑可能遭到病毒的袭击。

2. 复杂式

溯因推理的复杂式是从某一待解释现象的存在提出若干个可能的原因至少有一存在的推理。这种推理的结论是一个或然性的选言判断。其形式可以用下面的公式表示：

　　E

　　如果 H_1，那么 E

　　如果 H_2，那么 E

　　……

　　如果 H_n，那么 E

　　所以，可能(H_1 或者 H_2……或者 H_n)

由于因果关系具有复杂性，不同原因可以引起相同的结果，因此,对一个待解释现象,可能给出几种不同的合理的解释。

在医生诊断疾病、工程技术人员确定设备故障、公安人员侦破案件、企业分析产品滞销的原因等场合,在初始阶段都要运用复杂式的溯因推理。下面是应用复杂式的溯因推理的一个例子:

【例 6-4-4】

  某片土地水稻长势不好;
  如果水分不适量,那么水稻会长势不好,
  如果水稻品种退化,那么水稻会长势不好,
  如果肥料不充足,那么水稻会长势不好,
  如果发生了病虫害,那么水稻会长势不好,

  所以,某片土地可能水分不适量,或者水稻品种退化,或者肥料不充足,或者发生了病虫害。

复杂式的溯因推理的结论是一个可能为真的选言判断,对这个选言判断,一般要继续运用否定肯定式的选言推理逐项加以排除,最后得到比较确切的结论。在排除的过程中可能还要运用其他推理。举一个简单的例子:

【例 6-4-5】

  甲发高烧;
  如果他患了肺炎,那么他发高烧,
  如果他患重感冒,那么他发高烧,
  所以,甲可能患了肺炎,或者患了重感冒。
  如果他患肺炎,用 X 光透视就能看到肺部有阴影,
  但 X 光透视检查没有发现肺部有阴影,
  所以他没有患肺炎。
  最后诊断:甲患的是重感冒。

在这一简单的诊断过程中,先后运用了溯因推理、充分条件假言推理否定后件式和选言推理否定肯定式。这一例子也可以说明,人们在思维过程中常常是将演绎推理和非演绎推理有机地结

合在一起应用的。

最后诊断虽然是通过选言推理得到的,但其选言前提是通过溯因推理得到的或然性结论,因此最终结论(诊断)也不是必然可靠的。

三、溯因推理的作用

在前面所举的例子中,我们已经可以看出溯因推理在日常生活、工作中得到了广泛的应用。而在传统逻辑中却没有溯因推理的地位,这是传统逻辑一个明显的不足。

下面我们通过两个例子来说明溯因推理在科学研究中的作用。

【例 6-4-6】人们在观察世界地图时发现,非洲西海岸线和南美洲东海岸线惊人地吻合。如何解释这一现象呢?科学家魏格纳以已知的有关地球构造的知识为基础,提出了著名的"大陆漂移说":两块大陆原来是一个整体,后来由于地球的自转和潮汐的力量,才裂开成为两块,经过千百万年缓慢的漂移,才形成了今天的大西洋。这一著名假说后来得到地质考察结果的支持。

【例 6-4-7】天文学家哈勃通过天文观察,发现所有星系的光谱都有红移现象,从而概括出哈勃定律:星系红移的大小与星系离开我们的距离成正比。为什么会出现哈勃定律所概括的这类现象呢?为了追溯原因,人们提出了"宇宙膨胀说",从而使哈勃定律获得理论的解释。为什么宇宙会膨胀呢?人们又提出了"宇宙大爆炸说"。为什么宇宙会发生大爆炸呢?这可能是一个没完没了的问题,但是人类就是在这种对自然和社会现象的不断思索中,逐渐接近真理的,在这一过程中,溯因推理起着非常重要的作用,它激励人们不断地对已知现象提出合理的解释,以揭示大自然和社会发展的奥妙。

以上例子说明，溯因推理在科学研究中的主要作用在于：它是提出科学假说的一种重要方法。

第五节　探求因果联系的逻辑方法

因果关系是事物之间存在的一种普遍联系。不管是自然界还是人类社会，各种事物都是与其他事物互相联系、互相制约的。如果事物情况 A 的出现引起了事物情况 B 的出现，那么 A 与 B 之间就有因果联系，A 是 B 的原因，B 是 A 的结果。

因果关系具有相对性。B 对于 A 来说是结果，但如果 B 又引起另一事物情况 C 的出现，则 B 又是 C 的原因。例如，物体摩擦会引起物体发热，而发热又会引起体积膨胀。在这里，物体发热相对于物体摩擦来说是结果，而相对于物体体积膨胀来说则是原因。

因果联系又具有复杂性。事物出现的原因往往不是单一的，事物对其他事物的影响也往往不是单一的。一因多果、多因一果、多因多果等现象都是很正常的。

因果联系具有时间上的先后相继性，原因总是在先，结果总是在后。因此，如果要寻找某事物发生的原因，是不能到它出现以后才发生的现象中去找的。虽然原因总是发生在前，结果总是出现于后，但如果不加分析地将短期内相继出现的事物看成必然有因果联系，例如将彗星、流星雨、海啸、地震等宇宙现象和自然灾害看成是随后发生的社会动荡或领袖人物逝世的原因，那就犯了"以先后为因果"的逻辑错误。

溯因推理的前提之一是"已知的事物之间的因果关系"，这种知识是从何而来的呢？为了提高归纳推理结论的可靠性程度，就要分析 S 具有 P 属性的原因，人们又是如何知道其原因所在呢？在日常工作和科学研究中，寻找事物发生的原因是问题取得突破的关键环节，人们怎样才能找到事物发生的原因呢？

传统逻辑总结出五种探求因果联系的逻辑方法,这些方法由英国哲学家培根作出初步的概括,而由逻辑学家穆勒加以系统的整理和阐述,因此在逻辑史上被称为"穆勒五法"。

探求因果联系的逻辑方法是传统归纳逻辑的重要内容,由于它的运用范围远远超出狭义的归纳推理,而且经常单独运用于科学研究和日常思维以得到新的结论,具有推理"从已知判断推出新判断"的特征,因此可以视为非演绎推理一种独立的形式,我们把它定义为"根据事物情况共存或共变现象推出因果关系存在的推理"。

一、求同法

求同法的内容是:如果在被研究的现象出现的若干场合中,只有一个情况是共同的,则这个唯一的共同情况很可能与被研究现象有因果联系。

求同法可用公式表示如下:

场合	相关情况	被研究的现象
①	ABC	a
②	ADE	a
③	AFG	a

所以,A 与 a 之间可能有因果联系。

例如,2008 年 9 月 8 日,中国人民解放军第一医院泌尿科接收了一名来自甘肃岷县 8 个月大患有"双肾多发性结石"和"输尿管结石"病症的婴儿,自 6 月 28 日以来,该医院已收治 14 名患有相同疾病的不满周岁的婴儿。据媒体报道,除甘肃外,山东潍坊、湖北、安徽、湖南、江西等地也出现了类似情况。患儿的最大共同点,是长期食用同一种品牌的婴幼儿奶粉。人们据此推断:食用该种品牌奶粉是导致婴幼儿患肾脏和输尿管结石的原因,后来得到更多事实和科学实验的证实。

求同法的特点是"异中求同",即在许多不同的情况中寻找唯一的共同情况。

求同法的结论是或然的。运用求同法时,要注意以下两点:

第一,要确认 A 是否确实是唯一的共同情况,如果因为考察不细致,没有发现在相关情况中除 A 外还有另一共同情况 Z,则很可能 a 现象的真正原因是 Z。

第二,要注意分析 a 现象是不是由不同的原因引起的。由于因果联系的复杂性,同一现象可能是由不同原因造成的,例如,上述公式中的 B、D、G 等,也可能是引起 a 现象的原因。曾经有一个学生连续几天晚上一看书就失眠,他认为看书是造成失眠的原因,而实际上,他为了晚上看书提精神,每次晚饭后都要喝一杯浓茶或者咖啡,失眠的真正原因是喝茶或咖啡,而不是看书。

二、求异法

求异法的内容是:如果在被研究的现象出现和不出现的正反两个场合中,只有一个情况不同,其他情况都相同,则这个唯一不同的情况很可能与被研究现象有因果联系。

求异法可用公式表示如下:

场　合	相关情况	被研究的现象
正面场合	ABCD	a
反面场合	－BCD	－

所以,A 与 a 之间可能有因果联系。

例如,油菜打薹的技术是这样发现的:一开始,人们偶尔发现一两株无意间被碰断了主薹茎的油菜植株比其他植株结的菜籽多,这是不是有其必然性呢?第二年人们对同一块地里的油菜做了对比试验,对其中半块地上的油菜打了薹,另一半则不打薹,结果打了薹的半块地上的油菜籽比不打薹的油菜籽产量高得多。由于用来对比试验的油菜其他条件完全相同,因此可以断定打薹是提高油菜产量的重要措施。

求异法的特点是"同中求异",即从正反两个场合的许多相同点中找出唯一的不同点来。求异法一般是通过实验来得出结论的,因为在自然状态下,人们很难遇到其他情况都相同的情形,而实验中人们可以人工控制其他条件相同。求异法的结论比求同法可靠,是人们在科学实验中广泛运用的方法。

运用求异法时,要注意考察在正反两个场合中是否确实只有一个情况不同,如果不是,例如在正面场合有 Z,而在反面场合没有 Z,则 a 现象的原因可能是 Z 而不是 A。例如,有一个学生一上课就感到头痛,而一下课头痛就好了,他为此非常苦恼,认为上课是引起头痛的原因。后来他去看医生,医生发现他头痛的真正原因是所配的眼镜度数不对,因为他上课时才戴眼镜,下课时不戴,所以才有上课头痛下课就好的现象。

三、求同求异并用法

求同求异并用法的内容是:如果在被研究的现象出现的若干场合中只有一个共同情况,而在被研究的现象不出现的若干场合中,都不出现这个情况,则这个情况很可能与被研究的现象有因果联系。

求同求异并用法可用公式表示如下:

场合		相关情况	被研究的现象
正面场合	①	ABC	a
	②	ADE	a
	③	AFG	a
	……		
反面场合	①	−BH	−
	②	−DK	−
	③	−FN	−
	……		

所以,A 与 a 之间可能有因果联系。

例如,人们很早就发现种植大豆、豌豆、蚕豆等不需要施氮肥,这是什么原因呢？研究者们发现豆类植物根须上都有许多球状突起——根瘤，它是不是跟豆类植物不需要施氮肥有关？科学家又仔细观察了小麦、甘蔗、棉花等非豆类植物，发现它们根部没有根瘤，由此得出结论：豆类植物不需要施氮肥与根瘤有关。后来人们在豆类植物的根瘤中找到一种特殊细菌——固氮菌，它可以将空气中的氮气转化为可被植物吸收的氮化物。至此，豆类植物不需施氮肥的谜被解开。

求同求异并用法的特点是"两次求同，一次求异"，即先在一组正面场合求同，再在一组反面场合求同，然后再对正反两组场合进行对比求异。它不是求同法和求异法的简单相加，因为它在进行对比研究时，并不像求异法那样要求正反场合其他情况都相同。由于这一点，求同求异并用法就不但可以应用于实验，而且可以应用于观察和社会调查，分析各种自然现象和社会现象出现的原因。

四、共变法

共变法的内容是：如果在被研究的现象发生变化的若干场合中，只有一个情况也在变化，其他情况都不发生变化，则这个唯一变化的情况很可能与被研究的现象有因果联系。

共变法可用公式表示如下：

场合	相关情况	被研究的现象
①	A_1BC	a_1
②	A_2BC	a_2
③	A_3BC	a_3

所以，A 与 a 之间可能有因果联系。

例如，科学家们发现地球磁场发生磁暴（磁场强度的突然变化）的周期与太阳黑子变化的周期总是一致的：每当太阳黑子活动频繁时，地球磁场磁暴发生的次数也增多；每当太阳黑子活动相对平缓时，地球磁场磁暴发生的次数也减少。对于宏观自然现象来说，地球上其他自然现象或社会现象的变化是可以忽略不计的。

科学家们据此得出结论:地球磁场的磁暴现象与太阳黑子活动之间存在着因果关系。

共变法的特点是"变量相关",即在其他情况都不变的时候,两个相关的变量之间往往存在着因果关系。应用共变法时,要注意在各个场合中是否只有 A 与被研究的现象 a 在共同变化,如果除了 A 以外,还有一个我们没有发现的现象 Z 也在与 a 同时发生变化,则 a 的真正原因可能是 Z,而不是 A。

五、剩余法

剩余法的内容是:如果已知某一复合现象是另一复合现象的原因,同时又已知前一复合现象间的某些因素是后一复合现象中的某些因素的原因,那么,前一现象中的剩余因素与后一现象中的剩余因素之间很可能有因果联系。

剩余法可用公式表示如下:

  复合现象 ABCD 与复合现象 abcd 有因果联系,
  B 与 b 有因果联系,
  C 与 c 有因果联系,
  D 与 d 有因果联系,
  ———————————————————————
  所以,A 与 a 很可能有因果联系。

例如,19 世纪科学家们根据万有引力定律计算出已知的各个天体对天王星的影响,从而算出天王星的运行轨道。但天文观察发现,天王星的实际运行轨道与计算推测的轨道有一定的偏离,这种偏离现象不能用已知的其他因素来解释,于是科学家们推断,必是有一颗尚未发现的大行星对天王星的引力使它的轨道与计算的轨道发生了偏离。后来人们果然找到了这颗大行星——海王星。

剩余法的特点是"由余果求余因",它一般只能用于对复合现象间因果关系的研究。

以上我们分别介绍了五种探求因果联系的方法。在实际思维或研究活动中,人们有时综合运用其中的两种或多种方法。必须指出,这五种方法只是研究活动中经常使用的简单的逻辑方法,掌握这些方法无疑是必要的,但仅仅用这几种方法,是不能完全了解自然界和人类社会许多复杂现象的原因的。穆勒等人曾经认为,就像任何人掌握了圆规和直尺就可以画出任何规则图形一样,掌握了这五种方法就能发现绝大多数现象间的因果联系。这显然夸大了这些方法的作用。

复习思考题

1. 什么是非演绎推理?非演绎推理与演绎推理的关系如何?
2. 获取和整理经验材料的方法有哪些?
3. 什么是归纳推理?为什么归纳推理能从个别的具体的知识推出一般的普遍的知识?
4. 什么是完全归纳推理?为什么说它是归纳推理中比较特殊的一类?
5. 什么是简单枚举归纳推理?如何提高简单枚举归纳推理结论的可靠性程度?何为"以偏概全"的逻辑错误?
6. 什么是典型归纳推理?如何选择作为典型的标本?
7. 什么是统计归纳推理?如何提高统计归纳推理结论的可靠性程度?
8. 什么是类比推理?为什么类比推理能从已知共同的属性推出未知的属性?类比推理有何作用?
9. 如何提高类比推理结论的可靠性程度?何为"机械类比"?
10. 什么是溯因推理?溯因推理的一般模式如何?
11. 溯因推理有哪些类型?溯因推理在科学研究和日常工作中有何作用?
12. 探求因果联系的逻辑方法有哪些?每种方法的主要特点是什么?试用公式来说明每种方法的要点。

练 习 题

一、以下结论能否通过完全归纳推理得到?

1. 在 24～28 之间没有质数。
2. 凡是大于 1 的数的平方都大于原数。
3. 每年 6 月中旬到 7 月上旬,长江中下游都出现梅雨天气。
4. 我国秦末以来的历次大规模农民起义,没有一次能建立起真正稳固的农民政权。
5. 我们班的所有同学都是本省人。

二、下列各题在得出结论过程中应用了哪一种归纳推理?是否有明显错误?

1. 人们发现,$3^2-1=8,5^2-1=24,7^2-1=48,9^2-1=80,11^2-1=120,13^2-1=168……$等号后的数字都是 8 的倍数,而 3,5,7,……都是大于 1 的奇数。根据以上发现,人们推断:一切大于 1 的奇数的平方减去 1,得到的数都是 8 的倍数。

2. 英国的戴安娜王妃因车祸身亡后,法国的一家报纸说"这一天是全世界男人都感到伤心的日子"。该报记者在巴黎街头对 350 名成年男子(其中包括近 100 名外国游客)进行随机调查,在被问及为何对戴妃的遇难感到震惊的问题选项中,有 309 人选"因为她的高尚人格",237 人选"因为她的绝世美貌",只有 27 人选"因为她曾经是王室成员"。该报由此得出结论说:戴安娜王妃在近 90% 的男人心目中是人格高尚的女人。

3. 象声词是摹拟客观事物某种声音的词,它反映客观事物在声音方面的特征,既具体,又形象。例如:汪汪——形容狗叫的声音,呼哧——形容喘息的声音,轰隆——形容雷声、爆炸声、机器声等,嘀嗒——形容水滴落下或钟表摆动的声音,扑通——形容重物落地或落水的声音,噼里啪啦——形容爆裂、拍打等的连续声音,喊喊喳喳——形容细碎的说话声。以上释义均选自《现代汉语词典》,这些例子说明,象声词是有实实在在词汇意义的。因此,那种认为象声词意义"比较虚"的观点是站不住脚的。

4. 数学上著名的"四色问题",早在 1840 年就提出来了。即在平面或球面上画地图,为了用不同颜色将邻近地区区别开来,只要四种颜色就能满足要求。但要证明四色定理,需要分析两千多个组合图形,进行 21 亿次判断。由于运算次数太多,这一命题长期得不到证明而成为数学上一个难题。直到 1976 年美国数学家阿沛尔和哈肯用高速电子计算机对所有的组合图形逐一进行验证,共运算了 1200 小时,至此,这个命题才得到了证明从而成为定理。

5. 1906 年美国物理学家 J.J. 汤姆逊获诺贝尔物理学奖,1937 年他的儿子 G.P. 汤姆逊也获得了诺贝尔物理学奖。

1903 年、1921 年居里夫人两次获诺贝尔化学奖,后来她的女儿艾琳娜·约里奥·居里也获诺贝尔化学奖。

1922 年,丹麦科学家 N. 玻尔获物理学奖,1975 年他的儿子 A. 玻尔也获此项奖。

1929 年,瑞典人 F. 欧勒-歇尔平获诺贝尔化学奖,他的儿子 V.F. 欧勒后来获诺贝尔生理学奖。

所以,凡父母是诺贝尔奖获得者,其子女也会是诺贝尔奖获得者。

三、试分析下列类比推理,它们得出结论的根据是什么?是否有明显的错误?

1. 人们把海豚的大脑与猿猴的大脑进行对比研究时发现:两者都具有绝对重量大,相对重量也大,都有广泛的沟回等属性。而已知猿猴是有智能活动的,由此推知海豚也是有智能活动的。

2. 我国古代有一个"焚猪验尸"的著名案例。据载,三国时吴国人张举在任句章县县令时,有一妇人杀死了丈夫,然后纵火烧毁房舍,声言"火烧夫死"。夫家对此产生怀疑,跑到县里告状,说是妇人杀害了丈夫,妇人不服。于是张举要来两头猪,一头当场杀死,另一头用绳索捆绑起来,同时把这两头猪放进干柴堆里,点火燃烧,结果发现:活猪烧死后嘴里有灰,而死后焚烧的猪嘴里无灰。然后检验男人的尸体,发现死者口中无灰,再来审问,妇人只好低头认罪。

3. 1816年的一天,法国医生雷奈克出诊去为一位年轻的姑娘看病。一见病人,雷奈克犯起愁来:她身体肥胖,要诊断她的心脏和肺部是否正常,按当时医生惯用的方法,把耳朵贴在病人胸部来听,肯定听不清楚,更何况她是一位年轻的姑娘。雷奈克抬头看见院子里有小孩在玩耍,头脑中突然浮现出几年前看到的一个孩子们玩的游戏:一个孩子用钉子轻轻敲打一块长木板的一头,另外的孩子争先恐后地把耳朵贴着本板的另一头,兴致勃勃地倾听着,并数着对方敲打的次数。

为什么木头能把声音清晰地传过来呢?雷奈克稍微想了想,只见他狠狠地拍了一下手说:"就是这样!就是这样!"

雷奈克要来几张纸,紧紧地卷成一个卷,然后把纸卷的一端按在姑娘的胸部上,另一端放在自己的耳朵上,侧着脸听了起来。"真是一个妙法。"雷奈克情不自禁地喊了一句,因为他清晰地听到了姑娘心跳的声音和肺部呼吸的声音。

回到家里,雷奈克找到一根木棒,做成了第一个"听诊器"。只不过他当时没有用"听诊器"这个名字,他把自己的发明亲切地称为"指挥棒"。

4. 一个家庭有一个家长,在家庭里发生纠纷的时候,就需要家长来裁决。国际问题要比家庭纠纷复杂得多,所以,国际大家庭也应该有一个"家长",当国与国之间的纠纷通过协商不能解决时,就应该让承担"家长"职责的国家来裁决。

四、分析下列溯因推理,指出它是如何得出结论的。

1. 人们发现英国的工业城市曼彻斯特附近的飞蛾(白色枝尺

蠖蛾)大多数是黑色的,而其他地区同类飞蛾大多数却是白色的。这是什么原因呢？人们考察了曼彻斯特附近的环境,发现周围的房屋、树木等因工业污染都呈黑色,于是对该市附近的飞蛾多数为黑色的原因提出以下解释:黑色飞蛾比白色飞蛾不易为鸟类等天敌发现因而得以幸存下来,这是"适者生存"的自然规律的结果。

2. 在 20 世纪 80 年代,医生们发现了一种奇怪的现象,少数患普通疾病的人在用药进行常规治疗时,不能取得在其他病人身上通常能得到的效果,这些人因为患普通疾病始终不能治愈导致多种疾病并发而衰竭死去。医学专家们在进行认真研究后提出初步推断:这些病人感染了一种新的病原体造成了免疫功能的丧失,以致一旦患病就无法治愈。后来,人们果然发现了这类病人血液里有一种以前从没有发现过的新病毒:AIDS(艾滋)。

五、下列研究活动中,应用了哪一种探求因果联系的逻辑方法？试分析它们是如何得出因果关系的结论的。

1. 加拿大洛文教授为了弄清候鸟迁徙之谜,曾将秋天捕捉到的几只候鸟,在入冬后,一部分置于白昼一天短于一天的自然环境里,另外的则置于日光灯照射之下的"白昼"一天天延长的人工环境里。到了 12 月间,他将两种环境里的候鸟全都放飞,结果发现,日光灯照射的候鸟像春天的候鸟一样面向北飞去,而未受日光灯照射的候鸟却留在原地。据此,洛文教授认为:候鸟迁徙的原因不是气温的升降,而是昼夜长短的变化。

2. 长期生活在又咸又苦的海水中的鱼,它的肉却不是咸的,这是为什么？科学家们考察了一些生活在海水中的鱼,发现它们虽然在体形、大小、种类等方面不同,但它们鳃片上都有一种能排盐分的特殊构造,叫"氯化物分泌细胞"组织。科学家们又考察了一些生活在淡水中的鱼,发现它们虽然也在体形、大小、种类等方面不同,但它们鳃片上都没有这种"氯化物分泌细胞"组织。由此可见,具有"氯化物分泌细胞"组织是海鱼在海水中长期生活而肉却不具有咸味的原因。

3. 有人做过一个十分有趣的统计:过去几百年间流传至今的466幅圣母玛丽亚的画像中,有373幅里圣子耶稣的头是靠在圣母左侧胸乳上的,这一数字大约是全部被统计画像的80%。

艺术是生活的概括,如果你稍微注意的话,就会发现大多数母亲也习惯把婴儿头靠左胸抱在自己的怀里。据心理学家统计,80%的母亲都是把婴儿头朝左抱在怀里。

为什么会这样?为此,有位心理学家做了以下两个实验:

一个实验是让一些婴儿间断地听每分钟72次的心跳录音。结果发现,这些婴儿在不听录音时啼哭时间是60%,而在听录音时,就比较安静,啼哭时间降至38%。

另一个实验是任选四组婴儿,每组人数相同,把他们放在声音环境不同的房间里。第一个房间保持寂静;第二个房间放催眠曲;第三个房间放摹拟的心跳声;第四个房间放真实的心跳声的录音。用这样的方法,试验一下哪一个房间里的婴儿最先入睡。结果是第四个房间里的婴儿,只用了其他房间中婴儿入睡所需时间的一半,就进入了梦乡。然后依次是第三个房间、第二个房间、第一个房间里的婴儿先后入睡。这个实验不但证明心跳声是一种有很强镇静作用的外界刺激,而且表明摹拟的心跳声的效果不如真的心跳声的效果。

4. 某农场进行过一项实验:在两个温室同时种上相同的庄稼——玉蜀黍与大豆。两个温室的土壤、湿度、温度和施肥的数量都相同,不同的是其中一个温室中配置了音响设备,每天播送若干小时优美的乐曲,而另一个温室则没有。实验的结果是:那些能经常"欣赏"优美音乐的庄稼比没有享受音乐的庄稼长得好,产量也高。由此他们得出结论:音乐能使庄稼增产。

5. 在19世纪,人们还不知道为什么某些人的甲状腺会肿大,后来人们对甲状腺肿大盛行的地区进行调查和比较时发现,这些地区的人口、气候、风俗等状况各不相同,然而有一个共同情况,即土壤和水流中缺碘,居民的食物和饮水也缺碘,由此得出结论:缺碘是引起甲状腺肿大的原因。

6. 德国夫顿堡矿业学院的矿物学教授威斯巴克在1885年发现了一种新矿石。他首先请当时著名的化学家李希特对矿石作定性分析,发现其中含有银、硫和微量的汞等。后来,他又请文克勒作一次精确的定量分析,一方面证明了李希特对矿物成分的分析是正确的,另一方面又发现,把各种化验出来的已知成分按百分比加起来,始终只能得到93%,还有7%的含量找不到下落。文克勒认为,既然已知成分之和只及93%,那么剩余的7%的成分必定是由矿物中含有的某种未知元素所构成。于是,他对矿石进行分离和提纯,终于得到了新元素。

六、以下是中央和国家机关公务员录用考试"行政职业能力测试"试卷"类比推理"题中的几道小题。请给予解答。(单项选择题)

每道题先给出一组相关的词,要求你在备选答案中选出一组与之在逻辑关系上最为贴近、相似或匹配的词。

1. (　　)对于手机相当于交流对于(　　)
A. 电视　文学　　　　　　B. 电脑　文化
C. 信号　文学　　　　　　D. 通讯　语言

2. 冠心病:传染病(　　)
A. 熊猫:哺乳动物　　　　B. 鲤鱼:两栖动物
C. 京剧:豫剧　　　　　　D. 细菌:病毒

3. 考古:文物:博物馆(　　)
A. 培训:员工:社会　　　B. 耕种:庄稼:土地
C. 贸易:商品:工厂　　　D. 教育:人才:企业

4. 打折:促销:竞争(　　)
A. 奖金:奖励:激励　　　B. 日食:天体:宇宙
C. 娱乐:游戏:健康　　　D. 京剧:艺术:美感

七、运用本章所学的逻辑知识,解答下列问题。

1. 世界各大卫生研究机构 2003 年春对"非典型肺炎"的发病原因做协作研究。国际上 10 个国家和地区的 13 个实验室从非典患者的呼吸道分泌物中,找到了一种共同的病原体——冠状病毒的一个变种;而从所有正常人的呼吸道分泌物中,都找不到这种冠状病毒。接着,他们又将这种病毒注入一些原本健康的动物体内,发现这些动物也都患上了非典。据此,世界卫生组织宣布:引起烈性呼吸道传染病非典的原因,就是这种变异的冠状病毒。

请问:以上研究运用了何种探求因果联系的逻辑方法?

2. 下面是《警惕对明星自杀的"诗意追捧"》一文的摘录:

香港巨星张国荣跳楼自杀后,北京市也接连发生了几起年轻人自杀或自杀未遂事件。它们之间是否存在着某种关联?我们无法断言。但可以肯定的是,作为具有巨大号召力的娱乐红星,张国荣的自杀给了社会心理一个消极的暗示,而这种暗示在被媒体放大之后,已经对青少年的精神世界产生了冲击。

在传媒的渲染之下,明星和名人的自杀行为经常被染上一层"诗意的色彩",导致普通人"膜拜"和效仿。美国著名摇滚乐队"涅"的主唱自杀后,文化娱乐圈为他的死亡大唱颂歌,一时间自戕竟然成为时尚。十多年前,青年诗人海子卧轨自杀,也受到了文化界的"诗意追捧",其后,不少文学青年竞相走上了不归路。

张国荣跳楼自尽,也被打上了诗意的印记,一些著名人士将之誉为"飘然而去",是用死亡"完成了一个传奇"。凡此种种"诗意的追捧",极易成为年轻人尤其是追星族们的心灵迷药。据有关方面统计,自杀已经成为我国青少年死亡的主要原因,在这样的现实背景下,我们是不是应该警惕对死亡的"诗意追捧"可能导致的并不诗意的后果呢? (2003 年 4 月 8 日《北京青年报》,作者蔡方华)

请问:这篇短文提出观点运用了何种逻辑方法?

3. 在揭批法轮功时,有一篇文章列举了若干癌症患者迷信法轮功拒绝就医而贻误了早期治疗的时机,导致死亡的事例,以证明法轮功反科学、反人性的欺骗本质。请问,这样的文章存在何种弊病?其逻辑学的原理是什么?

第七章 普通逻辑的基本规律

第一节 普通逻辑基本规律概述

普通逻辑基本规律是人们在进行逻辑思维和表达思想的时候必须遵守的最起码的准则,它包括同一律、矛盾律和排中律三大规律。遵守这些规律是正确进行逻辑思维、正确表达和交流思想的必要条件。

一、普通逻辑基本规律的普遍适用性

逻辑思维规律是人们在形成概念、作出判断、进行推理和论证的过程中必须遵守的准则,可以分为具体的逻辑规律和基本的逻辑规律两类。

具体的逻辑规律就是只在某一特定范围内起作用的逻辑规律。例如,具有属种关系的概念内涵和外延间的反变关系、主谓项相同的性质判断间的对当关系、德·摩根定律(否定联言得选言、否定选言得联言),等等。这些思维形式之间内在的本质的联系,是不以人的意志为转移的,因而都具有规律的性质。实际上,每一个永真的逻辑公式或有效的推理形式都是一条具体的逻辑规律。

每一条具体的逻辑规律起作用的范围是有限的,例如,内涵与外延间的反变关系,只存在于具有属种关系的概念之间;德·摩根定律只揭示了联言判断与选言判断之间的内在关系,等等。超出了相关的范围,它们就不起作用。

同一律、矛盾律和排中律这三条逻辑规律是在逻辑思维领域普遍起作用的规律,具有普遍适用性,所以说是基本的逻辑规律。

首先,人们不管是运用概念、判断,还是进行推理、论证,要保证思维的正确性,就必须合乎同一律、矛盾律和排中律。其次,它们不仅仅适用于普通的日常思维和严密的科学思维,而且也适用于哲学中思辨的思维(即通常所说的辩证思维);在从抽象到具体的反复思辨过程中,人们所运用的概念、判断和所进行的推理同样要具有确定性,同样不允许存在自相矛盾和模棱两可的现象。

二、普通逻辑基本规律的客观基础

普通逻辑基本规律虽然不是客观事物本身的规律,但它们是客观规律在思维中的反映。普通逻辑基本规律的客观基础就是事物基本性质的相对确定性。

任何事物都在不断运动、发展、变化,但它们各自的基本性质又无不具有相对确定性。从哲学上看,虽然事物的质变是最根本的变化,但任何质变都建立在量变的基础之上。从时间上看,质变是瞬间发生的,延续的时间极其短暂,而量变则存在于事物从出现到消亡的始终。一种事物只要存在一天,它就必然具有某些固有的属性,正因为客观事物的性质具有这种确定性,人们才能认识它们,把握它们,才能形成确定的思想。

普通逻辑基本规律既然是客观世界规律性在思维中的反映,它就不是人脑先天具备的,也不是由少数人规定的,而是人类在长期的认识过程中,通过对大量正确思维和错误思维的材料的对比研究而总结出来的。规律只能被发现,不可能被"创造",逻辑学家的贡献仅仅是发现了这些规律,而不是创造了它们。

唯心主义者否认逻辑规律的客观基础。先验论者认为,逻辑规律是人脑先天固有的,是"纯粹理性"的产物,这种观点违背了这样一个基本事实:任何人都不是生来就具有逻辑思维能力,每个人的思维能力,是在他从幼年到成年的长期的思维训练和语言训练中逐步获得的,而一些缺乏逻辑训练的人的思维则常常出现违反逻辑基本规律的错误。逻辑实证主义者认为,逻辑规律就跟下棋和打牌的规则一样,是人们彼此约定的,这种论点的错误也是明显的:假如逻辑规律是少数人彼此约定的,那么全世界各个国家、各个地区、各个民族甚至各个不同的社会群体,就应该有各自不同的约定即不同的逻辑规律,而事实上全人类的正确思维都遵循完全相同的逻辑规律。这种普遍适用的逻辑规律绝不可能是少数人彼此约定的。

三、普通逻辑基本规律的作用

普通逻辑基本规律是客观事物性质的相对确定性在思维中的反映,这种确定性要求反映它们的思维也必须是确定的,而不能是变幻不定、自相矛盾或模糊不清的。普通逻辑基本规律从同一性、无矛盾性、明确性等不同方面保证了正确思维的确定性。它对人们的思维具有强制的规范作用。

同一性是指在同一思维过程中同一思想所反映的对象应是相同的,同一概念应反映相同对象的同一属性,同一判断应陈述相同事物情况。无矛盾性是指在同一思维过程中思想必须前后一致,不能自相矛盾,自我否定,一个概念不能既反映某一对象又不反映这个对象,一个判断不能既陈述某事物情况又不陈述某事物情况。明确性是指在同一思维过程中,一个概念或者反映某对象,或者不反映某对象;一个判断或者陈述某事物情况,或者不陈述该事物情况;二者必居其一,不存在中间状态。同一律、矛盾律和排中律分别规定了正确思维必须具有同一性、无矛盾性和明确性。

第二节 同 一 律

一、同一律的基本内容

同一律的基本内容是:在同一思维过程中,每一思想与其自身是同一的。

同一律的内容可用公式表示为:A 是 A。

同一律(以及矛盾律和排中律)所说的"同一思维过程",是指在同一时间、同一关系下（在同一方面），对同一对象形成概念、作出判断、进行推理或论证的过程。"同一思维过程"如果用语言来表达，就是同一段议论、同一次演讲、同一篇文章、同一部著作，等等。

"任何思想"指的是任何具体概念或者判断。"每一思想与其自身保持同一"，是说在同一思维过程中一个思想反映的对象应是确定的，无论它先后被运用多少次，其内容都是确定的，而不是变幻不定的。

所谓概念与其自身同一，是说在同一思维过程中任何概念都应有确定的内涵和外延，同一概念必须在同一个意义上使用，反映同一对象或同一属性。如果在某一有关物理现象的思维过程中多次运用"质量"这个概念，它就始终只能表示"由物体所含物质的多少决定的量度物体惯性大小的物理量"，在同一思维过程中不能又用"质量"这一概念表示"产品或工作的优劣程度"。如果我们在考察某航空公司的服务情况时多次运用"质量"这一概念，则同一思维过程中它表示的就始终是服务的"优劣程度"，而绝不可能又用"质量"来表示什么"物理量"。如果在同一思维过程中，一会儿又用它表示一个"物理量"，一会儿又用它表示"优劣程度"，思维就必然是混乱不堪的。

所谓判断与其自身同一，是说在同一思维过程中任何一个判断都有确定的内容，即反映同一事物情况。如果一个判断是真的，它就是真的；如果一个判断是假的，它就是假的；在同一思维过程中，任何判断的真假值总是保持一致的。例如，如果用"公民在法律面前人人平等"这一判断表示"任何公民都要遵守法律，任何公民如果触犯了法律都必须受到法律的制裁"，那么在同一思维过程中它就绝不可能又表示其他什么意思。再如"气功是一种有效的健身方法"这一判断肯定了气功对健身有一定效果，如果它是真的，在同一思维过程中就始终是真的；而"气功可以包医百病"断定了气功有治好任何疾病的神奇作用,如果它是假的,在同一思维过程中就始终是假的。至于这两个判断在事实上是真的还是假的,不是逻辑学研究的问题,必须通过实践检验或科学论证来确定,逻辑基本规律只是规定它们在同一思维过程中的真假值具有确定性。

同一律直接反映了客观事物的确定性。因为在同一时间任何事物具有或不具有某属性是确定的,同一时间任何事物情况发生或没有发生也是确定的,这种确定性反映到思维中,便是概念的内涵和外延、判断的内容和真假在同一思维过程中的同一性。

二、同一律的逻辑要求和违反它的逻辑错误

逻辑基本规律是不以人的意志为转移的,不管人们是否已经认识到这一点,也不管人们是否承认这一点,它都在强制地规范着人们的思维。但是,正如人们有时候不按客观规律办事一样,有的人在某些时候也会不按逻辑规律思维。不按客观规律办事会受到客观规律的制裁,不按逻辑规律思维也会受到逻辑规律的制裁——思维必然出现逻辑错误。

为了保证思维合乎逻辑基本规律,必须了解每一条规律对人们思维的具体要求。

同一律对概念运用的要求是:在同一思维过程中,任何概念必须保持内涵和外延的同一,原来用某一概念反映某对象某属性,在同一思维过程中就要始终保持它原来的意义。与此对应,不同的概念应该反映不同对象或同一对象的不同属性;在同一思维过程中不能将内涵或外延不同的概念当作同一概念来使用。

如果在概念的运用上违反了同一律的上述要求,就会犯"混淆概念"或"偷换概念"的逻辑错误。

"混淆概念",是指在同一思维过程中无意识地违反了同一律的要求,将本来不同的两个概念当作同一概念来使用。

【例 7-2-1】检查团批评我们县委县政府环境意识淡薄,对此我们是持保留态度的。实际上,为了改善我县的投资环境,我们不但对投资者提供了相当优惠的政策,而且投入大量的资金,仅程控电话扩容和开发区道路水电建设,就投入了将近一个亿。

【例 7-2-2】为什么一定要将"决策科学化"和"反对经验主义"相提并论呢?难道能否认丰富的工作经验在决策过程中的重要作用吗?如果邓小平同志没有丰富的政治经验,我们国家近 20 年来的发展会这样顺利吗?

例 7-2-1"环境意识淡薄"中的"环境",指的是水源、空气、植被等因素构成的自然环境,而"改善投资环境"中的"环境"则主要指社会经济环境,二者本来不是同一个概念,这里将它们混为一谈,没有保持同一性。例 7-2-2 用"丰富的工作经验在决策过程中有重要作用"来否定"实行科学决策必须反对经验主义"这个判断,实际上混淆了"经验主义"和"经验"这两个概念的内涵。这两个例子都犯有"混淆概念"的逻辑错误。

在概念的运用上故意违反同一律的表现形式是"偷换概念"。"偷换概念"是一种诡辩方法,它是指为了达到某种目的在同一思维过程中有意识地将意义本来不同的概念当作同一个概念来使用,或者赋予一个概念它本来不具有的含义。

【例 7-2-3】十年动乱初期,某市一位高级工程师在长途出差回来后对保姆说了一句"我的衬衫领子和袖子脏得不像样了,如果洗不出来,就扔掉算了",后来被扣上"污蔑伟大领袖"的罪名,判处 3 年徒刑。

【例 7-2-4】当有人说欧谛德谟克说谎时,他狡辩说:"谁说谎谁就是在说不存在的东西,而不存在的东西是无法说的,所以没有人说谎。"

在例 7-2-3 中,"衬衫的领子和袖子"与"伟大领袖"是两个完全不同的概念,某些人故意将二者相混以达到整人的目的,这是只有在特定政治环境中才会出现的荒唐事件。从逻辑上看,这是故意赋予"衬衫的领子和袖子"以它本来不具有的政治含义,犯有"偷换概念"的逻辑错误。例 7-2-4 中欧谛德谟克的诡辩中两次使用"不存在的东西"这个概念,第一次使用时是指不符合事实的话,第二次使用时是指世界上根本不存在的事物,实际上是用同一个语词表达两个根本不同的概念,他也是在偷换概念。

混淆概念和偷换概念都违反同一律对概念运用的要求,二者的差别在于主观上是否故意。混淆是无意识的偷换,偷换是有意识的混淆。由于逻辑本身并不能确定是否有主观上的故意,因此从纯逻辑的角度看,混淆概念和偷换概念是同一种逻辑错误。

同一律对判断运用的要求是:在同一思维过程中所使用的任何判断必须保持其内容的前后一致性,不能随便转移,既不能用另一个内容不同的判断替代原来的判断,也不能任意赋予一个判断它本来不具有的含义。

如果在判断的运用上违反同一律的上述要求,就会犯"转移论题"或"偷换论题"的逻辑错误。

转移论题又叫走题、离题,通常是指在论证(文章或演讲)过程中违反同一律的要求,用一个不同的论题来替代原来的论题。例如下面这段议论:

【例 7-2-5】我方认为,逆境更有利于人才的成长。翻一翻各国历史,我们看到许多杰出人才在成长过程中都遭遇过重大挫折。著名作家高尔基从小就饱尝人间的辛酸,即使做活累得腰酸背痛,也不肯放弃一刻时间去看书,还常常在老板的皮鞭下偷学写作,终于成为著名作家。贝多芬二十多岁便双耳失去了听觉,这对于一个搞音乐的人来说无疑是被判了死刑,可他凭着非凡的毅力、勇气和坚定信念与自信心,仍然成功了,成为伟大的作曲家。我国古代的屈原、苏东坡、曹雪芹,也都遭遇了人生的坎坷而成为文学巨匠。这都说明,只要具备坚强的意志和战胜困难的勇气,身处逆境也照样能够成才。

这段文字(辩词)议论"逆境"与"人才成长"的关系,原来提出的论题是"逆境更有利于人才的成长",但举出一些事例后,却只得出"只要具备坚强的意志和战胜困难的勇气,身处逆境也照样能够成才"。显然,"也能够成才"与"有利于人才的成长"是两个不同的命题,二者差别本来是明显的,但作者却转移了论题,可能是因为"逆境有利于人才成长"难以证明的缘故。

转移论题通常是因为思维主体没有搞清楚两个判断的差别,无意识地违反同一律的要求而形成的。有些人的文章或演讲中常常出现的"下笔千言,离题万里"、"口若悬河,不知所云"等现象,就是转移论题的具体表现。

"偷换论题"是一种诡辩方法,指为了达到某种特殊目的而故意违反同一律的要求,在同一思维过程中用一个本来不同的判断替换原来的判断,或者赋予一个判断以它本来不具有的含义。

【例 7-2-6】19 世纪中叶,达尔文根据他的进化论得出"人类是由猿类进化而来的"结论。这一论断动摇了基督教"上帝创造人"的教义,受到教会势力的猛烈攻击。1860 年,在英国牛津大学就人类是不是由猿类进化而来的问题进行了一场著名的辩论。辩论的一方是达尔文的学生赫胥黎,另一方是大主教威尔勃福斯。辩论会上,教会方面拿不出任何有说服力的证据,却一再批驳"人是由猴子变的",威尔勃福斯还进而对赫胥黎进行人身攻击:"请问赫胥黎教授的猴子资格是从祖父那里得到的呢,还是从祖母那里得到的呢?"

威尔勃福斯故意将"人类是由猿类进化而来的"曲解为"人都是由猴子变的",然后加以批驳。这里运用的就是偷换论题的诡辩手法。

转移论题和偷换论题都违反同一律对判断运用的要求,二者的差别在于主观上是不是故意的。转移就是无意识的偷换,偷换就是有意识的转移。由于是否有主观上的故意并不属于逻辑问题,因此,从纯逻辑的角度看,转移论题和偷换论题是同一种逻辑错误。

三、同一律的作用

同一律是关于正确思维的同一性的规律,它的作用就是保证思维中思想自身的同一。人们要正常进行思维或正常交流思想,就必须在同一意义上运用概念和判断,在同一思维过程中如果一会儿用概念 A 反映甲对象,一会儿又用概念 A 反映乙对象;一会儿用判断 p 表示这个事物情况,一会儿又用判断 p 表示另一事物情况,那么思维就必然发生混乱。同一律强制地规范着人们的正确思维,同时规范着对思维过程或思维成果(即思想)的语言表达。

任何理论体系中,一些基本概念必须用定义或划分的方法加以严格的界定,其作用之一就是保证在整个体系中始终在同一意义上使用这些概念。在人们交流思想的过程中,例如在讨论或辩论中,对所谈论的问题也必须有一致的理解,否则就可能违反同一律的要求。

同一律是逻辑思维的规律,因此只在思维领域和思想的语言表达中起作用。如果把同一律的公式"A 是 A"理解为一个事物永远是它自身,一成不变,不会转化,那就混淆了思维规律和客观事物本身规律的界线,是对同一律的误解或歪曲,这种理解本身就违反了同一律的要求。

同一律所说的思想自身的同一,是以同一思维过程为条件的,它不否定人们的认识会随着实践的发展而改变或深化。例如古人所使用的"行星"这个概念,其内涵为"在星空中相对位置发生移动",其外延仅包括水、木、金、火、土五大行星,而我们今天所使用的"行星"这一概念,其内涵已经演变为"围绕恒星沿椭圆形轨道运转,自身不会发光",其外延则扩展为水、木、金、火、土以及地球、天王星、海王星等八大行星和许多小行星。我们当然不能因为今天使用的"行星"与古人不一致而说现代人违反了同一律的要求。

第三节 矛盾律

一、矛盾律的基本内容

矛盾律的基本内容是：在同一思维过程中，互相否定的思想不能同时为真，必有一假。

矛盾律的内容可用公式表示为：A 不是非 A。

矛盾律所说的"同一思维过程"，和同一律中所说的同一思维过程一样，是指在同一时间、同一关系下（在同一方面），对同一对象形成概念、作出判断、进行推理或论证的过程。

矛盾律所说的"互相否定的思想"，是指具有矛盾关系或反对关系的判断。例如下列各对判断都是互相否定的：

【例 7-3-1】
　　①甲是中国人——甲不是中国人
　　②三班所有同学是汉族人——三班有的同学不是汉族人
　　③他开的汽车是红色的——他开的汽车是白色的
　　④李强既会画国画，又会画油画——李强既不会画国画，又不会画油画

上述各组判断中，①、②具有矛盾关系，③、④具有反对关系。根据矛盾律，每对判断在同一思维过程中都不可能同时为真，其中至少有一个是假的。

矛盾律从否定的角度反映了客观事物的确定性。因为在同一时间任何事物不能既具有某属性又不具有某属性，不能同时具有两个不可能共存的属性，任何事物不可能既发生了又没有发生。这种确定性反映到思维当中，便是互相否定的思想不可能同时为真。

二、矛盾律的逻辑要求和违反它的逻辑错误

矛盾律规定同一思维过程中互相否定的思想不可能同时为真,这是不以人的意志为转移的,不管你是否承认这一点,它都在强制地规范着你的思维。

矛盾律对思维的逻辑要求是:在同一思维过程中必须保持思想的前后一致性,不允许自我否定。违反这一逻辑要求,就要犯"自相矛盾"的逻辑错误。

汉语中"自相矛盾"这个成语出自《韩非子》中的一个寓言:

> 楚人有鬻盾与矛者,誉之曰:"吾盾之坚,物莫能陷也。"又誉之矛曰:"吾矛之利,于物无不陷也。"或曰:"以子之矛,陷子之盾,何如?"其人弗能应也。

这个故事形象地揭示了"自相矛盾"逻辑错误的实质:在同一时间作出了不能同真的两个断定。那个卖兵器的人先说"任何东西都不能刺穿我的盾",接着又说"我的矛能刺穿任何东西"。前一语句蕴涵"我的矛不能刺穿我的盾",后一语句蕴涵"我的矛能刺穿我的盾"。根据矛盾律,它们不可同真。所以当有人问"用你的矛刺你的盾,结果将会如何"时,那个吹牛皮的人就无法回答了。

矛盾律对思维的逻辑要求体现在概念的运用和判断的运用两个方面。

在概念的运用方面,矛盾律要求在同一思维过程中不能用同一概念反映不可共存的两个属性,一个概念的内部不允许包含有互相否定的内容。例如,"无声音乐"、"贫穷的富翁"、"杂乱无章的和谐"等等,除非作为一种修辞手段(例如将一幅画或一处自然风光比喻为"无声的音乐"等),这些概念是不能表达任何科学内容的。虽然概念本身不具有真假值,但一个概念如果内部有自相矛盾的内容,它实际上间接肯定了同一对象具有两种本来不可共存的属性。例如,假如我们使用了"无声音乐"这个概念,实际上就是承认了世界上有一样东西既是有声的,又是无声的,而"有声"和

"无声"这两个相反的属性,当然不能同时为某一对象所具有。

矛盾律的逻辑要求更多地体现在判断的运用方面,它要求在同一思维过程中,即在同一时间、同一关系下(在同一方面),对同一对象不能作出互相矛盾或互相反对的断定,不能承认互相矛盾或互相反对的判断都是真的,否则必然会自相矛盾。思维中的自相矛盾现象叫做逻辑矛盾。

许多错误的理论中存在着逻辑矛盾。例如,马克思曾在《哥达纲领批判》中尖锐地揭露了《哥达纲领》中"劳动所得应当不折不扣和按照平等的权利属于社会一切成员"这一观点中的逻辑矛盾:"'属于社会一切成员'?也属于不劳动的成员吗?那么'不折不扣的劳动所得'又在哪里呢?只属于社会中劳动的成员吗?那么社会一切成员的'平等的权利'又在哪里呢?"①

有一则讲述上帝怎样创造世界的故事:耶和华一边在海边走着,一边在思考怎样创造世界,他想呀,想呀,最后命令一个小鬼为他从海底捞出一块泥土,他就用这块泥土造出了世界。这段描写也存在矛盾,因为,既然世界是上帝创造的,那么在他创造世界之前,就不存在海、海边、海底的泥土等;既然本来就存在大海、海底的泥土等,说明世界原本就是存在的,而不是什么上帝创造的。

有的人为了达到某种目的弄虚作假,而杜撰出来的假材料中常常存在自相矛盾的地方。例如,一起救人者反遭被救人诬告的轰动全国的案件中,原告方提出的证据中有这样的材料:陈××骑摩托车被刘××开的轿车撞击跌进路边坑中,当即重伤昏迷被送进医院,其兄闻讯赶到医院,从妹妹口中了解到事情的经过,本来要立即报案,但因妹妹一直昏迷不醒,所以到将近10天后才向交警报案。法庭上,当律师指出既然陈××昏迷不醒,怎么会向其兄介绍被撞的详细情况时,陈××等人根本无法回答。这是因为上

---

① 《马克思恩格斯选集》第3卷,302页,北京:人民出版社,1995。

述材料中隐含着"陈××当时处于昏迷状态"和"陈××当时处于清醒状态"这样两个互相否定的判断。

我们平常说话写文章的时候,有时会因为粗心大意或前后缺乏照应而出现自相矛盾的现象。

【例 7-3-2】我们来到××先生的故居,看到小小院落中两棵百年老槐遥相对望,似乎在交流着对主人的怀念之情。

【例 7-3-3】这条一度被严重污染的河流在 3 个省 24 个市县人民的共同努力下,终于被彻底治好了。到目前为止,除了个别河段的污染源尚未查清有待进一步治理外,其余的污染因素已经得到严格控制。

在例 7-3-2 中,两棵大树既然共处于一个"小小院落"中,怎么又会"遥相对望"?它等于断定院落很小,又断定院落不小。在例 7-3-3 中,既说"彻底治好了",又说"个别河段……有待进一步治理",也就是说"没有彻底治好"。它们都犯有自相矛盾的逻辑错误。

三、矛盾律的作用

矛盾律是关于正确思维无矛盾性的规律,它的作用就是保证思维的前后一贯。与同一律一样,矛盾律强制地规范着人们的正确思维和思想的语言表达。根据矛盾律,任何包含逻辑矛盾的思想不可能是符合实际的,因此人们要正确进行思维或正常交流思想,就必须自觉遵守矛盾律的要求,避免犯自相矛盾的错误。

矛盾律告诉我们,一个理论如果存在逻辑矛盾,那么它就不可能是一个完善的理论,其科学性就会受到怀疑。必须将逻辑矛盾排除掉,才能使这个理论得到证明。在这个意义上,矛盾律起着指导科学研究的作用。

根据矛盾律,人们可以用揭露逻辑矛盾的方法来揭穿谎言或揭露错误。如上述救人者反遭被救者诬告一例中,律师在法庭上就用这种方法戳穿了诬告者的谎言。本书第五章第七节介绍的归谬式推理,其形式为"(p→q)∧(p→¬q) ⊨ ¬p",它的实质是:如果从一个判断可以合乎逻辑地推出逻辑矛盾,那么这个判断不可能是真的。这种推理有效性的根据也是矛盾律(当然还有蕴涵式的逻辑性质)。

在论证中,矛盾律是间接反驳(又叫独立证明)的逻辑根据。为了证明判断 p 为假,我们只要证明与 p 具有矛盾关系(或反对关系)的另一判断非 p 为真,就能使 p 的虚假性得到证明。

必须指出,矛盾律只是思维的规律,只在思维领域和思想的语言表达中起作用。唯物辩证法认为,事物内部的矛盾运动是普遍的、永恒的,是事物发展的根本动力,矛盾存在于一切事物的始终。矛盾律不是要排除也不可能排除客观事物的内部矛盾,它只要求排除思维中的逻辑矛盾,即同一思维过程中的自我否定现象。如果把矛盾律的公式"A 不是非 A"理解为事物内部不存在互相对立的力量的矛盾运动,那就是对矛盾律的误解或故意歪曲。

矛盾律作为逻辑思维的规律,是以同一思维过程为条件的。如果超出了同一思维过程,矛盾律就不起作用。如果在不同时间先后作出了相反的断定,或者对事物的不同方面作出了相反的断定,并不违反矛盾律的要求。例如,某人 20 年前持"社会主义经济不应该是市场经济"的观点,今天则认为"社会主义经济也应该是市场经济",这种改变反映了他对事物认识的深化,当然不违反矛盾律的要求。又如,"他很富,因为他有房子,有汽车,拥有几家公司的上千万股票;他又很穷,因为他不但不知道贝多芬、托尔斯泰、爱因斯坦,甚至不知道比尔·盖茨是当今世界的头号富翁"。这段文字中虽然包含有"他很富"、"他又很穷"这样表面上互相否定的字眼,但前面的富是说他财产丰富,后面的穷则是说他知识贫乏,富和穷不是就同一方面作出的断定,也并不违反矛盾律的要求。

矛盾律也不否定思维内部的矛盾运动。思维内部的矛盾运动是认识发展的必经之路。例如,人类在对宇宙的认识过程中,对

"太阳是不是宇宙的中心"这个问题就经历了从肯定到否定的矛盾转化过程。相对于"地球是宇宙的中心"来说,"太阳是宇宙的中心"这一假说的提出无疑是一个了不起的进步,但天文学的发展后来又否定了这个观点:太阳只不过是宇宙中一颗很普通的恒星而已,并不处于宇宙的中心。这里当然也不存在什么违反矛盾律的问题。

四、关于悖论

"悖论"在日常语言中指的就是自相矛盾的错误。在逻辑学中悖论专指一种特殊的逻辑矛盾:如果判断 p 为真,能够"合乎逻辑"地推出 p 为假;如果 p 为假,又能"合乎逻辑"地推出 p 为真。

古希腊有一个著名的说谎者悖论——"我正在说的这句话是谎话"。如果这句话是真话,就能推出它是谎话;如果它是谎话,又能推出它是真话。

还有一个有趣的理发师悖论——某村有一个理发师,他规定:"本村所有自己不刮胡子的男人都必须由我给他刮胡子,但我不给自己刮胡子的人刮胡子",请问这个理发师给不给自己刮胡子?假如他不给自己刮胡子,他就属于"本村自己不刮胡子的男人",按照规定他就必须给自己刮胡子;但是,假如他自己刮胡子,他就属于"自己刮胡子的人",按照规定他又不能给自己刮胡子。

悖论曾经长期地被认为是一种诡辩,但是近代在数学、逻辑学和哲学的研究中却不断地出现各种悖论(例如数学上著名的"罗素悖论":如果将 S 定义为"一切不属于自身分子的集合所组成的集合",请问 S 是否属于 S?),这些悖论困扰着逻辑学、数学乃至哲学的发展,于是人们开始对悖论的产生根源和排除办法进行了深入的研究。悖论研究促进了数学、数理逻辑和哲学的发展。

第四节 排中律

一、排中律的基本内容

排中律的基本内容是：在同一思维过程中，互相矛盾的思想不能同时为假，必有一真。

排中律的内容可用公式表示为：A 或非 A。

排中律的"排中"，就是要排除介于两个矛盾思想之间的中间状态。排中律所说的"同一思维过程"，和同一律、矛盾律一样，是指在同一时间、同一关系下（在同一方面），对同一对象形成概念、作出判断、进行推理或论证的过程。

排中律所说的"互相矛盾的思想"，主要是指具有矛盾关系的判断。例如下面各对判断：

【例 7-4-1】
①这是一家国有企业——这不是一家国有企业
②甲班所有同学不懂希伯莱语——甲班有的同学懂希伯莱语
③某人或者犯了贪污罪，或者犯了盗窃罪——某人既没有犯贪污罪，也没有犯盗窃罪
④这种犯罪行为是故意犯罪——这种犯罪行为是过失犯罪

上述各组命题中，①、②、③在逻辑形式上具有矛盾关系，④在内容上具有矛盾关系（故意犯罪和过失犯罪为矛盾概念），根据排中律，上述每一对命题在同一思维过程中都不可能同时为假，必有一个是真的。

排中律从明确性的角度反映了客观事物的确定性。因为在同一时间任何事物要么具有某属性，要么不具有某属性；某一事物情况要么存在，要么不存在。这种确定性反映在思维中便是"矛盾思想不可同假，必有一真"；便是"一个思想要么为真，要么为假，不可能既不真也不假"。

二、排中律的逻辑要求和违反它的逻辑错误

同一思维过程中互相矛盾的思想不可能同时为假,必有一真,这是不以人的意志为转移的。和同一律、矛盾律一样,排中律强制地规范着人们的思维。

排中律对思维的逻辑要求是:在同一思维过程中,对于两个互相矛盾的思想不能同时加以否定,必须承认其中有一个是真的。如果违反这一要求,就要犯"两不可"的逻辑错误。

排中律对思维的逻辑要求也体现在概念的运用和判断的运用两个方面。

在概念的运用方面,排中律要求:在同一思维过程中对某一论域中的任一对象,或者承认它属于概念 A 的外延,或者承认它属于 A 的矛盾概念,非 A 的外延。例如,对于一场战争,我们或者要承认它属于"正义战争",或者要承认它属于"非正义战争";对于一家企业,我们或者要承认它属于"国有企业",或者要承认它属于"非国有企业"。如果我们作出"这场战争既不是正义战争,也不是非正义战争"或"这家企业既不是国有企业,也不是非国有企业"之类的断定,那就犯了"两不可"的逻辑错误。

排中律对判断运用的要求是:在同一思维过程中,对于有关同一对象的两个互相矛盾的判断不能同时加以否定,必须承认其中有一个是真的。如果违反这一要求,在同一思维过程中既否定判断"p"为真,又否定它的矛盾命题"非 p"为真,就必然犯"两不可"的逻辑错误。

【例 7-4-2】对于《金瓶梅》是不是中国文学史上的优秀作品,在这次研讨会上出现了两种截然相反的意见:一种意见认为它是一部优秀作品,另一种意见认为它不是一部优秀作品。对这两种意见我都不同意。

【例 7-4-3】世界上究竟有没有鬼呢? 有的人说有,有的人说没有。我认为这两种看法都不对。鬼这个东西应该是介

于有和没有之间。

以上两个例子都对互相矛盾的判断同时加以否定,违反了排中律的要求。"两不可"的错误使思想缺乏起码的明确性——人们无法知道说话人到底是什么意思。

排中律要求人们必须承认互相矛盾的判断有一为真,这不能理解为要求对互相矛盾的判断必须作出明确的选择,旗帜鲜明地肯定哪个判断为真。因为一个具体判断究竟是真是假,只能通过实践检验、调查研究或根据相关科学原理才能确定。如果由于认识的局限或缺少调查研究或某种特殊需要(例如为了保密)而对某些互相矛盾的判断不作明确选择,并不违反排中律的要求。例如,面对记者"请问被告的行为是否构成犯罪"的提问,法院有关人员回答:"案件正在审理中,目前既不能肯定他犯了罪,也不能否定他犯了罪。"这种回答是完全正常的,当然不是什么"两不可"的逻辑错误。又如,在选举或表决中,由于对候选人或表决事项缺少了解而既不投赞成票,也不投反对票,而选择第三种态度——弃权,也不存在违反排中律的问题。

三、排中律的作用

排中律是关于正确思维明确性的规律,它的直接作用是排除思维中因同时否定互相矛盾的思想而形成的不明确现象。明确性是正确思维和正确表达思想的必要条件,因为一个思想如果是不明确的,就根本无法让人理解,也无法保证它在同一思维过程中的确定性和前后一贯性。

在论证中,排中律是间接证明(反证法)的逻辑根据。为了证明判断 p 为真,我们只要证明与 p 具有矛盾关系的另一判断非 p(反论题)为假,就能根据排中律推出 p 为真。

在运用排中律时,要注意分析一种特殊的问句——"复杂问语"。所谓"复杂问语",是指一种隐含着某种前提(语言逻辑中称为"预设")的问句。例如,"你现在还在研究黑格尔吗?"表面上看,对这种问句只有"是"和"不是"互相矛盾的两种回答,二者必居其一。但实际上不管你回答"是"还是"不是",你都承认了问句中预设的"你曾经研究过黑格尔"的成立。面对这样的复杂问语,如果我们发现它预设着一个虚假前提,就不能简单地回答"是"或"不是",而应指出其预设前提的虚假。例如,对"上帝是无所不能的吗"这个问题,我们不可回答"是",也不可回答"不是",因为这两种回答都肯定了上帝的存在,而应指出"上帝根本就不存在",从而揭露对方问句中预设的虚假判断。

四、矛盾律与排中律的区别

同一律、矛盾律、排中律分别从不同方面规定了思维的确定性。从三条规律的适用范围来看,同一律只涉及一个思想自身,而矛盾律和排中律则涉及两个思想之间的真假关系。因此同一律与另外两条规律之间的区别是明显的,而矛盾律与排中律的区别则容易混淆。下面将矛盾律与排中律的区别简要列举如下:

第一,它们基本内容的侧重点不同。矛盾律规定了互相否定的思想不可同真必有一假,而排中律则规定了互相矛盾的思想不可同假必有一真。

第二,它们的适用范围不同。矛盾律适用于"互相否定的思想",而"互相否定的思想"既包括具有矛盾关系的两个思想,也包括具有反对关系的两个思想,而排中律则只适用于互相矛盾的思想。对反对关系的判断同时加以肯定违反矛盾律的逻辑要求,但对反对关系的判断同时加以否定不违反排中律的逻辑要求,因为反对关系的判断本来就是可以同假的。

第三,它们的逻辑要求和违反它的逻辑错误不同。矛盾律要求人们在同一思维过程中不得作出互相否定的断定,即对不能同真的思想不得同时加以肯定,违反它的逻辑错误是"自相矛盾";而排中律则要求人们不得对互相矛盾的思想同时加以否定,违反它的逻辑错误是"两不可"。

第四,它们的作用不同。矛盾律保证正确思维的前后一贯即无矛盾性,而排中律则保证思维的明确性。根据矛盾律,对互相否定的判断可以进行由真到假的推理,因此矛盾律是间接反驳(独立证明)的逻辑根据;根据排中律,对互相矛盾的判断可以进行由假到真的推理,因此排中律是间接证明(反证法)的逻辑根据。

复习思考题

1. 什么是普通逻辑的基本规律?怎样理解它的普遍适用性?
2. 普通逻辑基本规律的客观基础是什么?怎样理解普通逻辑基本规律从不同方面保证了思维的确定性?
3. 同一律的内容是什么?"思想与其自身同一"含义如何?
4. 同一律对概念的运用和判断的运用各有什么要求?违反这些要求会犯何种逻辑错误?
5. 同一律在思维中的作用如何?
6. 矛盾律的内容是什么?"互相否定的思想"含义如何?
7. 矛盾律的逻辑要求是什么?违反它会犯何种逻辑错误?
8. 矛盾律在思维中的作用如何?怎样理解"包含逻辑矛盾的思想不可能是符合实际的"?
9. 排中律的内容是什么?"互相矛盾的思想"主要指什么?
10. 排中律的逻辑要求是什么?违反它会犯何种逻辑错误?
11. 排中律在思维中的作用如何?为什么对"复杂问语"不能简单地作肯定或否定的回答?
12. 矛盾律和排中律有何区别?

练 习 题

一、下列议论是否违反普通逻辑基本规律的要求？请加以具体分析。

1. 自然美是没有阶级性的。许多地方的自然风光，无产阶级觉得美，资产阶级也不会说它不美。例如，我国的黄山，不但国内的游客觉得美，许多外宾也说它非常美。

2. 南极地区鸟的种类非常少，而鸟的数量却非常多。

3. 实践固然是检验真理的唯一标准，但是不能否认马克思主义是检验真理的间接标准，因为马克思主义是被实践证明了的真理。如果一种观点或理论不符合马克思主义，它怎么可能是真理呢？

4. 我很相信一位哲人的名言：世界上没有任何东西是可信的。

5. 这次汽车车祸，司机既不是有意的，也不是无意的。因此，既不能说他有罪，也不能说他无罪。

6. 乡镇企业在我国社会主义经济建设中发挥了巨大的作用，我厂是一家乡镇企业，所以我厂在社会主义经济建设中发挥了巨大的作用。

7. 说所有的中国人都崇洋媚外是不对的，但说所有的中国人都不崇洋媚外也不符合事实。

8. 对于逻辑老师提出的"普通逻辑的研究对象是什么"的问题，学生甲答道："搞清楚普通逻辑的对象很重要，它有助于我们懂得遵守逻辑规律是正确思维的必要条件，也有助于我们逐步提高逻辑思维的能力。"

二、试运用逻辑基本规律的知识解答下列问题。

1. 1933年鲁迅先生在《"有名无实"的反驳》一文中谈到：当时国民党军队中一排长"以为不抵抗将军下台，'不抵抗'（主义）就一定跟着下台了。这是不懂逻辑:将军是一个人,而不抵抗是一种主义,人可以下台,主义却可以仍旧留在台上的。"①

鲁迅先生为什么说这位排长"不懂逻辑"?

2. 据传,有一年元宵节,司马光夫人想上街去逛灯会,就跟司马光说:"我要去看花灯。"司马光说:"家中这么多灯,何必出去看?"司马光夫人又说:"我不但要看灯,还想看游人。"司马光说:"家中这么多人,何必出去看?"

请问,司马光为了阻止夫人上街,使用了什么样的诡辩方法?

3. 干部甲所犯严重错误被新闻媒体曝光后,在社会上引起公愤,在讨论是否给甲以处分时,某领导表态说:"我不同意给甲处分,因为他的错误比起另外一些人的错误来说并不算严重,别的人因为没有群众和媒体追究而不受处分,单单处分甲是不公平的;但我也不同意不给他处分,因为他的错误群众都知道了,不处分无法向群众交代。"

请从逻辑的角度分析这位领导的上述表态存在什么问题。

4. 甲对乙说:明年我一定能考上大学。

乙说:你这话不对。

甲说:你竟然认为我明年不可能考上大学?

乙说:你这话也不对。

甲说:你说的话不合逻辑。

乙说:你的话才不合逻辑呢。

请问:甲、乙两人究竟谁的话不合乎逻辑?为什么?

5. 在文学小组讨论作家 W 新发表的小说《H 的梦》时,甲、乙、丙、丁分别发表了以下意见:

甲:这部作品不但在内容上有所突破,而且在形式上有所创新,是一部不可多得的佳作。

---

① 《鲁迅全集》第 5 卷,150 页,北京:人民文学出版社,1980。

乙：我的意见与甲完全相反，这是一部不成功的作品，它在内容上没有突破，在形式上也无所创新。

丙：我认为甲的观点是对的，但乙的意见也不是没有道理的，我也同意。

丁：我既不同意甲的观点，也不同意乙的意见……

请问：丙和丁的观点是否违反逻辑规律的要求？为什么？

6. 一些人在互联网上就"什么是男子汉"的问题展开热烈讨论。有人发表了如下议论：

"男子汉绝非'奶油小生'，而应该是有理想、有抱负、敢作敢为，有铮铮铁骨的男人。它是勇敢、坚毅、力量的代名词。可惜目前中国的男子汉太少了。据说仅北京市就有上万名找不到男子汉的大龄姑娘。不过，2000年人口普查的统计数字表明，我国20～50岁的男人比同一年龄段的女子还略多一点，看来男女比例并没有失调。可见，我国的男子汉并不算少，只是分布不合理而已。"

请问：这段议论中有没有逻辑问题？

三、运用逻辑基本规律的知识完成下列推理题。

1. 有人根据莎士比亚著名喜剧《威尼斯商人》中的故事情节编写了一道逻辑题：

女主人翁鲍细娅将自己的一张肖像藏在金、银、铅三只匣子中的一只里面。金匣上写着："肖像放在此匣中。"银匣上写着："肖像不在金匣中。"铅匣上写着："肖像不在此匣中。"鲍细娅对求婚者说："三只匣子上写的只有一句是真话。你们谁最先猜中肖像放在哪只匣子里，我就嫁给谁。"

假定你是求婚者中的一个，请你推断肖像放在哪只匣子里，并简述你的推导过程。

2. 有一天，某国首都的一家珠宝店被盗贼窃走一块价值五千美元的钻石。经过初步侦破，查明作案的人肯定是甲、乙、丙、丁这四个人中的某一个人。于是，这四个人作为重要嫌疑对象而受到讯问。四个人在被讯问时提供了以下口供：

甲：钻石被窃的那一天，我正在别的城市，所以，我是不可能去作案的。

乙：钻石就是丁偷走的。

丙：乙是盗窃这块钻石的罪犯。三天前，我看见他在黑市上卖一块钻石。

丁：乙这是在诬陷我。我打赌不是我干的。

因为口供不一，案子一时不能定下来。

我们假定这四个人中只有一个人说真话，请问：罪犯是谁？

再假定这四人中只有一个人说假话，请问：罪犯又是谁？

3. 世界杯足球赛经过紧张角逐，有 B、F、H、K 四支球队进入半决赛。这天，球迷甲、乙、丙、丁在打赌猜断哪支球队最后捧杯，四人猜断如下：

甲：最后夺冠的或者是 B 队，或者是 F 队。

乙：我认为 K 队和 H 队不会打进决赛。

丙：除非 K 队在半决赛中淘汰 F 队，B 队才会取得冠军。

丁：B 队和 F 队都不会夺冠。

比赛的结果证明，四人中只有一人的猜断是错误的。你能根据上述条件推断哪个队取得了冠军吗？猜错的又是哪一位呢？

四、以下是中央和国家机关公务员录用考试"行政职业能力测试"试卷"逻辑判断"题中的 3 道小题。请给予解答。（单项选择题）

1.《能源效率标识管理办法》规定，能效五级是最低的能效标准，是产品上市的最低要求，低于这个要求就不许生产销售。而节能标识和能效标识是两个不同的概念。目前节能空调和节能冰箱的认证标准是能效二级，所有的节能产品必须达到二级能效标准以上。但这也并不是说所有的标有二级或一级能效标识的产品就是节能产品，这样的产品只有再经过认证才能确定是否属于节能产品。

根据以上信息,下列结论正确的是:

A. 节能产品肯定标有二级或一级能效标识
B. 所有贴有能效标识的产品都是节能产品
C. 达到二级能效标准就可以认为是节能产品了
D. 能效五级的产品是质量合格的产品,也是节能产品

2. 甲、乙、丙、丁是同班同学。

甲说:"我班同学都是团员。"

乙说:"丁不是团员。"

丙说:"我班有人不是团员。"

丁说:"乙也不是团员。"

已知只有一人说假话,则可推出以下哪项断定是真的?

A. 说假话的是甲,乙不是团员
B. 说假话的是乙,丙不是团员
C. 说假话的是丙,丁不是团员
D. 说假话的是丁,乙是团员

3. 按照上帝创世说,上帝在第一天创造了地球,第二天创造了月亮,第三天创造了太阳。因此,地球存在的头三天没有太阳。

以下哪项构成了对上述断定最强有力的质疑?

A. 没有太阳,一片漆黑,上帝如何创造地球
B. 上帝创世说是一种宗教想象,完全没有科学根据
C. 上述断定带着地球中心说痕迹,而地球中心说早已被证明是错误的
D. "一天"的概念正是由太阳对于地球的起落周期来定义的

五、请分析下面两篇文章中对逻辑规律知识的运用。

(一)刘海洋案判决令人费解

备受关注的"刘海洋硫酸泼熊案"4月29日在北京市西城区法院开庭宣判,法庭判决被告人刘海洋犯故意毁坏财物罪,免予刑

事处罚。这一判决令人费解。

笔者注意到,判决中,法院认为,"被告人刘海洋故意毁坏财物的行为,侵犯了公共财产的所有权,且具有严重情节,已构成故意毁坏财物罪,应依法予以惩处",这说明法院认定刘海洋有罪依据的是其"具有严重情节"。

法院对刘海洋作出"免予刑事处罚"的判决,适用的理由是"鉴于被告人刘海洋能够真诚悔罪,且在故意毁坏财物犯罪中,其情节轻微,可免予刑事处罚"。"情节轻微"是判"免予刑事处罚的"前提条件,却又与法院认定其构成犯罪的理由"具有严重情节"自相矛盾。

那么对刘海洋应如何处罚呢?我国《刑法》第72条规定,对于被判处拘役、三年以下有期徒刑的犯罪分子,根据犯罪分子的犯罪情节和悔罪表现,适用缓刑确实不致再危害社会的,可以宣告缓刑。所以,对刘海洋的判决可适用缓刑,但不应适用"免予刑事处罚"。

(节选自2003年5月8日《南方周末》,何向东文)

(二)刘海洋案判决并无不妥

《刘海洋案判决令人费解》一文认为,既然法院在判决中认定"被告人刘海洋故意毁坏财物的行为,侵犯了公共财产的所有权,且具有严重情节,已构成故意毁坏财物罪,应依法予以惩处",那么《刑法》关于"情节轻微,可免予刑事处罚"的规定对于因"严重情节"而构成故意毁坏财物罪,就不应适用。

何先生的观点有失偏颇。《刑法》中规定的"情节"一词的使用,有两种含义:一为定罪情节,即影响犯罪性质的情节,是构成犯罪的必备因素;一为量刑情节,是指决定犯罪性质的基本事实以外的影响犯罪的社会危害程度的事实情况,它不决定犯罪的事实,但影响量刑的轻重。

因此,法院在判决中认定刘海洋故意毁坏财物的行为"具有严重情节",已构成犯罪,并在综合考虑各种因素后,认为刘海洋"在故意毁坏财物罪中,其情节轻微,可免予刑事处罚",并无矛盾之处。前者"严重情节"是定罪情节,而后者"情节轻微"是量刑情节。"情节"严重到构成犯罪,但并不等于严重到一定要处以刑罚。因此,笔者认为法院的判决在法律适用上没有任何令人费解之处。

"情节"一词在作为定罪情节使用和量刑情节使用时的法律意义并不同,而何先生将两者混为一谈,得出了法院对刘海洋的判决有矛盾的结论。如果根据何先生的观点,则凡《刑法》中规定具有"严重情节"或"情节严重"才构成犯罪的罪名都不应免予刑事处罚,可这样的罪名在我国《刑法》中有数十项之多,这恐非立法者的失误,却是何先生理解之谬。

(节选自2003年5月15日《南方周末》,周标雯文)

第八章　科学假说和工作假设

第一节　假说的概述

一、什么是假说

假说是人们对所研究的对象所作的初步的假定性解释。

在"非演绎推理"那一章，我们多次提到，或然性推理的结论可以作为进一步研究的起点，这种起点就是假说。

科学研究和认识活动中为了探索自然现象和社会现象的本质和规律而提出的初步解释，称之为科学假说（以下一般简称假说）；为了解决工作中遇到的具体问题而提出的初步推测，称之为工作假设。本章先阐述科学假说的有关知识，在第四节专门讨论工作假设。

科学假说是以事实材料和科学原理为依据，对事物发展的规律性、宏观现象或重要事物的存在方式、产生原因等所作的初步的猜测性解释。例如：

1844年德国天文学家培塞尔研究天狼星在天空位置的变化，发现天狼星的位移具有周期性的偏差度，忽左忽右地摆动。为什么会这样呢？这在当时是个自然的秘密。培塞尔根据有关天狼星的观测资料和万有引力定律，对天狼星位置的摆动作出猜测性推断：天狼星有一个光度较弱而质量很大的伴星，它们两者围绕着共同的引力中心运行，正是由于这个伴星的引力引起了天狼星位置周期性的摆动现象。这就是培塞尔对天狼星位置摆动原因提出的假说。1862年，新的大型望远镜制造出来了，天文学家观测到天狼星果然有个伴星。以后，根据星光的光谱分析，又进一步证实了培塞尔关于天狼星摆动现象的假说。

各门科学在发展过程中都曾经提出过各种各样不同的假说,例如,化学史上关于燃烧的本质,有燃素说和氧化说;物理学史上关于光的本质,有微粒说和波动说;天文学史上关于宇宙的中心,有地心说和日心说;对于某些大城市地面沉降原因,有"高层建筑重压"和"过量抽取地下水"等假说。

二、假说的一般特征

假说具有如下三个特征:

第一,假说是以事实材料和科学原理为根据的。假说与迷信无知的臆测有根本区别,也不同于毫无根据的随意猜想。例如,对2003年春肆虐中国和东南亚的"非典型肺炎",有人提出"这是某大国发动的生物战争"的猜测,这种没有任何根据的主观猜测当然不能算科学假说,它对战胜非典也没有任何积极意义。

第二,假说具有初步推测的性质,尚未得到严格的证明或实践的验证。假说不同于已经被证明的科学原理,因此不能用作论证的论据。数学上的哥德巴赫猜想已经提出了260多年,但至今仍然是猜想而没有成为"哥德巴赫定律",就是因为它没有得到演绎论证。

第三,科学假说是一个动态发展过程,不是一个孤立静止的命题。假说的发展过程是一个自身不断修正完善并不断被新的假说替代的过程,人们的认识正是在这一动态发展过程中不断接近真理的。

三、科学假说的作用

科学假说是人类对客观世界的经验认识上升到科学理论必经的桥梁。假说首先在自然科学的发展中起着突破作用。

假说是科学家或发明家提出新理论、新技术必须掌握的重要思维方法。无数事实证明,科学史上任何一项重要的发现或发明,都是从质疑开始,有了问题才需要寻求答案。新产生的疑问没有现成的答案,于是便会提出某种解释或说明,这就是假说。因此,一个善于进行创造性思维的人,必须自觉地运用假说。

假说在各种科学的发展中都起着带头、突破、创新的作用。例如,在物理学中,量子论的创始人普朗克提出了光量子假说,圆满地解释了黑体辐射,从而引起了整个物理学的深刻革命。卢瑟福在汤姆逊关于原子结构的"西瓜模型"与实验事实不相符的三岔路口,提出了原子的核式结构模型(也称太阳系模型结构)假说,因而促进了原子物理学发展的新飞跃。此外,天体物理中宇宙大爆炸的假说,地球科学中的大陆漂移说、板块结构说等等,都表明了假说的提出预示着科学的新突破,而这种突破的完成,必将给现有科学带来革命性的变革。

假说在社会科学和人文科学的研究中也有着同样重要的作用。社会学对某种社会现象的解释,经济学对经济发展趋势的预测,管理学提出的各种新的管理理念等等,无不需要运用假说。就连马克思主义的唯物史观在刚刚提出时也是尚待证明的假说,直到《资本论》问世,才使这个假说上升为经过证明的科学原理。

第二节 假说的提出

一、提出假说的心理机制和逻辑机制

1. 提出假说的心理机制——疑问的产生

提出新的假说通常都是从产生疑问开始的。善于创造性思维的人,对自然现象和社会现象往往会产生各种各样的疑问,例如,为什么昆虫能接受到2公里外异性发出的信号?为什么非洲的西海岸和南美洲的东海岸如此地吻合?光的本质是什么?为什么它和声音有许多相似之处?为什么海王星的运行轨道与理论计算的轨道发生偏离?一个满足于已有知识从来不会提出疑问的人,不会提出任何新的假说,也就谈不上创新和创造。

2. 提出假说的逻辑机制——非演绎推理

为了解答疑问,人们便会收集所研究对象的各种事实材料,并以这些材料为前提,运用归纳、类比、溯因推理以及探求因果联系的各种方法等,得出或然性结论。这些或然性结论就是假说。例如,哥德巴赫猜想是用简单枚举归纳推理提出的,光的波动说是用类比推理提出的,大陆漂移说是用溯因推理提出的,地球磁场的"磁暴"现象与太阳黑子的活动有因果关系的假说,是用共变法提出的,等等。在假说提出阶段,人们运用的主要是非演绎推理。

二、提出假说应注意的问题

1. 提出假说应该以事实材料为基础

假说是供人们进一步研究的起点,因此假说不能是没有根据的胡思乱想,这就需要对所研究的对象作深入细致的观察、实验或调查研究,以尽可能多地占有经验材料。但这一要求是针对正式公开发表比较成熟的假说而言的,并不是要求在自己头脑里产生最初的猜测之前就必须占有充分的材料。事实上,假说的形成是从疑问的产生开始的,而这时人们并不需要占有许多材料,如"非洲的西海岸与南美洲的东海岸为什么如此吻合"的疑问,是瓦格纳在看世界地图时产生的。疑问一旦产生,人们便会对疑问的答案作出最初的设想,在此基础上才会自觉地有选择地收集经验材料。因此,最初的思想火花(俗称灵感)往往是在占有材料较少时就产生了,而科学假说的正式提出(向科学界或社会公开),则必须以较多的事实材料为基础。

2. 提出的假说不要与已被实践反复证实的科学定律相冲突

例如,能量守恒定律是物质世界基本规律之一,而有的人却苦思冥想要发明"永动机",20世纪90年代初还有所谓"水变油"的现代神话。提出这些所谓"创新"假说的人,如果不是一种别有用心的欺骗,那也是非常幼稚的幻想。但是这一要求并不意味着迷信过去的权威观点,因为权威并不等于真理,科学史上许多新的假说都是对过去权威观点的挑战,哥白尼的"日心说"就是对"地球中心论"权威观点的挑战。

3. 假说本身不能包含逻辑矛盾

逻辑学原理告诉我们,任何包含逻辑矛盾的思想,都不可能符合事实,因而总是有错误的。如果一个假说内部包含有逻辑矛盾,起码可以说明这个假说是很粗糙的,在正式向外界公布这个假说之前,要设法通过局部修正将原来包含的逻辑矛盾排除掉。否则就不可能引起人们的重视。

第三节 假说的验证

一、假说的推演

假说从提出开始,就要不断地接受检验。由于科学假说是对事物发展的本质、规律或某些宏观现象的原因的推测,而不是对个别具体事实的预测,因而往往不能直接加以验证。例如,早些年我国某大城市的地面逐年下沉引起了人们的关注,研究工作者对地面下沉的原因提出了两种解释:①地面下沉是由于密集的高层建筑对地面的巨大压力造成的;②地面下沉是由于过量抽取地下水造成的。对这两种假说都难以直接加以验证。

假说的验证通常都要经过推演阶段。所谓假说的推演,是指以假说为前提,合乎逻辑地推出一个或一些可以直接加以验证的判断(结论)来。推演的过程往往要运用各种演绎推理。设提出的假说为 H,则这种推演的过程可以示意如下:

如果 H,那么可以合乎逻辑地推出 C。

(简写为"如果 H,那么 C")

在上述公式中,H 是无法直接加以验证的假说,而 C 则是可以用科学实验或社会调查加以验证的判断。例如,根据"地面下沉是由于密集的高层建筑的巨大压力造成的"这一假说,可以合乎逻辑地推出以下结论:"世界上其他与 A 市地质结构相同或相似的高层建筑密集的大城市,也会出现地面下沉的现象";根据"地面下沉是由于过量抽取地下水造成的"这一假说,可以合乎逻辑地推出:"如果在一定时期内停止抽取地下水,地面下沉就会停止或明显减缓。"

假说的推演主要是一个逻辑思考的过程,推演中要综合运用各种推理,其中主要是演绎推理。作为假说推演的前提的判断,不仅仅是假说本身,还包括各种已有的科学原理或常识。

二、假说的证实和证伪

由于从假说合乎逻辑地推出的结论 C 是可以验证的,因此我们可以通过观察、实验、社会调查等方法对 C 加以检验。例如,对"世界上其他与 A 市地质结构相同或相似的高层建筑密集的大城市,也会出现地面下沉的现象"这一判断,可以通过查阅有关文献资料或到这些大城市进行实地考察来验证,也可以用模型试验的方法来验证;对于"如果停止抽取地下水,地面下沉就会停止或明显减缓"这一结论,可以通过政府行政命令禁止在某一年抽取地下水并观察地面下沉是否停止或减缓来加以验证。

对 C 验证的结果有两种可能:如果 C 被证实,则作为假说的命题 H 就得到一定程度的支持;如果 C 被证伪,则假说就被推翻,这时就必须对原来的假说重新进行思考。必须指出的是,C 被证伪就意味着 H 被证伪,而 C 被证实却并不意味着 H 被证实。可以用逻辑形式来表示二者的差别:

如果 H,那么 C;
C 被验证为假,
所以,H 假。

这是假说证伪的逻辑形式,它实际上是一个充分条件假言推理否定后件式,是有效的演绎推理形式。

如果 H,那么 C;
C 被验证为真,
所以,H 可能为真。

由于充分条件假言推理从后件为真不能必然推出前件为真，H 未能因为 C 真而得到确证。那么假说怎样才能得到证明从而完成从假说到科学定律的飞跃呢？这要分两种情况来探讨。

对于像数学、理论物理学这样的科学来说，假说必须经过演绎论证才能得到确证。例如，哥德巴赫猜想"$\geqslant 4$ 的偶数都是两个素数之和"，尽管计算机验证了上亿个偶数都没出现反例，但这一假说仍然没有成为数学定律，因为它还没有得到严格的演绎证明。

对于实验科学和人文社会科学，C 的证实能使 H 得到一定程度的支持，而这种支持程度因为各种学科的不同性质以及各种问题的不同复杂程度，存在着很大差别。为了使 H 得到更高程度的支持，通常要以 H 为前提进行多次推演，分别得到 C_1、C_2、C_3……C_n 一系列结论，如果所有这些结论都得到证实，H 就得到很高程度的支持。这一过程可以示意如下：

如果 H，那么 C_1，

如果 H，那么 C_2，

……

如果 H，那么 C_n，

C_1，C_2……C_n 都得到证实，

所以，H 极有可能为真。

例如，从"大陆漂移说"（南美洲与非洲原来是一块大陆）可以推出如下一些结论：南大西洋两岸的地层层序相同（C_1）；两岸的地表土壤和岩石的物质成分相似（C_2）；两岸能够找到相同的古生物化石（C_3）……后来这些推断都得到证实，因此，大陆漂移说也得到科学界的广泛认同。

如果这种由 H 推出的结论被证实的次数多到可以构成"只有 H，才（C_1 并且 C_2……并且 C_n）"这一必要条件假言判断，H 就可以被认为得到证实。这时假说被证实的逻辑结构可以表示为：

只有 H 为真，$C_1, C_2 \cdots\cdots C_n$ 才会都真，
<u>　　$C_1, C_2 \cdots\cdots C_n$ 都真，　　　　　　　　</u>
所以，H 为真。

这里 $C_1, C_2 \cdots\cdots C_n$ 的数量到底应该是多少，也不可能有统一的标准。

三、假说的修正和发展

以上关于假说的证实和证伪，都是将假说作为一个判断来讨论的。实际上，一个科学假说往往不是一个孤立的判断，而是一个内容相当丰富的理论。它在验证的过程中，一般不是全部被证实，也不是全部被证伪，而是其中一部分内容被证伪（这通常比较容易），而另一部分内容则不断地得到支持而保留下来。例如，哥白尼针对过去一直被认为是权威观点的"地心说"，提出了"日心说"的著名假说，这无疑是科学史上的一次伟大革命。但是，"日心说"并不仅仅是"太阳是宇宙的中心"这个孤立的判断，而是包含非常丰富的内容，人们按照从"日心说"推出的一系列结论去进行天文观察和研究，发现"日心说"中一些内容是正确的，如：地球不是宇宙的中心，不是太阳和其他行星绕着地球转，而是地球和其他行星绕着太阳转；地球在围绕太阳运转的同时，在进行持续不停的自转，等等。这些内容今天已经成为天文学的常识。但是，"日心说"中关于太阳是宇宙的中心、地球和行星的运转轨道是正圆形的等，则被证明为假。如果我们仅仅根据"太阳不是宇宙的中心"这一事实而断言"日心说"已经被证明为谬误，那是非常不恰当的，它否定了哥白尼这位伟大科学家在天文学史上的巨大贡献。

科学假说的验证不是一朝一夕就能完成的，往往要经过相当长的历史阶段。在这一过程中，人们根据验证的结果，不断对原来的假说进行修正，将已被证伪的内容删除掉，将新发现的内容补充进去，从而形成新的假说。假说就是在这种不断修正的过程中一步一步接近真理的。

第四节 工作假设

一、什么是工作假设

工作假设就是为解决工作中遇到的问题而对具体事物的存在、性质、原因、趋势等作出的初步推测。例如，一个班主任发现班里有个同学的学习成绩近两个月来明显下降，他就会对其原因作一些揣测：家庭环境有重大改变？迷上了电子游戏？开始早恋了？身体有了某些病变？当他倾向于其中一个原因时，实际上就提出了一个工作假设——关于具体事实发生的原因的假设。再如，公安人员对某一凶杀案现场作了认真勘察后，对案件的性质就要作出初步的推测：谋财害命？报复杀人？因情杀人？当他们初步分析后认为其中一个可能性较大时，也提出了一个工作假设——关于具体事件的性质的假设。

工作假设与科学假说有以下几点区别：

第一，科学假说是对事物发展的规律性或宏观现象的存在或原因的解释，而工作假设则只是对具体事件的初步推测，一般不涉及事物发展的规律性问题。工作假设也可以叫做微观假说。

第二，科学假说从疑问的产生到假说理论的公开提出（发表）往往要经历一个较长的过程，而工作假设则可以随机地提出（例如在办公会议或案情分析会上），有时甚至根本就不需要公开。

第三，科学假说的验证是一个很复杂的过程，尤其是假说的证实非常困难，而工作假设由于是具体的判断，所以往往能较快得到证实或者证伪。

从广义上说，人们在工作、学习、生活中遇到一切问题时，都必然会应用假设来开启自己的思路。从一道数学题的求解，到一个企业效益不好要寻求出路，都不能离开工作假设。如果说科学假说是人类认识世界、到达真理的桥梁，那么工作假设就是人们解决具体问题的必经之路。

二、工作假设的提出和验证

1. 工作假设的提出

提出工作假设主要运用溯因推理、类比推理和探求因果联系的方法。例如,医生根据病人自述的右下腹部持续性钝痛,初步诊断他患了慢性阑尾炎,就是因为医生知道"患慢性阑尾炎"是"右下腹部持续性钝痛"最常见的原因,这是在运用溯因推理。再如,某公安机关根据某案件在作案时间、侵犯对象、作案手段等方面与另一案件相同或相似,提出"两案件的作案人可能为同一个人"的假设,这是在运用类比推理。

工作假设都是对个别事物的判断(单称判断),因而提出工作假设的过程一般不用简单枚举归纳推理,因为这种推理的结论是全称判断。

2. 工作假设的验证

工作假设比较简单,有的可以直接通过调查或实验加以验证。例如,学生短期内成绩明显下降的原因,如果猜断他可能迷上了电子游戏机,则只要直接对他本人或同学进行调查就可以验证。

有的工作假设的验证和科学假说的验证一样,先要进行逻辑推演。例如,对于一个案件来说,侦察人员根据材料初步认为甲是主要嫌疑人,即提出"甲是作案人"的假设,显然对这一假设的验证是复杂的,需要有大量的证据。如何去收集这些证据呢?从假设进行逻辑推导是必要的。下面是可能的推导和验证过程:

  如果甲是作案人,那么他就有作案时间;

  如果甲是作案人,那么他就有作案动机;

  如果甲是作案人,那么他就有作案工具;

  如果甲是作案人,那么他不久前就穿过××牌较新的皮鞋(现场留下这种鞋的鞋印);

  ……

对这些推导的结论一一加以验证,如果任何一个被证伪(例如甲不具备作案时间),从逻辑上说"甲是作案人"的假设就被推翻;当所有结论不断被证实时,"甲是作案人"的假设就得到越来越大的支持。当然,要认定"甲是作案人"仅靠逻辑推论是不够的,但搜集证据的过程就是验证假设及其推论的过程,当证据足够从法律上认定甲是作案人的时候,假设也就得到最后的证实。

与科学假说的验证相比,工作假设的验证显然要简单得多。

复习思考题

1. 什么是假说?假说有哪些性质?
2. 假说对科学的发展有何重要作用?
3. 假说提出的心理机制是什么?假说与创造性思维有何关系?
4. 提出假说主要运用什么推理?提出假说应注意哪些问题?
5. 假说的推演主要运用什么推理?
6. 为什么由假说合乎逻辑地推出的结论被证伪,假说就被推翻;而推出的结论被证实,假说仅仅"得到一定程度的支持"?
7. 为何说假说是在不断修正的过程中一步一步接近真理的?
8. 试以自己解决某一具体问题的过程为例,说明工作假设的提出和验证过程。

练 习 题

一、分析下面的假说。回答:①提出了什么假说?②由假说推演出什么可以验证的结论?③假说验证的结果如何?

1. 人们早就发现,蝙蝠在黑夜能做快速飞行,而不会撞在障碍物上。这个现象如何解释呢?生物学家提出了一个假说:蝙蝠能在黑夜避开障碍物是由于它有特别强的视力。由这个假说就可推出:如果把蝙蝠的眼睛蒙上,它就会撞在障碍物上。为了验证这个由假说推出的结论,科学家设计一个实验:在一个暗室中系上许多条纵横交错的钢丝,并在每条钢丝上系上一个铃(为的是当蝙蝠撞钢丝时会发出铃声)。将一些蝙蝠蒙上眼睛,放在这个暗室里飞行。实验结果,蝙蝠仍然能做快速飞行而不撞在钢丝上。这个事实推翻了关于蝙蝠有特别强的视力的假说。

后来,科学家根据超声波的知识,又提出另一个假说:蝙蝠能在黑夜中避开障碍物,是由于它能发出一种超声波,而它的耳朵能听到这种超声波遇到障碍物时所产生的回声。由这个假说就可推出一个结论:如果把蝙蝠的耳朵塞严了,那么,它就会碰在障碍物上。于是,把塞了耳朵的一些蝙蝠放到暗室中。结果发现,蝙蝠马上失去了发现障碍物的能力。由假说推出的结论被证实了,从而假说就得到了支持。为了验证这个假说的正确性,我们还应当由这个假说推出其他的结论,并且进一步验证这些结论。

2. 有一些鳞翅目昆虫的幼虫是危害柳树的害虫,但柳树也有反击害虫的自卫方法,一部分叶子遭到害虫的噬咬后,整棵树叶子化学成分就会发生变化,叶子中可供害虫消化吸收的营养成分减少,无法消化的化学物质增加,叶子变得很难吃,使害虫大倒胃口,望而生畏。科学家发现,当一棵柳树遭到害虫侵袭,叶子的化学成分发生变化时,周围没有受到害虫蛀食的其他柳树叶子的化学成分,也会随之发生变化,好像受害的柳树向它们发出了某种信息似的。柳树之间这种通信的距离可达 60 米。还有一些树,如糖槭树,也有这种本领。

树木采用怎样的信息进行通信联系,这种信息又是通过什么渠道传递的呢?

美国科学家大卫·路德猜想:这种秘密通信可能是通过地下的树根进行的。他做了一个实验:在两棵柳树之间挖去泥土,使这两棵柳树的根系完全隔绝联系,然后让害虫侵袭其中的一棵树。结果它们之间的联系并未中断,没有受到害虫侵袭的那棵柳树叶子的化学成分,也发生了变化。事实否定了大卫·路德的猜想。

另一位科学家杰克·斯库认为,树木之间的通信可能是通过空气进行的,树木发出某种化学物质,这种物质散发开去,落在别的树上,被识别后就传递了信息。为了验证这一假说,他做了这样一个实验:在两间相邻的暖房里分别种一些糖槭树,这两间暖房的空气相互隔离,互不通风。结果,一间暖房的一棵糖槭树受到害虫蛀食时,同一暖房中的其他糖槭树叶子全发生了化学变化,而隔壁暖房里的糖槭树却没有这种变化。这就证实了树木之间的通信,是由化学物质通过空气传递来实现的。

3. 早在伽利略时代,人们就知道吸水泵提水最高只能离水面34英尺。为什么会这样呢?伽利略的学生托里拆利提出一个假说:提水的高度是大气本身的重量施加于水面的全部压力的结果。为了检验这一假说,托里拆利进行这样的推理:如果他的猜测正确,那么大气的压力应当也能够支持一条按比例相应减短的水银柱。由于水银的比重约为水的十四倍,水银柱的高度应为34英尺的十四分之一,亦即略短于2.5英尺。他用一种极为巧妙的简单装置检验了这一推论。这种装置实际上就是水银气压计……玻璃管中装满水银后,用拇指紧紧压住管口,再将玻璃管倒置,其开口端浸入水银池中,然后撤去压住管口的拇指。此时,管中的水银柱即下降到约30英寸(2.5英尺)的高度——刚好是托里拆利的假设所预计的高度。

对于托里拆利的假说,法国科学家帕斯卡提出该假说的另一条检验推论:如果托里拆利气压计中的水银柱是由敞口水银池上方的空气压力所平衡的话,那么水银柱的高度将随着气压计位置的增高而减小,因为那时在其上方的空气压力将变得较小。

为了证实这个推论,帕斯卡请他的连襟佩里在多姆山山脚下先测量了托里拆利气压计的水银柱高度,然后又将整个装置小心翼翼地带到约 4800 英尺高的山顶上再重复进行测量,结果发现气压计的水银柱高度比在山脚下量得的高度要短 3 英寸以上,而山脚下作对照用的气压计的水银柱高度在进行实验的一整天内都没有发生明显的变化。

托里拆利的假说由此得到了证实。

二、分析下面的工作假设。回答:①在解决具体问题的过程中先后提出了哪些假设? ②提出假设和验证假设(证实和证伪)的过程中主要运用了何种推理?

1.某高校中文系招进一名高考语文成绩很高的新生。入学军训时,班主任让他写一篇报道稿,他却写得文辞不通。进一步接触发现这名学生素质相当差。高考较高的分数和学生实际素质明显的反差,引起了系领导的注意。如何解释这一现象呢?因几年前媒体曾报道该生家乡高考集体舞弊事件,他们猜想这可能是该生高考分数高的原因。初步调查后证明,几年前的集体舞弊事件发生后,省教育厅一直对该地区高考考场进行严格监督,考场集体作弊不可能发生。于是他们想到该生是不是冒名顶替或找人代考?他们找该生谈话,问他当年高考作文是怎样写的,发现该生连当年高考作文题都不知道。一个正常考生,是不可能忘记两个月前刚考的作文题的,因此他们断定该生的入学程序存在严重问题。后经省教育厅和有关部门进一步调查,证实该生确系冒名顶替混进高校的。后来教育主管部门取消了该生入学资格,并追究了有关人员的责任。

2.单身女士张某深夜从盥洗室走出时,被一潜入家中的歹徒连砍 20 余刀后死亡。案发后,侦查人员认为此案不外三种可能:一是图财害命,二是私仇报复,三是奸情伤害。于是侦查人员便在这三种可能中转来转去。他们开始认为,受害者家中衣物、橱柜等均未被翻动,又未发现现金财物被窃,说明图财害命的可能性不大；经查，受害者平时与他人无突出矛盾，很多人反映，她平时话不多，很少和人争吵，私仇报复的可能性不大。因而侦查人员大都倾向于奸情伤害，主要理由是：既然是图财害命和私仇报复可能性不大，剩下的就是奸情问题了。根据这种推论，进一步给犯罪嫌疑人画了像，认为犯罪嫌疑人与受害者很可能是从奸情矛盾、"争风吃醋"恶化发展至行凶伤害，并且事先预谋，夜间潜伏，情况熟悉，一定是个老练的成年人作案。按这个侦查方向，侦查人员提出了一百多个嫌疑对象，后过滤到5个重点人物，最后又缩小到郭某身上。经过反复调查，郭某当晚无作案时间，应予否定。就这样，奸情伤害的可能也基本上否定了。侦查人员一错再错后想，既然不存在奸情，是否存在私仇报复呢？在开始分析案情的三种可能性中，总认为三者必居其一。于是又回过头来，把排查的重点转移到私仇报复上，反复走访调查，排来排去，只有同住一栋楼的肖某曾经为车库停车问题与她吵过两次嘴。于是又把肖某作为重点对象查了一番。后因肖某当晚不具备作案时间，也否定了。侦查人员在陷入绝境的情况下，才开始有所省悟：是不是还有第四种可能呢？大家经过冷静的分析研究，认为还有另外一种可能，理由是：犯罪人虽然事先潜伏，但是没有随身带凶器，行凶时，就地取用放在厨房砧板上的一把小菜刀，而没有取用刀架上一把锋利的菜刀。受害者的头部、手、背虽然被砍20余刀，但没有一刀是致命伤。从伤痕来看，属于犯罪分子持刀乱砍所致，作案者并没有向受害者的要害部位行凶。这些都体现了青少年作案时力量大、盲目性大的特点。于是，侦查人员才把侦查的方向调整过来，将侦查对象定位到青年少年犯罪上，最后才破了案，发现是一无业男青年刘某为偷看张女士洗澡而潜入其家中，后被张女士发现，出于担心事发而行凶。

（本案例选自张大松等主编：《法律逻辑学教程》，北京：高等教育出版社，2003）

第九章 论 证

第一节 论证的概述

一、论证的定义及构成

1. 什么是论证

论证就是用已知为真的判断来确定某一判断的真实性或虚假性的思维过程。下面是两个论证的例子：

【例 9-1-1】秘书学是一门应用性科学。科学可以分为两类：理论科学和应用科学……凡是告诉人们为了达到某一目的就要如何去做的科学是应用科学，秘书学就是告诉即将或已经成为秘书的人，要成为一个称职的秘书，就必须怎样去做。

【例 9-1-2】神学家让人们相信"存在着一个全能、全善、全智的主宰一切的上帝"。但这一观点无法解释世界上为何有邪恶存在。邪恶现象大量存在这一事实本身使我们不得不承认：上帝或者愿意消灭世界上的邪恶，但他做不到；或者他能够做，但他不愿做；或者他既不愿做，又做不到。如果上帝愿意做，但做不到，这就不符合"上帝是全能的"这个宗教观念了；如果上帝虽然可以做得到，但他不愿做，这就不符合"上帝是全善的"这一宗教观念了；如果他既不愿做，又做不到，这当然同上帝的"全能、全善、全智"的本性根本不相符。这只能证明一个问题：根本不存在什么全能、全善、全智的上帝。（伊壁鸠鲁语）

例 9-1-1 引用一些已知为真的判断来确定"秘书学是应用科

学"的观点;例 9-1-2 则引用已知为真的判断来确定"存在着一个全能、全善、全智的主宰一切的上帝"这一判断的虚假性。

2.论证的构成要素

任何论证都是由论题、论据和论证方式三个要素构成的。

论题又叫论点,是需要确定其真实性或虚假性的判断。上述例 9-1-1 中被证明的判断"秘书学是应用科学"是论题;例 9-1-2 中被否定的判断"存在着一个全能、全善、全智的主宰一切的上帝",则是被反驳的论题。

论据是用来证明论题真实性的判断。上述例子中除论题以外的其他判断,都是论据。在一个论证中,论题只有一个,论据可以有许多个。论据有两类,一类是真实性明显的判断,即无需为它们再作论证的判断,这类论据主要包括:已被确认的有关事实(包括历史的和现实的)的判断、公理、定义以及已为科学所证明了的一切原理、定理、定律等等。另一类是真实性不明显的判断,在论证中须进一步为它们提供论据(第二层论据)。如果这些论据的论据仍然不是真实性明显的判断,则对它们仍应提供论据(第三层论据)……直到最后一层论据为真实性明显的判断为止。

在论证中凡是本身不再需要证明的真实性明显的论据叫基本论据。

论题和论据之间的关系可以示意如下:

$$
\text{论题 } p \begin{cases} q_1 \begin{cases} r_1 \\ r_2 \begin{cases} s_1 \\ s_2 \end{cases} \\ r_3 \end{cases} \\ q_2 \begin{cases} r_4 \\ r_5 \begin{cases} s_3 \begin{cases} t_1 \\ t_2 \end{cases} \\ s_4 \end{cases} \end{cases} \\ q_3 \end{cases}
$$

在这一示意图中，p 是论题，其他判断是论据，其中 q_1、q_2、q_3 是一级论据，r_1、r_2、r_3、r_4、r_5 为二级论据，s_1、s_2、s_3、s_4 为三级论据，t_1、t_2 为四级论据，在各级论据中，q_3、r_1、r_3、r_4、s_1、s_2、s_4、t_1、t_2 等为基本论据。

论证方式就是论据与论题之间的逻辑联系，通常表现为各种推理和逻辑方法的运用。如上述例 9-1-1 的论证方式主要是一个三段论推理，另外还运用了一个逻辑划分；例 9-1-2 的论证方式则主要为一个假言选言推理（多难推理）。

3. 论证的语言表达

有的论证比较简单，如上面的例子；有的论证是比较复杂的思维过程，例如马克思撰写《资本论》用了几十年时间。简单的论证在语言表达中通常是一个相对独立的段落，复杂的论证通常要用论文、论著或学术报告等方式来表达。

二、论证的种类

1. 证明和反驳

根据论证的目的是确立一个判断为真，还是确定一个判断为假，论证可以分为证明和反驳两类。确立某一判断真实性的论证叫做证明，确定某一判断虚假性的论证叫做反驳。上述例 9-1-1 是一个证明，而例 9-1-2 则是一个反驳。

由于真理总是在同谬误的斗争中发展的，人们要确立一个正面观点，往往要同时否定某一或某些错误观点，因此，一篇比较正规的学术论文或学术报告，往往是既有证明，也有反驳，但通常以其中一个目的为主。在现场辩论中，更是证明和反驳不断地穿插应用。

2. 直接论证和间接论证

直接论证是从论据直接推出论题的真实性或虚假性的论证。如上述例 9-1-1 是一个直接证明，而例 9-1-2 则是一个直接反驳。它们都属于直接论证。

间接论证是从论据不能直接推出论题的真实性或虚假性的论证。可分为间接证明和间接反驳两种。

间接证明是先证明某一或某些与论题不能同时为假的其他判断为假,从而间接地推出论题为真的证明。它的特点是先根据主要论据推出其他某一判断或某些判断为假,然后再推出论题为真。间接证明的逻辑结构可以示意如下:

  论题:p
  论据:q,r,s ……
  论证:从 q,r,s …… 推出 $p_1(p_2,p_3……)$ 为假
     根据常识,p 与 $p_1(p_2,p_3……)$ 不能同时为假
    所以,p

间接证明的方法主要有反证法和选言证法,具体方法和例子见本章第二节。

间接反驳是通过证明某一与被反驳的论题不能同时为真的判断为真,从而确定被反驳的论题为假的反驳。间接反驳又叫"独立证明",其逻辑结构和具体方法见本章第四节。

3. 科学定律的论证和一般主张的论证

根据论题是需要确立的科学定律,还是希望别人接受的一般主张,论证可以分为科学定律的论证和一般主张的论证。

科学定律的论证过程必须使用必然性推理,即演绎推理或完全归纳推理,而或然性推理只能作为辅助的论证方法。这是因为或然性推理(不完全归纳推理、类比推理、溯因推理以及探求因果联系的方法等)不能使一个科学命题得到完全的证明。

一般主张的论证以说服对方接受某一观点为目的,它对论证方式的要求不太严格,只要能使对方相信某一主张,可以使用各种推理,包括独立使用或然性推理,如例证法(简单枚举归纳推理、典型归纳推理)、类比法、喻证法等。例如第六章第三节提到的邹忌说服齐王纳谏的例子中,用的就是类比法。但这些方法不能使论

题得到最后的确立,因此,一个有较高逻辑素养和独立思考习惯的人,对于他人仅仅以这些方法论证的观点,不能盲目接受,而应该独立地进行质疑和思考。

4. 演绎论证和非演绎论证

根据论证中所使用的推理形式,论证可以分为演绎论证和非演绎论证。

演绎论证就是运用演绎推理使论题的真实性或虚假性得到论证的方法。演绎论证中常用的推理形式是三段论、假言推理、选言推理等,本节前面所举的例 9-1-1、例 9-1-2 运用的推理形式是三段论和假言选言推理,因此它们都是演绎论证。演绎论证是论证中使用的主要方法,既能用于对科学定律的论证,也能用于一般主张的论证。

非演绎论证就是用非演绎推理使论题得到一定程度支持的论证。在非演绎推理中,只有完全归纳推理是必然性推理,它可以独立用于对科学定律的证明,但完全归纳推理的使用范围有限。

其他的非演绎推理如不完全归纳推理、类比推理、溯因推理和探求因果联系的逻辑方法等等,由于结论是或然的,即使前提真,结论也未必真,因此不能独立完成对科学定律的论证,在严格的科学论证中,它们只能作为辅助的论证方法。

有一种特殊的证明方法叫做数学归纳法,其基本模式是:

第 1 个 S 具有 P 属性,

如果第 n 个 S 具有 P 属性,则第 n+1 个 S 也具有 P 属性(需要加以论证),

所以,所有 S 具有 P 属性。

数学归纳法的论证过程主要是引用论据用演绎法证明"如果 S_n 具有 P 属性,则 S_{n+1} 也具有 P 属性"这个假言判断成立,所以数学归纳法实际上不是归纳论证,而是演绎论证。

三、论证和推理的关系

1. 论证和推理的联系

论证和推理是密切联系的。论据之所以能够使论题得到确证或支持,就是通过推理来完成的,因此任何论证必须运用推理,没有推理就无法进行论证。论证是推理的应用,推理是论证的工具。论证和推理在结构组成上的关系如下所示:

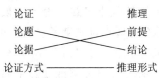

2. 论证和推理的区别

第一,两者要求的重点不同。论证是用已知为真的判断确定另一判断的真实性或虚假性的过程。论证的规则要求"论据必须已知为真",以明知虚假的判断或者真实性尚未得到确认的判断为论据来进行论证,在论证中是绝不允许的;而推理强调的是前提与结论之间联系方式的逻辑性,演绎推理本身并不要求前提真实,可以用某些尚未得到证实的判断(如假说)甚至已知为假的判断为前提进行推理(参见第三章第二节有关推理逻辑性的说明)。

第二,两者的认识和表述过程不同。论证作为思维过程是在大脑中完成的,但论证最终总要用语言表达出来。无论是思维过程本身,还是它的语言表达形式论文、论著或演讲,一般都是先提出论题,然后再寻找或陈述论据对论题进行论证。而推理作为思维活动,总是先有前提,再通过一定的推理形式推出结论的。

第三,两者结构方式的繁简不同。论证的结构往往比推理复杂,一个论证过程通常包含一系列各种各样的推理;推理的结构则比较单纯,一个推理就是一个推理,如果一个推理的结论又成为下一个推理的前提,就应该认为是两个推理,而不能说是一个"复杂的推理"。

四、逻辑论证和实践检验的关系

论证是用来确立某一判断的真实性或虚假性的思维过程,而任何判断真实与否,最终都要接受实践的检验。逻辑论证和实践检验之间的关系究竟如何呢?

1. 论证对实践的依赖性

论证作为思维认识的过程,对实践有着依赖关系。

第一,论题的提出离不开实践。论证一般是先有论题,再收集、列举论据。论题不会是心血来潮凭空提出的,而是在实践中遇到问题需要解决才提出来的。例如,关于"社会主义经济也应该是市场经济"的论题,就是在经济发展的实践中遇到的必须解决的理论问题。

第二,论据来源于实践,并应该是被实践检验过的。任何认识都来源于实践,论据当然也不例外。论据必须是已知为真的,因此也应该是经过实践检验的。

第三,正确的论证方式来源于实践。论证方式就是论证过程中所运用的推理形式。正确的推理形式是合乎逻辑规则或逻辑要求的,而这些规则和要求是客观世界事物间的内在联系在思维中的反映,对这种内在联系的认识也是通过长期的实践才完成的。

第四,论证所证明的论题最终要接受实践的检验。一个论证无论从逻辑上看如何严密,如果它的论题不能经受实践的检验,则仍然要被推翻,因为实践是检验真理的唯一标准,事实胜于雄辩。例如,一度被广泛认同的"无产阶级专政下继续革命的理论",由于实践证明它不利于社会生产力的发展,最终被彻底否定。

2. 论证对实践的反作用

逻辑论证虽然对实践有依赖性,但是逻辑论证并不是被动的,它对人们的实践活动有着重要的影响。这种反作用体现在以下几个方面:

第一,论证指导人们探索真理的实践活动。没有理论指导的实践是盲目的实践。自从人类脱离了野蛮时代,人们的科学实验、生产实践和社会活动就不再是盲目的行动,而总是在一定的理论指导下进行的,而理论的产生总是需要逻辑论证的。例如,16世纪末伽利略之所以会在比萨斜塔做那个著名的自由落体实验,是因为在此之前他通过逻辑论证证明了亚里士多德"物体降落的速度与重量成正比"的"定律"是错误的。社会主义市场经济理论的提出和论证,对当代中国经济发展的指导作用,更是有目共睹。

第二,论证使实践得到的知识上升为系统的理论。人们从实践直接得到的知识,都是具体的、孤立的,只有通过理论思考,并加以严密的论证才能上升为系统的科学理论。实践不会直接产生进化论、相对论和社会主义市场经济的理论,这些理论的确立无不经过严密的逻辑论证。

第三,论证使真理变为群众的实践活动。论证不仅在发现、形成科学真理中起着巨大作用,在传播科学真理中也起着巨大作用。一个真理,必须借助于逻辑论证,才能为人们广泛接受,才能指导千百万人民群众的实践活动,使精神财富变为物质财富。

第二节 常用的论证方法

一、直接演绎法(引证法)

直接演绎法就是引用一些已为人们认同的真实判断,运用演绎推理形式从论据直接确立论题的真实性或虚假性的论证方法。这是论证中最常用的方法。

【例 9-2-1】马克思主义不能作为检验真理的标准。因为辩证唯物主义的认识论告诉我们,"真理的标准只能是社会实践"(毛泽东《实践论》),而马克思主义本身不是实践,仅仅是实践的产物。

这个简单的论证运用的是第二格 AEE 式三段论,虽然论据只有两句话,但逻辑性很强,因为三段论是必然性推理,而论据的真实性也是无可怀疑的。

直接演绎法的一般模式是:

论题:p

论证:q,r……

(q 并且 r 并且……) ⊨ p

所以,p

式中 q,r 等是作为论据的判断,"⊨"表示由这些论据可以合乎逻辑地推出 p。

除了三段论外,直接演绎法经常运用的推理形式还有假言推理、直接推理、二难推理等。

直接演绎法又叫引证法,权威的言论常常是人们引用的论据。对权威要作具体分析,无论是政治上的还是科学、学术上的权威,由于有丰富经验和真知灼见,他们的言论对我们具有重要的指导作用。但一种观点之所以是真理,是因为它经得住实践的检验,而不是因为它是权威说过的,因此,对任何权威都不能盲从。权威也会犯错误,尤其是在他们不熟悉的领域。

二、反证法

反证法是通过证明与论题相矛盾的论断为假,然后根据排中律确定论题为真的论证方法。

【例 9-2-2】求证:过直线 AB 外一点 C 向该直线只能引一条垂线。

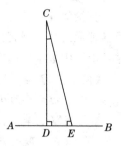

证明:如图,C 是直线 AB 外一点。假如从 C 向直线 AB 能够引两条直线,则两直线与 AB 必有两个交点 D、E。由于 CD 和 CE 均为 AB 的垂线,故∠CDE 和∠CED 均为直角,则△CDE 的三内角之和∠CDE ＋

∠CED+∠DCE＞180°。这与已知定理"任意三角形三内角之和等于180°"不符,所以过直线外一点向该直线不能引两条垂线。证毕。

反证法的一般步骤是：

第一步：设立反论题——要证明一个论题 p 为真,就先假定一个与 p 相矛盾的判断"非 p"为真。

第二步：归谬推演——从反论题出发,加上其他明显为真的判断,合乎逻辑地推出一个明显虚假的结论 q 来。（如果非 p,则 q）

第三步：证明反论题为假——运用充分条件假言推理否定后件式,由 q 为假,必然推出非 p 为假。

第四步：证明论题为真——根据排中律,p 和非 p 不可同假,非 p 为假,p 就必然为真。

上述步骤的基本模式是：

  论题：p
  反论题：非 p   （第一步）
  论证：如果非 p,则可合乎逻辑地推出 q； （第二步）
    q 假
    所以,非 p 为假   （第三步）
    p 或者非 p（排中律）
    所以 p   （第四步）

从思维过程分析,反证法总要有上述四个步骤,但在反证法的语言表达中,可以省略其中的一些过程,例如上述例子中就省略了第三、第四步的语言表达。

反证法是一种常用的间接论证方法。本书第三章第四节证明三段论格的特殊规则时,就多处运用了反证法。

三、归谬法

归谬法是一种常用的反驳方法。这种方法由被反驳的判断（对方的论题或论据）合乎逻辑地导出一个荒谬的结论,从而揭露

它的虚假性。下面是两个运用归谬反驳的例子:

【例 9-2-3】"逆境有利出人才"的命题,不但经不住事实(历史和现实)的检验,而且也经不住逻辑的推敲。试想,如果"逆境有利出人才"的命题能够成立,那么我们为了造就更多更好的人才,就应该为青少年去创造"逆境"了,如此推演下去,"改善办学条件"、"创造良好的家庭环境"不都反而不利出人才了吗?真是荒谬之极!

【例 9-2-4】当时有些声称自己是真正的马克思主义者的人,竟然公开主张"知识越多越反动"这种不可思议的观点。按照这种逻辑,不但一大批有学问的知识分子成了所谓"反动学术权威",就连马克思主义经典作家马克思、恩格斯、列宁、毛泽东也都成为"反动透顶"的人物了。他们中的哪一个不是知识多多呢?

归谬法的一般步骤是:

第一步:要证明一个论题 p 为假,就先假定 p 为真。

第二步:从 p 出发,合乎逻辑地推出一个明显虚假的结论 q。

第三步:运用充分条件假言推理否定后件式,由 q 为假,必然推出 p 为假。

上述步骤的基本模式是:

被反驳的论题:p

论证:假定 p 为真　　　　　　　　　　　(第一步)

如果 p 为真,则可合乎逻辑地推出 q;　(第二步)

q 假

所以,p 为假　　　　　　　　　　　(第三步)

归谬法所使用的主要推理形式是充分条件假言推理否定后件式,这是它与反证法的相同之处。它们的不同之处是:反证法的目的是确立 p 为真,而归谬法的目的是确定 p 为假;反证法在运用充分条件假言推理得出"非 p 假"的结论后,还要根据排中律推断 p

为真(尽管在语言表达中这一步可以省略),而归谬法在用充分条件假言推理得出"p假"的结论时,就已经完成了它的使命。

在语言中,归谬反驳的过程常省略为一个充分条件假言判断,例如下面的语句实际上都是归谬反驳:

【例9-2-5】如果这辈子杀什么下辈子就变什么,那么这辈子杀人下辈子就会变成人了。

【例9-2-6】如果存在的就是合理的,那么社会上存在的杀人、强奸、抢劫、贪污腐败等等行为不都变成合理行为了吗?

【例9-2-7】如果按照对方辩友的观点"人性本来就是恶的",那么纳粹屠杀大批犹太人的行为、日本法西斯制造的南京大屠杀就都是符合人性的了。

归谬法还有一种特殊的形式叫做"导出矛盾法",即从被反驳的论题合乎逻辑地推出一对逻辑矛盾来。例如,古希腊学者克拉底鲁曾鼓吹"对任何事物所作的肯定或否定都是假的",这等于说世界上一切判断都是假的。对此亚里士多德等人曾给以有力的批驳:

【例9-2-8】如果我们承认世界上一切命题都是假的,那么"一切命题都是假的"这个命题本身就是真的(因为它符合"事实")。如果我们承认世界上一切命题都是假的,那么"一切命题都是假的"这个命题也是假的(根据三段论推理);这个命题不可能既是真的,又是假的;所以我们不能承认世界上一切命题都是假的。

"导出矛盾法"的基本模式是:

被反驳的论题:p

反驳:如果p真,那么就能合乎逻辑地推出q;

如果p真,那么就能合乎逻辑地推出非q;

根据矛盾律,q与非q不能同真;

所以,p假。

以上模式中的最后两行在语言表达中可以省略。

"导出矛盾法"运用的推理形式叫做归谬式推理。(参见第五章第七节相关内容)

归谬反驳是一种逻辑力量非常强而语言表达又非常简洁的反驳方法,它在驳论性文章和辩论中得到广泛的应用。

四、选言证法

选言证法又叫"排除法"或"淘汰法",这是一种通过否定与论题相关的其他几种判断,从而确定论题为真的论证方法。

【例 9-2-9】关于子路、曾晳、冉有、公西华"侍坐"的时间和地点,虽然《论语》中没有直接交代,史书中也无确切记载,但我们从一些资料可以间接推出其大致的情况。据《史记·仲尼弟子列传》,公西华少孔子四十二岁,故孔子五十六岁离开鲁国出游时,公西华只有十四岁,还不到"弱冠"的年龄。古代贵族子弟"年八而入小学,年十五入大学"。《论语·述而》:"子以四教:文、行、忠、信。"《论语正义》说,"此四者,皆教成人之法"。古人以"弱冠"为成人之"礼"。故公西华从孔子为师,应在十五岁以后。从以上材料看,"侍坐"章所述的事不会发生在孔子出游之前。又据《孟子·尽心下》记载:万章问孟子:"孔子在陈曰:'盍归乎来?吾党之士狂简,进取不忘其初。'孔子在陈,何思鲁之狂士?……敢问何如斯可谓狂矣?"孟子答曰:"如琴张、曾晳、牧皮者,孔子之所谓狂矣。"这说明孔子在陈所思念的留在鲁国的弟子中有曾晳,可见曾晳没有跟随孔子周游列国,故"侍坐"章所述之事也不会发生在孔子游历各国的途中。根据以上考证,"侍坐"章记载的孔子与弟子们的对话只能发生在孔子回到鲁国以后的那几年,即孔子七十岁以后。

这是一篇学术论文中对一个分论题的论证,其论题是:"侍坐"发生在孔子周游列国回到鲁国之后。论证过程是引用一些典籍分别排除"侍坐"发生"在孔子周游列国之前"和"在周游列国途中"。论证过程运用的是选言推理否定肯定式。

由于否定肯定式在相容的选言推理和不相容的选言推理中都是有效式,所以作为选言证法中论据的选言判断可以是相容的选言判断,也可以是不相容的选言判断。在实际语言表达中,这个选言判断常常因为不言自明而被省略。例如,上例中就省略了选言判断"'侍坐'或者在孔子周游列国之前,或者在周游列国途中,或者在周游列国回到鲁国之后"。

选言证法也是常用的间接论证方法。它的基本模式是:

论题:p

论证:p 或者 q 或者 r

证 q 不成立

证 r 不成立

所以,p

五、分解法

分解法是将所要论证的论题分解成若干分论题,然后分别加以论证,从而使论题得到证明的方法。

将总论题分为若干分论题有三种常用的方式:

1. 分情况证明

先穷尽地列举与总论题相关的各种情况,再分别证明在每一种情况下论题都能成立。例如本书第三章第四节以三段论的基本规则为论据证明导出规则"从两个特称的前提不能得出结论"时,用的就是分情况证明法:

【例 9-2-10】如果两个前提都是特称肯定判断(II 组合),则前提中没有一个词项周延,无法满足"中项至少要周延一次"的要求。如果一前提为特称肯定判断,另一前提为特称否定判断(IO 或 OI 组合),则只有一个项(O 判断的谓项)周延,这个项若充当中项,则大项在前提中不周延,但根据规则4"前提有一否定则结论必否定",而否定判断的谓项(大项)周延,这样就必然犯"大项不当周延"的错误。如果两前提都是特称否定判断,则它已经违反了规则3"从两个否定的前提不能必然得出结论"。总之,若两个前提都为特称判断,则它必然违反上述基本规则中的某一条。

分情况证明的一般模式是:

 论题:p
 论证:如果 q_1,则 p
    如果 q_2,则 p
    如果 q_3,则 p
    q_1 或者 q_2 或者 q_3
    所以,p

分情况证明运用的推理形式是假言选言推理(多难推理)。

2.分方面证明

将论题所涉及的主体分解为若干方面,分别证明每一方面都有某属性,而这些属性的总和可以说明总论题成立。例如,要证明一部文学作品是一部优秀作品,我们可以先证明它在思想内容上是健康的、深刻的;再证明它在艺术形式上是成熟的、创新的。由这两方面的属性可以推出这部作品是一部优秀作品。

分方面证明的一般模式是:

 论题:p
 论证:证 q_1
    证 q_2
    证 q_3
    所以,q_1 并且 q_2 并且 q_3
    如果(q_1 并且 q_2 并且 q_3),则 p
    所以,p

公式中的 q_1,q_2,q_3 都是分论题。这些分论题的总和,构成论题成立的充分条件。分方面证明所使用的推理形式是联言推理的组合式和充分条件假言推理肯定前件式。在实际语言表达中,公式中的联言判断和假言判断都可以省略。

3. 分类证明

分类证明是将论题所涉及的一类事物分成若干小类,分别证明每个小类都具有某属性,从而使论题"整个大类都具有某属性"得到证明。例如,要证明"三角形三内角之和等于180度",就将三角形分成直角三角形、锐角三角形、钝角三角形三个小类,然后分别证明"直角三角形三内角之和是180度"、"锐角三角形三内角之和是180度"、"钝角三角形三内角之和是180度",由于三角形只有这三类,因此论题得到确立。

分类证明的模式如下:

论题:所有 S 都具有 P 属性
论证:证 S_1 具有 P 属性
　　　证 S_2 具有 P 属性
　　　……
　　　证 S_n 具有 P 属性
　　　S 只有 n 类
　　　所以,所有 S 具有 P 属性

分类证明运用的推理形式是完全归纳推理。

如果 S 类的分子数有限,也可以对它的每个分子具有某属性逐一加以证明,所使用的推理形式也是完全归纳推理。

六、例证法

例证法就是引用比较有代表性的事例使论题得到证明的方法。

【例 9-2-11】假说在各种科学的发展中都起着带头、突破、创新的作用。例如,在物理学中,量子论的创始人普朗克提出了光量子假说,圆满地解释了黑体辐射,从而引起了整个物理学的深刻革命。卢瑟福在汤姆逊关于原子结构的"西瓜模型"与实验事实不相符的三岔路口,提出了原子的核式结构模型(也称太阳系模型结构)假说,因而促进了原子物理学发展的新飞跃。此外,天体物理中宇宙大爆炸的假说,地球科学中的大陆漂移说、板块结构说等等,都表明了假说的提出预示着科学的新突破,而这种突破的完成,必将给现有科学带来革命性的变革。

这是本书上一章中的一段话,它引用了光量子假说、原子的核式结构模型假说等具体例子,来证明"假说在各种科学的发展中都起着带头、突破、创新的作用"这一论题。

例证法的一般模式是:

论题:所有 S——P
论证:S_1——P
S_2——P
……
S_n——P
$S_1,S_2……S_n$ 是 S 类的部分对象
所以,所有 S——P

例证法使用的推理形式是不完全归纳推理中的简单枚举法或典型归纳法。由于不完全归纳推理是或然性推理,所以例证法不能独立用来证明科学定律,但它可以用于一般主张的论证。例证法能使论题得到一定程度的支持,支持的强度取决于例子的多少和是否具有典型性。

例证法虽然不能使全称的论题得到完全的证明,却能够使特称的命题得到确证。

【例 9-2-12】美国有的总统出身于平民家庭,我们比较熟悉的就有林肯、里根、奥巴马等。

这是一个极为简单的证明,它的推理形式是第三格三段论(省

略了小前提"林肯、里根、奥巴马是美国总统")的,而不是不完全归纳推理。其论证模式如下:

　　论题:有 S 是 P
　　论证:M_1,M_2……是 P
　　　　　M_1,M_2……是 S
　　　　　所以,有 S 是 P

例证法常用于推翻一个全称命题,这时它就是一种演绎论证。

七、类比法

运用类比推理的方法来证明论题,就叫做类比法。类比法就是我们平常所说的"打比方",它常被用来作为说服人的手段,例如本书第六章第四节所举的"邹忌讽齐王纳谏"的例子中邹忌所用的就是类比法。再如,以香港实行"一国两制"保持经济繁荣为据,可以在一定程度上证明"如果台湾与大陆统一后和香港一样实行'一国两制',也可以保持经济的繁荣"。

类比法的一般模式是:

　　论题:S 具有 P 属性
　　论据:S 具有 A,B,C……属性
　　　　　S′具有 A,B,C……属性
　　　　　S′还具有 P 属性
　　　　　所以,S 很可能具有 P 属性

类比推理的结论是或然的,不能独立用来证明科学定律,只能作为演绎证明的补充。类比推理更多用于一般主张的论证。

八、喻证法

喻证法就是用比喻来说明道理的方法。也就是用比喻者之理去论证被比喻者之理。下面是喻证法的一个典型例子:

【例 9-2-13】世有伯乐,然后有千里马。千里马常有,而伯乐不常有;故虽有名马,祇辱于奴隶人之手,骈死于槽枥之间,不以千里称也。马之千里者,一食或尽粟一石。食马者,不知其能千里而食也。是马也,虽有千里之能,食不饱,力不足,才美不外见,且欲与常马等,不可得,安求其能千里也?策之不以其道,食之不能尽其材,鸣之而不能通其意,执策而临之曰:"天下无马。"呜呼!其真无马邪?其真不知马也!

这是韩愈的《马说》,通篇运用比喻论证,用"世界上缺少的不是千里马,而是缺少发现千里马的伯乐"为喻,说明"世界上并不缺少人才,而是缺少善于发现人才、重用人才的人"。

喻证法最大的优点是以浅喻深,即通过比喻,使一些本来抽象、深奥的道理变成具体生动的形象,从而使人易于接受。

正确运用喻证法的关键在于合理取譬,即选择喻体。取譬的一般要求是恰当、通俗、生动。常用的取譬方法有以下几种:①以寓意深刻的寓言、神话故事为喻体。②以生活中常见的自然现象或社会现象为喻体。③以虚拟假设的事物作喻体。

喻证法的一般模式是:

论题:p

论证:譬如 q

q 中包含着道理 r

从 r 可以推知 p

所以,p

鲁迅先生的杂文《拿来主义》在论证"如何对待中外文化遗产"这个重要而严肃的理论问题时,用的也是喻证法:譬如吧……一个青年从祖上得了一所大宅子,他不应该做徘徊不敢走进门的"孱头"……放火烧光保存自己清白的"昏蛋"……羡慕旧主人接受一切的"废物",而应该首先"拿来",然后"占有、挑选",吃掉"鱼翅",遣散"姨太太",将"鸦片"送到药房去供治病用……这里的喻体是作者精心设计的,它把一个复杂而抽象的道理说得具体可感,浅显易懂,使你不得不接受,因而具有极强的逻辑说服力和艺术感染力。

比喻论证不是必然性论证,因此不能独立应用于对科学定律的论证。喻证法常常作为一种辅助的论证方法与演绎论证、归纳论证结合运用,但在某些特殊的文体(如杂文)中,它有时也作为主要论证方法单独运用(杂文不用于证明科学定律)。不管是作为辅助论证方法还是作为主要论证方法,只要取譬恰当,设喻巧妙,都能取得以浅喻深、寓理于形的效果,这是其他论证方法无法代替的。

第三节 论证的基本原则和论证的规则

一、论证的基本原则——充足理由原则

充足理由原则是任何论证都必须遵循的基本原则。充足理由原则的基本内容是:任何一个思想要被确定为真(或为假),都必须有充足的理由。

充足理由就是充足的论据,它包括以下两项要求:

第一,理由必须真实。

第二,从理由能够合乎逻辑地推出论题。

充足理由原则曾经被某些逻辑教材作为普通逻辑的基本规律之一加以介绍,称为"充足理由律"。我们认为,人们提出假说、形成初级概念、在一般场合下对某些事物发表非正规的看法,并不需要有充足理由,因此,说它与同一律、矛盾律、排中律一样适用于任何思维形式和思维过程,是不符合思维实际的。充足理由原则仅仅适用于论证,因为论证是确立某一判断为真(或为假)的思维过程,要让人们接受一个观点,当然要提供充足的理由。

充足理由原则的两项具体要求,就是论证规则中关于论据和论证方式的两条规则。

二、关于论题的规则

论题有两条规则:

规则1:论题必须清楚明确。

论题在证明中是需要确立其真实性的判断。如果论题不明确,不外乎两种情况:论证者自己不明确所要证明的是什么判断,这样的证明必然是无的放矢,读者或听众也不可能弄明白;另一种可能是论证者自己心里明白,但由于在语言上没有表述清楚,读者或听众同样不能明白论题是什么。在这两种情况下,都不可能达到论证的目的——使某一论题得到有效证明。

要做到论题清楚明确,首先自己要对论题有清晰的理解。在写议论文和发表演讲的时候,应该注意以下三点:

第一,应将论题鲜明地交代出来,一般议论文提倡开门见山,就是说要在论文(或演讲)开始时,直截了当地表述自己的观点。

第二,避免使用有歧义的语句来表述论题,语句的结构分析和所用词语的意义都应该是单一的。

第三,论题中一般不应包含不明确的概念或语词,如果不得不用,则要用定义(包括语词定义)、划分、限制与概括等方法加以明确的界定。

违反这条规则的逻辑错误叫做"论题不明确"。我们在读文章或听演讲时,有时会遇到这种情形:即便你集中注意力,仍然不知作者或演讲者的主要观点是什么,就是因为他的论题不明确。

关于论题的这条规则同样适用于反驳。在驳论性的论证中,论证者要批驳的是什么观点也必须明确。

规则2:论题必须保持同一。

在一个论证过程中,必须始终保持论题的一致性。这是同一律对论证的基本要求。如果提出的论题是 p,而后面论证的却是 p',就违反了同一律的基本要求,原论题 p 也没有得到有效的证明。违反这条规则的逻辑错误叫做"转移论题"(或"偷换论题")。

例如,有一篇文章开头提出"股份制不能成为社会主义经济的主要形式"的论题,但后面的论据却始终围绕着公有制为主体是社会主义经济的本质、私有经济只能作为公有制经济的补充等来展开,实际上论证的是"私有制不能成为社会主义经济的主要形式",这就转移了原来的论题。

"证明过少"和"证明过多"也是"转移论题"常见的表现形式。"证明过少"是指实际证明的论题比提出的论题内容要少,例如,有一篇文章提出"中小学生'减负'势在必行"的论题,但文中引述的材料只能说明现在中小学教材的内容过多,而教材内容过多只是学生负担过重的一个原因,如果将论题改为"中小学教材应该删减内容、降低难度",就比较合适了。"证明过多"是指实际证明的论题比提出的论题内容要多,例如,本来要证明的是"传统逻辑有的内容已经显得陈旧了",而实际论证的却是"传统逻辑应该送进博物馆了",后者实际上是说"传统逻辑已经陈旧了,没有用了",它断定的内容比"传统逻辑有的内容已经显得陈旧了"要多得多。

在论辩中,双方对某一论题(判断)的理解也应保持一致。如果将对方的论题加以歪曲,然后再加以"有力的反驳",这是违反规则 2 的无效反驳。

三、关于论据的规则

论据只有一条规则,即:

规则 3:论据必须已知为真。

这条规则是由论证的本质所决定的,因为"论证就是用已知为真的判断来确定某一判断的真实性或虚假性的思维过程",如果论据(这里指的是在一个论证中不需要再加以证明的基本论据)不是已知为真的判断,是不能使论题的真实性或虚假性得到支持的。论证要求论据已知为真,而演绎推理如果不应用于证明,则并不要求前提为真,这是二者的重要区别,这种区别是由论据在论证中的作用——为论题的确立提供理由——所决定的。

"论据必须已知为真"这条规则有三个方面的具体要求:

(1) 作为论据的判断本身必须是真实的。如果论据本身虚假,当然不能使论题得到有效证明。引用虚假判断(材料)作为论据的逻辑错误叫"论据虚假"。例如,有的腐败分子在为自己收受贿赂的丑行作辩护的材料中写道:"现在没有哪个当权者没有跟我相同的行为,所以,我的错误虽然是严重的,但是不应当受到处分。"这一辩护理由包含着"所有的当权者都收受贿赂"这样的假判断。

如果明知某判断是虚假的,仍然引用来作为论据,那就不仅是违反逻辑的,而且是违反道德的。

(2) 基本论据的真实性必须是已知的,而不能是尚待证实的。基本论据是论证中不再需要证明的真实性明显的论据。所谓真实性明显,是说其真实性是论证者自己和论证的接受者(论文的读者或演讲的听众等)都知道或承认的,因此,一些尚未得到证明的假定、猜想,包括一些已经广为人知的科学假说,尽管最终可能被证明为真,但在被证明之前是不能用来作为论据的。违反这一要求,用想当然的所谓理由来为自己的观点作论证,这种逻辑错误叫做"预期理由"。

【例 9-3-1】地球上出现的不明飞行物("飞碟"),肯定是外星人发射的,因为有种种迹象表明,在地球以外的星球上存在着比地球人更高级的生命体,这是完全可能的。他们向地球发射宇宙飞行物是很自然的事情。

此例引用"在地球以外的星球上存在着比地球人更高级的生命体"这个尚未被确证的判断作为论据,就犯有"预期理由"错误。

(3) 非基本论据的真实性不应当靠论题的真实性来证明。论据是用来证明论题的真实性的判断。在论证过程中,如果某些论据对于读者和听众来说不是已知为真的,那就必须对它们加以证明。在对论据进行证明时,不得引用论题本身,这是因为论题本来就是一个尚待证明的判断,如果论据的真实性靠论题来证明,等于说用两个真实性尚待证明的判断互相进行论证,这当然是无效的。这种逻辑错误叫做"循环论证"。

【例 9-3-2】完全的市场经济与社会主义制度是不相容的,因为社会主义经济从本质上说是计划经济。为什么社会主义经济只能是计划经济呢?因为完全的市场经济是资本主义社会的产物,它与社会主义制度在本质上是不相容的。

此例用"社会主义经济从本质上说是计划经济"来证明"完全的市场经济与社会主义制度是不相容的",又用后者来证明前者,是一种典型的"循环论证"。

四、关于论证方式的规则

论证方式也只有一条规则:

规则 4:论据必须能够推出论题。

这条规则要求论证者对论题提供充足的论据。违反这条规则的逻辑错误叫做"推不出"。这种错误有三种常见的表现形式:

(1)论证中所运用的推理形式违反演绎推理的规则和非演绎推理的逻辑要求。

【例 9-3-3】心理学是人文科学,因为心理学不是与物质生产直接联系的,而人文科学就不是与物质生产直接联系的。

【例 9-3-4】脑容量大的人比一般人聪明。爱因斯坦的脑容量达 2100 克,远大于一般人的平均脑容量 1400 克,而爱因斯坦就比一般人聪明得多。

例 9-3-3 的论证中运用的是三段论推理,但它违反"从两个否定的前提不能必然得出结论"的规则;例 9-3-4 试图通过一个实例来证明一条普遍原理,无视大量反例的存在(例如居里夫人的脑容量只有 900 克,而许多脑袋大的人也并不一定聪明),是典型的以偏概全。从论证角度看,它们都犯有"推不出"的逻辑错误。

非演绎推理中除完全归纳推理外,都是或然性推理,即使前提(论据)为真,结论(论题)也未必为真。因此仅仅用这些推理来证明科学定律,都属于"推不出"错误的范围,例如,仅举几个例子就证明一个全称判断,就是"以偏概全"。当然,这些或然性推理可以用于一般主张的论证,或用于演绎论证的补充,即使这样,它也要遵循有关推理的逻辑要求,避免犯"以偏概全"、"机械类比"之类的逻辑错误。

(2)论据与论题不相干。有的论证提供的论据与论题没有内在联系,不构成推理关系,很难说它违反了什么推理的规则和要求。例如,某官员的贪腐行为暴露后,为了证明自己不应该受到惩处,列出两条主要理由:一是自己以前因政绩不错曾受到上级的肯定和表彰,二是还有许多官员的贪腐行为比自己严重得多。这两点即使都为事实,怎么能证明"自己不该受处罚"呢?因为一个官员是否应受惩处,只能依据他是否确实有错,以及该错误行为是否严重到触犯法律或纪律的程度。"自己过去有功劳"和"他人腐败更严重"与"自己是否应受处罚"之间并没有必然的联系。

(3)论据不足。有的论证虽然论据明显真实,而且与论题有内在联系,但并不构成论题成立的充足理由。例如,有人用一些名人在艰苦条件下取得成功的事例,证明"逆境更有利于人才成长",实际上名人逆境成才的事实只能证明"逆境下有的人也能成才"。

"论据与论题不相干"和"论据不足"的错误与"转移论题"的错误往往是相通的,因为提供的"不相干"的论据和不充足的论据虽然不能证明原来的论题,却往往能证明另一命题,如上述例子中的论据实际上证明了"改革不能没有伟大理想"和"逆境下有的人也能成才",从这个角度看,它们同时犯有"转移论题"的逻辑错误。

第四节 反 驳

一、什么是反驳

反驳是用一个或一些已知为真的判断来确定另一判断的虚假性的思维过程。反驳又叫驳论，是论证的一种。前两节有关论证方法、论证规则的内容，都适用于反驳。由于反驳有一些特殊的问题需要说明，所以这里单列一节来讨论。

反驳的对象可以是一个孤立的判断。例如，如果我们认为"社会主义经济只能是计划经济"、"会议的规模越大越重要"、"人的肚子里存在着一个神奇的法轮"等判断是错误的，就可以引用一些已知为真的判断来对它们进行反驳。

反驳的对象也可能是一个完整的论证，例如一篇论文、一个演讲、一本论著等，这时候除了要证明其论题虚假外，有时还要对它的论据和论证方式进行反驳，即证明其论据虚假或不可靠，指出其论证方式不合乎逻辑等。因为如果不将它的论据或论证方式驳倒，它就具有一定的欺骗性。在20世纪70年代末到80年代初那场关于检验真理的标准的大论战中，我国思想界对"两个凡是"的极"左"理论进行了系统反驳，其中既有对对方论题"领袖的话也是检验真理的标准"的反驳，也有对其论据和论证方式的反驳。在对某些具有很大欺骗性的歪理邪说进行批判时，也需要对其论据和论证方式加以反驳，以彻底揭露其虚伪性和欺骗性。

在对整个论证进行反驳时，反驳论题是最主要的。这是因为，假如我们认为一个论证的论题是正确的，仅仅是存在论据不足或论证方式不严密的问题，我们所要做的就是对其论题加以补充论证，而不是进行反驳。

需要特别指出的是，驳倒了对方的论据或论证方式，只能说明对方的论题未能得到充分的证明，而不等于驳倒了对方的论题，因

为,由对方的论据虚假或论证方式不正确,并不能证明对方的论题一定为假。举两个简单的例子:

【例 9-4-1】木星一定有卫星。因为许多行星有卫星,而木星就是一颗行星。

【例 9-4-2】鲁迅先生是一位伟大的文学家。因为他写过许多著名的长篇小说,并获得过诺贝尔文学奖。

例 9-4-1 犯有"推不出"的逻辑错误(三段论中项不周延),例 9-4-2 犯有"论据虚假"的逻辑错误(鲁迅先生没有写过长篇小说,也没有获得过诺贝尔文学奖),但两例的论题都是真判断。由此可见,那种认为"驳倒了对方的论据或论证方式,对方的论题也就不攻自破了"的说法是错误的。

正因为驳倒了对方的论据和论证方式,不等于驳倒了对方的论题,所以不能以反驳论据或论证方式来代替反驳论题。

二、反驳论题和论据的方法

论题和论据都是判断,反驳论题的方法也适用于反驳论据。反驳论题和论据有直接反驳和间接反驳之分。

直接反驳就是引用论据运用合乎逻辑的推理形式直接推出被反驳的论题(或论据)为假。例如,要反驳"会议规模越大越重要"这一观点,可以引用下列已知为真的判断:"遵义会议只有十来个人参加,但它是中国共产党历史上的一个转折点";"党的十一届三中全会只是二百来人参加的中型会议,也是中国共产党历史的一个转折点"。本章第一节的例 9-1-2 对"存在着一个全能、全善、全智的主宰一切的上帝"的反驳也是直接反驳。

本章第二节比较详细地介绍的归谬法,在反驳论题和论据中具有特殊的价值,因为它语言简洁而逻辑性又很强。需要说明的是,归谬法是直接反驳的一种具体方法,因为它运用充分条件假言推理直接推出的结论就是 p(被反驳的论题)假。有的逻辑读本将它归入间接反驳,是不妥的。

间接反驳又叫独立证明,即先证明与被反驳的论断相矛盾或相反对的另一论题为真,然后根据矛盾律,确定被反驳的论题为假。例如,要反驳"股份合作制是一种私有制"这一论断,我们可以从股份合作制企业的产权归企业全体劳动者所有,分配方式以按劳分配为主、按股分配为补充等事实,证明"股份合作制是公有制的一种形式",而这个论题与"股份合作制是一种私有制"是矛盾的,根据矛盾律,它们不可同真,既然前者为真,后者为假也就得到证明。

间接反驳(独立证明)的基本模式是:

被反驳的论题:p

论据:q,r……

反驳:q 并且 r 并且…… $\models$ p′

p 与 p′ 不可同真

所以,p 假

三、反驳论证方式的方法

如果对方的论题虚假而论据却是真实的,就有必要反驳对方的论证方式,因为在这种情况下,对方的论证方式不可能正确,而其真实论据又无法驳倒,这使得其论题似乎有那么一些"理由"或"论据"。所以,只有同时驳倒对方的论证方式,抽掉对方论据与论题之间的联系,才能彻底揭露对方论题的虚假。

反驳论证方式,就是指出对方论证过程犯有"推不出"的逻辑错误。可以用逻辑学知识分析对方推论过程中运用了何种推理,违反了哪一条推理规则,犯有什么逻辑错误。但这样做可能会使语言单调呆板,而且不可避免地要使用一些逻辑术语,这可能会使一般读者或听众觉得枯燥乏味,难以理解。下面介绍一种特殊的反驳论证方式的方法——形式归谬法。

形式归谬法就是以一些明显为真的前提(论据),按照与对方完全相同的推论方式,推出对方显然不能接受的结论来,以此证明对方的论证方式是错误的。它的逻辑根据是:如果一个演绎推理前提为真而结论为假,那么它的推理形式必然无效。

【例 9-4-3】有位美国参议员对逻辑学家贝尔克说:"所有的共产党人都反对我,你也反对我,所以你是共产党人。"贝尔克当即答道:"亲爱的参议员先生,您的推论真是妙极了!如果您的推论能够成立,那么下面的推论也能成立:所有的鹅都吃白菜,您也吃白菜,所以您是鹅。"

贝尔克反驳的是对方的论证方式,但他没有直接指出对方的推论运用的三段论推理违反了"中项至少要周延一次"的规则,犯了"中项不周延"的错误,而是运用了与对方完全相同的推理形式(第二格 AAA 式三段论),从真实的前提推出对方无法接受的荒谬结论来。他用的反驳方法就是形式归谬法。

形式归谬法的一般模式是:

反驳对象:对方的论证方式

反驳过程:如果 q 能证明 p,那么 q′就能证明 p′

　　　　　q′不能证明 p′(因为 q′真而 p′假)

　　　　所以,q 不能证明 p

在这里 p 代表对方的论题,q 代表对方的论据,q′代表一些明显为真的判断,p′代表对方无法接受的荒谬结论。

在用归谬法反驳论证方式时,不一定要把上述全部过程原原本本地表达出来,而往往采用这样的表达方法:

如果 q 能证明(或推出)p,那么 q′就能证明(或推出)p′。

整个句式表面上看是一个充分条件假言判断,实际上是一个否定后件式的充分条件假言推理。

下面再举两个运用形式归谬法反驳论证方式的例子。

【例 9-4-4】1993 年 9 月 23 日,参加东京国际电影节的中国电影代表团抵达东京时,发现日本方面私自把我北京电影制片厂的《蓝风筝》作为日本影片参赛,中国电影代表团向电影节组织者交涉。电影节总裁德间康快为日方辩护说:"因为《蓝风筝》在日本的放映权已由一家日本公司购买,所以作为日本片参赛是可以的。"中国代表团团长张兴援当即反驳道:"如果日本购买一部中国电影的放映权,该片就可以作为日本片参加电影节,那么中国方面曾经购买《追捕》、《望乡》在中国的放映权,难道《追捕》、《望乡》可以作为中国电影参加国际电影节吗?"这一有力的反驳使得德间康快无言以对。

【例 9-4-5】加拿大外交官切斯特·朗宁出生于我国湖北省,小时候吃过中国奶妈的乳汁,长大回国后参加州议员竞选时,反对派诋毁他说:"朗宁是喝中国人的奶长大的,他身上一定有中国人的血统。"依照加拿大法律,有外国血统的人不能竞选州议员。针对这种无耻的诽谤,朗宁在一次竞选演讲中反驳道:"现在有人说我是喝中国人的奶长大的,因此身上有中国人的血统。据我所知,说这些话的人都是喝牛奶长大的,按照他们的逻辑,他们身上一定有牛的血统。"朗宁没有直接反驳对方的论题:"朗宁身上有中国血统。"而是巧妙地用归谬法揭露了对方的推论不合逻辑,不但使对方的论题无法成立,而且反守为攻,使对方因说话不合逻辑而威信扫地。朗宁最终在竞选中获胜。

第五节 揭露和驳斥诡辩

一、什么是诡辩

1. 诡辩的定义

英语 sophistry 即"诡辩"一词源于古希腊语,最初的含义是掌握技巧、具有智慧的人,即"智者"。后来,"诡辩"一词逐渐引申为"为了欺骗而作的虚假的论证(或议论)"。在古汉语里,诡辩一词最早见于《淮南子·齐俗篇》:"诋文者处烦扰以为智,多为诡辩,久稽而不决,无益于治。"主要意思是指似是而非、颠倒黑白的议论和论证,这一含义与"sophistry"极为相近。

逻辑学所说的诡辩是指故意用违反逻辑规律和论证规则的似是而非的方法为错误观点所作的辩护,又称诡辩术。在日常生活中,有时人们把胡搅蛮缠、不讲道理,赤裸裸地颠倒黑白、混淆是非的做法,也叫"诡辩"。这种"诡辩"应该叫做"强辩",人们一眼就能看穿,缺少欺骗性,逻辑学没有必要去讨论它。

2. 诡辩的特征

诡辩有三个特征:

第一,诡辩是为错误论点进行辩护的。如果为正确的观点进行论证,即使犯有逻辑错误,也不能说是诡辩。当然,"正确"和"错误"是相对的,很难说哪一种观点是绝对正确的,但诡辩为之论证的论题的错误性通常是比较明显的。

第二,诡辩是违反逻辑规律和规则的,而且这种违反是自觉的、故意的。这里所说的逻辑规律,包括普通逻辑的基本规律和具体的逻辑规律;逻辑规则包括演绎推理的规则、非演绎推理的逻辑要求、论证的规则,其中有些是形式方面的规则,有些是非形式方面的规则,例如"论据必须已知为真"的规则。

第三,诡辩是貌似正确的,因而具有一定的欺骗性、迷惑性。亚里士多德说:诡辩是一种"谬误的论证",看来"像是"推理,但并"不真是推理",而是在"真实与虚妄之间的一种相似",正像有的人并不美,却把自己打扮成有美的外表一样。黑格尔说:诡辩常常"将一个虚假的道理弄得非常动听,好像真的一样"。[①] 因此,它有时不易被识破。但是有一定逻辑素养的人只要仔细分析,就可以发现其中的逻辑错误。

---

① 《哲学史演讲录》第 2 卷,7 页,北京:商务印书馆,1980。

诡辩是反真理、反科学的,它是科学的死敌。我们要捍卫真理,发展科学,就必须运用逻辑武器,彻底揭露和驳斥诡辩。

二、常见诡辩术举隅

1. 含糊其辞,模棱两可

这种诡辩术就是故意违反"论题必须清楚明确"的规则,在论证中将论题说得含混暧昧,似是而非,企图在不同情况下作不同解释,以便达到某种不可告人的目的。例如,某些歪理邪说宣传存在一种超自然的"法力",提出所谓"你相信它,它就存在;你不信它,它就不存在;你信得越诚,你对它的感觉就越明显"。然后对这个所谓的观点举出一些"例子"来加以"论证"。这种所谓的"法力"是根本无法验证的,因为如果你在这种"理论"诱导下形成了心理错觉,那就说明它"真的"存在;如果你感觉不到它,那是因为你对它"信得不诚"。一些类似的歪理邪说就这样迷惑了许多人。

对这种含糊其辞的诡辩,我们可以要求他明确论题的确切含义。例如对上面的例子,可以要求宣传者明确究竟存在不存在超自然的"法力",怎样做才算"信得诚"等。

2. 偷梁换柱,歪曲原意

这是故意违反同一律的要求和"论题必须保持同一"的论证规则的一种诡辩,实质就是"巧妙地"偷换论题。有两种表现形式:

第一,歪曲地解释自己原来提出的某种命题的原意,以掩盖错误,逃避批评。例如,某官员上任时在大堂上挂了一块匾,上书"收一文,天诛地灭;徇一情,男盗女娼",以表示自己决心当个清官。但由于官场腐败成风,不多久他就同流合污,凡行贿求情者,一概接收不误。后来在他的老师指着那块匾责问他为何说话不算数时,他辩解道:"所收非一文也,所徇非一情也,怎能说我说话不算数?"他把"收一文,天诛地灭……"曲解为"如果我只收一文钱贿赂,就会遭到天诛地灭……"还以自己所收早已超过一文钱,徇情枉法也不止一次,来"论证"自己没有违反诺言,真是厚颜无耻的诡辩。

在论辩中,有的人明知自己的论点站不住脚,经不起推敲和批评,为了摆脱困境,就对自己的论题作有悖原意的解释,以达到金蝉脱壳的目的。

第二,随意歪曲、篡改别人的论点,将对方的论点曲解为明显的谬误,然后振振有词地加以"有力的驳斥"。在论战或辩论中,有的人经常用这种诡辩术来造成胜利的假象。例如,在2005年初的一场著名辩论中,有人将何祚庥院士"人类无需敬畏大自然"的命题歪曲为"人类无需保护大自然",然后加以"批驳"。这种诡辩法又叫做"堂吉诃德攻击风车法"。

第三,歪曲地解释第三者的观点,以作为自己论证的论据。例如,在极"左"思潮泛滥,大搞所谓阶级斗争、路线斗争时期,某些别有用心的人将马克思主义经典作家关于"对立统一规律(即矛盾的双方既互相斗争又互相依存)是唯物辩证法最基本的观点"曲解为"共产党的哲学就是斗争的哲学",再把这一命题解释为"人与人之间互相斗争是绝对必要的",以此作为他们挑动群众斗群众、群众斗干部、干部斗群众、干部斗干部的理论根据。

对于"偷换论题"的诡辩手法,我们可以直接指出被偷换的论题的本来意义,以揭露对方的诡辩伎俩。

3. 辱骂恐吓,人身攻击

这是一种以对论辩对方进行侮辱谩骂、人身攻击来代替对具体论题的论证的诡辩手法。例如,对"不宜在《婚姻法》中写进诸如谴责第三者一类属于道德范畴的内容"的主张,有人在批驳的时候说:"我看提出这种主张的人,他自己可能就是专搞婚外恋的老手,要么他(或她)是一个自己还没有结婚就充当第三者、专干破坏他人家庭勾当的无耻之徒,不然,为什么要为第三者行为争取合法地位?"这种所谓的"批驳",对对方观点没有任何实质性的分析,却对对方的人身和动机进行了毫无根据的攻击和诬蔑。

鲁迅先生说,"辱骂和恐吓决不是战斗"。人身攻击的诡辩,在论战中是一种十分恶劣的作风。

4. 双重标准，唯我所用

这是一种实用主义的诡辩术，指在同一问题上对自己和对别人采取不同的是非标准和取舍标准，以混淆是非，达到有利于自己的目的。古希腊著名的"半费之讼"就是一个典型例子：据说古希腊有一个叫欧提勒斯（Euathlus）的人，他向当时著名的辩者普罗泰戈拉（Protagoras）学法律，两人所订合同中规定：在入学时欧氏付普氏一半学费，另一半学费等欧氏毕业后第一次出庭打官司胜诉时付清；如第一场官司欧氏败诉，则那一半学费免收。但欧氏毕业后很久不出庭打官司，普氏等得不耐烦，就向法庭提出诉讼，要求法庭判决欧氏立即付另一半学费，并提出以下二难推理：

如果欧氏这次官司打赢，那么按照合同，他应付给另一半学费；如果欧氏这次官司打输，那么按照法庭判决，他也应付给另一半学费；欧氏这次官司要么打赢，要么打输；总之，欧氏这次都应付给另一半学费。

由于对同一事物采用双重标准，普氏这个二难推理是有谬误的：第一个假言前提不成立。因为既然将问题诉诸法庭，就应以法庭判决为准，而不能在判决有利时就执行判决，不利时就不执行判决而执行合同。对普氏这个错误的二难推理，欧氏没有正面揭露其假言前提的虚假，而是构造了一个针锋相对的反二难推理：

如果我这次官司打赢，那么按照法庭判决，我不付给普氏另一半学费；如果我这次官司打输，那么按照合同，我也不付给普氏另一半学费；这次官司我要么打赢，要么打输；总之，我不必付给另一半学费。

欧氏的反二难推理与普氏的二难推理一样，也采用了双重标准，第二个假言前提不能成立。但他不是用这个反二难推理来论证自己不付学费，而是用来破斥对方的诡辩，驳斥普氏的二难推理。在破斥对方诡辩方面，欧氏的这个反二难推理还是很有力的。

5. 无中生有，编造论据

这是指故意违反"论据必须已知为真"的规则，用编造的"权威理论"或所谓例证作为论据，来论证错误的论题。例如，一些人在为制假售假的违法行为辩护时说："在市场经济下，哪有百分之一百的真货？不信，你去调查全国一百家最大的商场，要是有一家不卖假货，那才奇怪呢！再说，消费者也有不少是喜欢假货的，我卖的这种牌子的假烟，比真牌子的质量还好些。因此，消费者的利益并没有因为我卖了假货而受到损害。"这一段奇谈怪论中有许多材料是明显编造的，例如"每家商场都卖假货"、"消费者也有不少是喜欢假货的"、"假货比真的质量好"等等。

6. 循环论证，原地兜圈

这也是一种故意违反"论据必须已知为真"的论证规则的诡辩手法。论题的真实性要靠论据来证明，而论据的真实性又要靠论题来证明，就是循环论证。例如，鲁迅先生在《论辩的魂灵》一文中曾经举出一个典型的循环论证的例子："……你是卖国贼。我骂卖国贼，所以我是爱国者。爱国者的话是最有价值的，所以我的话是不错的，我的话既然不错，你就是卖国贼无疑了！"[①]

现实社会中也有一些典型的循环论证的例子。如有人为了证明特异功能存在，就说道："特异功能肯定是存在的，你没有看到那么多人相信它？其中还有著名作家呢。什么？你不知道有许多人相信特异功能，那也不要紧，你只需要想想：既然特异功能这么神奇，怎会没有人相信它！"这里实际上是用"许多人相信它"来证明"它确实存在"，然后又用"它存在"来证明"有许多人相信它"。

7. 以人为据，回避实质

这是指在论证中回避论题的实质，而用对某人品质、才能的评价来代替对论题的论证。比如，以某某人品德好或文化层次高来

---

① 《鲁迅全集》第 3 卷，28 页，北京：人民文学出版社，1980。

证明他的观点是正确的,以某某人品德差或文化层次低来证明他的观点是错误的。这种以人立言、因人废言的做法就是以人为据。例如,以下议论就是典型的"以人为据":"他检举我受贿,你们就相信吗?他的父亲坐过牢,他自己连大学也没有考上,是在夜大学才混出个大专文凭的,据说他的大专毕业作业还是请人代笔的,几经周折才勉强通过。我看对这种德性的人,是不能把他的话当回事的。"这段话中,即使所说的有关"他"的情况全部属实,也不能证明他的检举不实,辩护者不提供证据证明自己的清白,却用对他人品质或才能的评价来否定其检举的真实性,显然是无效的辩护。

8. 诉诸权威,借以吓人

这种诡辩术是指对论题不作任何论证,只是拿出权威人士的只言片语来吓唬人,用权威人士的个别言论代替对论题的逻辑论证。

有的人在争论问题时,摆不出一条像样的事实,讲不出一点让人信服的道理,张口就是"某某权威是如何如何说的"。这就是诉诸权威。

在玩弄诉诸权威方面,十年动乱时期的林彪、"四人帮"可谓达到了登峰造极的地步。他们一方面肆无忌惮地歪曲、篡改甚至伪造革命领袖的言论,一方面又把革命领袖神化,把经过他们"加工"了的"语录"说成是绝对真理、最高指示,大肆鼓吹"句句是真理"、"一句顶一万句"。在林彪、"四人帮"的煽动和影响下,引用语录代替论证,用语录打派仗等,一度成为到处可见的社会现象。这种做法是对马列主义、毛泽东思想的严重糟蹋,从逻辑上讲,就是典型的诉诸权威,滥用权威。

9. 诉诸情感,转移视线

这是指用煽情的语言来唤起公众的某种情感以转移视线、逃避责难的诡辩术,是一种"以情感为据"的谬误。例如,某公司偷漏巨额税款,在法庭上该公司负责人自我辩护说:"我们承认少缴了一些税款。可是要我们补交还要罚款,等于置我们公司于死地。

我们公司可是一家国有企业啊！要是公司倒闭了，800多员工就要下岗失业，他们就连子女的学费也交不起了。谁能负得起这个责任啊。我们单位的职工，我比谁都更了解，要是他们连基本生活都失去了保障，那是什么事情都能干得出来的！你们要追缴税款，还要罚款，就问问他们同意不同意吧。"这所谓的辩护，先是企图唤起人们的同情，然后又以"工人们什么事情都能干得出来"相威胁，这是比较典型的诉诸情感、诉诸公众的诡辩。

诉诸情感又叫诉诸怜悯，由于人们一般都有同情之心，在某些场合使用这种手段确实能唤起公众的同情。但是，论证和论辩是理性活动，所持论点应该"言之成理，持之有据"，而不是玩弄情感游戏。对付这种诡辩的办法是揭露其诡辩实质，唤起公众的理性。

10. 玩弄实例，以偏概全

玩弄实例指用个别的、局部的事例为据，无视反例的明显存在和整体的情况，武断地得出结论的诡辩术。例如，某些人以清华大学刘海洋伤熊和云南大学马加爵凶杀等少数事例，就断言现代大学生"人文道德素质极差"，就是一种以偏概全的诡辩。又如，鲁迅先生在一篇文章中说："一个旅行者走进了下野的有钱的大官的书斋，看见有许多很贵的砚石，便说中国是'文雅的国度'；一个观察者到上海来一下，买几种猥亵的书和图画，再去寻寻奇怪的观览事物，便说中国是'色情的国度'。"[①]这也是犯了以偏概全的错误。

从逻辑上讲，要反驳一个普遍性的全称论题，只要找到一个反例就行了；但要证明一个普遍性的全称论题，就绝不是通过一些实例可以奏效的。

以上列举的仅仅是一些常见的诡辩方法，并没有穷尽所有的诡辩术。例如，故意违反推理规则，用无效推理来进行论证，也是常见的诡辩方法，由于这类形式上的逻辑错误在相关章节中已经

---

① 《鲁迅全集》第6卷，272页，北京：人民文学出版社，1980。

作了说明,这里就不再讨论了。

三、对诡辩的揭露和驳斥

诡辩都是违反逻辑的,因此运用逻辑知识一般是能够识别诡辩的。在发现有人在进行诡辩时,可以直接揭露诡辩者所犯的逻辑错误,例如,指出他偷换了什么论题,捏造了哪些论据,对方的论据不能证明论题等等。

在论战中,尤其是在面对面的辩论中,用以下两种特殊的方法来揭露和驳斥诡辩,往往能取得很好的效果。

1."以其人之道还治其人之身"

所谓"以其人之道还治其人之身",就是用诡辩者自己的推论方式得出他不能接受的结论,使诡辩的伎俩暴露于光天化日之下。例如,有的人以刘海洋、马加爵等个别事例来证明"现代大学生人文道德素质极差"的观点,针对这种以偏概全的诡辩,我们可以抓住持此论者所属社会群体(设为 S)中个别人有恶行或丑行的事例(这样的事实是很容易找到的),得出"现代 S(官员、律师、医生、教师、工人、农民等等)人文道德素质极差"的结论。

本章第四节介绍的用"形式归谬法"反驳论证方式,实际上就是一种"以其道治其身"的常用逻辑反驳方法。本节前面所举的"半费之讼"中欧氏通过构造反二难推理来揭露普氏的二难推理中的错误,用的也是这种方法。

2.揭露对方论证中的逻辑矛盾

诡辩具有一定的欺骗性,因为它经过伪装,貌似正确。但是,诡辩既然是违反科学、违反逻辑的,就不可能伪装得十分彻底,总会在论证过程的某个环节、某个方面出现破绽,露出马脚,因此,诡辩为之辩护的"理论体系"中往往或多或少地包含逻辑矛盾。根据矛盾律,任何包含逻辑矛盾的思想不可能是正确的,因此,揭露对方论证中所包含的逻辑矛盾,往往能将诡辩者置于非常不利的地位。本书在第七章所举的揭露卖兵器的楚人"自相矛盾"的例子,

以及本章第二节所举的"导出矛盾法"归谬反驳中的例子,都是用揭露逻辑矛盾的方式来揭露诡辩的。下面再举一个例子:

十年动乱中,一些别有用心的人将毛泽东的指示抬高到至高无上的权威地位,林彪就有"对最高指示理解的要执行,不理解的也要执行"的"名言","每个人在思想上都要与最高指示保持绝对一致",成了某些人玩弄"诉诸权威"诡辩术的简捷武器。如果谁对"最高指示"有保留看法,就给谁扣上"反对毛泽东思想"的大帽子。当时,张志新等一批真正懂得马克思主义的人就批评这种绝对的形而上学的观点。他们指出:

> 权威的观点之所以正确,是因为它符合实际,经得起实践检验,而不是因为它是权威说的话。毛泽东同志自己也说过,"任何政党,任何个人,错误总是难免的"。因此,他自己和他领导的党犯错误也是难免的。如果要每一个党员、每一个群众在任何时候、任何问题上都要和"最高指示"保持一致,那么在毛泽东犯错误的时候,就永远听不到不同的意见,他老人家的错误也就不能得到及时的纠正。如果我们在看到他老人家有错误时,为了保护自己而不敢发表不同意见,这种做法岂不正是毛主席尖锐地批评过的"事不关己,高高挂起;明知不对,少说为佳;明哲保身,但求无过"[①]的自由主义的典型表现吗?

这段议论中引用毛泽东自己的话(这是"绝对一致"论者标榜他们维护的东西),导出了"保持绝对一致"恰恰是违反毛泽东自己的观点的,因而本身就是与最高指示"不保持绝对一致"的行为。在这样明显的逻辑矛盾被揭穿后,"绝对一致"论的反真理、反逻辑的本质也就暴露无遗了。

[①] 《毛泽东选集》第2卷,359页,北京:人民出版社,1991。

附 录 本书涉及的逻辑谬误

谬误问题是逻辑学研究的重要内容,一些逻辑教材列专章或在"论证"一章中列专节介绍谬误的有关知识。本书不采用这种做法,因为思维和语言表达中的逻辑谬误,我们在前面有关章节中已经作了比较详细的阐述,再单列一章或一节来讨论,难以避免内容上的重复。此处将本书涉及的逻辑谬误按顺序列表如下。谬误名称后括号内的数字为它在本书中的页数。

误用集合概念(35)
属种并列不当(40)
定义过宽(48)
定义过窄(48)
同语反复(49)
循环定义(49)
定义含混(49)
以比喻代定义(50)
否定定义(50)
多出子项(56)
子项不全(56)
划分的标准不同一(子项相容)(57)
预设不当(71)
周延不当(换位)(93)
四词项(四概念)(99)
中项不周延(100)
大项不当周延(100)
小项不当周延(100)
两否定前提(101)
相容选言推理肯定否定式(159)
强加排斥关系(163)
选言前提不穷尽(165、191)
充分条件假言推理肯定后件式(172)
充分条件假言推理否定前件式(172)

必要条件假言推理肯定前件式(175)
必要条件假言推理否定后件式(175)
强加条件、混淆条件(179、192)
以偏概全(轻率概括)(238、347)
机械类比(246)
以先后为因果(253)
混淆概念(偷换概念)(272)
转移论题(偷换论题)(274、330、341)
自相矛盾(逻辑矛盾)(278、279)
两不可(284)
论题不明确(331)
证明过少、证明过多(331)
论据虚假(无中生有)(332、344)
预期理由(332)
循环论证(333、344)
推不出(333)
论据与论题不相干(334)
论据不足(334)
模棱两可(含糊其辞)(341)
双重标准(343)
以人为据(344)
诉诸权威(345)
以情感为据(诉诸情感)(345)
玩弄实例(346)

复习思考题

1. 什么是论证？论证的构成要素有哪些？什么是论证的"基本论据"？
2. 科学定律的论证和一般主张的论证有何不同？
3. 论证和推理的关系如何？
4. 逻辑论证与实践检验的关系如何？
5. 常用的论证方法有哪些？它们各自的模式如何？每一种论证方法主要运用什么推理形式？
6. 为什么例证法、类比法、喻证法不能独立完成对科学定律的论证？
7. 论证的基本原则是什么？论证必须遵守哪些规则？违反这些规则会犯何种逻辑错误？
8. 什么是反驳？反驳论据和论证方式与反驳论题关系如何？
9. 什么叫"独立证明"？怎样用"形式归谬法"反驳对方的论证方式？这两种反驳方法的逻辑根据是什么？
10. 什么是诡辩？诡辩有哪些特征？
11. 常见的诡辩方法有哪些？如何揭露它们？
12. 试举例说明"以其人之道还治其人之身"和"揭露对方论证中的逻辑矛盾"的破斥诡辩的方法。

练 习 题

一、分析下列论证，指出证明的论题或被反驳的论题以及论证的方法，并说明论证中运用了何种推理形式。

1. 人类通过实践证明：世界上没有百分之百纯的任何物质。"金无足赤"，所谓纯金，目前最高能达到 99.9999 %；纯银、纯铜等

"纯"字号的金属,也不是百分之百的纯。其他经过化学提纯的产品的纯度也是有限的,即使是"高纯"或"超纯"的物质,像单晶硅,也还有杂质。至于清水,也含有不少溶解了的铁、钙、钠等金属离子和氮、氯等非金属离子,就是蒸馏水也有不少杂质离子。

2. 达尔文在研究动物和环境的关系时发现:不同类的动物生活在相同的环境里常常呈现相同的形态,例如鲨鱼属于鱼类,鱼龙属于爬行类,海豚属于哺乳类,种类不同,但由于长期生活在相同环境中,外貌很相似,身体都是梭形,都有胸鳍、背鳍和尾鳍。反之,同类动物生活在不同环境里就有不同的形态。例如同是哺乳类的狼、蝙蝠和鲸,由于生活条件和环境不同,狼长于奔跑,蝙蝠适于飞翔,鲸则适于游泳。由此可知,生物的形态构造与其生活条件和环境有关。

3. 有人坚持认为,实践固然是检验真理的标准,但马克思主义也应该是检验真理的标准。这种说法是不正确的。因为马克思主义认识论的一个基本观点就是检验真理的唯一标准是实践。马克思主义本身不是实践,因此也不能成为检验真理的标准。如果马克思主义也是检验真理的标准,那就等于说检验真理的标准不是一个而是两个,这岂不是把马克思主义认识论的基础也抽掉了?

4. 有的管理者每有重要一点的事,就要召开大会来讨论,这一做法基于一个错误的认识:会议规模越大越重要。其实,无论是管理学的原理还是社会历史事实都说明,会议的规模与会议的重要性程度没有内在的联系。例如,遵义会议只有十来个人参加,但它是中国共产党民主革命时期历史的转折点;党的十一届三中全会只是二百来人参加的中型会议,却是中国共产党在新中国成立后的又一个历史转折点。至于规模较大的联合国大会和规模较小的联合国安理会的会议哪个更重要,那是人所共知的。

5. 如果说"男人有钱就变坏",那么鼓励一部分人通过诚实劳动和合法经营先富起来,岂不是说"鼓励一部分人先坏起来"?

二、下列论证有何逻辑错误?

1. 世界上只存在腐败的个人,不存在腐败的政党。因为,如果一个政党在其纲领上写着"本党只代表少数人的利益",那么它一定是个腐败的党;而事实上没有一个政党(包括希特勒的纳粹党)会在自己的党纲上写上"本党只代表少数人的利益"。

2. 已经在职的秘书没有必要再去学习秘书学的理论。因为,秘书学是一门应用性的学科,结合工作实践一边干一边学,其效果会比从理论到理论的集中学习效果更好,所以没有必要脱产半年或一年去学秘书学的理论。

3. 甲、乙两人喜欢辩论,有一天,他们在路上相遇时辩论起"爸爸和儿子哪一个更聪明"的问题。他们的论证如下:

甲:我可以证明儿子一定比爸爸聪明,因为创立"相对论"的是爱因斯坦,而不是爱因斯坦的爸爸。

乙:恰恰相反,这个例子只能证明爸爸比儿子聪明。因为创立"相对论"的是爱因斯坦,而不是爱因斯坦的儿子。

4. 在昆曲《十五贯》中,无锡知县过于执判定苏戌娟杀其父盗其财。他是这样论证的:"看她艳如桃李,岂能无人勾引?年正青春,怎会冷若冰霜?她与奸夫情投意合,自然要生比翼双飞之意。父亲拦阻,因之杀其父而盗其财,此乃人之常情。"

5. 中世纪时,有人这样来论证"宇宙是有限的"这一观点:

宇宙是有限的,因为宇宙围绕地球这个中心运行,而中心是相对于边缘而言的,没有边缘就没有中心。而宇宙之所以围绕地球运行,就是因为它有边缘。如果宇宙是无限的,那么那些距离地球无限远的星星怎么能在一昼夜间围绕地球运行一周呢?

三、以下是中央和国家机关公务员录用考试"行政职业能力测试"试卷"逻辑判断"题中的3道小题。请给予解答。(单项选择题)

1. 有的人即便长时间处于高强度的压力下,也不会感到疲劳,而有的人干一点活也会觉得累,这除了体质或者习惯不同之外,还可能与基因不同有关。英国格兰斯哥大学的研究小组通过对50名慢性综合征患者基因组的观察,发现这些患者的某些基因与同年龄、同性别健康人的基因是有差别的。

以下哪项如果为真,最能支持该研究成果应用于慢性疲劳综合征的诊断和治疗?

A. 基因鉴别已在一些疾病的诊断中得到应用
B. 科学家们鉴别出导致慢性疲劳综合征的基因
C. 目前尚无诊断治疗慢性疲劳综合征的方法
D. 在慢性疲劳综合征患者身上有一种独特的基因

2. 遇到高温时,房屋建筑材料会发出独特的声音。声音感应报警器能够精确探测这些声音,提供一个房屋起火的早期警报,使居住者能在被烟雾困住之前逃离。由于烟熏是房屋火灾人员伤亡最通常的致命因素,所以安装声音感应报警器将会有效地降低房屋火灾的人员伤亡。

下列哪一个假设如果正确,最能反驳上面的论述?

A. 声音感应报警器广泛使用的话,其高昂成本将下降
B. 在完全燃烧时,许多房屋建筑材料发出的声音在几百米外也可听见
C. 许多火灾开始于室内的沙发坐垫或床垫,产生大量烟雾却不发出声音
D. 在一些较大的房屋中,需要多个声音感应报警器以达到足够的保护

3. 在就业者中存在一种"多元的幻觉":认为在这个多元开放的时代,每个人对自己的未来负责,对未来之路的选择是多元的、自由的。但看看现实就知道,这种选择下的目标指向是一元的,大家都一窝蜂地流向了城市,盯住了高薪白领职位,以为是个性选择,实际都汇合进同一条河流;以为是多元,实际被同化为一元;以为是自由的追求,实际都被一种封闭的思想禁锢……这便是"多元

的幻觉"。

由此可以得出的结论是：

A. 高薪职位的竞争将更加激烈

B. 多元的选择客观上是不存在的

C. 就业者实际上没有自由选择的权利

D. 社会并没有给就业者提供多元的选择

四、运用本章所学的逻辑知识，解答下列问题。

1. 一个署名"未名"的青年写信给鲁迅说："有一天，一位同学要求图书馆主任订购《莽原》，主任把这件事提交教授会议审查，说《莽原》是谈社会主义的，不能订……我自从听到《莽原》是谈社会主义的以后，便细心的从第一期起重新翻阅一回，始终一点证据也找不着，不知他们的证据在何处。"鲁迅回信给未名，直截了当地指出："……他们的根据，就在'教授'，这是明明白白的。我想他们的话在'会'里也一定不会错。为什么呢？就因为他们是教授。我们的乡下评定是非，常是这样：'赵太爷说对的，还会错么？他田地就有二百亩！'"[①]

请问，鲁迅先生在信中揭露了有人在论证"《莽原》是谈社会主义的"时所犯的什么样的逻辑错误？

2. 战国时期，屈原的学生宋玉曾经写了一篇《登徒子好色赋》，目的是证明他并不好色，真正好色的是登徒子。宋玉写道：

大夫登徒子侍于楚王，短宋玉曰："玉为人体貌闲丽，口多微辞，又性好色。愿王勿与出入后宫。"

王以登徒子之言问宋玉。

玉曰："体貌闲丽，所受于天也；口多微辞，所学于师也；至于好色，臣无有也。"

王曰："子不好色，亦有说乎？有说则止，无说则退。"

---

① 《鲁迅全集》第 7 卷，105～106 页，北京：人民文学出版社，1980。

玉曰:"天下之佳人莫若楚国,楚国之丽者莫若臣里,臣里之美者莫若臣东家之子。东家之子,增之一分则太长,减之一分则太短;著粉则太白,施朱则太赤;眉如翠羽,肌如白雪;腰如束素,齿如含贝;嫣然一笑,惑阳城,迷下蔡。然此女登墙窥臣三年,至今未许也。登徒子则不然。其妻蓬头挛耳,龋唇历齿,旁行踽偻,又疥且痔。登徒子悦之,使有五子。王熟察之,谁为好色者矣?"

请问:假如宋玉所举理由属实,他论证自己不好色的理由是否充分?论证登徒子好色的理由是否充分?

3. 邯郸市丛台区人民法院1994年5月对一起奸淫幼女案作出如下判决:"被告人姚伟犯奸淫幼女罪,从重判处有期徒刑九年,剥夺政治权利两年。"判决的最关键证据是:"经邯郸市公安刑事科学技术鉴定",从"被害人马×"身上提取的物质中查出精斑,精斑显示血型为AB型,而"被告人姚伟的血型也为AB型"。

1998年,姚伟的父母体检时发现都是B型血,根据遗传科学,他们的孩子只可能是B型或O型血,而绝不可能是AB型血。蹲了4年监狱的姚伟重新抽血化验,结果是O型。案得以平反,姚伟被宣告无罪。 (2001年3月15日《南方周末》)

请根据论证的逻辑原理,思考以下几个问题:

(1)原判决书根据"主要证据"认定姚伟是犯罪人,是否合乎逻辑?为什么?

(2)为什么姚伟血型被认定为O型,足以证明他是受冤屈的?

(3)假如实际上姚伟的血型是AB型,此案是否就不会是冤案?

(4)从这起冤假错案中暴露出来的明显逻辑漏洞,您是否体会到逻辑素养对于司法人员以及社会其他成员的重要意义?

4. 本书多处介绍"归谬法"(82、197、320~323、339~340页)。试运用这种方法反驳1~3个你认为是错误的观点或言论。

例示1:如果不想当将军的士兵不是好士兵,那么连雷锋也算不上是一个好士兵了。

例示2:如果会议的重要程度与会议的规模成正比,那么遵义会议和党的十一届三中全会都不能算重要会议了。

5.下面是一本《大学语文》教材"议论文的阅读和写作"中的一段论述:

驳论有三种方式,即反驳论点、反驳论据、反驳论证(方式)。由于议论文是由论点、论据、论证三部分有机构成的,因此驳倒了论据或论证(方式),也就否定了论点,与直接反驳论点具有相同的效果……因为错误的论据必然引出错误的论点……

(徐中玉主编:《大学语文》,上海:华东师范大学出版社,1999)

请问:这段议论的主要观点是否正确?你能举例加以说明吗?

各章练习题参考答案

第一章 绪 论

一、下列语句中"逻辑"一词的意义是什么？

1. 逻辑学
2. 客观事物本身的规律
3. 思维规律
4. 特殊的观点（含贬义）
5. 理论
6. 道理

二、找出逻辑形式相同的判断，并用公式表示它们共同的逻辑形式（用 S、P 表示概念，用 p、q 表示简单判断）。

1 与 4 相同。逻辑形式为：所有 S 是 P。

2 与 5 相同。逻辑形式为：只有 p，才 q。

三、找出逻辑形式相同的推理，并用公式表示它们共同的逻辑形式。（用 S、P、M 表示概念，用 p、q 表示简单判断）

1 与 5 相同。逻辑形式为：所有 M 是 P，S 是 M；所以 S 是 P。

4 与 6 相同。逻辑形式为：只有 p，才 q；非 p；所以非 q。

四、请指出下列逻辑形式中的逻辑常项和变项。

逻辑常项：1. 所有，不是； 2. 有，是； 3. 并且；
        4. 如果，那么； 5. 只有，才。

变 项：1. S,P； 2. S,P； 3. p,q； 4. p,q； 5. p,q。

五、运用本章所学的逻辑知识，解答下列问题。

1. 三段话内容各不相同，但是思维的形式结构是相同的，可以用公式表示为：如果 p 那么 r；如果 q 那么 s；或者 p 或者 q；所以，或者 r 或者 s。这种形式结构就是普通逻辑学研究的主要对象——思维形式的结构（思维的逻辑形式)。参看本书190页"二难推理的复杂肯定式"。

2.李泽厚先生是针对美学研究界某些不讲逻辑的现象有感而发的。实际上不仅仅是美学研究,任何科学研究和学术探讨都必须讲逻辑,因此可以说懂点最基本的逻辑是研究任何学问的基本条件。

第二章 概 念

一、用"～～～～～"标出下列各段文字中说明带括号的概念的内涵的词语,用"————"标出说明它们外延的词语。

1.(基础科学)是研究自然现象和物质运动基本规律的科学。它包括数学、物理学、化学、天文学、地学、生命科学等六大学科。

2.(艺术)是通过塑造形象具体地反映社会生活,表现作者思想感情的一种社会意识形式。根据表现手段和方式的不同,艺术通常可以分为表演艺术如音乐、舞蹈等,造型艺术如绘画、雕塑等,语言艺术即文学,以及综合艺术如戏剧、电影等。

3.(思维形式)就是人脑对复杂程度不同的思维对象的不同反映方式,它包括概念、判断、推理等。(思维形式的结构)就是某一类思维形式内部各个部分之间的联系方式。具体地说,简单判断内部概念与概念之间的联系方式,就是简单判断的结构;复合判断内部判断和判断之间的联系方式,就是复合判断的结构;推理内部前提与结论之间的联系方式,就是推理的结构。思维形式的内部结构是普通逻辑研究的主要对象,因此,人们将这种内部结构方式叫做"思维的逻辑形式"

二、请分别从单独和普遍、集合和非集合、肯定(正)和否定(负)等三方面对下列概念进行归类。

单独概念:1,9;　　　　　普遍概念:2,3,4,5,6,7,8,10。
集合概念:2,4,5,9,10;　　非集合概念:1,3,6,7,8。
正 概 念:1,2,3,4,6,7,9,10;负 概 念:5,8。

三、下列语句在概念运用方面有何逻辑错误?

1、2 混淆集合概念和非集合概念。

3、4 属种概念并列不当。

四、请用图示法表示下列合组概念外延间的关系。

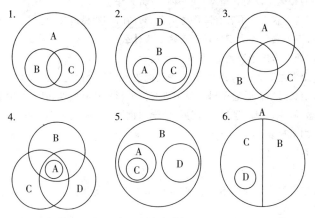

五、对下列概念各进行一次限制和概括。

（答案可以是多样的，这里只提供一种参考答案。）

原概念	限制	概括	原概念	限制	概括
诗歌	抒情诗	文学作品	国有企业	大型国有企业	企业
自然科学	物理学	科学	汽车	小轿车	交通工具
民族文化	汉族文化	文化	教师	中学教师	脑力劳动者
高等学校	师范大学	学校	概念	普遍概念	思维形式

六、下列限制或概括是否正确？

1. 限制错误，概括正确。　　2. 限制正确，概括错误。
3. 限制错误，概括错误。　　4. 限制正确，概括正确。

七、指出下列定义的被定义项、定义项、定义联项，并分析定义项中的"种差"和"属概念"。被定义项、定义项、定义联项，(种差)、[属概念]

1. 普通逻辑是(研究思维形式的结构、正确思维的规律和常用思维方法)的[科学]。

2. 事物的特有属性就是(某类(或某个)事物所具有而其他事物不具有)的[属性]。

3. 概念的限制是(通过增加内涵使一个外延较大的属概念过渡到一个外延较小的种概念以明确概念)的一种[逻辑方法]。

4. (基本意义上附着有赞许感情色彩)的[词]叫做褒义词。

八、下列语句作为定义是否正确？为什么？

(此处只指出错误类型，具体分析略。)

1. 定义过宽。因为美术、音乐等其他艺术也符合此定义。

2. 定义过窄。普通逻辑不限于研究推理形式的有效性，研究逻辑基本规律、概念、假说、论证、逻辑方法等等的学问也属于普通逻辑学。

3. 同语反复。

4. 否定定义。

5. 定义含混。

6. 定义过窄。新闻不一定都具有"出乎意料"等属性。

7. 循环定义。

8. 以比喻代定义。

九、下列语句是说明的语词定义，还是规定的语词定义？

1，2，4为说明的语词定义，3是规定的语词定义。

十、指出下列划分的标准是什么。

1. 思维所反映的对象的复杂程度。

2. 外延是否为唯一对象。

3. 前为体裁，后为作品产生的年代。

4. 其他事物是否具有。

十一、下列语句作为划分是否正确？为什么？

1. 对"汉语的词"的划分犯"多出子项"(词组)的错误，对"实词"和"虚词"的划分犯"子项不全"的错误(缺少代词、数量词，缺少语气词)。

2. 错误，此题是分解而不是划分。因为"常项"和"变项"不是"逻辑形式"的种概念(小类)，而是逻辑形式的组成部分。

3. 子项不全。缺少集体企业这一重要子项。

4. 划分的标准不同一；多出子项(曲艺、歌舞表演不算戏剧)。

5. 子项不全(缺少国内战争等子项)。

十二、以下是中央和国家机关公务员录用考试"行政职业能力测试"试卷"定义判断"题中的 3 道小题。请给予解答。(单项选择题)

1. D

解析:定义中的关键词是"对自己过去的记忆",只有 D 项具有此特有属性。

2. C

解析:定义中的关键词是"按照社会需要选择职业",只有 C 项具有此特有属性。

3. C

解析:从定义看政府采购的主体是政府,行为是采购(包括货物、工程、服务等)。只有 C 项陈述的政府行为不是"采购",而是"拨款"(让拨款对象去采购)。

十三、运用本章所学的逻辑知识,解答下列问题。

1."天灾"指异常的自然现象造成的人民生命财产的重大损失,而"人祸"指由人为因素造成的人民生命财产的重大损失,二者内涵完全不同。1959~1961年饿死数千万人,主要是因为大跃进、人民公社化运动和"反右倾"等人为因素造成的,因此是"七分人祸"。对这一历史事实用"三年自然灾害"来概括,掩盖了"人祸"的本质,不利于党和人民记取严重的历史性失误的惨痛教训(党的十一届六中全会通过的《关于建国以来党的若干历史问题的决议》说:"主要由于'大跃进'和'反右倾'的错误……我国国民经济在 1959 年到 1961 年发生严重困难,国家和人民遭到重大损失"),因此说这是"原则性错误"。编辑部接受批评公开认错的勇气值得敬佩。

2."剥削者"与"劳动者"不是全异关系,而是交叉关系,因为存在着既有一定的剥削行为又从事劳动的人,例如比尔·盖茨一样的人,又如合法经营的私人企业主,等等。

"劳动者"与"不劳动者"具有矛盾关系。

"被剥削者"真包含于"劳动者"。

"剥削者"与"不劳动者"是交叉关系(存在着只剥削不劳动的人,也存在不劳动也不剥削他人的人,例如靠社会救济金度日失去劳动能力的残疾人等不能认为是剥削者)。

"剥削者"与"被剥削者"不是矛盾关系,而是反对关系(因为存在既不剥削他人,也不被他人剥削的劳动者)。

"穷人"与"富人"是反对关系。

"穷人"与"劳动者"、"穷人"与"不劳动者"是交叉关系。

"穷人"与"剥削者"是反对关系(存在着既不穷也不剥削他人的人)。

"富人"真包含"剥削者";"富人"与"劳动者"是交叉关系,与"不劳动者"也是交叉关系。"富人"与"被剥削者"是反对关系(自己的劳动创造了大量财富,但其中一部分被他人无偿占有的人,是否属于"富有的被剥削者"值得讨论)。

搞清楚上述关系,有助于人们消除非理性的"盲目的仇富心理",有助于理解党的十六大关于"扩大党的群众基础"的理论,有助于正确评价民营企业主在社会上的作用和地位。

3."己所欲"与"人所欲"外延间是交叉关系。如果自己不喜欢的东西恰恰是别人喜欢甚至需要的东西,按照道德的一般原理,当然应该"施于人",因为这种"施于"是一种于己无害、于人有利的事。因此"己所不欲,勿施于人"有一定的局限性,不具有普遍适用性。

说明:"勿施于人"不能理解为"不要强加于人",因为古汉语中"施"没有"强加"的义项;而且如果理解为"不要强加于人",则不仅"己所不欲"的东西不要强加于人,就是自己十分喜欢的东西也不能强加于人;"强加于人"在任何情况下都是不道德的,仅仅说"己所不欲,勿施于人",使人感觉"己所欲"就可以"施(强加)于人"。这样理解的成语,其局限性就更加明显。

4.运用了定义(共四处)、划分(一处)、列举(共三处)等逻辑方法。

5.对"基础科学"进行划分,对划分后得到的子项"数学"、"逻辑学"、"物理学"等再进行"列举"。

第三章 简单判断及其演绎推理

一、下列语句是否表达判断?为什么?

1、2 直接表达判断; 3 间接表达判断; 4 不表达判断。

二、下列语句各预设了什么判断?

1.总是植绿不见绿。

2.中小学生的负担重,应该真正减下去。

3.马路被占了,而且被占的马路应该让出来。

4. 国有资产流失到某些人的腰包去了。

5. 反腐败的任务很重。

6. 有人用假种子、假农药坑害农民。

三、分析下列性质判断的结构。

1. I 判断。主项——我国少数民族,谓项——白种人,联项——是,量项——有的。主项不周延,谓项不周延。

2. A 判断。主项——搞阴谋诡计的人,谓项——没有好下场的,联项——是,量项——所有(凡是)。主项周延,谓项不周延。

3. E 判断。主项——困难,谓项——不可克服的,联项——不是,量项——所有。主项周延,谓项周延。

4. A 判断。主项——物体,谓项——在运动,联项——是,量项——所有(任何)。主项周延,谓项不周延。

5. E 判断。主项——高级官员,谓项——特殊公民,联项——不是,量项——所有。主项周延,谓项周延。

四、设下列判断形式为真,请指出主项 S 和谓项 P 外延间可能具有何种关系。

1. 相当于"所有 S 不是 P",全异。

2. 相当于"所有 S 是 P",全同、真包含于。

3. 相当于"有 S 不是 P",真包含、交叉、全异。

4. 相当于"有 S 是 P",全同、真包含于、真包含、交叉。

五、下列判断是 A、E、I、O 中的哪一种? 请写出主谓项与之相同的其他三个判断。假定原判断为真,请根据判断间的对当关系指出其他三个判断的真假情况。假如原判断为假,情况又怎样?

(其他三个具体判断从略。)

1. I 判断。若 I 真,则 A 不定,E 假,O 不定;若 I 假,则 A 假,E 真,O 真。

2. O 判断。若 O 真,则 A 假,E 不定,I 不定;若 O 假,则 A 真,E 假,I 真。

3. A 判断。若 A 真,则 E 假,I 真,O 假;若 A 假,则 E 不定,I 不定,O 真。

4. E 判断。若 E 真,则 A 假,I 假,O 真;若 E 假,则 A 不定,I 真,O 不定。

六、对下列判断换位、换质、换质位,并写出推理的逻辑形式。

(1) 换质

1. 所有知识分子都不是不劳动者。　　　　　SAP ⊨ SE$\bar{P}$

2. 有些外国的经验是符合我国国情的。　　　SOP ⊨ SI$\bar{P}$

（2）换位。

1.所有过失犯罪都不是抢劫犯罪。　　　　　　SEP ⊨ PES

2.有些腐败分子是高级官员。　　　　　　　　SIP ⊨ PIS

（3）换质位（先换质，再换位，只要求推两步）。

1.原判断 ⊨ 真理都不是怕批评的 ⊨ 怕批评的都不是真理。SAP ⊨ SE$\overline{P}$ ⊨ $\overline{P}$ES

2.原判断 ⊨ 所有犯罪行为都是不合法行为 ⊨ 有些不合法行为是犯罪行为。　　SEP ⊨ SA$\overline{P}$ ⊨ $\overline{P}$IS

七、下列推理属于何种推理？是否有效？为什么？

1.换质位，SEP ⊨ PES ⊨ PA$\overline{S}$ ⊨ $\overline{S}$AP。无效，因为第二次换位时违反"前提中不周延的项，在结论中不得周延"的规则。

2、3、4 换位，无效，违反的规则同上。

5.对当关系推理和换质，形式为：并非 SAP ⊨ SEP ⊨ SA$\overline{P}$，无效，因为根据反对关系，由 SAP 假不能推出 SEP 的真假。

八、分析下列三段论的结构。（结构分析和逻辑形式略）

各题格和式如下（在三段论中，单称判断一律分析为全称判断）：

1.第一格 AAA 式（三个判断依次是：小前提，结论，大前提）

2.第二格 AOO 式（三个判断依次是：小前提，大前提，结论）

3.第三格 AAI 式（三个判断依次是：小前提，大前提，结论）

4.第二格 AEE 式（三个判断依次是：结论，大前提，小前提）

5.前一个三段论是第二格 AEE 式；后一个三段论是第一格 AAA 式。

九、下列三段论推理是否正确？为什么？

（此处只指出所犯逻辑错误的名称，具体分析从略。）

1、4、7 大项不当周延　　　　　3、5、6、8 中项不周延

2　两否定前提

十、将下列省略三段论的省略部分补充出来，并说明它是否正确。

1.省略大前提"凡是中项周延的三段论是正确三段论"，此为假判断。

2.省略大前提"摇滚音乐迷不可能是三好学生"，此为假判断。

3.省略小前提"奥巴马是美国总统"。本题为正确三段论。

4.省略大前提"唯心主义不是科学的世界观"。此为真判断。但推理违反"从两个否定的前提不能必然得出结论"的规则。

5. 省略大前提"凡是害怕批评的理论都不是科学真理"。本题为正确三段论。

十一、试分析下列各段文字中所包含的三段论推理,并将它们用规范的格式写出来。

1. 凡是地层中有水生物化石的地区都是地质史上的古海洋地区,喜马拉雅山是地层中有水生物化石地区,所以,喜玛拉雅山是地质史上的古海洋地区。(第一格 AAA 式)

2. 任何正统宗教都要求信徒珍爱自己的生命,××功不要求信徒珍爱自己的生命,所以,××功不是正统宗教。(第二格 AEE 式)

3. 凡是意义实在、能够充当句子成分、能独立成句的词是实词,象声词意义实在、能够充当句子成分、能独立成句,所以象声词是实词。(第一格 AAA 式)

4. (任何政党,)任何个人,错误总是难免的;毛泽东自己(以及任何人,不管他是普通人还是"伟人")是个人;所以毛泽东自己(以及任何人,不管他是普通人还是"伟人")犯错误是难免的。(第一格 AAA 式)

十二、请运用三段论的知识,回答下列问题。

1. 第一格 AAA 式。推导过程:大项在前提中不周延,故在结论中也不周延,又已知结论小项周延,故结论为全称肯定判断(SAP);根据"前提有一否定结论必否定"、"前提有一特称结论必特称"的规则,大小前提都必须是全称肯定判断;又小项在结论中周延,在小前提中也必须周延,故小前提必为 SAM,中项在小前提不周延,在大前提中必须周延,故大前提必为 MAP。

2. 是第一格 AII 式(MAS ∧ SIM ⊨ SIP)或者第三格 AII 式(MAS ∧ MIS ⊨ SIP)。理由如下:

因"中项至少要周延一次",故唯一周延的项必为中项。

小前提主谓项都不周延,故小前提必为 SIM 或 MIS。

大、小项在前提中不周延,在结论中也不得周延,故结论为 SIP。

结论为肯定判断,则大小前提必为肯定判断,故大前提必为 A 判断。

A 判断只有主项周延,而它必须是中项,故大前提必为 MAP(不能是 PAM)。

3. 不能。如大前提为 I 判断,则大项在前提中不周延(I 判断主谓项都不周延);而结论否定则大项在结论中周延。这个三段论违反"前提中不周延的项在结论中不得周延"的规则,犯"大项不当周延"的错误。

4. 结论全称则小项在结论中周延,故小项在小前提中也必须周延;若中项周延两次,则小前提中小项和中项都周延,故必为 E 判断;小前提否定则结论否定,结论否定则大项在结论中周延;大项在结论中周延在大前提中必须周延,大前提中大项和中项都周延,故必为 E 判断。但是根据三段论的规则,从两否定前提不能必然地推出结论。

5. 小前提否定则大前提必为肯定判断(根据规则 3),结论必否定判断(根据规则 4);结论为否定则大项 P 在结论中周延,根据规则 2,它在大前提中也必须周延;大前提是肯定判断且大项 P 周延,它只能是 PAM。

十三、从对称性和传递性两个方面考察,下列关系属于哪一种关系?

关系性质 \ 关系名称	对称性			传递性		
	对称关系	反对称关系	非对称关系	传递关系	反传递关系	非传递关系
夫　妻	√				√	
爱			√			√
批　评			√			√
足球赛中的战胜关系		√				√
国与国间的侵略关系		√				√
概念间的真包含关系		√		√		
概念间的全同关系	√					
概念间的全异关系	√					√
判断间的矛盾关系	√				√	
判断间的蕴涵关系			√	√		

十四、下列包含关系判断的推理是否正确?为什么?

1. 正确。因为"比……高"是传递关系。

2. 不正确,因为"认识"是非对称关系。

3. 不正确,因为"不等值"不是传递关系,而是非传递关系。

4. 正确,因为"真包含"是反对称关系。

5.不正确,关系三段论,违反"前提中的性质判断必须是肯定判断"规则。

6.不正确,关系三段论,违反"中项至少要周延一次"的规则。

十五、以下是中央和国家机关公务员录用考试"行政职业能力测试"试卷"逻辑判断"题中的 3 道小题。请给予解答。(单项选择题)

1.A

解析:题干告诉我们,玻璃之所以将代替金属就是因为它不易断裂,而"具有颗粒状的微观结构的物质(如金属)在深海压力下容易断裂",故可推出"玻璃没有颗粒状的微观结构"。(第二格三段论)

2.C

解析:关键是"螺壳项链、骨镯的主要功能是审美"、"螺壳项链、骨镯的主要功能不是审美"这两个矛盾判断谁是谁非。A、B、D 均未否定它们的主要功能是审美,只有 C 项否定了它,因此最能削弱"人类的审美意识已开始萌动"的推断。

3.D

解析:由"甲和河南人不同岁,河南人比乙年龄小"可知河南人是丙。由"丙比湖北人年龄大"和"丙(河南人)比乙年龄小",可知"湖北人年龄最小"(甲是湖北人)。

十六、运用本章所学的逻辑知识,解答下列问题。

1.(1)反对关系。正题的矛盾命题是"人类社会不应该重义轻利"。

(2)反对关系。正题的矛盾命题是"……首要标准不在于发挥个人专长"。

(3)可以同时为真(即两者都必须依靠)。从形式上看也可以同假,即二者都不是必须的。正题的矛盾命题是"消除腐败可以不依靠法治建设"。

(4)反对关系,因为不排除"利弊相当"的可能性。正题的矛盾命题是"烟草业对社会并非利大于弊"。

(5)反对关系,因为存在"艾滋病既是社会问题也是医学问题"或者"艾滋病既不是社会问题也不是医学问题"等第三种观点。正题的矛盾命题是"艾滋病或者不是社会问题,或者是医学问题"。

(6)矛盾关系。

(本题的目的是让学生熟悉判断间的各种真假关系,并不是说辩论赛中"反题"必须是"正题"的矛盾命题。)

2."美国国会中的有些议员是狗娘养的"是I判断,"美国国会中的有些议员不是狗娘养的"是O判断,二者是下反对关系,不可同假,可以同真。马克·吐温的"道歉"实际上并没有完全否定原话。他运用逻辑知识,不仅保护了自己(不被起诉),而且拿国会议员们"幽了一默",因为对"美国国会中有些议员不是狗娘养的"这个O判断,是不能加以否定的,否则等于承认"美国国会中所有议员是狗娘养的"(A判断)为真。

3.本文标题实际上是对"性教育"的一次概括。以"性教育是教育"为小前提,以各段"所有的教育都……"为大前提,进行三段论推理,以此揭示性教育应该具有教育的一般特征。整篇文章就是四个第一格AAA式三段论推理,针对反对在青少年中进行性教育的各种代表性理由进行了有力的反驳。

4.(1)"人非圣贤,孰能无过"解释为三段论推理不妥。此语出处《左传·宣公二年》,原来只有"人谁无过,过而能改,善莫大焉"("人非圣贤"是后人加上去的,其中的"人"也不能理解成"我们"),它只是一种修辞,委婉批评对方的过错,在表示宽容的同时希望对方改错。

(2)这里还原出来的是一个大前提虚假、形式也无效的三段论。"圣贤是不会有过错的"明显不符合历史事实和常识(古往今来任何圣贤都曾有过错),而"不会有过错的"这个大项在前提中不周延而在结论中周延,又违反了三段论的规则2,犯有"大项不当周延"的错误。

第四章 模态判断及其演绎推理

一、请在下列语句的括号内填上恰当的模态词,使之成为恰当的判断。

1.不可能或必然不　　　　2.不可能或必然不
3.可能　　　　　　　　　4.不可能或必然不
5.可能不或不必然(或可能)　6.不必然(不一定)
7.可能　　　　　　　　　8.必然

二、已知下列判断的真假情况,请写出与其素材相同的其他三种模态判断,并根据模态判断间的对当关系指出它们的真假情况。

(只给出判断形式的真假情况,具体判断从略。)

1."可能p"假则:"必然p"假,"必然非p"真,"可能非p"真。

2. 不可能不 p＝必然 p。"必然 p"真则："必然非 p"假,"可能 p"真,"可能非 p"假。

3. "可能非 p"真则："必然 p"假,"必然非 p"不定,"可能 p"不定。

4. "必然非 p"假则："必然 p"不定,"可能 p"真,"可能非 p"不定。

三、下列包含模态判断的推理是否正确？为什么？

1. 正确。因"必然 p"真时,"可能非 p"必假,即"不可能不 p"真。

2. 不正确。因"可能非 p"真时,"可能 p"真假不定,故推不出"不可能 p"。

3. 不正确。因"不一定 p"即"并非必然 p"；而根据对当关系,"必然 p"假时,"必然非 p"真假不定。

4. 正确。因为"p"蕴涵"可能 p"。

5. 不正确。因为"p"不蕴涵"必然 p",前者真后者真假不定。

6. 不正确。此推理是模态三段论,但它违反"前提有一可能判断,结论必为可能判断"的规则。

四、请在下列语句的括号内填上恰当的规范词,使之成为恰当的判断。

1. 禁止　　2. 必须　　3. 允许不(或不必须)　　4. 允许

五、已知下列判断的真假情况,请写出与其素材相同的其他三种规范判断,并根据规范判断间的对当关系指出它们的真假情况。

(只给出判断形式的真假情况,具体判断从略。)

1. "允许 p"真则："必须 p"不定,"禁止 p"假,"允许不 p"不定。

2. "必须 p"假则："禁止 p"不定,"允许 p"不定,"允许不 p"真。

3. "禁止 p"真则："必须 p"假,"允许 p"假,"允许不 p"真。

4. "允许 p"假则："必须 p"假,"禁止 p"真,"允许不 p"真。

六、下列包含规范判断的推理是否正确？为什么？

1. 正确。因为"允许 p"真时,"禁止 p"为假。

2. 不正确。因为"不禁止 p"真(即"禁止 p"假)时,"应该(必须)p"不定。

3. 正确。这是规范三段论,它符合三段论规则。

4. 不正确。因为"允许 p"为真不能必然推出"应该(必须)p"的真假。

七、运用本章所学的逻辑知识,解答下列问题。

1. 法律上关于公民权利的条款,从逻辑上看都是允许判断,而不是必须判断。宪法规定公民有选举权(允许 p),并不能逻辑地推出"公民必须参加选举"(必须 p),也推不出"不允许公民放弃选举权"(不允许不 p,它等值于必须 p)。所以选举组织者的议论是不合逻辑的。(另外,如果某一次选举的所有候选人都是选民不满意的,那么候选人的产生程序很可能是违法的。)

2.逻辑上看,"禁止 p"与"允许 p"是一对矛盾判断,"不禁止 p"也就意味着"允许 p"。对于公民行使私权来说,法律没有明文禁止的行为,就是允许的。由于没有一条法律禁止"未婚青年外出同住",所以,该行为不构成违法。(对于政府行使公权来说,法律没有明文规定允许的行为,都是禁止的,没有一条法律授予公安以"例行查房"权,所以这种行为构成了行政违法。)

第五章 复合判断及其演绎推理

一、指出下列语句各表达什么判断,并写出它们的逻辑形式。

1. 联言判断 p 并且 q
2. 不相容的选言判断 要么 p,要么 q
3. 充分条件假言判断 如果 p,那么 q
4. 必要条件假言判断 只有 p,才 q
5. 相容的选言判断 p 或者 q
6. 充分条件假言判断 如果(p 并且 q),那么 r
7. 联言判断 (并非 p)并且(并非 q)
8. 充分条件假言判断 如果(p 或者 q),那么(r 并且 s 并且 t)
9. 联言判断 (如果 p,那么 q),并且(如果 r,那么 s)
10. 负判断 并非[只有(p 或者 q),才 r]

二、在下列各题中,A 是 B 的什么条件?

1. 必要(不充分)条件   2. 充分(不必要)条件
3. 不充分不必要条件   4. 充分(不必要)条件
5. 必要(不充分)条件   6. 充分必要条件

三、根据假言判断的等值关系将下列判断转换成另一形式的假言判断。(充分转必要,或者必要转充分)

(答案不是唯一的,此处只提供一种参考答案。)

1. 只有为社会创造价值,才能实现自己的价值。
2. 如果要从制度上消灭以权力谋私利的腐败现象,就要让权力置于有效监督之下。

3. 只有甲参加,乙才会参加。

4. 如果不热爱生活,就不能感受到生活的美。

四、下列各题对负判断的理解是否准确？为什么？

1. 不正确。因"否定特称得全称",准确理解是"77级所有同学……"

2. 不正确。因"否定选言得联言",准确理解是"甲既不是……也不是……"

3. 不正确。因"否定联言得选言",准确理解是"A或者不是……或者不是……"

4. 不正确。由假言判断假,不能确切推断前后件的真假情况。正确理解是"即使没有发生十年动乱,中国20世纪末也不会发展为世界一流强国"。

五、请根据模态判断和规范判断的对当关系,写出下列负判断的等值判断的形式。(否定词"并非"日常语言中一般说"不")

1. 可能非 p　　2. 必然非 p　　3. 可能 p　　4. 必然 p

5. 允许不 p　　6. 禁止 p　　　7. 允许 p　　8. 必须 p

六、写出下列推理的逻辑形式,并分析它们是否有效。

1. 如果 p 则 q,p,所以 q。正确。充分条件假言推理肯定前件式。

2. 只有 p 才 q,所以,如果 q 则 p。正确。假言易位推理。

3. 要么 p 要么 q 要么 r 要么 s,非 p 非 r 非 s,所以 q。正确。不相容的选言推理否定肯定式。

4. 只有 p 才 q,非 q,所以非 p。不正确。因为必要条件假言推理"已知后件为假,不能推出前件的真假"。

5. 当且仅当 p 才 q,p,所以 q。正确。充分必要条件假言推理肯定前件式。

6. 只有 p 才 q,p,所以 q。不正确。因为必要条件假言推理"已知前件为真,不能推出后件的真假"。

7. 如果 p 则 r,如果 q 则 r;p 或者 q;所以 r。正确。二难推理简单肯定式。

8. 如果(p 并且 q)则 r,所以,如果(q 并且非 r)则非 p。正确。反三段论。

9. 如果 p 则 q,非 p,所以非 q。不正确。因为充分条件假言推理"已知前件为假,不能推出后件的真假"。

10. 只有 p 才 q,非 p,所以非 q。正确。必要条件假言推理否定前件式。

11. p 或者 q,p,所以非 q。不正确。相容的选言推理,"已知一部分选言支为真,不能推出另一部分选言支的真假"。

12. 如果(p 并且 q),则 r;非 r;所以(非 p 并且非 q)。不正确。充分条件假言推理,已知后件假能够推出前件为假,但前件是一联言判断,"否定联言得选言",只能得出"非 p 或者非 q"的结论。

13. 如果 p 则 q,q;所以 p。不正确。充分条件假言推理"已知后件为真,不能推出前件的真假"。

14. p 或者 q 或者 r,非 p;所以,q 或者 r。正确。相容的选言推理否定肯定式。

15. 如果 p 则 r,如果 q 则 s,非 r 并且非 s;所以,非 p 并且非 q。正确。假言联言推理否定式。

16. 如果 p 则 r,如果 q 则 s,p 或者 q;所以,r 或者 s。正确。二难推理复杂肯定式。

七、请运用复合判断推理的有关知识解答下列问题。

1. 小孙用的是相容的选言推理肯定否定式,违反"已知一部分选言支为真,不能推出另一部分选言支的真假"的规则,所以是错误的。队长用的是不相容的选言推理肯定否定式,符合"已知一个选言支为真,可以推出其余的选言支为假"的规则,所以是正确的。

2. 小蓝要么背蓝书包,要么背黄书包,要么背白书包;据题意他背的不是蓝书包(包的颜色与自己姓氏不一样),也不是黄书包(背黄包者说话后小蓝接着说话,说明不是一个人);所以小蓝背的是白书包。(应用的是选言推理否定肯定式)

以下不难推出小黄背蓝书包,小白背黄书包。

3. 甲的回答包含一个充分条件假言推理,但违反"已知后件为真,不能推出前件的真假"的规则。乙的回答包含一个必要条件假言推理,但违反"已知前件为真,不能推出后件的真假"的规则。

4. C 是作案人,A、B、D、E 均不是作案人。

推导过程如下:

据(3)、(4)得:并非(D 或者 E),它等值于:非 D 并且非 E。(否定选言得联言)

据条件(2)和非 D,得:非 B。(必要条件假言推理否定前件式)

非 B ⊨ 并非(B 并且 C) (有一联言支假则联言判断假)

由(1)和并非(B 并且 C) ⊨ 非 A (充分条件假言推理否定后件式)

由非 A、非 B、非 D、非 E ⊨ C (选言推理否定肯定式)

5. 吴—钱;李—周;王—赵;孙—郑

推导过程如下:

由(1)可知:赵与李不是一家。

由(2)可知:李与钱同性别。

由(3)可知:孙是女的;孙与吴不是一家。

由(4)可知:孙、李、王同性别。

由(5)可知:吴的爱人不是李、郑、王;李、郑、王分属三家。

由(2)"李与钱同性别"、(3)"孙是女的"和(4)"孙、李、王同性别",可以推知:李、钱、孙、王是女性;吴、周、郑、赵是男性。(6)

由(6)可构成选言判断:吴的爱人或是李,或是钱,或是孙,或是王。(7)

由(7)和"吴的爱人不是李,不是王"[(5)]、"孙与吴不是一家"[(3)],可以推出:吴的爱人是钱。(8)

由(6)和(8)可知:李的爱人或是周,或是郑,或是赵。(9)

由(9)和"赵与李不是一家"[(1)]、"李与郑不是一家"[(5)]可以推出:李的爱人是周。(10)

由(6)和(8)、(10)可知:王的爱人或是郑,或是赵。(11)

由(11)和"王与郑不是一家"[(5)]可以推出:王的爱人是赵。(12)

由(8)、(10)、(12)可知:剩下的孙和郑是一对。

得出(8)、(10)、(12)运用的主要是选言推理的否定肯定式。

6. 丙的意见(即 B 或 D 至少有一人参加)正确。推导过程如下:

由(4) ⊨ 或者非 E 或者非 F (否定联言得选言)

由"或者非 E 或者非 F"和 F ⊨ 非 E (选言推理否定肯定式)

由(3)和非 E ⊨ 并非(非 A 并且 C) (充分条件假言推理否定后件式)

由并非(非 A 并且 C) ⊨ 或者 A 或者非 C (否定联言得选言)

由(1)、(2)和"或者 A 或者非 C" ⊨ B 或者 D (二难推理复杂肯定式)

八、试用真值表的方法解答下列问题。

1. 根据题意列真值表如下

p	q	¬p	¬q	¬p∧¬q	¬p V̇ ¬q	q∨¬p	¬(¬p∧q)
+	+	−	−	−	−	+	+
+	−	−	+	−	+	−	+
−	+	+	−	−	+	+	−
−	−	+	+	+	−	+	+

2. 真值表显示第(1)对为等值关系,第(2)对为蕴涵关系,第(3)对为反对关系。

p	q	¬p	¬q	第(1)对		第(2)对		第(3)对	
				p∨q	¬q→p	p∧¬q	p∨¬q	¬(p∨q)	p∧q
+	+	−	−	+	+	−	+	−	+
+	−	−	+	+	+	+	+	−	−
−	+	+	−	+	+	−	−	−	−
−	−	+	+	−	−	−	+	+	−

3. 真值表显示(1)、(2)为有效式,(3)为无效式。

p	q	¬p	¬q	(1)			(2)			(3)		
				(p∨q)∧¬q	→	p	(p←q)	→	(¬p→¬p)	(p→q)∧q	→	p
+	+	−	−	+	−	+	+	+	+	+	+	+
+	−	−	+	+	+	+	+	+	+	+	−	+
−	+	+	−	+	−	−	−	+	+	−	+	−
−	−	+	+	−	−	−	+	+	+	−	−	+

九、以下是中央和国家机关公务员录用考试"行政职业能力测试"试卷"逻辑判断"题中的 3 道小题。请给予解答。(单项选择题)

1. C

解析:设"从工艺和配料方面进行改良"为 p,"符合现代人对营养方面的需求"为 q。题干给出的判断形式为:如果非 p,则非 q。

选项 A 的逻辑形式是:只有 p,才 q

选项 B 的逻辑形式是:如果 q,则 p

选项 C 的逻辑形式是:如果 p,则 q(只要 p,就 q)

选项 D 的逻辑形式是:并非(非 p 并且 q)

题干的判断形式与 A、B 等值,当然能够推出 A、B。题干断定了"p 是 q 的必要条件",当条件 p(从工艺和配料方面改良)不存在时,结果 q(符合现代人对营养方面的需求)当然不会存在,故题干也能推出 D。

2. A

解析:设 p=甲是经理,q=乙是经理,r=丙是经理

题干给出的假设"如果甲是经理或乙不是经理,那么,丙是经理"的逻辑形式是:如果(p 或非 q),那么 r。于是题目等于问"以下四个推理形式哪个有效"。

选项 A 的逻辑形式是:如果(p 或非 q),那么 r;非 r(丙不是经理);所以 q

选项 B 的逻辑形式是:如果(p 或非 q),那么 r;p 并且 r(甲和丙都是经理);所以 q

选项 C 的逻辑形式是:如果(p 或非 q),那么 r;r(丙是经理);所以 q

选项 D 的逻辑形式是:如果(p 或非 q),那么 r;非 p 或者非 r(甲或丙有一个不是经理);所以 q

这四个推理形式只有 A 是有效的,符合充分条件假言推理"已知后件为假就能推出前件为假"的规则,其前件"p 或非 q"被否定,根据"否定选言得联言"可得到"非 p 并且 q",可见 q(乙是经理)为真(联言推理分解式)。

3. C

解析:

① 由"三个人知识丰富"、"乙、丙知识水平相当"和"丙、丁并非都是知识丰富",可以推知:丁不符合"知识丰富"的条件。

② 丁不符合条件必被淘汰,可见他也不符合"技术熟练"的条件,但题干说四人都"至少符合条件之一";所以丁符合的唯一条件只能是"意志坚强"。(这里运用了否定肯定式的选言推理)

③ 由"两人意志坚强"、"甲、乙意志坚强程度相同"、"丁意志坚强",可以推知:甲、乙意志不坚强。

④ 甲、乙因意志不坚强被淘汰,丁因知识不丰富被淘汰,所以唯一符合条件的只有丙。

十、运用本章所学的逻辑知识,解答下列问题。

1. Keeny.G 说的话"必须不停地练习,成功的大门才会为你打开"是一个必要条件假言判断,而常识告诉我们"多练"事实上也是"成功"的必要条件,因此大师的话是正确的、恰当的(当然也只不过是一个普通常识),不存在对青年的"误导"问题。

作者将大师的原话曲解为充分条件假言判断,然后对这种误解加以分析批评,从逻辑上看叫做偷换论题,违反了同一律的基本要求。因此,不是名人"误导"了青年,而是作者"误解"了名人的话。

作者是著名作家,他犯此种常识性错误是因为他显然不懂"必须……才……"表达的是必要条件假言判断而不是充分条件假言判断。可见,人们即使从事的是以形象思维为主的社会职业,学一点逻辑常识也是完全必要的。

2. A 的话中有一充分条件假言推理,推理形式正确,但假言前提(如果是假的就不可能被敬奉)虚假。

B 的话中有一充分条件假言推理,但违反"已知后件为真,不能推出前件的真假"的规则。

C 的话中有一必要条件假言推理,但违反"已知前件为真,不能推出后件的真假"的规则。

D 的话中有一充分条件假言推理,推理形式正确,前提也有根据。

3. 推导过程不是唯一的,此处只提供一种。

① A 是政治系的,B 是教育系的,C 是中文系的。推导过程如下:

(1)假如 A 是中文系的,那么乙所猜的"A 是教育系的,C 是中文系的"就都错。

(2)乙猜的不会全错。(因为每人都猜对一半)

(3)A 不是中文系的。[由(1)、(2)构成充分条件假言推理否定后件式推出]

(4)B 是教育系的(甲猜对的一半)。C 是中文系的(乙猜对的一半)。A 是政治系的(丙猜对的一半)。

② 甲是数学系的,乙是化学系的,丙是物理系的。推导过程如下:

(1)如果 A 全猜对(甲是物理系的,乙是数学系的),那么 B 和 C 全猜错。

(2)B、C 不可能全猜错。(据题意,只有一人全猜错)

(3)A不会全猜对。[由(1)、(2)构成否定后件式充分条件假言推理推出]
(4)如果B全猜对(乙是物理系的,甲是数学系的),那么A和C全猜错。
(5)A、C不可能全猜错。(据题意,只有一人全猜错)
(6)B不会全猜对。[由(4)、(5)构成否定后件式充分条件假言推理推出]
(7)C全猜对(即"丙是物理系的,乙是化学系的")。(据题意,只有一人全猜对)
(8)甲是数学系的。

4.由"最高明的骗子,可能在某个时刻欺骗所有人"可知,"所有人都可能在某个时刻受骗",以它为大前提,以"林肯是人"、"骗子是人"为小前提,构成模态三段论,可以推出"林肯(或骗子)可能在某个时刻受骗",即(1)和(2)。

(3)"不存在某一时刻所有的人都必然不受骗",是对"有时候所有的人都必然不受骗"的否定,根据"否定特称得全称"、"否定全称得特称"、"否定必然得可能"的规律,它等于说"任何时刻都有人可能受骗"。这可以由"骗子可能在所有时刻欺骗某些人"推出。

(4)"不存在某一时刻有人可能不受骗",是对"有时候有的人可能不受骗"的否定,根据"否定特称得全称"、"否定可能得必然"的规律,它等于说"任何时刻任何人都必然受骗",它与林肯说的"不可能在所有时刻欺骗所有的人"相矛盾,所以一定为假。(林肯要否定的正是此命题)

(5)"不存在所有时候有人必然不受骗",是对"任何时候都有人必然不受骗"的否定,根据"否定全称得特称"、"否定特称得全称"、"否定必然得可能"的规律,它等于说"有的时候所有人都可能受骗",它可以由"最高明的骗子可能在某个时刻欺骗所有人"推出。

第六章 非演绎推理

一、以下结论能否通过完全归纳推理得到?

1、4、5可以;2、3不可以。

二、下列各题在得出结论的过程中应用了哪一种归纳推理?是否有明显错误?

1.简单枚举归纳推理   2.统计归纳推理

3. 简单枚举归纳推理　　　　　4. 完全归纳推理

以上四题没有明显错误。

5. 简单枚举归纳推理,犯"以偏概全(轻率概括)"的逻辑错误。因为它无视大量反例的存在。

三、试分析下列类比推理,它们得出结论的根据是什么？是否有明显的错误？

1. 此推理的根据是已知共同属性(脑重量大、有沟回等)与推出属性(有智能活动)的相关性。

2. 此推理的根据是人和猪的共同属性(活着被烧会有本能的生理反应)与推出属性(口中有灰)之间的相关性。

3. 此推理的根据是儿童玩耍用的长木板与纸卷、木棒的共同属性(形状、质料等)与推出属性(传导声音)之间的相关性。

4. 此题将不同类的事物进行类比,已知"共同属性"(有纠纷存在)与推出属性(需要家长裁决)缺少内在的相关性,因此是一种"机械类比"。

四、分析下列溯因推理,指出它是如何得出结论的。

1. 对曼市飞蛾多为黑色的现象,提出一种比较合理的解释:黑色飞蛾不易为天敌发现因而得以幸存。

2. 对部分病人患一般疾病无法治愈的现象,提出一种合理的解释:他们感染了一种新的病原体导致免疫功能丧失。

五、下列研究活动中,应用了哪一种探求因果联系的逻辑方法？试分析它们是如何得出因果关系的结论的。

(只列出方法。具体分析从略。)

1. 求异法　　　2. 求同求异并用法　　　3. 求异法和共变法
4. 求异法　　　5. 求同法　　　　　　　6. 剩余法

六、以下是中央和国家机关公务员录用考试"行政职业能力测试"试卷"类比推理"题中的几道小题。请给予解答。(单项选择题)

逻辑学要求类比推理的两类或两个对象应有尽可能多的相同或相似之处。"行政职业能力测试"以选择题的形式测验考生能否快速判断哪两类对象在逻辑关系上具有最多的相同、相似、相近之处。

1. D

解析:手机是重要的通讯工具,语言是重要的交流工具。

2. B

解析：两概念具有全异关系，且不是同一层次的概念。冠心病不是传染病，只是非传染病中的一种；鲤鱼不是两栖动物，只是非两栖动物（鱼类）的一种。

3. D

解析：考古是一种活动，文物是考古的成果，博物馆是它的主要去向。
教育是一种活动，人才是教育的成果，企业是它的主要去向。

4. A

解析：打折是促销的一种形式，目的是竞争。
　　　奖金是奖励的一种形式，目的是激励。

七、运用本章所学的逻辑知识，解答下列问题。

1. 对非典患者和正常人的对比研究，运用的是求同求异并用法。
对动物的试验，运用的是求异法。

2. 探讨"对明星自杀的追捧"与"青年人自杀人数明显增多"之间是否有因果联系，使用的方法是求同法。（此题也可分析为简单枚举归纳推理：以张国荣、海子、"涅"的主唱死后受到"诗意追捧"，导致青少年自杀增加，概括出一条规律：对明星自杀的不负责任的"诗意追捧"，都会导致青少年摹仿的不良后果。）

3. 这种文章弊端很大。因为：其一，仅仅靠举例，难以证明严肃的科学命题；其二，选取的例子很不典型，因为癌症患者不管是否信法轮功，大多难以治愈，对方也能举出一些得了癌症而不信法轮功，"偏要"去医院就诊，最后还是死亡的例子，以证明不信法轮功是错误的。如果真的这样，上述文章的作者将无法给以有力的回击。

第七章　普通逻辑的基本规律

一、下列议论是否违反普通逻辑基本规律的要求？请加以具体分析。

1. 违反同一律的要求。混淆了"无产阶级"和"国内游客"、"资产阶级"和"外宾"等概念。

2. 不违反。因为"少"和"多"是对不同对象所作的断定，二者并不矛盾。

3. 违反矛盾律的要求。先承认"实践是唯一标准",后面又说"马克思主义是间接标准",它隐含"实践不是唯一标准",前后自相矛盾。

4. 违反矛盾律的要求。既肯定了"世界上有东西是可信的(例如哲人的名言)",又断言"世界上没有东西是可信的",自相矛盾。

5. 违反排中律的要求。同时对"有意"和"无意"、"有罪"和"无罪"等互相矛盾的思想加以否定,犯"两不可"的逻辑错误。

6. 违反同一律的要求。两次使用的"乡镇企业"一词表达的不是同一个概念,此处将它们当作同一概念作为中项进行三段论推理,混淆了概念。

7. 没有违反逻辑规律。此处同时否定的两种观点是反对关系的判断,二者可以同假。

8. 违反同一律的要求。问的是"对象是什么",答的是"为何重要",所答非所问,犯有"转移论题"的逻辑错误。

二、试运用逻辑基本规律的知识解答下列问题。

1. 因为这位排长混淆了"不抵抗将军"和"不抵抗主义"两个不同概念,违反了同一律的要求,所以鲁迅先生说"这是不懂逻辑"。

2. 司马光使用了"偷换概念"的诡辩方法。他故意用"灯"偷换"花灯",用"人"偷换"游人",以达到阻止夫人上街游玩的目的。

3. 该领导的表态违反排中律的要求,犯有"两不可"的逻辑错误。因为"给某甲处分"和"不给某甲处分"是一对矛盾命题,二者必居其一,该领导却都不同意,使人无法明确他的态度,这是违反逻辑的。

4. 甲的话违反同一律的要求,乙的话不违反逻辑。甲自己先说的"明年我一定能考上大学"是一个必然模态命题,乙对这句话加以否定,意思是"甲明年不一定能考上大学",而不是"甲明年不可能考上大学"。甲错误地理解了乙的话的意思,转移了论题。乙针对甲的曲解说"你这话也不对",并不违反逻辑。

5. 甲的观点的判断形式是"p 并且 q",乙的观点的判断形式是"非 p 并且非 q",二者为反对关系,不可同真,可以同假。丙对它们同时加以肯定,违反矛盾律的要求;丁对它们同时加以否定,不违反逻辑规律的要求。

6. 违反同一律的逻辑要求。这段议论多次使用"男子汉"一词,表达的并不是同一概念,说话人把它们混为一谈,犯有"混淆概念"的逻辑错误。

三、运用逻辑基本规律的知识完成下列推理题。

1. 肖像放在铅匣中。金匣和银匣上的话是一对矛盾判断,根据排中律,它们不可同假,必有一真。又据题意,三只匣子上只有一句是真话,这句真话必在金匣或银匣上,因此铅匣上的"肖像不在此匣中"必为假话,此话为假,说明肖像就放在铅匣中。

2. 如果只有一人口供为真,则甲是作案人。因乙、丁口供互相矛盾,根据排中律,二者必有一真。故甲、丙口供为假。丙为假,只能说明乙不是作案人;甲的口供为假,说明他就是作案人。

如果只有一人口供为假,则乙是作案人。因乙、丁口供互相矛盾,根据矛盾律,二者必有一假,甲、丙口供均为真。甲为真只能说明甲不是作案人,丙为真则说明乙是作案人。

3. F队取得冠军,猜错的是丁。推导过程如下:

甲的猜断(B或者F)和丁的猜断(非B并且非F)互相矛盾,根据矛盾律,二者不可同真,必有一假。又据题意,只有一人猜断错误,故乙、丙的猜断正确。乙猜对说明:K队和H队未能进入决赛;K队半决赛中没能淘汰F队,与丙的猜断构成必要条件假言推理否定前件式,可推出B队没有取得冠军。K队、H队没有打进决赛,B队没有取得冠军,根据选言推理否定肯定式,可推出F队取得冠军。

四、以下是中央和国家机关公务员录用考试"行政职业能力测试"试卷"逻辑判断"题中的3道小题。请给予解答。(单项选择题)

1. A

解析:B项混淆了"节能标识"和"能效标识"两个不同的概念。C项混淆了必要条件和充分条件,因为题干只告诉我们"达到二级能效标准以上"只是"节能产品"的必要条件,C项将它解释为充分条件。D项错误明显。

2. A

解析:甲、丙的话具有矛盾关系,根据矛盾律,二者必有一假,而题设"只有一人说假话",故乙、丁均为真话,可见乙、丁不是团员。班上有人不是团员,说明甲的话为假话。

3. D

解析:"一天"是用太阳起落周期定义的,故没有太阳就没有"一天"的概念。"头三天无太阳"的说法隐含着"头三天有太阳",自相矛盾。由于自相矛盾的思想一定有错误,故 D 项是对上帝创世说最强有力的质疑。

五、请分析下面两篇文章中对逻辑规律知识的运用。

(一)文章指出判决书中"具有严重情节,已构成故意毁坏财物罪"和"在故意毁坏财物犯罪中,其情节轻微,可免予刑事处罚",两者互相矛盾,违反矛盾律的要求。

(二)文章指出"情节"一词在刑法中有"定罪情节"和"量刑情节"两种含义,即同一语词表达不同的概念,而何先生将两者混为一谈,违反了同一律的要求。

从逻辑上看,(二)文的分析更有道理。但它也使我们认识到,在法律一类重要文件中,用一个语词表达不同概念容易引起误解,以至于出现字面上的自相矛盾和实质并无矛盾的现象。如果在法律条文中,对"情节"一词加以必要的限制或严格的语词定义,则可以避免类似(一)文的误解。(能够看出此种误解,是需要一定的逻辑知识基础和法律知识基础的)

第八章 科学假说和工作假设

一、分析下面的假说。回答:①提出了什么假说?②由假说推演出什么可以验证的结论?③假说验证的结果如何?

1.(1)提出"蝙蝠能在黑夜避开障碍物是由于它有特别强的视力"的假说,由此推出"如果把蝙蝠的眼睛蒙上,它就会撞在障碍物上"的结论,验证的结果假说被推翻。

(2)提出"蝙蝠能在黑夜中避开障碍物,是由于它能发出一种超声波,而它的耳朵能听到这种超声波遇到障碍物时所产生的回声"的假说,由此推出"如果把蝙蝠的耳朵塞严了,那么,它就会碰在障碍物上"的结论,验证的结果假说得到了支持。

2.(1)大卫·路德提出"树木的秘密通信是通过地下的树根进行的"的假说,由此推出"切断根部联系,植物的信息传递就会中断"的结论,实验的结果推翻了这个假说。

(2)杰克·斯库提出"树木之间的通信可能是通过空气进行的"的假说,由此推出"隔离空气流通就能切断树木间的通信联系"的结论,实验的结果使假说得到证实。

3.托里拆利提出"水泵提水的高度是大气本身的重量施加于水面的全部压力的结果"的假说,并由此推出"大气的压力应当也能够支持一条按比例相应减短(2.5英寸)的水银柱"的结论;帕斯卡则由托里拆利的假说推出"水银柱的高度将随着气压计位置的增高而减小"的验证结论。实验的结果使托里拆利的假说得到证实。

二、分析下面的工作假设。回答:①在解决具体问题的过程中先后提出了哪些假设?②提出假设和验证假设(证实和证伪)的过程主要运用了何种推理?

1.对某生"高分低能"的可疑现象提出了"高考集体舞弊导致虚假高分"的假设,经调查此假设被推翻;然后又提出"冒名顶替或找人代考导致虚假高分"的假设,经调查此假设得到证实。

2.对案件性质先后提出了奸情伤害、私仇报复、青少年作案的假设。对凶手身份先后提出"与受害人有奸情矛盾的老练的成年人"、"与受害人有小摩擦的同一栋楼的肖某"和"盲目性大的青少年"等假设。提出假设主要运用的是溯因推理,而验证假设主要运用的是演绎推理,如根据无作案时间否定郭某作案,就是运用三段论推理:案犯具备作案时间,郭某不具备作案时间,所以郭某不是罪犯。

第九章 论 证

一、分析下列论证,指出证明的论题或被反驳的论题以及论证的方法,并说明论证中运用了何种推理形式。

1.论题是"世界上没有百分之百纯的任何物质"。例证法,运用的是不完全归纳推理(简单枚举)。

2.论题是"生物的形态构造与其生活条件和环境有关"。分解法(分方面证明)。总论题分解为两个分论题:(1)不同类的动物生活在相同的环境里常常呈现相同的形态;(2)同类动物生活在不同环境里,就有不同的形态。

对分论题的论证用的是例证法,运用的是不完全归纳推理(简单枚举)。

由于(1)和(2)构成总论题的充分条件(理由),条件得证,可以推出结论成立。所以从论证的总体结构看,运用的是肯定前件式充分条件假言推理:

如果"不同类的动物生活在相同的环境里常常呈现相同的形态,而同类动物生活在不同环境里就有不同的形态",那么"生物的形态构造与其生活条件和环境有关";

已证"不同类的动物生活在相同的环境里常常呈现相同的形态,而同类动物生活在不同环境里有不同的形态";

所以,"生物的形态构造与其生活条件和环境有关"。

假言前提所断定的充分条件关系是一般人普遍认可的,因此在具体论证过程中没有必要原原本本地说出来。

3.反驳的论题是"马克思主义也应该是检验真理的标准"。直接反驳,先后使用了直接演绎法和归谬法。运用了三段论推理和否定后件式的充分条件假言推理。

4.反驳的论题是"会议规模越大越重要"。间接反驳(独立证明"会议的规模与会议的重要性程度没有内在的联系"),论证方法是例证法,推理形式是不完全归纳推理(典型归纳推理)。

5.反驳的论题是"男人有钱就变坏"。直接反驳,反驳方法是归谬法,运用的推理形式是否定后件式的充分条件假言推理。

二、下列论证有何逻辑错误?

1.推不出。运用的推理是充分条件假言推理的否定前件式,违反该种推理"已知前件为假,不能推出后件的真假"的规则。

2.转移论题。将"没有必要学习"转移为"没有必要脱产学习"。

3.推不出。两人用的都是例证法,但只有一例,典型的"以偏概全"。

4.预期理由。所有论据均是想象出来的。

5.循环论证。"宇宙有限(有边缘)"和"宇宙绕地运行"互相论证。

三、以下是中央和国家机关公务员录用考试"行政职业能力测试"试卷"逻辑判断"题中的3道小题。请给予解答。(单项选择题)

1.B

解析:一项研究成果应用于临床,必须是成熟的且可操作的。治疗某一独特疾病如"慢性疲劳综合征",必须找到引起该疾病的具体原因。本题选项中只有B项符合条件。

2.C

解析:A、D两项主要涉及成本问题,与"能否有效降低火灾造成的人员伤亡"无关。B 项陈述的是"在完全燃烧时"远处能听到声音,而"声音感应报警器"主要通过"早期警报"减少火灾造成的人员伤亡。只有 C 项陈述了造成人员伤亡的火灾开始时往往并没有声音,故它是对"声音感应报警器能够减少火灾人员伤亡"的说法最有力的反驳。

3. A

解析:题干陈述的事实是人们在"这种选择下的目标指向是一元的",即承认在可选择的情况下大家一窝蜂地选择高薪白领职位。这个事实不能得出"无可选择"或"无权选择"的结论。只有 A 项是题干陈述的现象的自然结果。

四、运用本章所学的逻辑知识,解答下列问题。

1. 鲁迅先生揭露了对方论证中"以人为据"的诡辩术,它是"推不出"的逻辑错误的一种表现。《莽原》是谈社会主义的,因为这是教授们说的,而教授们说的还会错么!"这就是对方的逻辑。

2. 宋玉论证自己不好色的理由是充分的(假定理由为真),因为如果他是好色之徒,就不会对绝色佳人的主动献情无动于衷。宋玉论证登徒子好色的理由是不充分的,因为从登徒子爱他的丑妻,推不出他好色。

3. (1)不合乎逻辑,犯有"推不出"的错误,所运用的三段论推理违反"中项至少要周延一次"的规则。

(2)因为由"罪犯是 AB 型血"和"姚伟不是 AB 型血",运用三段论推理(第二格 AEE 式)可以必然推出"姚伟不是罪犯"。

(3)仍有可能是冤案。因为据此认定姚伟是罪犯的推理违反逻辑,结论不可靠。

(4)司法人员如果缺乏逻辑素养,不懂逻辑或者虽然懂逻辑但是出于其他原因不讲逻辑甚至故意违反逻辑,就会造成冤假错案。

4. 此题无统一答案。现实生活中有许多似是而非的观点,只要敢于怀疑、善于思考是不难发现的,用归谬法能使其荒谬性暴露无遗。

下面仅举两例:

(1)某地公务员体检标准有"男性身高不得低于 160 厘米"的条件。对这种身高歧视可以构成下列反驳:

如果小个子男人就不能当公务员,那么我们敬爱的邓小平同志、胡耀邦同志也不符合公务员的条件了。

(2)某学者撰文说,由于现在"考研与高考一样都是选拔出了高分低能的学生",他很为毕业于内地二、三流师范院校的考生占据了名校研究生招生的大量名额而担忧(意为占去了名校本科生读研的机会,影响研究生的生源质量)。对此,有人反驳道:

×教授的观点有个致命的缺陷:如果考研和高考都是选拔出了高分低能的学生,那么怎么证明名校的本科生比二、三流学校的本科生更优秀、更有潜力呢？他们都是因为"低能(高分)"才进入名校的呀。

附录 1

逻辑专业研究生入学专业课试题

说　明：下面提供的两套试题是两所"211"重点大学逻辑学硕士点的专业课试题。各高校研究生入学考试的考核内容、题型、题量、难度差别很大，因此本试题仅供参考。读者如果有意报考逻辑学专业研究生，必须了解该硕士点入学考试的科目、参考书、以往考核的样卷等。请直接与报考院校的研究生院（处）或导师联系。

试题（一）

一、解释名词（每小题 3 分，共 15 分）
1. 二分法　　　2. 周延　　　3. 蕴涵
4. 演绎推理　　5. 循环论证

二、选择题（单项选择或多项选择）（每小题 3 分，共 15 分）
1. "中国"与"上海市"两个概念的外延是_____关系。
　①种属　②属种　③交叉　④全同　⑤全异
2. 如果"p 或者 q"是真的，则其支命题的真假情况是_____。
　①p、q 都真　②p、q 都假　③p 真 q 假　④p 假 q 真
3. 从"并非有些证据是真的"可以推出_____。
　①有些证据不是真的　　②并非所有证据不是真的
　③所有证据不是真的　　④并非所有证据是真的
4. 一个推理，如果前提假而推理形式正确，则结论_____。
　①真　②假　③可真可假
5. "这个推理既是直接推理又是三段论的省略式"，这个陈述____要求。
　①违反同一律　　　　②违反矛盾律
　③违反排中律　　　　④不违反逻辑规律

三、从下列命题中,找出其中的等值命题,并写出它们的等值式(每个等值题 3 分,共 24 分)

1. 如果人们想取得工作的胜利,就要使自己的思想合乎客观的规律性。
2. 并非人生的价值在于地位高或名声大。
3. 如果人们的思想不合乎客观的规律性,那么就会在工作中失败。
4. 人生的价值既不在于地位高,也不在于名声大。
5. 当且仅当人犯我,则我犯人。
6. 如果人犯我,则我犯人;如果人不犯我,则我不犯人。
7. 如果甲是案犯,那么甲就有作案时间。
8. 甲是案犯,而甲没有作案时间,这是不可能的。

四、下列推理形式是否正确?(每小题 5 分,共 40 分)

1. $\neg Mp \to M\neg p$ ("M"= 可能)
2. $\neg Op \to Fp$ ("O"= 必须 "F"= 禁止)
3. $MEP \wedge SAM \to SAP$
4. $PAM \wedge SAM \to SAP$
5. $((p \to (q \wedge r)) \wedge \neg q) \to \neg p$
6. $((p \to (q \vee r)) \wedge \neg r) \to \neg p$
7. $(((p \wedge q) \to \neg(r \to s)) \wedge (r \wedge \neg s)) \to (p \wedge q)$
8. $((p \wedge q) \to (r \vee s)) \wedge (\neg r \wedge \neg s)) \to (\neg p \vee \neg q)$

五、综合推理(每小题 12 分,共 36 分)

1. 如果某人有配偶而重婚或者明知有配偶而与之结婚,则应处以 2 年以下有期徒刑或拘役。现已查明某甲有配偶而重婚,并不应处以拘役,试问某甲应处以何种徒刑?写出推理过程。

2. 某地发生一起凶杀案件,经分析,凶手是两个同谋犯,但嫌疑犯有五个:A、B、C、D、E,并知如下情况:
   ① 如果 B 不是凶手,那么 A 也不可能是凶手。
   ② B 只有跟 C 在一起时,才参与作案。
   ③ 如果 D 是凶手,E 一定是凶手。
   ④ A、D 至少有一人是凶手。

公安人员又进一步查明,C 没有参与这起凶杀案。究竟谁是凶手?请写出推理过程。

3. 一个有效三段论,两个前提中只有大前提有一个周延的项,该三段论的推理形式是什么?并简述理由。

六、论述题(每小题 10 分,共 20 分)

1. 如何理解同一律、矛盾律、排中律是形式逻辑的基本规律。
2. 谈谈你对传统逻辑改革的见解。

试题(一)参考答案

一、解释名词(每小题 3 分,共 15 分)

略

二、选择题(单项选择或多项选择)(每小题 3 分,共 15 分)

1. ⑤   2. ①③④   3. ③   4. ③   5. ②

三、从下列命题中,找出其中的等值命题,并写出它们的等值式(每个等值题 3 分,共 24 分)

1、3 等值,$(p \rightarrow q) \leftrightarrow (\neg q \rightarrow \neg p)$

2、4 等值,$\neg(p \vee q) \leftrightarrow \neg p \wedge \neg q$

5、6 等值,$(p \rightarrow q) \wedge (\neg p \rightarrow \neg q) \leftrightarrow (p \leftrightarrow q)$

7、8 等值,$(p \rightarrow q) \leftrightarrow \neg(p \wedge \neg q)$

四、下列推理形式是否正确?(每小题 5 分,共 40 分)

1. 正确。因为:不可能 p ⊨ 必然非 p (根据矛盾关系)
               必然非 p ⊨ 可能非 p (根据差等关系)

2. 不正确。因为:"必须 p"与"禁止 p"是反对关系,二者可以同假,所以由"并非必须 p"不能确切地推出"禁止 p"的真假(只能推出"允许不 p")。

3. 不正确。这是三段论推理第一格 EAA 式,它违反"前提若有一否定判断,结论必为否定判断"的规则。

4. 不正确。这是三段论推理第二格 AAA 式,它违反"中项至少要周延一次"的规则。

5. 正确。充分条件假言推理否定后件式。因为只要有一联言支为假联言判断就为假,故由 ¬q 可以推出 ¬(q∧r),即后件为假;根据"已知后件为假就能推出前件为假"的规则,可以推出 ¬p。

6. 不正确。因为只要有一个选言支为真相容的选言判断就是真的,因此由 ¬r 不能必然推出后件(q∨r)的假,后件真假不定,不能构成有效的推理推出前件 p 的真假。

7. 不正确。这是充分条件假言推理的肯定后件式,违反"已知后件为真不能推出前件的真假"的规则。(当前件真后件假时充分条件假言判断为假,所以(r∧¬s)可以推出 ¬(r→s),即肯定后件。)

8. 正确。这是充分条件假言推理的否定后件式,符合"已知后件为假可以推出前件为假"的规则。(根据德·摩根定律,(¬r∧¬s)↔¬(r∨s),而¬(p∧q)↔(¬p∨¬q)。)

五、综合推理(每小题 12 分,共 36 分)

1. 如果某人有配偶而重婚(p)或者明知有配偶而与之结婚(q),则应处以 2 年以下有期徒刑(r)或拘役(s)。现已查明某甲有配偶而重婚(p),并不应处以拘役(¬s),试问某甲应处以何种徒刑?写出推理过程。

甲应处 2 年以下有期徒刑。推导过程如下:
(1) p ⊨ (p∨q)   (只要有一个选言支为真相容的选言判断就是真的)
(2) [(p∨q)→(r∨s)]∧(p∨q) ⊨ (r∨s) (充分条件假言推理肯定前件式)
(3) (r∨s)∧¬s ⊨ r   (选言推理否定肯定式)

2. 题目给定的已知条件可以整理如下:
① ¬B→¬A   ② C←B   ③ D→E   ④ A∨D   ⑤ ¬C

根据以上条件可以推知 D、E 是凶手。推导过程如下:
(1) (C←B)∧¬C ⊨ ¬B   (必要条件假言推理否定前件式)
(2) (¬B→¬A)∧¬B ⊨ ¬A   (充分条件假言推理肯定前件式)
(3) (A∨D)∧¬A ⊨ D   (相容的选言推理否定肯定式)
(4) (D→E)∧D ⊨ E   (充分条件假言推理肯定前件式)

3. 一个有效三段论,两个前提中只有大前提有一个周延的项,该三段论的推理形式是什么?并简述理由。

是第一格 AII 式(MAP∧SIM ⊨ SIP)或者第三格 AII 式(MAP∧MIS ⊨ SIP)。理由如下：

因"中项至少要周延一次",故唯一周延的项必为中项。

小前提主谓项都不周延,故小前提必为 SIM 或 MIS。

大、小项在前提中不周延,在结论中也不得周延,故结论为 SIP。

结论为肯定判断,则大小前提必为肯定判断。

大前提为肯定判断且有一个项周延,故大前提必为 A 判断。

A 判断只有主项周延,而它必须是中项,故大前提必为 MAP(不能是 PAM)。

六、论述题(每小题 10 分,共 20 分)

略

试题(二)

一、简要说明与解释(28 分)

1. 周延性
2. 论证及其构成
3. 排中律的基本内容及其逻辑要求
4. 类比推理

二、用真值表方法判定下列公式是否重言式(20 分)

$(p \to (q \to r)) \to ((p \to q) \to (p \to r))$

三、根据已知条件完成下列综合推理(20 分)

中学的四位老师在高考前对某理科毕业班学生的前景进行推测,他们特别关注班里的两个尖子小李和小王。

张老师说:如果小李能考上清华,那么小王也能考上清华。

刘老师说:依我看这个班没有人能考上清华。

赵老师说:小李肯定考不上清华。

胡老师说:我看小王考不上清华,但小李能考上清华。

高考的结果证明,四位老师中只有一人的推测是对的。

问:小李是否考上了清华？试写出推导过程。

四、用欧拉图表示下列概念之间的关系(10分)
A—广东省   B—广州市   C—中国人   D—广东人

五、复合命题的支命题均假,该复合命题是否一定必假？试举例说明(10分)

六、用命题自然推理方法,证明下列推理的有效性(10分)
((p→q)∧∨¬q)→¬p

七、证明题(10分)
试证明：结论是否定命题的三段论,其大前提不能是 I 命题。

八、论述题(42分)
试论逻辑学在工作与生活中的作用。

试题(二)参考答案

一、简要说明与解释(28分)
略

二、用真值表方法判定下列公式是否重言式(20分)

p	q	r	¬p	¬q	¬r	(p→(q→r))	→	((p→q)→(p→r))
+	+	+	−	−	−	+	+	+ + +
+	+	−	−	−	+	−	+	+ − −
+	−	+	−	+	−	+	+	− + +
+	−	−	−	+	+	+	+	− + −
−	+	+	+	−	−	+	+	+ + +
−	+	−	+	−	+	−	+	+ + +
−	−	+	+	+	−	+	+	+ + +
−	−	−	+	+	+	+	+	+ + +

真值表显示,该蕴涵式在变项任意真假组合情况下均取真值,故该公式是一个重言式。

三、根据已知条件完成下列综合推理(20分)

小李考上了清华。推导过程如下：

设小李考上清华为 p，小王考上清华为 q。

则张老师的话逻辑形式是"p→q"，胡老师的话逻辑形式是"¬q∧p"，它等值于"p∧¬q"。后者正是前者的否定，即张、胡的话互相矛盾。根据排中律，二者必有一真。据题意，只有一人推测是对的，此人必为张、胡之一，因此刘、赵都是错的。赵老师说"小李肯定考不上清华"，此话为错，所以小李考上了清华。

四、用欧拉图表示下列概念之间的关系(10分)

五、复合命题的支命题均假，该复合命题是否一定必假？试举例说明(10分)

不一定假。联言命题和选言命题要求其支命题不能全部为假，但是假言命题和负命题没有这个要求。以充分条件假言命题为例，当其支命题(前件、后件)均为假时，它可以是真的。如著名的牛顿惯性定律"如果物体不受外力作用，那么它就保持匀速直线运动的状态"，就是一个支命题均为假(宇宙中根本不存在不受外力作用的物体，也没有一件物体在做匀速直线运动)，而整个命题却为真(科学定律)。

六、用命题自然推理方法，证明下列推理的有效性(10分)

证：① 假设：(p→q)∧¬q

② 根据合取消去规则由①可得：p→q

③ 根据合取消去规则由①可得：¬q

④ 假设：p

⑤ 根据重现规则由③得：¬q

⑥ 根据蕴涵引入规则由④、⑤得：p→¬q

⑦ 根据否定引入规则，由②、⑥可得：¬p

⑧ 根据蕴涵引入规则由①、⑦得：((p→q)∧¬q)→¬p

七、证明题(10分)

用反证法证明：如果大前提为 I 命题，由于 I 命题主谓项都不周延，所以大项 P 在前提中不周延；而结论是否定命题则大项在结论中周延；这样该三段论必然违反"前提中不周延的项，在结论中不得周延"的规则，犯"大项不当周延"的错误。所以,"大前提为 I 命题的假设不能成立",即大前提不能为 I 命题。

八、论述题(42 分)

略

作者附注:本书已被部分高校列为逻辑学专业研究生入学考试参考教材。有的高校研究生入学考试逻辑学专业课试题中有少量数理逻辑的题目(如"试题(二)"第六题),本书初版第十章"数理逻辑初步"的内容可以基本满足各高校研究生入学考试的需要;但是考虑到本书读者中有志于报考逻辑学研究生的比例很小,为了降低书价,第三版删去了"数理逻辑初步"一章。为弥补这部分读者的遗憾,凡是有志于报考逻辑学研究生而需要学习数理逻辑基本知识的,可以发 E—mail 到 yangshusen2005@126.com,作者将负责免费提供"数理逻辑初步"的电子文本(约 6 万字)。

附录 2

2010 年中央、国家机关公务员录用考试"行政职业能力测验"判断推理题

（附参考答案和解题思路分析）

说　明：近几年来，我国公务员录用考试的内容和题型已经基本稳定。其中"行政职业能力测验"用客观性试题（选择题）考核应试者的基本能力，而"申论"用主观性试题（写作题）考核应试者的综合能力，二者各占 100 分。

　　思维能力是智力的核心，也是公务员考试考核的重点。解答"申论"和"行政职业能力测验"的各种试题，都需要运用逻辑学原理对材料进行分析、判断、推理、论证，其中行政职业能力测验试题中还有一些试题专门考核逻辑判断和推理能力。

　　为使读者了解逻辑修养对于通过公务员录用考试的重要意义，本书除各章练习题中选用了部分应用该章知识的考题外，特附录 2010 年中央、国家机关公务员录用考试"行政职业能力测验"判断推理题，并提供参考答案和解题思路，希望对读者有所帮助。

第三部分　判断推理

（共 35 题，参考时限 35 分钟）

一、图形推理（10 小题，略）

二、定义判断（10 小题）

　　每道题先给出定义，然后列出四种情况，要求严格依据定义，从中选出一个最符合或最不符合该定义的答案。注意：假设这个定义是正确的、不容置疑的。

请开始答题：

66. 差别比例税率是一种税设两个或两个以上的税率，不同纳税人按不同比例计算应纳税额的税率。累进税率是指随着征税对象的数额由低到高逐级累进，所适用的税率也随之逐级提高的税率。

下列各项中所提到的税率，属于差别比例税率的是：

A. 对于某企业来说，须交纳25%的企业所得税，还需缴纳5%的营业税

B. 我国个人所得税中对工资薪金所得适用的税率随工资薪金所得增多而逐渐增多，从5%到45%共分为九档

C. 2009年1月20日至12月31日，我国对1.6升及以下排量的乘用车按5%征收车辆购置税，对1.6升以上排量乘用车按10%征收车辆购置税

D. 我国自2009年1月1日起实施成品油费改革，将成品油价内征收的汽油消费税单位税额每升提高0.8元，即由每升0.2元提高到1元

67. 美国社会学家默顿将社会功能分为显功能和潜功能两个层次。显功能是有助于系统的调整和适应的客观后果，这种调整和适应是系统中的参与者所期望达到的或能够预料、认识到的。潜功能是没有被预料也没有被认识的客观后果。

下列选项不包含对潜功能描述的一项是：

A. 电视剧《渴望》播放期间，万人空巷，社会治安明显好转

B. 张某根据自己的家庭收入状况，贷款30万买了一套房子，由于利率上升，自己的生活变得捉襟见肘

C. 为抵御外族入侵，秦始皇修建了长城，客观上促进了我国民间建筑工艺的发展

D. 来自偏远山区的小刘为了摆脱贫困，让父母过上好日子，从小刻苦学习，做事认真，没几年工夫就成为一家大型企业的负责人，也使自己成为家乡父老教育孩子的榜样

68. 角色模糊是指个人所体验到的工作角色定位的不确定性，包括工作职责的不确定、工作目标的不确定等，因此常造成工作流程上的混乱和工作效率的低下。

根据上述定义，下列属于角色模糊的是：

A. 张大夫身兼数职，是某医院骨科主任，同时又担任该医院副院长、该地区医学会委员等，工作繁忙使他日渐憔悴

B. 苏丽刚升任客服部的副总监,有些事情她不知道是否该自己处理,如果处理了是否超出目前的权限,也不知道去问谁,对于这些事情她通常就不处理

C. 小陈刚当上小学老师,想跟学生做朋友,尽管现在她跟学生关系很亲密,可她发现学生们不怕她,不听话,甚至作业也不交

D. 小张刚参加工作,满腔热情,一心想在工作岗位上发挥自己的专业特长,但却不得不经常做些与其专业无关的工作,他因此觉得心理落差很大

69. 生态入侵是指人们有意识或无意识地把某些生物带入适宜其栖息和繁衍的地区,使得该生物种群不断扩大,分布区不断稳定扩展,从而危害当地的生产和生活,改变当地生态环境的过程。

根据上述定义,下列属于生态入侵的是:

A. 某实验室由于管理不当将试验用的致病性结核病株散播了出去,造成结核病在周围居民中流行

B. 美国科学家将从我国引进的野生大豆与当地品种杂交,培育出抗大豆萎黄病的优良品种,该品种已经彻底取代了美国传统大豆

C. 某地发生大面积放射性核泄漏,使某种植物发生变异,其繁殖能力超强,逐渐取代了该地域内的其他植物

D. 产于南美洲的凤眼莲花朵美丽,曾经作为观赏植物被我国引进,致使云南滇池因为凤眼莲的疯狂蔓延而鱼虾绝迹

70. 宜家效应是指劳动会增加人们对劳动成果的感情,当人们自己动手制作东西时,他们都会觉得自己的创作特别有价值。

根据上述定义,下列最能体现宜家效应的是:

A. 让人们亲手做折纸,然后连同他人做的折纸放在一起竞价,结果大家都愿意为自己做的折纸出更高的价钱

B. 某公司为了方便人们制作蛋糕,推出方便蛋糕粉,使蛋糕的制作非常简单

C. 某家具生产商生产家具,需要顾客买回家后按照产品说明书来完成家具的拼装组合工作

D. 学校鼓励学生自己动手制作各种教具,不仅锻炼了学生的动手能力,还节约了教学成本

71. 证实性偏见是指过于关注支持自己观点的信息。当我们在主观上认为某种观点正确的时候，往往倾向于寻找那些能够支持这一观点的信息，而忽略掉那些可能推翻这一观点的信息。

根据上述定义，下列属于证实性偏见的是：

A. 自从小王产生辞职的念头以后，总觉得经理处处刁难他，甚至看不起他，就连经理和他开个玩笑，都认为是对他的嘲笑

B. 小林今年未考上重点大学，他明知是因为自己实力不够，但他总是对同学说"要不是考试前患了感冒，我肯定考得更好"

C. 小张总觉得室友最近的表现很反常，好像出什么事了，第二天公安局的人找小张询问情况，证实了他的猜测，室友被牵扯进了一起盗窃案

D. 小张前天夜里梦见自己的钱包被偷，昨天钱包真的被偷了；昨晚他又梦见自己被车撞，结果今天一整天没敢出门

72. 存疑时有利于被告原则是指在刑事诉讼中遇到事实无法查清或查清事实所需成本过高的情况，依照有利于被告的原则判决。

根据上述定义，下列表现符合该原则的是：

A. 检察机关认为被告人犯罪情节显著轻微，决定免予起诉

B. 因缺少直接证据证实被告人有罪，法院对被告人作出无罪判决

C. 无法确信某犯罪行为是否超过追诉时效时，应当追诉

D. 法院在认定被告人犯有数罪或一罪之间存在疑问时，发回公安机关补充侦查

73. 同类群体影响力是指人们对他人（尤其是类似群体）的行为总会作出某种反应；类似程度越高，影响力就越大。比如对某种良好的行为规范大力宣传，往往会成为所谓的"磁心"，吸引人们效仿。

下列做法中不会带来同类群体影响力的是：

A. 酒店在房间内放置标语，提醒客人大多数客人都不是每天要更换毛巾

B. 某地节水办告知那些用水量大的用户，他们的用水量明显高出了周围的邻居

C. 老师在墙报上贴小红花，表扬那些完成作业好、守纪律的小学生

D. 某森林公署设置告示牌，告知偷盗林木者将受到高出林木价钱 10 倍的罚款

74. 蓄积器官是毒物在体内的蓄积部位。毒物在蓄积器官内的浓度高于其他器官,但对蓄积器官不一定显示毒作用。这种毒作用也可以通过某种病理生理机制,由另一个器官表现出来,这种器官叫做效应器官。

根据上述定义,下列判断正确的是:

A. 大气污染物中的二氧化硫经人体的上呼吸道和气管吸入人体,并直接刺激上呼吸道和气管,所以上呼吸道和气管是蓄积器官

B. 大气污染物中的铅经肺吸收后可转换并积存于人的骨骼中,损害骨骼造血系统,所以铅的蓄积器官是肺

C. 沉积于网状内皮系统的放射性核素对肝、脾损伤较重,引起中毒性肝炎,所以网状内皮系统是蓄积器官

D. 有机磷酸酯农药作用于神经系统,会造成神经突触处乙酰胆碱蓄积,使人产生流涎、瞳孔缩小等症状,所以神经系统是有机磷酸酯的效应器官

75. 偶然防卫是指客观上被害人正在或即将对被告人或他人的人身进行不法侵害,但被告人主观上没有认识到这一点,出于非法侵害的目的而对被害人使用了武力,客观上起到人身防卫的效果。

根据上述定义,下列行为不属于偶然防卫的一项是:

A. 甲与乙醉酒后发生激烈冲突,两人相互厮打至马路上,正当甲要捡起路边砖头击打乙时围观人群中有人喊"警察来啦",甲受惊不慎跌落路边河沟溺水身亡,乙安全无事

B. 甲正准备枪杀乙时,丙在后面对甲先开了一枪,将其打死。而丙在开枪时并不知道甲正准备杀乙,纯粹是出于报复泄愤的目的杀甲,结果保护了乙的生命

C. 甲与乙结怨很深,某日发生冲突后,甲回家拿了手枪打算去杀乙,两人在路上正好碰上,甲先开枪杀死了乙,但开枪时不知乙的右手已抓住口袋中的手枪正准备对其射击

D. 甲身穿警服带着电警棍,冒充警察去"抓赌",甲抓住乙搜身时,乙将甲打伤后逃离,甲未能得手

三、类比推理(5小题)

每道题先给出一组相关的词,要求你在备选答案中找出一组与之在逻辑关系上最为贴近、相似或匹配的词。

请开始答题：

76. 身份证：身份
   A. 结婚证：配偶　　　　　　　B. 毕业证：学位
   C. 执业证：资格　　　　　　　D. 房产证：房屋

77. 茶壶：紫砂：雕刻
   A. 马路：柏油：铺设　　　　　B. 房门：木材：油漆
   C. 电线：金属：生产　　　　　D. 夹克：布料：制作

78. 骨骼对于（　　）相对于（　　）对于房屋
   A. 人体　梁柱　　　　　　　　B. 上肢　窗户
   C. 关节　钢筋　　　　　　　　D. 肌肉　电梯

79. （　　）对于大脑相对于资料对于（　　）
   A. 智力　书籍　　　　　　　　B. 记忆　硬盘
   C. 细胞　图书馆　　　　　　　D. 学习　阅读

80. （　　）对于建筑相对于计划对于（　　）
   A. 设计　成果　　　　　　　　B. 图纸　工作
   C. 材料　战略　　　　　　　　D. 施工　目标

四、逻辑判断（10小题）

每题给出一段陈述，这段陈述被假设是正确的、不容置疑的。要求你根据这段陈述，选择一个答案。注意：正确的答案应与所给的陈述相符合，不需要任何附加说明即可以从陈述中直接推出。

请开始答题：

81. 海洋中珊瑚的美丽颜色来自于其体内与之共生的藻类生物，其中虫黄藻是最重要的一类单细胞海藻。二者各取所需，相互提供食物。全球气候变暖造成的海水升温导致虫黄藻等藻类大量死亡，进而造成珊瑚本身死亡，引发珊瑚礁白化现象。然而研究发现，珊瑚能通过选择耐热的其他藻类生物等途径，来应对气候变暖带来的挑战。

以下哪项如果为真，将削弱这一研究发现？
   A. 一些虫黄藻能够比耐热的其他藻类耐受更高的海水温度
   B. 有些藻类耐热性的形成需要一个长期的过程
   C. 有些虫黄藻逐渐适应了海水温度的升高并存活下来
   D. 有些已白化的珊瑚礁中也发现了死去的耐热藻类生物

82. 有医学研究显示,吃维生素和矿物质补充剂对人体没有显著帮助,有时甚至会对人体造成伤害。一些医生给出劝告,不要再吃维生素和矿物质补充剂了,而应该通过均衡的饮食来补充人体所需的维生素和矿物质。

以下哪项如果为真,最能削弱上述研究结果?

A. 一项对3万名妇女进行的7年追踪调查发现,服用维生素D加上钙补充剂并没有给她们的身体造成伤害

B. 一项对1万名男性展开的8年追踪调查显示,不服用维生素和矿物质补充剂并没有增加他们患病的风险

C. 一项对1万名发达地区和欠发达地区老年人的对照调查显示,他们的健康状况差异不显著

D. 一项对2万名儿童展开的3年追踪调查显示,不服用维生素和矿物质补充剂的儿童,营养缺乏症的发生率较高

83. 甲、乙、丙、丁四人的车分别为白色、银色、蓝色和红色。在问到他们各自车的颜色时,甲:"乙的车不是白色的。"乙说:"丙的车是红色的。"丙说:"丁的车不是蓝色的。"丁说:"甲、乙、丙三人中有一个人的车是红色的。而且只有这个人说的是实话。"

如果丁说的是实话,那么以下说法正确的是:

A. 甲的车是白色的,乙的车是银色的

B. 乙的车是蓝色的,丙的车是红色的

C. 丙的车是白色的,丁的车是蓝色的

D. 丁的车是银色的,甲的车是红色的

84. 在一次考古发掘中,考古人员在一座唐代古墓中发现多片秦时期的夔文(音 kuí,一种变体的龙文)陶片,对此,专家解释说,由于雨水冲刷等原因,这些先秦时期的陶片后来被冲至唐代的墓穴中。

以下哪项如果为真,最能质疑上述专家的观点?

A. 在这座唐代古墓中还发现多件西汉时期的文物

B. 这座唐代古墓保存完好,没有漏水、毁塌迹象

C. 并非只有先秦时期才使用夔文,唐代文人以书写夔文为能事

D. 唐代的墓葬风俗是将墓主生前喜爱的物品随同墓主一同下葬

85. 在由发展中国家向经济发达国家前进的过程中,大量资本支持是必不可少的条件,而高储蓄率是获得大量资本的必要条件。就目前来说,中国

正处于经济起飞时期,因此,储蓄率高是当前经济发展中一种正常而合理的现象。

由此可以推出:

A. 有了大量的资本支持,就可以实现由发展中国家向发达国家的跨越

B. 有了高储蓄率,就可以获得大量的资本支持

C. 如果没有获得大量的资本支持,说明储蓄率不高

D. 如果没有高储蓄率,就不能实现向发达国家的转变

86. 以下是一则广告:

本网络文学培训班有着其他同类培训班所没有的特点,除了传授高超的写作技巧、帮助学员打开认识世界的多维视角和宏观视野、丰富学员的文化知识和艺术涵养外,还负责向毕业学员提供切实有效的就业咨询。去年进行咨询的毕业班学员,100%都找到了工作,为了在网络文学创作事业上开创一片天地,欢迎加入我们的行列。

为了确定该广告的可信性,以下相关问题必须询问清楚的是:

Ⅰ. 去年共举办了多少期这类培训班,共有多少学员毕业?

Ⅱ. 去年有多少毕业班学员进行了就业咨询?

Ⅲ. 对于找到工作的学员,就业咨询究竟起了多少作用?

Ⅳ. 咨询者找到的是否都是网络文学创作工作?

A. Ⅰ、Ⅱ、Ⅲ和Ⅳ　　B. Ⅰ、Ⅱ和Ⅲ　　C. Ⅱ、Ⅲ和Ⅳ　　D. Ⅲ和Ⅳ

87. 当代知名的动漫设计大师,绝大部分还没从动漫设计学校毕业就已经离开学校,开始自己的动漫设计生涯。因此,有人认为动漫设计的专业学习对学生们今后的职业发展并没能提供有力的帮助。

以下哪项如果为真,能够最有力地反驳上述推论?

A. 在动漫设计行业中职业发展比较好的从业者,基本都毕业于动漫设计学校

B. 调查显示,动漫设计学校毕业的学生平均年收入要显著高于同类院校其他专业的毕业生

C. 知名动漫公司在招聘设计师时,很看重应聘人员的毕业院校

D. 知名设计大师都承认,他们学习了动漫设计学校的基础课程

88. 以往,境内企业进出口只能以美元或第三方货币结算,在合同签约至合同执行完毕期间汇率的变化会使企业的实际盈收出现波动,现在银行推出

人民币结算业务,由于人民币是境内企业的本币,合同计价和企业运营的主要货币相一致,境内企业在合同签订前就能够切实了解交易的成本和收入,从而防范了汇率风险。因此,使用跨境贸易人民币结算业务的企业必定会增多。

以下哪项如果为真,最能作为上述论证的前提条件?

A. 由于国内巨大的市场空间,越来越多的境外企业愿意与国内企业开展贸易往来

B. 有了跨境贸易人民币结算业务,国内企业可以更方便地将跨境贸易开展到世界各地

C. 有了跨境贸易人民币结算业务,开展对外贸易的企业数量会越来越多

D. 在与国内企业开展贸易时,由于人民币币值稳定,境外企业愿意使用人民币作为结算货币

89. 某国人口总量自 2005 年起开始下降,预计到 2100 年,该国人口总数将只有现在的一半。为此该国政府出台了一系列鼓励生育的政策。但到目前为止该国妇女平均只生育 1.3 个孩子,远低于维持人口正常更新的水平(2.07 个)。因此有人认为该国政府实施的这些鼓励生育的政策没有达到预期效果。

以下哪项如果为真,最能反驳上述论断?

A. 如果该国政府没有出台鼓励生育政策,该国儿童人口总数会比现在低很多

B. 近年来该国人口总数呈缓慢上升的趋势

C. 该国政府实施的这些鼓励生育政策是一项长期国策,短时间内看不出效果

D. 如果该国政府出台更加有效的鼓励生育政策,就可以提高人口数量

90. 甲国生产了一种型号为 su-34 的新型战斗机,乙国在是否要引进这种战斗机的问题上,出现了两种不同的声音。支持者认为 su-34 较以往引进的 su-30 有更强大的对地攻击作战能力。

以下哪项如果为真,最能削弱支持者的声音?

A. su-30 足以满足对地攻击的需要,目前乙国需要提升的是对空攻击作战能力

B. 目前市场上有比 su-34 性能更好的其他型号战斗机

C. 甲乙两国目前在双边贸易中存在诸多摩擦,引入 su-34 会有很多实际困难

D. 目前还没有实际数据显示究竟是 su-34 还是 su-30 有更强大的对地攻击作战能力

参考答案和解题思路分析

二、定义判断(10 小题)

每道题先给出定义,然后列出四种情况,要求严格依据定义,从中选出一个最符合或最不符合该定义的答案。注意:假设这个定义是正确的、不容置疑的。

解题思路提示:定义是明确概念内涵——被概念反映的对象的特有属性——的逻辑方法,特有属性是能把一类事物与其他事物区别开来的属性。根据对概念定义的这一理解,解答"定义判断"题,就要搞清楚题干所下定义中哪些关键词语是揭示定义对象特有属性的,并以它为据来确定哪个备选答案符合题目的要求。

66. C

解析:题干揭示的"差别比例税率"的特征是"不同纳税人"、"不同比例的税率",A、B、D 三项都不存在"不同纳税人",不符合定义;只有 C 项涉及不同纳税人——小排量车主和非小排量车主。

67. D

解析:潜功能是"没有被预料也没有被认识的客观后果",A、B、C 三项陈述的都是原来没有预料、没有认识到的后果,因而都"包含对潜功能的描述"。只有 D 项陈述的是主体"期望达到的"后果,因而属于显功能。(注意:题干对显功能的定义用了"参与者所期望达到的或能够预料、认识到的",这里的"或"表示的是选择关系,即只要符合条件之一就属于显功能,所以尽管小刘后来的成功不一定是原来预料到的,但只要是他期望达到的结果,就属于显功能。)

68. B

解析:"角色模糊"的特征主要是"工作定位(包括工作职责的不确定、工

作目标的不确定)",A、C、D项都不是职责、目标不明确问题。

69. D

解析:定义揭示的"生态入侵"的特征是"把某些生物带入某地区……,从而危害当地……",A项没有"带入……",B项没有"危害……",C项有危害但不是"带入生物"造成的。只有D项符合定义。

70. A

解析:定义中的关键词是"自己的劳动"、"觉得……特别有价值"。B项没有"自己(个人)的劳动",也没有更有价值的"感觉",C、D两项则没有提到"觉得……特别有价值"。唯有A项涉及这两个特征。

71. A

解析:因为定义揭示的"证实性偏见"的特有属性与"自己决策"有关,而B、C、D都与此无关。

72. B

解析:定义说"存疑时有利于被告原则"指"判决"中的原则,A、C、D都不属于法院的"判决"。

73. D

解析:定义揭示的"同类群体影响力"的主要特征是"同类群体的行为",D项罚款的行为主体是"公署",而警示的对象是"试图偷盗林木者",二者不属于"同类群体"。A项用旅客的行为来影响旅客,B项用居民的行为来影响居民,C项用学生的行为来影响学生,都符合定义。

74. C

解析:题干有"蓄积器官"和"效应器官"两个概念,二者关系是前者蓄积的物质对后者造成危害。A项上呼吸道等并没有"蓄积二氧化硫",而是直接受到损害,不符合"蓄积器官"的定义;B项中肺仅是铅进入人体的途径,它并未起到蓄积铅的作用;D项神经系统的损害是由自己蓄积的有害物质造成的,不符合"效应器官"的定义。

75. A

解析:定义揭示的"偶然防卫"的特征是被告人使用了武力,且这一行为客观上起到人身防卫而使对方"被害"的结果。A项甲溺水死亡的后果并非乙的行为造成的,故不符合定义。

三、类比推理(5小题)

每道题先给出一组相关的词,要求你在备选答案中找出一组与之在逻辑关系上最为贴近、相似或匹配的词。

解题思路提示:类比推理是根据两个(或两类)对象在一系列属性上相同(或相似),推断它们在另一属性上也相同(或相似)的推理,它要求进行类比的两个(或两类)有尽可能多的共同属性。公务员考试中的"类比推理"题,并非问你"用类比推理能推出何种结论",而是让你判定哪一选项与题干提供的词语有最多的相同或相似之处。解题时要概括出给定词语之间的逻辑关系,包括词类、词义、词与词之间的搭配关系等方面。

76. C

解析:"身份证"与"身份"的逻辑关系是"前者能够证明后者",备选答案中,只有 C 能满足"前者能够证明后者"。A 选项结婚证证明的是"配偶关系"而不是配偶,D 选项房产证标明的是"房屋所有权"而不是房屋,B 选项毕业证只能证明学历而不能证明学位(学位证才能证明学位)。

77. A

解析:茶壶(M1)、紫砂(M2)、雕刻(D)之间的逻辑关系是:M1 是 D 的结果,M2 是 D 的对象(雕刻的直接宾语是紫砂,而茶壶是雕刻紫砂的结果)。此题迷惑性较大,四个选项中,M2 都是 M1 的质料,差别在于 D(动词)与两个名词的关系。B 选项油漆(动词)的是房门而不是木材,C 选项生产的是电线而不是金属,D 选项制作的是夹克而不是布料。只有 A 选项铺设的对象是柏油。

78. A

解析:骨骼不但是人体的重要组成部分,而且起支撑人体的作用。梁柱与房屋的关系与之最相似。

79. B

解析:人的记忆贮存于大脑,电脑中资料贮存于硬盘。

80. B

解析:建筑需要图纸,工作需要计划,建筑按图纸施工,工作按计划落实。

四、逻辑判断(10小题)

每题给出一段陈述,这段陈述被假设是正确的、不容置疑的。要求你根据这段陈述,选择一个答案。注意:正确的答案应与所给的陈述相符合,不需要任何附加说明即可以从陈述中直接推出。

解题思路提示：逻辑判断题考核的是推理能力，即要求考生通过合乎逻辑的推理作出自己的判断。解答这部分题目要注意搞清除题干要求你推出（支持）的或要求你推翻（削弱）的究竟是哪个命题。

81．D

解析：所谓"削弱"即质疑其真实性，本题要削弱的命题是"珊瑚能通过选择耐热的其他藻类生物来应对气候变暖"，它的矛盾命题是"珊瑚选择耐热的其他藻类生物也不能应对气候变暖"，D项陈述的事实正好支持这个矛盾命题，所以它最能削弱原命题。

82．D

解析：本题要削弱的命题（研究成果）主要是："吃维生素和矿物质补充剂对人体没有显著帮助"，D项证明了"儿童服用维生素和矿物质可以降低营养缺乏症的发生率"，即证明"有显著帮助"，否定了"没有显著帮助"的观点。注意，"有时甚至对人体造成伤害"仅仅是一特称命题，A项只能证明对某些人未造成伤害，不能否定"另一时候对另一些人造成伤害"，B项是支持（而不是削弱）原研究成果的，C项不涉及"吃维生素和矿物质"，是纯粹的干扰项。

83．C

解析：这是一道单纯的逻辑推理题。丁的话告诉我们"只有开红色车的人说真话"，由此可构成下列推理：如果乙开红车，则乙的话为真，可推出丙也开红车，这与题设不符；如果丙开红车，则乙的话为真，可推出乙开红车，这也与题设不符；因此开红车的不是乙，也不是丙。再用选言推理否定肯定式推出"开红车的是甲"。再由丙说的"丁的车不是蓝色的"为假可知"丁的车是蓝色的"。四个选项中只有C项与"开红车的是甲"和"丁的车是蓝色的"不冲突。

84．B

解析：需要"质疑"的观点是"陶片是后来被雨水冲至唐代墓穴中的"，而这一观点成立的一个必要前提是"唐代古墓破损漏水"，即"只有古墓破损漏水，陶片才会被水冲至墓穴"，它与D项"古墓保存完好……"构成必要条件假言推理否定前件式，可以必然推出"陶片不会是被水冲至墓穴的"。其他选项都不能构成有效的演绎推理推出原命题不成立。

85. D

解析:设高储蓄率为 p,大量资本支持为 q,向经济发达国家转变为 r。则"在由发展中国家向经济发达国家前进的过程中,大量资本支持是必不可少的条件"可写作"q←r";"高储蓄率是获得大量资本的必要条件"可写作"p←q";根据条件关系的传递性,可推出"p←r",即"高储蓄率是向发达国家转变的必要条件"。它与 D 项陈述的意思是一致的,这里的推理形式是: p←r ⊨ ¬p→¬r(假言判断的等值转换推理)。

按:A 项的逻辑形式是:q→r;B 项的逻辑形式是:p→q;C 项的逻辑形式是:¬q→¬p。它们都不能从题干给定的判断必然地推出(既不与给定的判断形式等值,也不被给定的判断形式蕴涵)。

86. C

解析:该广告的关键信息是"其他同类培训班所没有的特点——就业咨询",Ⅰ与就业咨询无关,故 A、B 两项(都列入了Ⅰ)可排除;Ⅱ(去年有多少毕业班学员进行了就业咨询)是最关键的一项(如果仅极少数学员进行咨询后找到工作,虽能满足"去年进行咨询的毕业班学员 100% 都找到了工作"这句,但不能支持广告中说的"提供切实有效的就业咨询"的说法),而 D 选项没有列入Ⅱ,所以该项也应排除。

87. D

解析:此题要求反驳的不是命题而是"推论",即要证明由"知名动漫设计大师提前离开学校开始设计生涯"不能合乎逻辑地推出"动漫设计的专业学习对学生们今后的职业发展并没能提供有力的帮助"。因此只需说明这些未毕业就离开学校的大师在校期间也学习了动漫设计的基础课程,就能说明原推论的论据是不足的,而 D 选项陈述的正是此内容。A、B、C 选项只对上述结论提出一定程度的质疑,而未构成对原"推论"的有力反驳。

88. D

解析:所谓前提条件就是必要条件。由于对外贸易以及用什么货币结算是平等自愿的,如果境外企业不愿意使用人民币结算,这种结算方式就不可能实行,因此 D 项是必须的条件。A 项未涉及结算的币种,B 项和 C 项陈述的都是人民币结算可能引起的结果,而不是使用人民币结算的前提条件。

89. A

解析：要反驳的论断是"该国正在实施的鼓励生育的政策没有达到预期效果"，最能反驳它的命题是"这些鼓励生育的政策达到了预期效果"，只有 A 项能证明这一点。B 项有一定迷惑性，但它并没有说人口缓慢上升与"鼓励生育政策"相关(移民也可能是人口增加的原因)；C 项只说将来可能有效果，这是预期理由，并不构成有力的反驳；D 项实际上是支持"上述论断"的。

90. A

解析：本题不是要求推翻支持者的理由(这种飞机有更强大的对地攻击作战能力)本身，而是要求判定哪一选项能说明其理由不足以支持引进这种飞机的主张。A 项指出原有机型已能满足对地作战能力，而且乙国需要的并不是这种能力，所以即使该机型具有更强大的对地攻击作战能力，也不能支持其被引进。

附录 3

2010年全国 MBA（工商管理硕士）研究生入学考试逻辑推理题

说　明：从1991年起，我国开始招收工商管理硕士（MBA）研究生。入学考试采用 GRK 联考形式，考试科目为5门：英语、管理、逻辑、语文、数学。2005年起改为初试考4门：英语、数学、逻辑、写作（管理改在复试时考核），其中英语100分，数学、逻辑、写作合一张试卷共200分，数学占75分，逻辑推理题占60分，写作中的论证有效性分析（驳论）占30分，议论文写作（立论）占35分。

　　GRK 考试着重测试考生的综合能力和基本素质，不考死记硬背的专门知识。但是掌握比较系统的普通逻辑知识，有利于提高逻辑思维能力和解决问题、分析问题的能力，对解答 GRK 考试逻辑推理题有直接帮助。本书提供的逻辑知识，基本上能满足解答上述试题对逻辑基础知识的需要，因而本书可以作为攻读 MBA 学位的考生学习逻辑知识参加考试的逻辑学教材。

　　为使读者了解 MBA 试题的特点，我们特将2010年试卷中的逻辑推理试题提供给读者，以供参考。

逻辑推理题(60分)

从每题所列五个备选答案中选出一个，多选为错。（共30小题，每题2分）

26. 针对威胁人类健康的甲型 H1N1 流感，研究人员研制出了相应的疫苗，尽管这些疫苗是有效的，但某大学研究人员发现，阿司匹林、羟苯基乙酰胺等抑制某些酶的药物会影响疫苗的效果，这位研究员指出："如果你服用了阿司匹林或者对乙酰基酚，那么你注射疫苗后就必然不会产生良好的抗体反应。"

如果小张注射疫苗后产生了良好的抗体反应,那么根据上述研究结果可以得出以下哪些结论?

A. 小张服用了阿司匹林,但没有服用对乙酰基酚

B. 小张服没有服用阿司匹林,但感染了 H1N1 流感病毒

C. 小张服用了阿司匹林,但没有感染 H1N1 流感病毒

D. 小张没有服用阿司匹林,也没有服用对乙酰基酚

E. 小张服用了乙酰基酚,但没有服用羟苯基乙酰胺

27. 为了调查当前人们的识字水平,实验者列举了 20 个词语,请 30 位文化人士识读,这些人的文化程度都在大专以上。识读结果显示,多数人只读对 3 个到 5 个词语,极少数人读对 15 个以上词语,甚至有人全部读错。其中,"蹒跚"的辨识率最高,30 人中有 19 人读对,"呱呱坠地"所有人都读错,20 个词语的整体误读率接近 80%。该实验者由此得出,当前人们的识字水平并没有提高,甚至有所下降。

以下哪项如果是真,最能对该实验者的结论构成质疑?

A. 实验者选取的 20 个词语不具有代表性

B. 实验者选取的 30 位识读者均没有博士学位

C. 实验者选取的 20 个词语在网络流行语言中不常用

D. "呱呱坠地"这个词的读音有些大学老师也经常读错

E. 实验者选取的 30 位识读者中约有 50% 大学成绩不佳

28. 域控制器储存了域内的账户、密码和属于这个域的计算机三项信息。当计算机接入网络时,域控制器首先要鉴别这台计算机是否属于这个域,用户使用的登陆账户是否存在,密码是否正确,如果三项信息均正确,则允许登陆;如果以上信息有一项不正确,那么域控制器就会拒绝这个用户从这台计算机登陆。小张的登陆账号是正确的,但是域控制器拒绝小张的计算机登陆。

基于以上陈述能得到以下哪项结论?

A. 小张输入的密码是错误的

B. 小张的计算机不属于这个域

C. 如果小张的计算机属于这个域,那么他输入的密码是错误的

D. 只有小张输入的密码是正确的,他的计算机才属于这个域

E. 如果小张输入的密码是正确的,那么他的计算机属于这个域

29. 现在越来越多的人拥有了自己的轿车,但他们明显地缺乏汽车保养的基本知识。这些人会按照维修保养手册或 4S 店售后服务人员的提示作定期保养。可是,某位有经验的司机会告诉你,每行驶 5000 公里作一次定期检查,只能检查出汽车可能存在问题的一小部分,这样的检查是没有意义的,是浪费时间和金钱。

以下哪项不能削弱该司机的结论?

A. 每行驶 5000 公里作一次定期检查是保障车主安全所需要的

B. 每行驶 5000 公里作一次定期检查能发现引擎的某些主要故障

C. 在定期检查中所作的常规维护是保证汽车正常运行所必需的

D. 赵先生的新车未作定期检查行驶到 5100 公里时出了问题

E. 某公司新购的一批汽车未作定期检查,均安全行驶了 7000 公里以上

30. 化学课上,张老师演示了两个同时进行的教学实验:一个实验是 $KClO_3$ 加热后有 O_2 缓慢产生;另一个实验是 $KClO_3$ 加热后迅速撒入少量 MnO_2,这时立即有大量的 O_2 产生。张老师由此指出:MnO_2 是 O_2 快速产生的原因。

以下哪项与张老师得出结论的方法类似?

A. 同一品牌的化妆品价格越高卖得越火。由此可见,消费者喜欢价格高的化妆品

B. 居里夫人在沥青矿物中提取放射性元素时发现,从一定量的沥青矿物中提取的全部纯铀的放射性强度比同等数量的沥青矿物质中放射性强度低数倍。她据此推断:沥青矿物中还存在其他放射性更强元素

C. 统计分析发现,30 岁至 60 岁之间,年纪越大胆子越小,有理由相信:岁月是勇敢的腐蚀剂

D. 将闹钟放在玻璃罩里,使它打铃,可以听到铃声;然后把玻璃罩里的空气抽空,再使闹钟打铃,就听不到铃声了。由此可见,空气是声音的传播介质

E. 人们通过对绿藻、蓝藻、红藻的大量观察,发现结构简单、无根叶是藻类植物的主要特征

31. 湖队是不可能进入决赛的。如果湖队进入决赛,那么太阳就从西边出来了。

以下哪项与上述论证方式最相似?

A. 今天天气不冷。如果冷,湖面怎么结冰了

B. 语言是不能创造财富的。如果语言能创造财富,那么夸夸其谈的人就是世界上最富有的人了

C. 草木之生也柔脆,其死也枯槁。故坚强者死之徒,柔弱者生之徒

D. 天上是不会掉馅饼的。如果你不相信这一点,那上当受骗是迟早的事

E. 古典音乐不流行。如果流行,那就说明大众的音乐欣赏水平大大提高了

32. 在某次课程教学改革研讨会上,负责工程类教学的程老师说:在工程设计中,用于解决数学问题的计算机程序越来越多了,这样就不必要求工程技术类大学生对基础数学有深刻的理解。因此,在未来的教学中,基础数学课程可以用其他重要的工程类课程代替。

以下哪项如果为真,能削弱程老师的上述论证?

Ⅰ. 工程类基础课程中已经包含了相关的基础数学内容

Ⅱ. 在工程设计中,设计计算机程序需要对基础数学有全面的理解

Ⅲ. 基础数学课程的一个重要目标是培养学生的思维能力,这种能力对工程设计来说很关键

  A. 只有Ⅱ   B. 只有Ⅰ和Ⅱ   C. 只有Ⅰ和Ⅲ

  D. 只有Ⅱ和Ⅲ   E. Ⅰ、Ⅱ和Ⅲ

33. 蟋蟀是一种非常有趣的小动物,宁静的夏夜,草丛中传来阵阵清脆悦耳的鸣叫声,那是蟋蟀在唱歌,蟋蟀优美动听的歌声并不是出自它的好嗓子,而是来自它的翅膀。左右两翅一张一合,相互摩擦,就可以发出悦耳的声响了。蟋蟀还是建筑专家,与它那柔软的挖掘工具相比,蟋蟀的住宅可以算得上是伟大的工程了。在其住宅门口,有一个收拾得非常舒适的平台。夏夜,除非下雨或者刮风,否则蟋蟀肯定会在这个平台上唱歌。

根据以上陈述,以下哪项是蟋蟀在无雨的夏夜所做的?

A. 修建住宅

B. 收拾平台

C. 在平台上唱歌

D. 如果没有刮风,它就在抢修工程

E. 如果没有刮风,它就在平台上唱歌

34. 一般认为,出生地间隔较远的夫妻所生子女的智商较高。有资料显示,夫妻均是本地人,所生子女的平均智商为 102.45;夫妻是省内异地的,其所生子女的平均智商为 106.17;而跨省婚配的,其所生子女的智商刚高达 109.35。因此,异地通婚可提高下一代智商水平。

以下哪项如果为真,最能削弱上述结论?

A. 统计孩子平均智商的样本数量不够多

B. 不难发现,一些天才儿童的父母均是本地人

C. 不难发现,一些低智商儿童父母的出生地间隔较远

D. 能够异地通婚者是智商比较高的,他们自身的高智商促成了异地通婚

E. 一些情况下,夫妻双方出生地间隔很远,但他们的基因可能接近

35. 成品油生产商的利润很大程度上受国际市场原油价格的影响,因为大部分原油是按国际市场价购进的。近年来,随着国际原油市场价格的不断提高,成品油生产商的运营成本大幅度增加,但某国成品油生产商的利润并没有减少,反而增加了。

以下哪项如果为真,最有助于解释上述看似矛盾的现象?

A. 原油成本只占成品油生产商运营成本的一半

B. 该国成品油价格根据市场供需确定。随着国际原油市场价格的上涨,该国政府为成品油生产商提供相应的补贴

C. 在国际原油市场价格不断上涨期间,该国成品油生产商降低了个别高薪雇员的工资

D. 在国际原油市场价格上涨之后,除进口成本增加以外,成品油生产的其他运营成本也有所提高

E. 该国成品油生产商的原油有一部分来自国内,这部分受国际市场价格波动影响较小

36. 太阳风中的一部分带电粒子可以到达 M 星表面,将足够的能量传递给 M 星表面粒子,使后者脱离 M 星表面,逃逸到 M 星大气中。为了判定这些逃逸的粒子,科学家们通过三个实验获得了如下信息:

实验一:或者是 X 粒子,或者是 Y 粒子;

实验二:或者不是 Y 粒子,或者不是 Z 粒子;

实验三:如果不是 Z 粒子,就不是 Y 粒子。

根据上述三个实验,以下哪项一定为真?

A. 这种粒子是 X 粒子　　　　B. 这种粒子是 Y 粒子

C. 这种粒子是 Z 粒子　　　　D. 这种粒子不是 X 粒子

E. 这种粒子不是 Z 粒子。

37. 美国某大学医学院的研究人员在《小儿科杂志》上发表论文指出,在对 2702 个家庭的孩子进行跟踪调查后发现,如果孩子在 5 岁前每天看电视超过 2 小时,他们长大后出现行为问题的风险将会增加 1 倍多。所谓行为问题是指性格孤僻,言行粗鲁,侵犯他人,难与他人合作等。

以下哪项如果为真,最能支持上述结论?

A. 电视节目会使孩子产生好奇心,容易导致孩子出现暴力倾向

B. 电视节目中有不少内容易使孩子长时间处于紧张、恐惧的状态

C. 看电视时间过长,会影响儿童与他人的交往,久而久之,孩子便会缺乏与他人打交道的经验

D. 儿童模仿力强,如果只对电视节目感兴趣,长此以往,会阻碍他们认知能力的发展

E. 每天长时间地看电视,容易使孩子神经系统产生疲劳,影响身心健康发展

38. 一种常见的现象是,从国外引进的一些畅销科普读物在国内并不畅销,有人对此解释说这与我们多年来沿袭的文理分科有关。文理分科人为地造成了自然科学与人文社会科学的割裂,导致科普类图书的读者市场还没有真正形成。

以下哪项如果为真,最能加强上述观点?

A. 有些自然科学工作者对科普读物也不感兴趣

B. 科普读物不是没有需求,而是有效供给不足

C. 由于缺乏理科背景,非自然科学工作者对科学敬而远之

D. 许多科普电视节目都拥有固定的收视群,相应的科普读物也就大受欢迎

E. 国内大部分科普读物只是介绍科学知识,很少真正关注科学精神的传播

39. 大小行星悬浮游在太阳系边缘,极易受附近星体引力作用的影响。据研究人员计算,有时这些力量会将彗星从奥尔特星云拖出。这样,它们更有可能靠近太阳。两位研究人员据此分别作出了以下两种不同的断定:

一、木星的引力作用要么将它们推至更小的轨道,要么将它们逐出太阳系;

二、木星的引力作用或者将它们推至更小的轨道,或者将它们逐出太阳系。

如果上述两种断定只有一种为真,可以推出以下哪项结论?

A. 木星的引力作用将它们推至更小的轨道,并且将它们逐出太阳系

B. 木星的引力作用没有将它们推至更小的轨道,但是将它们逐出太阳系

C. 木星的引力作用将它们推至更小的轨道,但是没有将它们逐出太阳系

D. 木星的引力作用既没有将它们推至更小的轨道,也没有将它们逐出太阳系

E. 木星的引力作用如果将它们推至更小的轨道,就不会将它们逐出太阳系

40. 鸽子走路时,头部并不是有规律地前后移动,而是一直在往前伸。行走时,鸽子脖子往前一探,然后头部保持静止,等待着身体和爪子跟进。有学者曾就鸽子走路时伸脖子的现象作出假设:在等待身体跟进的时候,暂时静止的头部有利于鸽子获得稳定的视野,看清周围的食物。

以下哪项如果为真,最能支持上述假设?

A. 鸽子行走时如果不伸脖子,很难发现远处的食物

B. 步伐大的鸟类,伸缩脖子的幅度远比步伐小的要大

C. 鸽子行走速度的变化,刺激内耳控制平衡的器官,导致伸脖子

D. 鸽子行走时一举翅一投足,都可能出现脖子和头部肌肉的自然反射,所以头部不断运动

E. 如果雏鸽步态受到限制,功能发育不够完善,那么,成年后鸽子的步伐变小,脖子伸缩幅度则会随之降低

41. S 市环保监测中心的统计分析表明,2009 年空气质量为优的天数达到 150 天,比 2008 年多出 22 天;二氧化碳、一氧化碳、二氧化氮、可吸入颗粒物四项污染物浓度平均值,与 2008 年相比分别下降了约 21.3%、25.6%、26.2%、15.4%,S 市环保负责人指出,这得益于近年来本市政府持续采取的控制大气污染的相关措施。

以下除哪项外,均能支持上述 S 市环保负责人的看法?

A. S 市广泛开展环保宣传,加强了市民的生态理念和环保意识

B. S 市启动了内部控制污染方案;凡是排放不达标的燃煤锅炉停止运行

C. S 市执行了机动车排放国Ⅳ标准,单车排放比Ⅲ标准降低了 49%

D. S 市市长办公室最近研究了焚烧秸秆的问题,并着手制定相关条例

E. S 市制定了"绿色企业"标准,继续加快污染重、能耗高企业的退出

42. 在某次思维训练课上,张老师提出"尚左数"这一概念的定义:在连续排列的一组数字中,如果一个数字左边的数字都比其大(或无数字),且其右边的数字都比其小(或无数字),则称这个数字为尚左数。

根据张老师的定义,在8、9、7、6、4、5、3、2这列数字中,以下哪项包含该列数字中所有的尚左数?

A. 4、5、7和9
B. 2、3、6和7
C. 3、6、7和8
D. 5、6、7和8
E. 2、3、6和8

43. 一般认为,剑乳齿象是从北美洲迁入南美洲的。剑乳齿象的显著特征是具有较长的剑形门齿,颚骨较短,臼齿的齿冠隆起,齿板数目为7个至8个,并呈乳状凸起,剑乳齿象因此得名。剑乳齿象的牙齿结构比较复杂,这表明它能吃草。在南美洲的许多地方都有证据显示史前人类捕捉过剑乳齿象。由此可以推测,剑乳齿象的灭绝可能与人类的过度捕杀有密切关系。

以下哪项如果为真,最能反驳上述论证?

A. 史前动物之间经常发生大规模相互捕杀的现象
B. 剑乳齿象在遇到人类攻击时缺乏自我保护能力
C. 剑乳齿象也存在由南美洲进入北美洲的回迁现象
D. 由于人类活动范围的扩大,大型食草动物难以生存
E. 幼年剑乳齿象的牙齿结构比较简单,自我生存能力弱

44. 小东在玩"勇士大战"游戏,进入第二关时,界面出现四个选项,第一个选项是"选择任意选项都需要支付游戏币",第二个选项是"选择本项后可以得到额外游戏奖励",第三个选项是"选择本项游戏后游戏不会进行下去",第四个选项是"选择某个选项不需支付游戏币"。

如果四个选项的陈述中有一句为真,则以下哪项一定为真?

A. 选择任意选项都需支付游戏币
B. 选择任意选项都无需支付游戏币
C. 选择任意选项都不能得到额外游戏奖励
D. 选择第二个选项后可以得到额外游戏奖励
E. 选择第三个选项后游戏能继续进行下去

45. 有位美国学者做了一个实验,给被试儿童看三幅图画,鸡、牛、青草,然后让儿童将其分为两类。结果大部分中国儿童把牛和青草归为一类,把鸡归为另一类,大部分美国儿童则把牛和鸡归为一类,把青草归为另一类。这位美国学者由此得出:中国儿童习惯于按照事物之间的关系来分类,美国儿童则习惯于把事物按照各自所属的"实体"范畴进行分类。

以下哪项是这位学者得出结论所必须假设的?

A. 马和青草是按照事物之间的关系被列为一类

B. 鸭和鸡蛋是按照各自所属的"实体"范畴被归为一类

C. 美国儿童只要把牛和鸡归为一类,就是习惯于按照各自所属"实体"范畴进行分类

D. 美国儿童只要把牛和鸡归为一类,就不是习惯于按照事物之间的关系来分类

E. 中国儿童只要把牛和青草归为一类,就不是习惯于按照各自所属"实体"范畴进行分类。

46. 相互尊重是相互理解的基础,相互理解是相互信任的前提;在人与人的相互交往中,自重、自信也是非常重要的,没有一个人尊重不自重的人,没有一个人信任他所不尊重的人。

以上陈述可以推出以下哪项结论?

A. 不自重的人也不被任何人信任

B. 相互信任才能相互尊重

C. 不自信的人也不自重

D. 不自信的人也不被任何人信任

E. 不自信的人也不受任何人尊重

47. 学生:IQ 和 EQ 哪个更重要?您能否给我指点一下?

学长:你去书店问问工作人员,关于 IQ 和 EQ 的书哪类销得快,哪类就更重要。

以下哪项与上述题干中的问答方式最为相似?

A. 员工:我们正制定一个度假方案,你说是在本市好,还是去外地好?

经理:现在年终了,各公司都在安排出去旅游,你去问问其他公司的同行,他们计划去哪里,我们就不去哪里,不凑热闹。

B. 平平:母亲节那天我准备给妈妈送一样礼物,你说是送花还是送巧

克力好?

佳佳:你在母亲节前一天去花店看一下,看看买花的人多不多就行了嘛。

C.顾客:我准备买一件毛衣,你看颜色是鲜艳一点,还是素一点好?

店员:这个需要结合自己的性格与穿衣习惯,各人可以有自己的选择与喜好。

D.游客:我们前面有两条山路,走哪一条更好?

导游:你仔细看看,哪一条山路上车马的痕迹深,我们就走哪一条。

E.学生:我正在准备期末复习,是做教材上的练习重要还是理解教材内容更重要?

老师:你去问问高年级得分高的同学,他们是否经常背书做练习。

48.李赫、张岚、林宏、何柏、邱辉五位同事,近日他们各自买了一辆不同品牌小轿车,分别为雪铁龙、奥迪、宝马、奔驰、桑塔纳。这五辆车的颜色分别与五人名字最后一个字谐音的颜色不同。已知李赫买的是蓝色的雪铁龙。

以下哪项排列可能依次对应张岚、林宏、何柏、邱辉所买的车?

A.灰色的奥迪,白色的宝马,灰色的奔驰,红色的桑塔纳

B.黑色的奥迪,红色的宝马,灰色的奔驰,白色的桑塔纳

C.红色的奥迪,灰色的宝马,白色的奔驰,黑色的桑塔纳

D.白色的奥迪,黑色的宝马,红色的奔驰,灰色的桑塔纳

E.黑色的奥迪,灰色的宝马,白色的奔驰,红色的桑塔纳

49.克鲁特是德国家喻户晓的"明星"北极熊,北极熊是名副其实的北极霸主,因此,克鲁特是名副其实的北极霸主。

以下除哪项外,均与上述论证出现的谬误相似?

A.儿童是祖国的花朵,小雅是儿童,因此小雅是祖国的花朵

B.鲁迅的作品不是一天能读完的,《祝福》是鲁迅的作品。因此《祝福》不是一天能读完的

C.中国人是不怕困难的,我是中国人,因此,我是不怕困难的

D.康怡花园坐落在清水街,清水街的建筑属于违章建筑。因此,康怡花园的建筑属于违章建筑

E.西班牙是外语,外语是普通高等学校招生的必考科目。因此,西班牙语是普通高校招生的必考科目

50.在本年度篮球联赛中,长江队主教练发现,黄河队五名主力队员之间

的上场配置有如下规律：

(1)若甲上场,则乙也要上场

(2)只有甲不上场,丙才不上场

(3)要么丙不上场,要么乙和戊中有人不上场

若乙不上场,则以下哪项配置合乎上述规律?

A. 甲、丙、丁同时上场

B. 丙不上场,丁、戊同时上场

C. 甲不上场,丙、丁都上场

D. 甲、丁都上场,戊不上场

E. 甲、丁、戊都不上场

51. 陈先生：未经许可侵入别人的电脑,就好像开偷来的汽车撞伤了人,这些都是犯罪行为。但后者性质更严重,因为它既侵占了有形财产,又造成了人身伤害;而前者只是在虚拟世界中捣乱。

林女士：我不同意,例如,非法侵入医院的电脑,有可能扰乱医疗数据,甚至危及病人的生命。因此,非法侵入电脑同样会造成人身伤害。

以下哪项最为准确地概括了两人争论的焦点?

A. 非法侵入别人的电脑和开偷来的汽车是否同样会危及人的生命

B. 非法侵入别人的电脑和开偷来的汽车伤人是否都构成犯罪

C. 非法侵入别人的电脑和开偷来的汽车伤人是否是同样性质的犯罪

D. 非法侵入别人电脑的犯罪性质是否和开偷来的汽车伤人一样严重

E. 是否只有侵占有形财产才构成犯罪

52. 小明、小红、小丽、小强、小梅五人去听音乐会。他们五人在同一排且座位相连,其中只有一个座位最靠近走廊,如果小强想坐在最靠近走廊的座位上,小丽想跟小明紧挨着,小红不想跟小丽紧挨着,小梅想跟小丽紧挨着,但不想跟小强或小明紧挨着。

以下哪项排序符合上述五人的意愿?

A. 小明、小梅、小丽、小红、小强

B. 小强、小红、小明、小丽、小梅

C. 小明、小梅、小红、小丽、小强

D. 小明、小红、小梅、小丽、小强

E. 小强、小丽、小梅、小明、小红

53. 参加某国际学术研讨会的60名学者中,亚裔学者31人,博士33人,非亚裔学者中无博士学位的4人。

根据上述陈述,参加此次国际研讨会的亚裔博士有几人?

A. 1人 B. 2人 C. 4人 D. 7人 E. 8人

54. 对某高校本科生的某项调查统计发现:在因成绩优异被推荐免试攻读硕士研究生的文科专业生中,女生占有70%,由此可见,该校本科生专业的女生比男生优秀。

以下哪项如果为真,最能有力地削弱上述结论?

A. 在该校本科文科专业学生中,女生占30%以上

B. 在该校本科文科专业学生中,女生占30%以下

C. 在该校本科文科专业学生中,男生占30%以上

D. 在该校本科文科专业学生中,男生占30%以下

E. 在该校本科文科专业学生中,男生占70%以上

55. 某中药配方有如下要求:(1)如果有甲药材,那么也要有乙药材;(2)如果没有丙药材,那么必须有丁药材;(3)人参和天麻不能都有;(4)如果没有甲药材而有丙药材,则需要有人参。

如果含有天麻,则关于该配方的断定哪项为真?

A. 含有甲药材

B. 含有丙药材

C. 没有丙药材

D. 没有乙药材和丁药材

E. 含有乙药材或丁药材

参考答案

26. D	27. A	28. C	29. E	30. D	31. B
32. D	33. E	34. A	35. B	36. A	37. C
38. C	39. A	40. A	41. D	42. B	43. E
44. E	45. C	46. A	47. D	48. A	49. D
50. C	51. D	52. B	53. E	54. D	55. E

主要参考书目

1. 金岳霖:《逻辑》,北京:生活·读书·新知三联书店,1961。
2. 金岳霖主编:《形式逻辑》,北京:人民出版社,1979。
3. 周礼全主编:《逻辑——正确思维和有效交际的理论》,北京:人民出版社,1994。
4.《普通逻辑》编写组:《普通逻辑》,上海人民出版社,1993。
5. 何向东主编:《逻辑学教程》,北京:高等教育出版社,2004。
6. 陈波:《逻辑学导论》,北京:中国人民大学出版社,2003。
7. 中国人民大学哲学系逻辑教研室:《逻辑学》,北京:中国人民大学出版社,1995。
8. 吴家国主编:《普通逻辑原理》,北京:高等教育出版社,1989。
9. 郁慕镛等主编:《形式逻辑纲要》,南京:江苏科学技术出版社,1995。
10. 诸葛殷同等:《形式逻辑原理》,北京:人民出版社,1982。
11. 马佩主编:《逻辑学原理》,开封:河南大学出版社,1987。
12. 宋文坚主编:《逻辑学》,北京:人民出版社,1998。
13. 黄华新等主编:《新逻辑学》,杭州:浙江大学出版社,1999。
14. 王宪钧:《数理逻辑引论》,北京大学出版社,1982。
15. 周礼全:《模态逻辑引论》,上海人民出版社,1986。
16.(英)威廉·涅尔等:《逻辑学的发展》,北京:商务印书馆,1985。
17.(瑞典)詹斯·奥尔伍德等:《语言学中的逻辑》,石家庄:河北人民出版社,1984。
18.(日)末木刚博等:《逻辑学——知识的基础》,北京:中国人民大学出版社,1984。

初版后记

逻辑学是一门比较特殊的科学。联合国教科文组织的学科分类体系中,数学、逻辑学、物理学、化学、天文学、地学、生命科学并列为七大基础学科,这说明逻辑学作为一门工具性学科差不多与数学一样重要。人文学者们则将教人求真的逻辑学、教人求善的伦理学、教人求美的美学并列为哲学二级学科,这说明逻辑学又是一门典型的人文科学。还有人将语法、修辞、逻辑三者并列,把逻辑看成是语文修养的一个重要方面。因此,逻辑学理应成为高等学校素质教育的公共基础课程。

20世纪80年代以来,美籍华人学者杨振宁、丁肇中、李政道等多次提到:中国大学生创新思维能力明显不如西方发达国家的大学生。杨振宁等人的意见引起了邓小平等领导人和学术界有识之士的高度重视,有人呼吁对如何提高大学生创新能力进行深入研究。几年前,笔者曾主持一项题为"中国大学生创新思维能力相对低弱的原因调查和对策研究"的项目,通过对中外基础教育和高等教育课程设置的比较,发现对逻辑课程重视不够是中国青少年创新思维能力相对低弱的一个重要原因。逻辑学作为一门基础工具学科,在西方发达国家历来是大学生必修的课程,而我国教育界对逻辑学的重视程度远远不及其他基础学科,许多人直到大学毕业也没有系统地学习过逻辑学。

为适应信息时代对人才素质的要求,高等教育改革必须立足于培养和提高大学生的创新能力。逻辑是"开启智慧宝库的钥匙",因此,要培养和提高大学生的创新思维能力,必须高度重视逻辑知识的学习和逻辑思维的训练。自20世纪70年代末以来,我国逻辑学界同仁为提高逻辑学在国民教育中的地位、为提高国民的逻辑素养和思维品质，做过许多艰苦的努力和有益的探索。但是，关于我国高等学校逻辑课程的教学体系，逻辑学界并没有取得一致意见，目前各高校使用的逻辑学教材在内容取舍、体例编排、对数理逻辑知识的处理等许多方面存在着很大差异。有的教材因"内容陈旧"而遭到诟病，另一些教材则因"内容艰深"而让读者望而生畏。

作者认为：要让教育主管部门、高校和院系领导重视逻辑这门课，要让逻辑学教师安心于教授逻辑这门课，要让大学生和各界青年乐于学习逻辑这门课，要让整个社会认识到逻辑学兼具基础工具学科和重要人文学科的巨大价值，作为高校各专业通用的逻辑学教材必须做到科学、实用、易学好教。本书在这三个方面都作了力所能及的努力。在科学性方面，本书注意弥补传统逻辑的某些明显不足，吸收了逻辑学界许多新的研究成果，使整个体系更趋完整、严密、科学，经得住实践的检验和理论的推敲。在实用性方面，本书力争使课程内容能够解决日常思维和语言表达中绝大多数逻辑问题，并着重培养学生的创新精神和逻辑观念，提高逻辑思维能力、正确表达思想的能力，以及运用逻辑知识分析问题、解决问题的能力。在易学好教方面，本书保持了传统逻辑贴近普通思维和自然语言的优点，对许多日常思维和语言表达中需要应用而传统逻辑中没有的新知识（大多为数理逻辑和现代归纳逻辑的成果），也主要用自然语言"不露痕迹"地加以引进，而避免使用文科学生和一般读者感到陌生的专门数学符号，使读者不必借助数学知识也能享受现代逻辑的研究成果。

完成一定数量的练习是学好逻辑学的必要条件，本书的特点之一是每章后都附有较大分量的练习题，使用本教材的教师可从中选定一部分（题量不宜太大）为课后书面作业，其余习题有的可在课堂教学中作为补充例子使用，有的可以让学生当堂完成，有的可让有兴趣的学生自己选做，教师可用适当方式向学生讲述解题原理。

初版后记

我国逻辑学界探索逻辑教学改革之路的二十余年,作者一直在高校从事逻辑学教学和研究。本书是作者二十余年从事逻辑教学和研究的结晶,也是对高校逻辑学教材改革作出的一个新的尝试。限于作者水平,本书不足之处在所难免。恳请逻辑学界同仁、使用本教材的老师、学生以及其他读者朋友对本书提出宝贵意见。来信请寄:241000 安徽师范大学文学院;E-mail:yang shusen2005@126.com。作者承诺来信必复。

本书所参考的主要书目列于书末。教材中吸收了逻辑学界同仁的许多研究成果,在此由衷地表示深深的谢意。

在本书写作过程中,安徽师范大学政法学院的吴俊明老师提出了许多宝贵建议;书稿完成后,又请原中国科技大学人文学院院长、著名学者孙显元教授审阅了全稿,孙老师还热情地为本书写了富有真知灼见的序言;安徽大学出版社领导和编辑为本书的出版付出了辛勤的劳动。在此也向他们一并致谢。

作　者

2001 年 9 月

修订第三版后记

《普通逻辑学》自2001年10月出版以来,受到读者的普遍欢迎,三年内已经再版一次,重印两次,并于2004年4月荣获中国大学版协华东地区大学出版社优秀教材二等奖。本书在我国逻辑教学界产生了广泛影响,不仅被全国几十所高校选为逻辑学教材,而且被一些全国重点大学(如华中科技大学)列为研究生入学考试逻辑课程的参考书,在各地图书市场也有相当的销售量。为进一步提高教材质量,满足高校素质教育公共课普遍开设逻辑课的需要,趁出第三版的机会,作者在以下几个方面对教材作了较大修改:

1. 进一步突出了逻辑学的人文科学性质。逻辑学的基础工具性早已得到公认,而它的人文性质并没有得到普遍重视。《普通逻辑学》初版时,已率先将"树立逻辑观念,培养科学精神"与"掌握逻辑工具,提高综合能力"并列为学习普通逻辑的两大意义,并对"逻辑观念"的内涵("自觉应用逻辑工具探索真理、宣传真理、捍卫真理的观念")进行了具体论述。本次修订,在绪论中对普通逻辑的人文性进行了论证,指出逻辑学"教会人们如何识别真假并鼓励人们求真……逻辑学在培养人们独立思考的习惯、追求真理的精神、揭露谬误的勇气(这些是完美人格不可缺少的要素)等方面的作用,是任何其他学科不能替代的",并在以后各章中围绕培养学生追求真理的人文精神对具体内容和练习题作了一定调整。

2. 对部分章节的内容作了一些实质性修改和调整,主要有:

(1)将原第五章第九节"带量词的复合判断及其推理"精简压缩后改为"附录"列在章末,仅供对逻辑学有兴趣的读者阅读,而不再列为课堂教学的内容。

(2)第六章将"探求因果联系的逻辑方法"单列一节;"归纳推

理"一节将"简单枚举归纳推理"和"典型归纳推理"各列一目。

(3)重新改写了第七章第一节"普通逻辑的基本规律概述",删去第五节"普通逻辑基本规律之间的关系",将此节部分内容分别并入第一、四两节。

(4)第九章将原来的"对学术论点的论证"改为"对科学定律的论证",以使相关内容更加准确;对论证的规则也补充了较多的内容,并将"论题的规则"、"论据的规则"和"论证方式的规则"分目展开具体阐述。

3. 对各章练习题做了较大调整,减少了部分纯理论的习题,增加了一些紧密联系实际、灵活运用逻辑原理的思考性习题,这样做的目的是希望逻辑学教学更加贴近普通思维和语言表达的实际,真正成为学生人人能掌握的"开启智慧宝库的钥匙"。

4. 在书末附上了"各章练习题参考答案"。初版时,考虑到本书主要用作全日制高校逻辑学课程的教材,附上参考答案不利于鼓励学生独立思考完成练习,也不利于教师检查教学效果,所以教材中没有提供习题参考答案。这次再版根据大多数读者的要求,在书末附上了"各章练习题参考答案",这是因为本书在社会图书市场上发行量日渐扩大,加上本书通俗易学的特色已使越来越多的成人教育(函授、自考、夜大等)单位选择它为教材,对于这些社会读者和成人教育的学员来说提供参考答案是非常必要的。独立完成练习是学好逻辑学的必要条件,在提供参考答案后,我们希望同学们务必在独立思考完成习题后再查看参考答案以检查自己的学习效果;如果不动脑筋不做练习而直接查找答案,就失去了练习题的作用,也辜负了作者设计练习题的一片苦心和辛勤劳动。

5. 删去了第十章"数理逻辑初步"。本书一至九章吸收了现代逻辑中许多与日常思维和语言表达关系密切的研究成果,初版单列第十章"数理逻辑初步"的目的,是为学有余力者提供系统学习数理逻辑基本知识的方便。这次修订前,我们向20多位使用本教材的逻辑学教师和近百位同学作了调查,他们几乎一致认为没有必要在普通逻辑读本中单列一章系统地介绍数理逻辑知识。删去这一章,缩短了篇幅,降低了售价,使多数读者受益。如果有读者希望学习数理逻辑基本知识,可以通过写信或发 E－mail(地址见书末"初版后记")向作者提供电子信箱的准确地址,作者将负责免费提供"数理逻辑初步"的电子文本(约6万字)。

《普通逻辑学》出版前后,逻辑学界就高校逻辑教学是否要用数理逻辑取代传统逻辑展开了一场大讨论,"取代论"者与"吸收论"者各执己见,相持不下。本人不同意"取代论",理由有三:

第一,"取代论"者所批评的传统逻辑的某些不足,可以通过吸收现代逻辑的研究成果得到补充和完善。只要认真比较就不难看出,目前质量好的普通逻辑学教材与20年前的传统逻辑教材有了很大的变化,它已经弥补了传统逻辑的许多不足,完全能够解决普通思维和日常语言表达中绝大多数逻辑问题。

第二,数理逻辑对于计算机、数学等专业的学生来说,是必须学习的,哲学专业的学生也有必要学习一定的数理逻辑知识;但对于非数学计算机专业、非哲学专业的学生尤其是文科学生来说,数理逻辑并没有明显的作用。而普通逻辑知识对于所有专业的学生尤其是文科各专业学生来说,则是必须具备的基本素质。

第三,"取代论"最重要的理由就是"与国际接轨",但是据我们所知,在西方发达国家,以数理逻辑为主要内容的逻辑学教学是20世纪40～70年代的事,已经被实践证明存在重大缺陷,近30年来已经成为"教学改革"的对象,我国高校逻辑教学如果走数理逻辑化的路子,是在重复人家已经抛弃半个多世纪之前的老路。这里我们不妨引用北京大学逻辑学教授陈波先生2002年在美国做访问学者时对美国逻辑学教学情况的考察结论:

"亚里士多德是所谓的'大逻辑'传统的开启者……在19世纪以前,在逻辑学的研究特别是教学中,一直延续着这种大逻辑传统。在19世纪末20世纪上半叶,随着数理逻辑的创立,这种大逻辑传统逐渐被边缘化,逻辑课堂上占主导地位的是形式化的数理逻辑。但是,这种教学方式也显露出一些严重的缺陷,因为对于一般大学生来说,他们学逻辑的目的是要有助于他们的日常思维,但符号化的数理逻辑与人们日常思维的关系不那么直接、明显,并且又比较难学。于是,学生和教师们都感到有必要对逻辑教学进行改革,甚至提出了这样的口号:"逻辑教学应该'与人们的日常生活相关,与人们的日常思维相关'……美国哲学学会制定的哲学教育大纲指出:主修哲学的学生可以学两种逻辑课程,一是符号逻辑(即数理逻辑),另一是批判性思维。如果一名学生主修哲学但以后并不打算以哲学为职业,则选修'批判性思维'足矣。"(陈波:《逻辑学导论》,273~274页,北京:中国人民大学出版社,2003)

既然在美国连"主修哲学的学生"都可以不学符号逻辑(即数理逻辑),我们又有何理由要求我国的非哲学专业的大学生都来学习数理逻辑而放弃普通逻辑的学习呢?

正是基于对大学生"学逻辑的目的是要有助于他们的日常思维……逻辑教学应该'与人们的日常生活相关,与人们的日常思维相关'"的认识,基于美国哲学系的学生也可以不学数理逻辑这一现实,我们反对我国高校逻辑教学改革走西方半个世纪之前的"数理逻辑化"的老路,而主张借鉴发达国家高校逻辑教学正反两方面的经验,不断吸收现代逻辑科学的研究成果,完善普通逻辑学的教学体系,并积极探索建立具有中国特色的高校逻辑课程的改革路子,以真正实现"与国际接轨"。

作　者
2004年12月

第四版说明

《普通逻辑学》初版于 2001 年,至今已经 10 年。本书因"内容科学实用、语言通俗易懂、举例贴近现实"的特点而受到欢迎,尤其是 2005 年出的"修订第三版"更是得到逻辑学老师和广大读者的充分肯定,此后 6 年未作修订,但每年都要再印。虽然销量不减,但书中部分例子已经稍嫌陈旧,这不符合本书追求的"举例贴近现实"的风格,因此有必要再作一次修订。

第四版在内容体系上未作大的调整,主要是将原来正文和练习题中部分例子换成最新的实例,原附录的国家公务员考试和 MBA 入学考试的逻辑试题换成 2010 年的最新版本,各章练习题中原来的 MBA 入学考试中的选择题也换成国家公务员录用考试行政能力测试试卷中的相关逻辑题。

作 者

2011 年 12 月